迷途的羔羊

青少年犯罪案例分析及心理预防
（第 12 版）

Juvenile Delinquency:
Theory, Practice, and Law
(12th Edition)

[美] 拉里·J. 西格尔
　　 布兰登·C. 韦尔什　著

丁树亭　李晓静　译

电子工业出版社
Publishing House of Electronics Industry
北京·BEIJING

Juvenile Delinquency: Theory, Practice, and Law（12th Edition）
Larry J. Siegel, Brandon C. Welsh
Copyright ©2015, 2012 Wadsworth, Cengage Learning.
Original edition published by Cengage Learning. All Rights reserved. 本书原版由圣智学习出版公司出版。
版权所有，盗印必究。

Publishing House of Electronics Industry Co.,Ltd is authorized by Cengage Learning to publish and distribute exclusively this simplified Chinese edition. This edition is authorized for sale in the People's Republic of China only (excluding Hong Kong, Macao SAR and Taiwan). Unauthorized export of this edition is a violation of the Copyright Act. No part of this publication may be reproduced or distributed by any means, or stored in a database or retrieval system, without the prior written permission of the publisher.
本书中文简体字翻译版由圣智学习出版公司授权电子工业出版社独家出版发行。此版本仅限在中华人民共和国境内（不包括中国香港、澳门特别行政区及中国台湾）销售。未经授权的本书出口将被视为违反版权法的行为。未经出版者预先书面许可，不得以任何方式复制或发行本书的任何部分。
9787121362330
Cengage Learning Asia Pte. Ltd.
151 Lorong Chuan, #02-08 New Tech Park, Singapore 556741
本书封面贴有Cengage Learning防伪标签，无标签者不得销售。

版权贸易合同登记号　图字：01-2017-2792

图书在版编目（CIP）数据

迷途的羔羊：青少年犯罪案例分析及心理预防：第12版/（美）拉里·J.西格尔（Larry J. Siegel），（美）布兰登·C.韦尔什（Brandon C. Welsh）著；丁树亭，李晓静译. —北京：电子工业出版社，2019.5
书名原文：Juvenile Delinquency: Theory, Practice, and Law（12th Edition）
ISBN 978-7-121-36233-0

Ⅰ．①迷… Ⅱ．①拉… ②布… ③丁… ④李… Ⅲ．①青少年犯罪－犯罪心理学－教材
Ⅳ．① C913.5

中国版本图书馆 CIP 数据核字（2019）第 060798 号

责任编辑：雷洪勤
特约编辑：傅克伟
印　　刷：三河市鑫金马印装有限公司
装　　订：三河市鑫金马印装有限公司
出版发行：电子工业出版社
　　　　　北京市海淀区万寿路173信箱　　邮编：100036
开　　本：720×1000　1/16　印张：30.25　字数：590千字
版　　次：2019年5月第1版（原著第12版）
印　　次：2019年5月第1次印刷
定　　价：98.00元

凡所购买电子工业出版社图书有缺损问题，请向购买书店调换。若书店售缺，请与本社发行部联系，联系及邮购电话：(010) 88254888，88258888。
质量投诉请发邮件至zlts@phei.com.cn，盗版侵权举报请发邮件至dbqq@phei.com.cn。
本书咨询联系方式：(010) 88254210，influence@phei.com.cn，微信号：yingxianglibook。

目 录 CONTENTS

前言　xii

第1章　童年与违法犯罪　1

青少年的困难抉择　4
青少年的问题　5
网络中的问题　12
情况好转了吗？　14

未成年人违法犯罪研究　17

童年概念的发展　19
中世纪儿童的童年　19
儿童关爱行动的发展史　22

总结　25
视点　28

第2章　青少年违法犯罪的内涵与外延　31

官方违法犯罪记录：统一犯罪报告（UCR）　33
编写统一犯罪报告　35
统一犯罪数据可靠吗？　37
美国基于事件的报告系统（NIBRS）　38

违法犯罪的趋势　39
统一犯罪报告反映的青少年违法犯罪信息　39

青少年被捕趋势　　40
自述报告的发现　　45
这些数据源是兼容的吗？　　47
未来是怎样的？　　48

与违法犯罪的相互关系　　48
违法犯罪的时间和地点　　49
性别和违法犯罪　　49
社会经济地位和违法犯罪　　52
年龄和违法犯罪　　53

被伤害的青少年　　56
青少年受害趋势　　59
青少年受害者　　60

总结　　62
视点　　64

第3章　性别与犯罪　　65

社会发展过程中的性别差异　　67
社会化中的差异　　68
认知差异　　69
人格差异　　70
情感差异　　70
造成性别差异的原因：生物学上的还是社会学上的？　　71

性别差异与犯罪　　75
犯罪的性别模式　　76

特质理论与女性犯罪　　79
早期生理学解释　　79
早期心理学解释　　80
当代物质理论的观点　　80
当代心理学观点　　85

未成年人社会化理论　　85
未成年人社会化与犯罪　　86
当代未成年人社会化理论　　88

自由女性主义观点　　95
支持自由女性主义　　95

女性主义的批判性观点　　100
夫权至上与犯罪　　102
性别矛盾　　102
剥削与犯罪　　106
权力控制理论　　106

性别与未成年人司法系统　　108

总结　　110
视点　　113

第4章　家庭与犯罪　　115

渐变的美国家庭　　118
家庭组成　　118
儿童看护　　122
经济压力　　123

家庭对犯罪的影响　　125
家庭破裂　　125
家庭矛盾　　131
家庭教养能力　　132
家庭越轨行为　　135

虐待儿童与忽视　　138
历史基础　　139
虐待和忽视的界定　　140
虐待的后果　　141
虐待儿童的程度　　142

虐待的本质　145

虐待形式　145
性虐待　145
虐待儿童与忽视的原因　147

儿童保护系统：指导思想和实践　148
调查与报告虐待案　149
收养与关爱　150
法庭上的被虐儿童　151
虐待和忽视儿童案的处置结果　154
预防虐待儿童　155

虐待、忽视和犯罪　156
虐待与犯罪有没有必然的联系？　157

家庭与控制违法的政策　158

总结　161
视点　164

第5章　同龄人与犯罪：未成年人帮派和群组　167

青少年的同伴关系　170
同伴关系与犯罪　172
同伴关系的影响　173

少年帮　175
什么是帮派？　176
帮派是怎样发展起来的？　179
犯罪与暴力　187

青少年为什么加入帮派？　192
人类学观点　192
社会解组理论/社会文化论观点　193
文化失范理论/文化异化理论观点　194

　　　　心理学理论观点　　195
　　　　理性选择理论观点　　195
　　　　离开帮派　　198

　　控制帮派活动　　199
　　　　法律控制　　201
　　　　执法推进　　204
　　　　社区层面项目　　206
　　　　评估帮派控制的方法　　208

　　总结　　212
　　视点　　214

第6章　学校与犯罪　　217

　　　　社会化程度与状态　　219
　　　　教育的问题和议题　　220
　　　　经济上的不足与教育成果　　222
　　　　辍学　　224

　　成绩与违法犯罪　　227
　　　　学业失败和违法犯罪后的方向　　230
　　　　学业失败与其他事件的关系　　230

　　校园犯罪　　233
　　　　校园犯罪的外延　　234
　　　　谁是校园犯罪的受害者？　　235
　　　　校园枪击案　　236
　　　　校内欺凌　　239
　　　　校园犯罪的原因　　241
　　　　减少校园犯罪　　247

　　学校在预防犯罪中的角色　　250
　　　　校内预防犯罪项目　　251

　　校内法律权利　　252

个人隐私权　252
　　言论自由权　256
　　校内祷告权　259
　　校纪校规　262

　总结　264
　视点　266

第7章　吸毒与犯罪　269

　常被滥用的毒品　271
　　大麻和印度麻药　271
　　可卡因　272
　　海洛因　273
　　酒精　274
　　其他类型的毒品　275

　青少年吸毒趋势　281
　　名为"关注未来"的调查（MTF）　281
　　国家毒品教育家长指导研究所的调查　282
　　关于药物使用和健康的全国性调查　283
　　调查结果可靠吗？　284

　你为什么吸毒？　285
　　社会解组　286
　　同辈压力　286
　　家庭因素　287
　　基因因素　288
　　情感问题　288
　　行为问题　290
　　理性选择　291

　毒品滥用的人群　291
　　未成年人分发少量毒品　292
　　未成年人频繁贩卖毒品　292

未成年毒贩其他犯罪行为　293
失败者或耗竭者　296
持续犯罪者　296

吸毒和违法犯罪　297
毒品与习惯性犯罪行为　299
对吸毒和违法犯罪关系的研究　300

毒品控制策略　301
执法策略成果　302
教育策略　305
社区策略　308
戒毒策略　308
降低危害策略　311

未来将会保持什么状态？　313

总结　314
视点　315

第8章　犯罪预防：社会视角和发展性视角　317

犯罪预防需要做多方面工作　320
犯罪成本：为犯罪预防正名　321
犯罪预防的简略史　323
对犯罪预防的工作进行分类　328

犯罪预防的早期工作　329
基于家庭的项目　332
提高家长的犯罪预防技能　334
白天看护项目　336
预科学校　337
提供初级阶段的入学项目　340

青少年时期的犯罪预防　343
辅导　345

校内项目　347
校外项目　349
工作技能培训　351
社区综合项目　353

预防犯罪工作的未来　354

总结　357
视点　358

第9章 司法系统中的未成年人：过去和现在　361

19世纪未成年人司法　364
城市化　364
拯救儿童运动　365
未成年人庇护所　366
他们真的是拯救儿童的人吗？　368
未成年人管理机构的发展　369
儿童救助协会　370
防止虐待儿童协会　371

未成年人司法的一个世纪　372
伊利诺伊州未成年人法庭法案及其影响　373
改革司法系统　376

今日未成年人在司法系统的位置　379
未成年人司法程序　381
未成年人司法中的对立价值观　386
"罪犯审判"与"未成年人审判"　387

未成年人司法的综合性策略　391
预防　392
干预　393
逐级制裁　394
机构项目　394
设立其他法庭　394

未成年人司法的未来　398

总结　402
视点　404

第10章　未成年人矫治机构：保释、社区矫治和收监　407

未成年人的保释　411
历史情况　411
扩大社区矫治范围　412
当前的未成年人保释　413
未成年人保释官的职责　416

保释的创新方式　418
密切监管　419
电子监控　420
修复性司法　424
平衡性保释　425
赔偿　426
寄宿社区矫治　429
非寄宿社区矫治　432

安全矫治　433
未成年人关押场所的历史　433

今日未成年人关押场所：公立和私立　436
关押人口趋势　437
设施配备状况　439

被收监的青少年　440
男性服刑者　443
女性服刑者　444

未成年人矫治　446
个体矫治技术：过去和现在　448
群组矫治法　449

教育、职业和娱乐项目　　451
野外训练　　454
未成年人引导训练营　　456

接受矫治的法定权利　　457
争取公民的基本权利　　459

未成年人出狱辅导及回归　　460
监管　　462
撤销假释　　463

未成年人矫治的未来　　464

总结　　465
视点　　467

前　言

　　几年前，美国最高法院审理的两起未成年人犯罪案件触及这样一个话题：是否应以入狱的方式给未成年人的人生提个醒？第一起案件是格雷厄姆起诉佛罗里达州，判决日期是2010年5月17日，判决非谋杀罪未成年罪犯终身监禁不得假释的规定。法庭承认，这一判决违反了美国联邦宪法"第八修正案"中关于"禁止施加残酷及异常刑罚"的规定。

　　这一判决距离法院接受两名案犯上诉仅一年多。这两人都来自佛罗里达州，因未成年时犯下非杀人案被判终身监禁。其中一起案件发生在1989年，13岁的乔·沙利文被判强奸一名72岁的老妇人；另一起案件发生在2004年，17岁的特伦斯·格拉曼被判在假释期违反法律，入室抢劫。两名罪犯的代理人在法庭陈述时，都提到了对这两起案件判决终身监禁并不得假释违反了"第八修正案"中关于"禁止施加残酷及异常刑罚"的规定。在庭前辩论阶段，法官并没有重审"未成年人的身心一般情况下不及成年人成熟"这一问题，而是重点重审了"比成人不成熟能不能将未成年人从适用终身监禁不得假释条款的群体中排除"。

　　第二个案例是米勒起诉亚拉巴马州，在此案中，最高法院重审了对未成年罪犯进行终身监禁的判定，但这次重点放在"强制终身监禁适用于转移到成人法庭的未成年杀人犯"。同样，大部分人认为这一判决违反了"第八修正案"中关于"禁止施加残酷及异常刑罚"的规定。法庭认为，未成年人不成熟、冲动及无法预判后果和风险的特征在法官判决时应予以考虑。强制判决防止法官无论案犯行为有多么残忍和异常，仍要考虑案犯的家庭和成长环境。米勒一案中，法官必须考虑被告犯罪时未成年及犯罪性质。

　　终身监禁不得假释一直是未成年人犯罪年鉴中争议最大的论题。有些学者认为，对未成年人来讲，就是用终身监禁替代死刑，因为最高法院已经于2005年废除死刑。在一篇标题具有煽动性的文章中写到"死刑的缓期：罗伯起诉西蒙斯一案中未成年人被判终身监禁不得假释的启示"。法学专家巴里·菲尔德认为，最高法院为了结束未成年人死刑而放宽了追责标准，也应适用于终身监禁不得假释的未成年罪犯。这一观点的主要依据是此项刑罚的惩罚性和必须区分成年人及未成年人承担罪责的能力。为达到这一目的，巴里·菲尔德提出，各州应正式将未成年作为从轻处罚的参考标准，从而在相应的成人量刑标准上"打折"。这可能会影响当前乃至未来成千上万的未成年罪犯。

　　对重罪未成年罪犯量刑是否从重的讨论焦点转移到未成年罪犯参与恐怖袭击、大规模杀伤、校园枪击等热点案件的影响上，最暴力的未成年人能不能矫治好、改造好？还是他们应该与成年人一样，被判长刑，甚至终身监禁？

未成年人犯罪：理论、实践与法律

  未成年杀人犯是否判死刑或终身监禁并不得假释这一论题获得美国乃至世界各国未成年人犯罪学领域的广泛关注。无法解释的暴力事件在学校、家庭、公共场所发生的频率越来越高。美国大部分大城市都有少年帮派，成百上千的青少年都曾遭受过长期无人看管、严重的性虐待和殴打。还有更多的受害者未报警，或者隐瞒案情。鉴于人们对此类问题的关注，未成年人犯罪学成为大学校园的常见课程就不足为奇了。我们撰写本书的目的就是帮助学生理解未成年人犯罪的本质、原因及影响因素，以及当前控制此类犯罪、消除犯罪影响的应对策略。本书回顾了用于保护受害弱势群体或控制未成年人行为不端的法律条文。是否强制要求未成年人向学校提供药检报告？教师能否在法律允许的情况下搜查可疑学生，或用体罚的方式管束学生？是否允许孩子们通过闭路电视或录像在虐童案中做证？

  我们写作本书第12版的主要目的与前几版相同。

  1. 尽量客观公正，提供构成未成年人犯罪学基本框架的不同观点和视角，阐释其跨学科的特点，我们不特别支持某种观点、某个结论或者某种理论。

  2. 为保持调研、理论、法律、政策和实践的平衡，犯罪学的教科书不仅阐述理论，还要论述司法体系、现行理论，并展示法律争议点和相应案件。

3. 尽量保持最新。与以前一样，本书的案例尽可能包括最新的数据和信息。

4. 促使犯罪学研究既有意义又具有信息量。我们想激发读者对犯罪学研究的兴趣，使他们可以选择犯罪学作为本科或研究生专业。

我们尽力让此书既有学术价值和信息量，又有意义。本书结构清晰、目的明确、引人入胜。

第 1 章　　　　　　　　　　　　　　　　　　　　CHAPTER 1

童年与违法犯罪

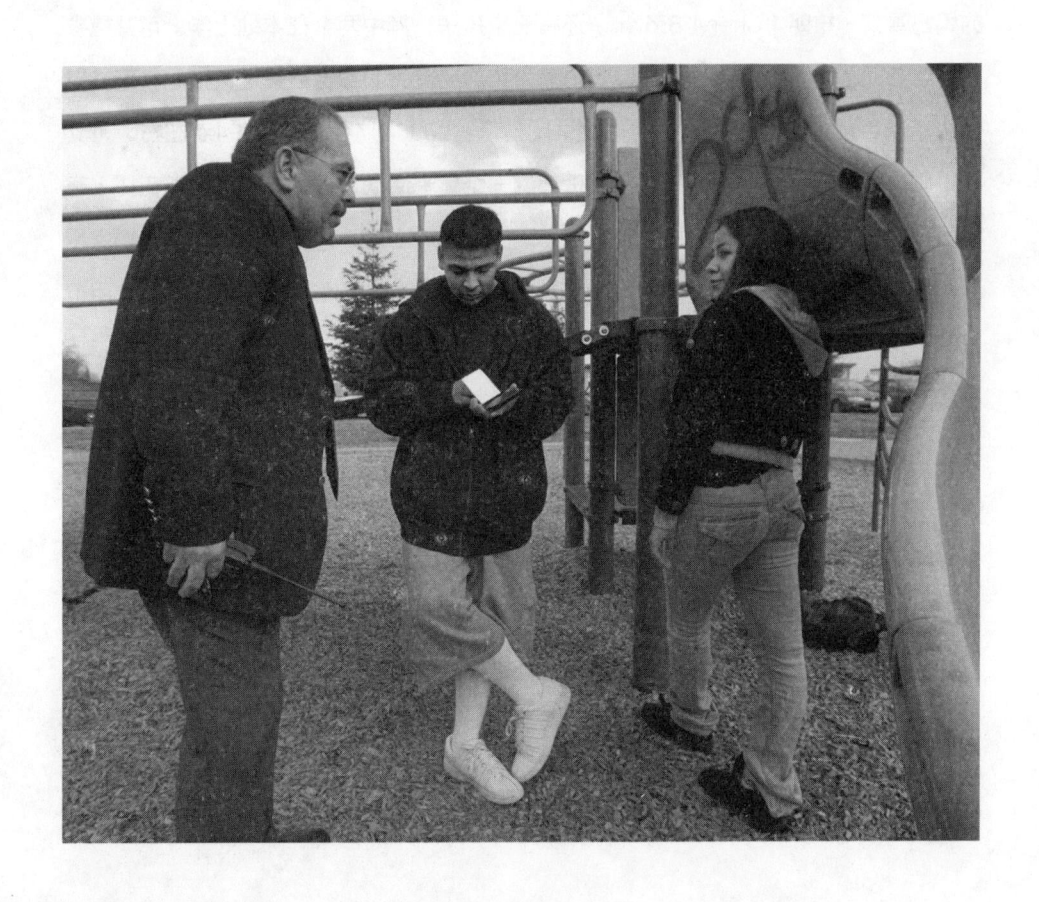

可艾拉·布朗（Keaira Brown）在13岁的时候就被控诉谋杀，成为堪萨斯市怀安多特县历史上以成年人身份受审的年纪最小的人。她的家人关系亲密但问题重重。她的妈妈雪莱·布朗（Cheryl Brown）还有三个孩子，其中两个在本地上学。可艾拉参加课外活动，还拉小提琴。但在她妈妈因为和毒品有关的罪名被关进监狱后，可艾拉的生活就每况愈下，在10岁的时候她试图自杀。2008年7月23日下午4点左右，可艾拉本应该去参加堪萨斯市男孩女孩俱乐部的一个夏季活动，但她却卷进了斯克托·塞平敦被劫车的案件里。斯克托是萨姆纳学院的二年级学生，他把姊妹们送到奶奶家重新回到车上时，邻居们听到他大喊："喂！喂！"然后车里传来打斗声，他被人用枪打中了头。调查中，一个六岁的小孩告诉警方，有一个年轻女孩让一群小朋友把她沾有血的衣服扔掉。警方把血衣照片公布在媒体上，很快就据此找到了可艾拉。

检方认为这起谋杀案是劫车时出错导致的，可艾拉的家人称她是无辜地被当地帮派利用的小喽啰，那些人以为可艾拉年纪小不会被起诉。他们想错了。案件发生近一年的时候，怀安多特县的法官在4月份宣布，可艾拉应当以成年人的身份接受审判。2010年11月9日，可艾拉·布朗一级谋杀罪及试图恶意抢劫罪成立。她需要服刑20年才可以申请假释。

可艾拉·布朗的案件绝非特例。虽然美国最高法院在罗伯诉西蒙斯案中判决未成年人不应被判处死刑，但如果未成年人犯了死罪，只要法官在判刑的时候把年龄因素考虑在内，判处他们在成人监狱里终身监禁是完全合法的（如米勒诉亚拉巴马州案）。所以可艾拉虽然在犯罪的时候只有13岁，却有可能在监狱里度过整个人生。

罗伯诉西蒙斯案：一个18岁以下的年轻人犯了死罪却不用遭受死刑。
米勒诉亚拉巴马州案：在这个案子里，最高法院判定，判处未成年人不予假释的强制终身监禁是违法的。

当代社会，青少年问题可谓非常严重。原因可能是家庭、学校或者社区里出现的麻烦或矛盾，也可能是青少年遭受的压力、疑惑和抑郁。美国大约有7500万名未成年人，该数字预计将在2025年达到8500万。20世纪60年代中期，未成年人在美国人口中的占比开始下降，如今18岁及以下人口占比为24%，而1964年在所谓婴儿潮（1946—1964）之后的占比最高为36%。预计到2050年，未成年人人口占比都将稳定在23%。虽然总数稳定，但种族和民族差异在增大，因此在未来的几十年里，人口多样性会进一步加大。2023年，预计有近一半的未成年人为白人和非西班牙裔，2050年，这一数字将为38%，今天这个比例是55%。

婴儿潮时期，儿童的数量快速增长（见附表1.1）。那个时候出生的孩子现在都已经步入老年，他们对于医疗和照顾的需求上升。与此同时，大量贫困和有违法犯罪和反社会行为风险的儿童需要私人和公共的支持和援助。随着这些贫困儿童和老年人人数的增加，需要照顾这些群体和为他们埋单的30～50岁人群在总人口中的占比将减少。

儿童保护基金（CDF）的任务是不落下一个孩子，确保每个孩子的"生命都有一个健康的开端、一个有利的开端、一个公平的开端和一个有道德的开端"，确保每个孩子可以在充满关爱的家庭和社区的帮助下顺利进入成年。CDF试图为那些无法为自己投票、游说和发声的孩子提供一个强有力的声音。

表1.1 美国的六代人

最伟大的一代： 这代人在"一战"中出生，大萧条时期成长，克服了重重困难，在"二战"中战斗，把美国建成了世界上的超级大国。他们愿意为了多数人的幸福牺牲个人利益。

婴儿潮一代： 出生于"二战"末与肯尼迪–约翰逊时期之间，现在已到退休年纪，婴儿潮一代被认为从美国梦和美国战后领导地位中获益最多的一代。他们的父母在大萧条中长大，所以竭力确保他们的孩子拥有最好的一切。这代人享受了上得起的大学本科教育、相对较低的房价和足够多的就业机会。虽然他们经历了一些倒退，比如"越战"，但他们也是幸运的一代，被批评自私和崇尚物质至上。

X世代： X世代出生于1963至1980年间，经常被人批判不够专注和不够投入，总是在问"为什么是我"。这代人在1980到1990年间成年，当时离婚盛行，贪欲泛滥。他们既不热衷于职场，也不热衷于家庭。他们经历了整个20世纪90年代，那个年代社会问题严重，比如青少年自杀、人们无家可归、艾滋病严重、劳动力减少、海外矛盾重重等。人们认为X世代充满悲观、怀疑和沮丧，爱偷懒、逃避责任，穿着邋里邋遢的衣服，听着非主流的音乐，搬回家和父母同住。他们不想改变世界，只想简简单单地过完自己的一生。

Y世代： Y世代出生于1981到1994年间，深受"9·11"恐怖袭击的影响，因此比上一代人更爱国。他们爱看真人秀，有时被叫作MTV世代。和上一代人相比，他们在技术上十分娴熟。Y世代生活的世界比他们父母那辈民族和种族多样化程度要高得多，大部分人也愿意接受多样化。他们的世界观受到了快速扩张的有线电视、卫星广播、互联网、电子杂志等媒体的影响。他们家里可能是双职工或者一个人负责照顾孩子。Y世代经常被批判为以自我为中心、不负责任和缺乏职场规则。

Z世代： Z世代出生于1995至2009年间，是互联网和即时通信世界里的第一代人，苹果平板电脑、群体视频游戏、发短信和发推特构成了他们的生活背景。经济全球化的背景下，美国和其他国家竞争主导权，这样这代人还会和他们的祖父母一样有很多的机会吗？

阿尔法世代： 2012年之后出生，现在评论他们还言之过早。

青少年的困难抉择

青少年在十几岁时生活往往混乱动荡，美国社会的种种问题和现代日常生活的压力会给这个国家的年轻人带来巨大的影响。青少年时期无疑是一个过渡期。这段时间里，自我或者基本人格还在经历变化，容易受到许多外部因素和心理变化的影响。许多青少年的情绪极容易不稳定、产生焦虑、感到羞耻和出现情绪波动。青少年时期的生理发育比他们一生中其他任何时候（婴儿期除外）都要快。短短几年内，他们的身高、体重和性征都会发生极大改变。现在的女孩平均在12.5岁达到青春期；而在150年前，女孩性成熟的年龄是16岁。她们虽然在14岁时身体就发育成熟，可以生育，但许多人在心理和智力上都不成熟。他们15岁的时候，虽然已经接近成年，但许多人都无法达到工作、家庭和社交需要的条件，无法承担相应的责任。许多人有健康问题，受教育水平不够，而且对于自己能否进入美国主流社会心存疑虑。

在后青春期（16～18岁），青少年可能会经历一次人生危机，也就是知名心理学家埃里克·埃里克森（Eric Erikson）所说的在自我认知和角色扩散之间挣扎。自我认知指的是青少年形成了对自我的完整观感，包括他们怎么看待自己和怎么适应他人。角色扩散指的是他们对自己产生了不确定感，心力交瘁，因为自己无法确定身份认知而受到那些承诺给他们一个身份的人的支配。心理学家还发现，贯穿后青春期的是对脱离父母掌控的渴望。在这个阶段，生理的变化和对自主的渴望混在一起呈爆炸式发展，因此，青少年十几岁时会对家庭、学校和社会的权威产生逆反和引发矛盾也就不足为奇了。

自我认知：根据埃里克·埃里克森的理论，对于许多青少年来说，青春期是一个充满尝试和不确定性的时期。

角色扩散：根据埃里克·埃里克森的说法，角色扩散指的是他们对自己产生了不确定感，心力交瘁，因为自己无法确定身份认知而受到那些承诺给他们一个身份的人支配。

这些感觉可能会击垮青少年，让他们觉得自杀是一个"解决方式"。虽然大部分孩子不会真的结束自己的生命，但数百万的青少年陷入麻烦和不安，面临着行为不端、吸毒及其他反社会行为的风险。在青春期早期就开始的行为不良或行为外化可能会持续到成年。美国青少年自杀率一直都高得让人无法接受，自杀是导致15～24岁青少年死亡的第三大原因，每年大约有4500人自杀身亡。根据疾病防控中心的数据，青少年最常使用的三种自杀方式是：武器（46%）、窒息（37%）和服毒（8%）。

青少年的问题

讨论青少年面临的特殊问题时，人口趋势的意义方面的讨论更加突出。人们很容易理解为什么最新一代的美国青少年被认为愤世嫉俗和沉迷于物质追求。在18岁之前，美国青少年坐在电视机前的时间比在教室的时间更长；每年他们都会在电视上看到多达上千起强奸、谋杀和侵害事件。今天的青少年看的包含性元素的电视节目既有以人类为主题的《青少年妈妈加州糜情》，又有非人类的《真爱如血》。他们听饶舌音乐，像50美分（50 cent）的经典名曲《糖果店》和雷（Ray J.）的《我打头炮》（*I Hit it First*）这一类的歌曲性意味明显，经常描写物质滥用和乱交方面的内容。接触这些内容会给他们带来怎样的影响？我们应该担心吗？答案也许是肯定的。研究表明，如果青少年听的音乐含有性内容，比那些爱听凯蒂·佩里（Katy Perry）和阿黛尔的音乐的青少年乱交的可能性要大得多。

家庭、学校和社会上的麻烦，加上健康成长遇到的有害元素，使相当大一部分美国青少年面临风险。所谓的风险指的是陷入各种危险行为的风险，比如吸毒、酗酒和早熟性行为。他们因为家庭的经济、健康或者社会原因无法得到足够多的照顾与管教。

面临风险的青少年：青少年很容易受到学业不佳、物质滥用和过早性行为所产生的负面影响。

青少年贫困　美国统计局的数据显示，美国有4800万人（总人口的1/7）生活在贫困中，这是1994年以来的最高比例。美国政府将贫困线定为四口之家的年收入为23000美元，还有很多人的生活刚刚超过贫困线，被称为有工作的穷人，苦苦维系收支平衡。实际收入在减少，美国的贫困现象比19世纪60年代晚期和70年代早期还要严重，并且自2000年以后急速加剧。虽然在每一个年龄段、性别和种族中贫困问题都加重了，但美国年轻家庭（30岁以下的成年人）的贫困问题恶化最严重，尤其是有孩子的年轻家庭。2007年起，有孩子家庭的贫困率已经上升了8个百分点，达到37%；1967年，这一数字只有14%。在有孩子的年轻家庭中，4/9为贫困或接近贫困，近2/3为低收入家庭。

努力工作和遵纪守法并不能让一个家庭摆脱贫困，哪怕父母两人都拿联邦最低工资全职工作，这家人还是生活在贫困线以下。因此，有600万儿童处于极度贫困中，生活在年收入不到10000美元的四口之家；孩子越小，这个家庭就越容易生活在极度贫困中。

哪些孩子处于贫困中？如图1.1所示，单亲和户主是女性的家庭比双亲家庭贫困的比率要大得多。

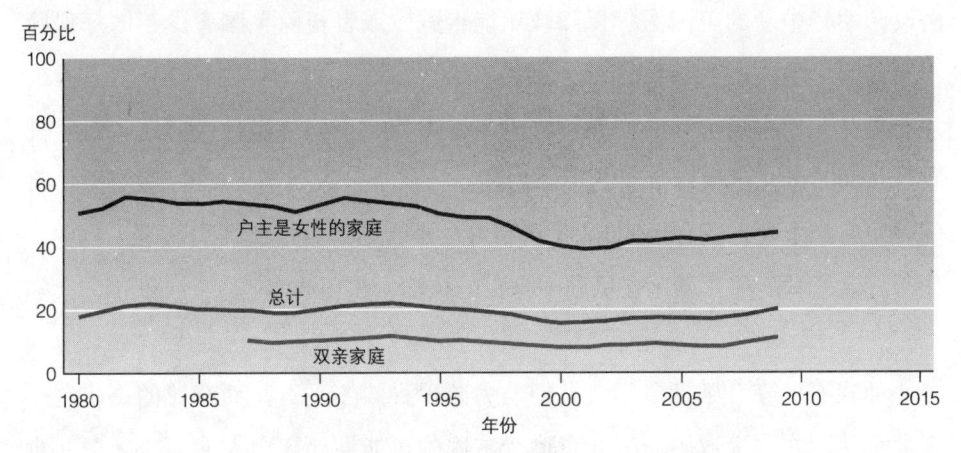

图1.1 根据家庭结构划分生活在贫困家庭的0～17岁儿童的百分比

儿童贫困对于儿童的认知能力、教育程度、营养、身体和心理健康以及社会行为都有长久的负面影响。近年来，富裕家庭和低收入家庭的小孩在学习成绩上的差距在加大，家庭收入和富裕程度成为影响青少年能否高中毕业、考进大学、大学坚持学习和大学毕业的重要因素。来自贫困家庭的学习水平较差的青少年在25岁左右获得学士学位的概率现在几乎为零。

健康和道德问题 另外一个值得担忧的问题是，美国青少年能否得到足够多的健康保障。现在已经有一些不好的情况了。最近的美国数据表明，只有18%的青少年达到了推荐的一天一小时的活动量，只有22%的青少年每年吃5种或以上的水果蔬菜。

有健康问题的儿童如果有保险，还可能有点用。虽然大部分儿童都有某种形式的保险，还有10%也就是750万儿童没有保险。大家应该也能想到，不健康的儿童，尤其是生活在低收入家庭的儿童及具有少数族裔背景的儿童，更容易生病和夭折。最近，婴儿死亡率四十几年来首次出现上升，达到7%。在婴儿死亡率方面，美国在各工业国家中排名第25位，出生时体重偏低的婴儿比率也有所上升。至于2010年的健康保障与教育协调法案（也就是奥巴马医改法案）中新的美国医疗保障政策能否减少或者根除美国青少年医疗保障不充分的问题，还不能下定论。

婴儿死亡率是个社会问题，青少年暴力死亡也同样是社会问题。每年都有超过3000名儿童和青少年死于暴力武器，这个人数相当于120间教室里，每间教室有25个人。还有16000名儿童和青少年受到非致命武器的伤害。目前，死于武器的学龄前儿童比在执勤中身亡的执法人员还要多。

种族不平等　尽管多年来人们努力减少种族不平等，而遗憾的是，这一现象仍然存在。少数族裔的儿童遭受贫困的可能性要比白人非西班牙裔儿童高得多；从比例上讲，西班牙裔和非洲裔儿童贫困的可能性是同龄白人儿童的3倍。如图1.2所示，非洲裔美国人的家庭平均收入比白人和亚裔家庭的平均收入要低得多。

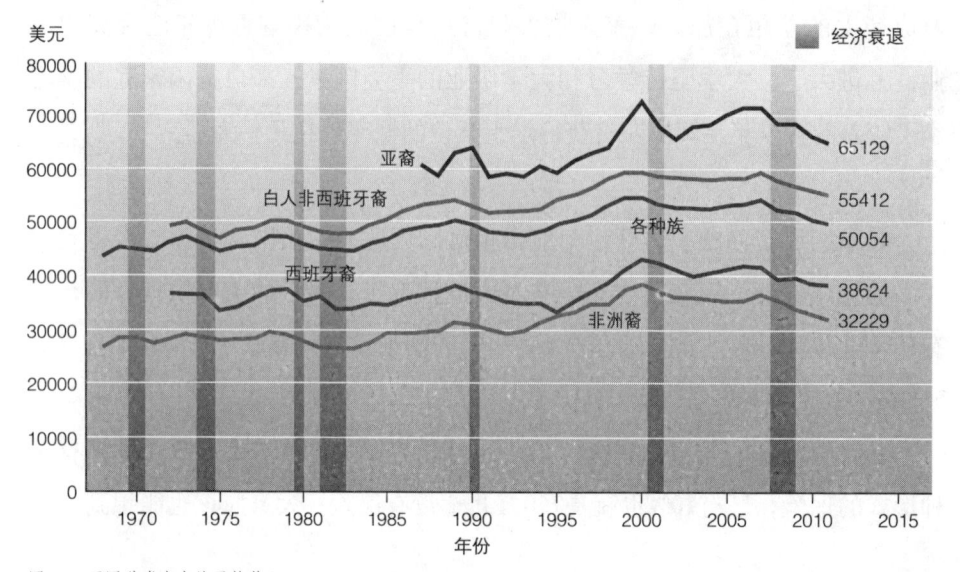

图1.2　不同种类家庭的平均收入

第1章　童年与违法犯罪

在社会生活的其他方面也能看到不平等。少数族裔的孩子在教育问题上更容易受到严重影响。根据非营利组织儿童防卫基金会的调查，非洲裔美国儿童被安排在天才班的可能性只有白人孩子的一半，而被安排在情绪问题儿童班的可能性则是后者的1.5倍还要多，休学的可能性是后者的3倍，被开除的可能性是后者的4倍。

极具讽刺意味的是，尽管在社会上和经济上都遭遇种种困境，少数族裔的年轻人比起白人更不容易自杀。如图1.3所示，他们更容易成为致命暴力的受害者。

种族、民族、自杀和暴力

注：1990至2009年，在非西班牙裔白人青少年中，自杀比他杀更常见，而在西班牙裔和非西班牙裔黑人青少年中，情况则相反。

- 12~24岁，非西班牙裔白人自杀更为普遍，和西班牙裔及非西班牙裔黑人情况形成鲜明对比。
- 7~17岁，每10个白人他杀受害者对应着25个自杀受害者（比例为10∶25）；黑人青少年和西班牙裔青少年的相应比例为10∶2和10∶4。1990至2009年，非西班牙裔白人青少年的自杀率（也就是该种族/民族7~17岁年龄段的每百万自杀人口）为27‰。
- 对于西班牙裔、非西班牙裔黑人和非西班牙裔亚裔而言，7~17岁自杀率要低得多，分别为17‰、16‰和15‰。
- 相反，美洲印第安人青少年的自杀率（63‰）比非西班牙裔白人的两倍还要多，比其他种族/民族的3倍还要多。

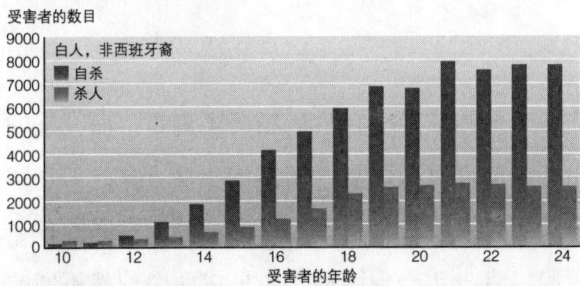

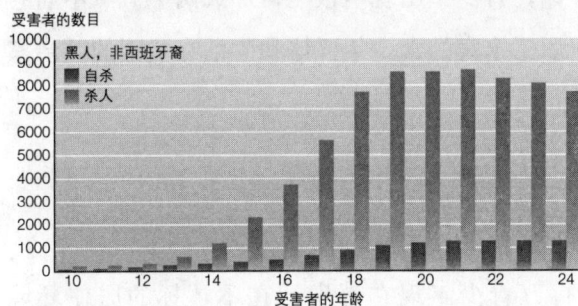

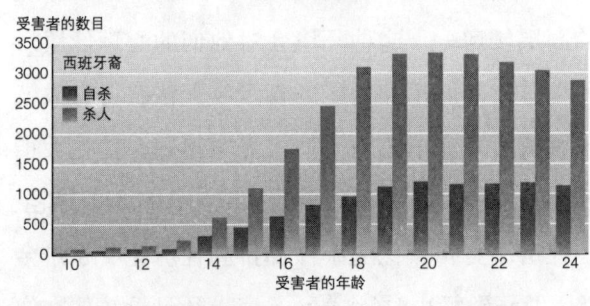

图1.3　根据种族和是否西班牙裔划分家庭收入

自我形象问题 青少年更容易因为自我形象不佳而感受到压力。美国心理协会最近的调查显示，各个年龄段的人生活中都压力重重，但儿童和成人中肥胖和超重的人群都更容易感到压力；超重的儿童更容易感觉到自己的父母经常或总是焦虑不安。1/3（33%）的美国儿童在回答时称，觉得自己严重或者轻微超重。这些儿童和正常体重的儿童相比，更容易觉得自己在生活中为很多事情感到非常担心（31%VS14%）。超重的儿童比正常体重的儿童更容易为自己的外表和体重感到担忧（36%VS11%）。而孩子们，不分体重和年纪，都说自己觉得父母在吵架和抱怨的时候感到压力很大，很多孩子说他们自己会因此感到悲伤和担忧。

家庭问题 所有新婚家庭中，大约一半都在日后经历了离婚，而完好的家庭中又有许多牺牲了相互陪伴的时间以换取更为富裕的生活方式。如今18岁以下青少年中有70%是和双亲共同生活的。和他们相比，单亲家庭的孩子更容易经历贫困。因为家庭原因，青少年出现两极化，形成两个截然不同的群体：生活在富裕的、双亲双职工家庭的青少年群体和生活在贫困的单亲家庭的青少年群体。

<small>儿童权利委员会（CRC）成立于1985年，是一个全国性的非营利机构。总部在华盛顿，旨在保证儿童能够和父母和亲人进行有意义的持续接触，而不论其父母婚姻状况如何。</small>

不达标的生活环境 数百万青少年现在都生活在不达标的居住环境中——许多家庭聚居在一起的高层楼房——这种环境会对他们的心理健康产生长期的负面影响。生活在环境恶劣的城市和地区的青少年无法获得有成就感的幸福生活。许多人死于流弹或者飞车射击；一些人无家可归，住在大街上，面临染上毒瘾和性病的风险。当今美国，有孩子的家庭中大约有1/3都至少有下列住房问题中的一个：住房不宽裕、住房条件拥挤和住房花费超过全家收入的30%。尽管最低工资已经涨到每小时6.5美元，穷人还是没钱住在像

芝加哥、纽约和华盛顿这些大都市中哪怕最便宜的社区里。

教育机会不足　教育决定了青少年的个人成长和人生机会。小孩子的早期受教育经历——比如每天有人给他们念书——有助于他们获取必要的技能，为他们在学校有出色表现做好准备。之后其他方面的学业表现——比如掌握学习课程、上完高中和考入大学——为之后的教育和就业提供了机会。通过统计没上学也没上班的青少年的数量，可以估算有多少未来前景受限的年轻人。虽然所有年轻人在上学时都面临压力，但穷人、少数族裔以及新移民所面临的压力更大。等到他们上四年级的时候，贫困地区的公立学校里的学生的数学成绩就比那些富裕地区的要低。监察委员会儿童保护基金会的数据表明：

· 公立学校里70%的四年级学生的阅读能力无法达到学校本年级平均水平。

· 受影响最严重的是少数族裔学生：90%的非洲裔、80%的西班牙裔和80%的美洲印第安人/阿拉斯加本地人四年级学生的阅读能力都无法达到本年级平均水平。

中途辍学的孩子们在青春期结束后还会受到教育问题的影响。没有高中学历的25岁及以上的成年人比其他高学历的人赚的钱少3成。拥有高中学历是应对成年人贫困最有效的方法。

因为父母被生活困扰，贫困家庭孩子在家里也少有机会从父母那里得到学习上的支持和帮助。比如，父母在家里给孩子读书是孩子以后能在学习上取得成功的关键因素。虽然3～5岁还没有上幼儿园的儿童中有一半在家里每天都会有人给他们读书，但有没有人给他们读书这件事在不同阶层中有不同的比率。收入为贫困线2倍以上的家庭会给孩子读书的可能性是2/3；相比而言，收入在贫困线1/2以下的家庭可能性则不足一半。

网络中的问题

今天的孩子不得不面对一些他们的父母做梦都想不到的难题。虽然互联网和其他科技进步为我们打开了信息收集和共享的大门，但也给我们带来了许许多多的问题，包括网络霸凌、色情短信和网络跟踪。

网络霸凌 菲比·普林斯（Phoebe Prince）是马萨诸塞州一个15岁的女孩，在南哈德利高中上学，在受到同学长达数月的折磨后，她在家里的楼梯间上吊自杀了。普林斯是爱尔兰移民，她经常被一群同学在学校走廊里嘲讽、谩骂和攻击，为首的是她短暂交往过的一个男生的前女友。她自杀前一天在图书馆里受到公开攻击威胁，当时在场的其他学生和一名老师眼睁睁地看着却毫无反应。她死后，检方起诉两名男生触犯了强奸罪，起诉四名女生侵犯普林斯的人身权利并对其实施骚扰。具有讽刺意味的是，这些青少年中大多数都还在上学，其中一些还持续在脸书纪念普林斯的主页上发表攻击性的言论。

专家将青少年霸凌定义为一名或多名青少年对他人重复进行伤害性行为。这些伤害性的行为是身体上的或者言语上的——比如打、踢、嘲弄或奚落——或者一些间接的行为，比如拉帮结派组织小团伙或故意把某些孩子排除在各项活动之外。

过去，霸凌行为经常发生在校园里，现在发展为在互联网上发邮件或者发短信骚扰受害者。物理距离已经不能成为影响校园恶霸施恶次数和深度的障碍了。猥琐的、侮辱性的或者污蔑性的信息都可能被发布在社交网站上或者直接通过手机发给受害者，霸凌现在已经从实体形式转为虚拟形式。

网络霸凌是通过像脸书、博客等互联网社交媒体或推特等微博客应用程序故意实施重复伤害。像现实中的恶霸一样，网络霸凌者指的是通过网络来虐待别人获得隐性或显性的愉悦感或者利益的恶意挑衅者。以前的霸凌者的优势可能是物理上的（体格）或者是社会性的（竞争力或者受欢迎程度），网络上的优势可能仅仅来源于使用网络的熟练程度。

> 网络霸凌：通过互联网社交媒体或像推特之类的应用程序故意实施重复伤害。

如今很难计算经历过网络霸凌的青少年的准确人数。贾斯汀·派琴（Justin Patchin）和萨米尔·印度佳（Sameer Hinduja）最近的一项研究表明，在他们调查的青少年中，有超过20%的人称自己是网络霸凌的受害者。如图1.4所示，青少年女孩比男孩更容易遭受网络霸凌（26%VS16%）。女孩也更容易实施网络霸凌（21%VS18%）。男女之间网络霸凌的类型也有所不同，女孩更喜欢散播谣言，而男孩更爱发送暴力图片。

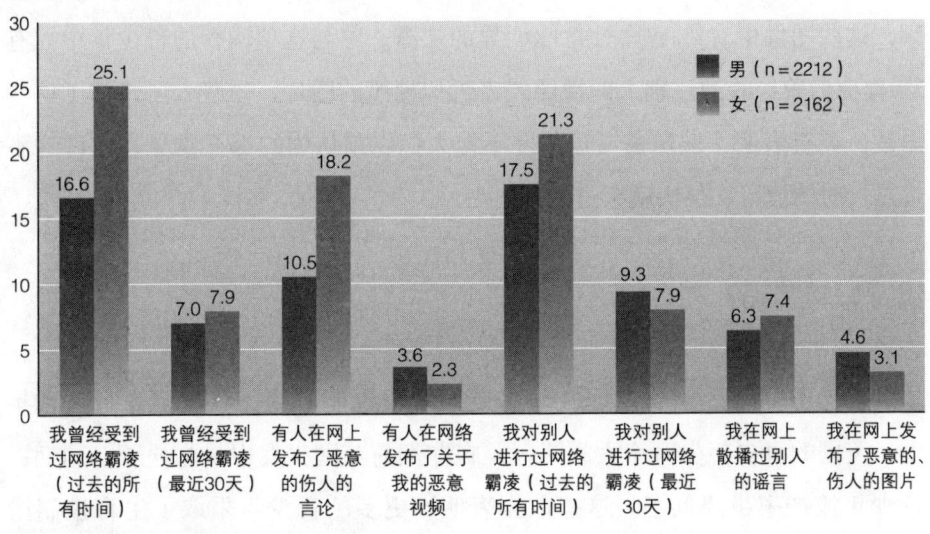

百分比

类别	男（n=2212）	女（n=2162）
我曾经受到过网络霸凌（过去的所有时间）	16.6	25.1
我曾经受到过网络霸凌（最近30天）	7.0	7.9
有人在网上发布了恶意的伤人的言论	10.5	18.2
有人在网络发布了关于我的恶意视频	3.6	2.3
我对别人进行过网络霸凌（过去的所有时间）	17.5	21.3
我对别人进行过网络霸凌（最近30天）	9.3	7.9
我在网上散播过别人的谣言	6.3	7.4
我在网上发布了恶意的、伤人的图片	4.6	3.1

图1.4 不同性别的网络霸凌

网络跟踪 网络跟踪指的是使用网络、电子邮件或其他电子通信设备来跟踪别人。有些成年人像捕食者一样，通过网上聊天室追逐未成年人，和这个孩子建立关系，然后进行接触。今天，互联网捕食者可能更容易和高危青少年见面并发展关系，更容易欺骗青少年，而不需要采取强迫手段或使用暴力。

网络违法这个专题中还讲了一种人会在网上做些具有误导性的举动：使用虚假的身份来引诱毫不怀疑的青少年与其陷入浪漫关系，这被称为网络自夸。

色情短信　青少年现在还担心他们发给自己男/女朋友私密照片这种被称为发色情短信的行为可能会引起严重的后果。2008年，俄亥俄州一个18岁的高中女生杰西·罗根（Jesse Logan）就犯了把自己的裸照发给男朋友的错误。他们分手以后，男生把这些裸照发给了同学。这些电子照片传到杰西同班同学中后，他们骚扰她、骂她、毁坏她的声誉。杰西很快就患上抑郁症，疏远人群，不敢上学。2008年7月，她在卧室上吊自杀。

发色情短信的现象引起了全国关注，人们想知道青少年参与传播含有性意味的私密内容的频率有多高。最近一项针对1560名10～17周岁的互联网用户的调查表明，大约2.5%的被调查者曾经制作过裸体或者半裸的照片或视频，这些图像中有1%包含性意味明显的裸露。参与这项调查的青少年中，有7%称他们曾经收到过别人的裸照或者近似裸照的图片，一些人还传播了这些图片。调查表明，发送色情短信并不像人们以前认为的那么常见，或许这不过是一时的流行，很快就会过去。

情况好转了吗？

虽然美国青少年确实面临很多问题，但也能看到一些亮点。过去10年中，美国的青少年生育率大幅降低，在非洲裔美国少女中最为显著。同期，青少年流产率也降低了。这些数据表明，更多的青少年采取了生育控制措施，实行安全性行为。

和1990年比，现在出生的有健康风险的孩子的数量减少。这可能意味着怀孕期间抽烟喝酒的女性减少，并且过晚进行产前保健或者完全不产前保健的人更少。此外，1990年以来，注射疫苗的儿童数量也增加了。

青少年开车时候的安全风险也减少了，具体数据如下：

- 从1991年到2011年，根本不系或很少系安全带的高中生的比例从26%下降到8%。
- 从1991年到2011年，在调查的30天里，高中生曾搭乘醉驾司机的车的比例从40%下降到24%。
- 被调查高中生在过去的30天里曾醉驾的比例从1997年的17%下降到2011年的8%。

青少年的饮酒量也在下降。1999年起，调查30天内曾饮酒的高中生的比例从50%下降到39%，和1997年比，酗酒青少年（在30天里曾经有过连续喝至少5瓶酒的经历）的比例从33%下降到22%。

更多的父母给他们的孩子读书，4年级到12年级学生的数学成绩也在提高。更多的孩子考上大学：大学入学人数现在是2100万，在未来十年，这一数字预计会继续增加并打破现有纪录。现在，美国成年人中有30%的人拥有大学学位。

虽然这些趋势令人欣慰，但提高青少年福祉仍然是一项全国性的目标。

网络自夸

"网络自夸"指的是在网上建立一个虚假的身份，通常是为了勾引诱惑别人陷入虚假的浪漫关系。根据《城市词典》的定义，网络自夸的人就是"在脸书或者其他社交媒体上装成不是自己的那个人"。因此，某人进行网络自夸就是建立虚假的社交媒体档案，目的是为了哄骗别人爱上这个虚假的身份。

虽然网络自夸的行为已经出现了一段时间，但直到圣母院队的足球明星曼迪·迪欧（Manti Te'o）成为网络自夸的对象，这才引起了公众的兴趣。迪欧和网上一个自称莱内·克库娃（Lennay Kekua）的女孩联系并发展为男女朋友。人们不知道他们发展多深入，但他说她是他女朋友，而且经常说自己爱她。当人们得知迪欧的祖母和女朋友（克库娃）在2012年足球季开始的同一天去世时，纷纷对迪欧致以同情。虽然他的祖母确实是在那天去世，但他的"女朋友"并不是——媒体调查显示，这个人根本就不存在。克库娃实际是迪欧的一个朋友在网上虚构出来的人物。在接受媒体采访时，迪欧说："意识到我因为别人开的恶意玩笑和一直持续的谎言而成为受害者，我感到痛苦和羞耻。"

在另一个引起美国关注的案件里，13岁的梅根·梅尔（Megan Meier）和一个自称约什·伊凡思（Josh Evans）的男孩确定关系。梅根和这个男孩联系了近一个月的时间，但只是在网上说话，因为男孩说自己没有电话而且在家学习。2006年10月的一天，约什在梅根的MySpace主页上留言："我不知道自己还想不想和你交朋友了，因为我听说你对朋友不好。"接着他又在MySpace上发了一条状态，说梅根又"胖"又"放荡"。看到这些信息后，梅根心烦意乱，跑回自己的房间。几分钟之后，梅根的妈妈蒂娜发现她在衣柜里上吊了。虽然蒂娜赶紧把女儿送到了医院，但梅根第二天还是去世了。

梅根死了6周以后，她的家长发现梅根一直联系的那个男孩根本不存在。约什·伊凡思（和他的在线主页）都是罗莉·德鲁（Lori Drew）虚构的，她是梅根家的邻居，也是梅根一个朋友的妈妈。她建立这个主页就是为了试探梅根都说了她女儿一些什么话。德鲁因为在梅根死亡事件中所扮演的角色最终在法庭上受到惩罚。

此外，还有一个更极端的例子，18岁男孩安东尼·斯坦塞（Anthony Stancl）在脸书上假扮成两个女孩（凯拉和艾米丽）。他加了高中很多男孩为好友，还和他们确定了恋爱关系（同样是假装成这两个姑娘和他们互动）。然后，他说服其中至少31个男孩给他发了自己的裸照或者视频。更过分的是，斯坦赛还在脸书上假装成一个姑娘试图让一半加好友的男孩和一个男性友人见面，让这个男性对他们实施性行为。他用手机拍了无数张这些场景的照片，警方最后在他的电脑里发现了超过300张十几岁男孩的裸照。他被起诉了五项引诱儿童罪、两项二级性骚扰儿童罪、两项三级性骚扰罪、非法持有儿童色情信息罪和对同一儿童重复实施性骚扰罪，并被判处15年监禁。

批判性思维 有人可能会说网络自夸是网上一种无伤大雅的玩笑，人们应该清楚地知道不应该和只在网上认识的人确立什么重要的关系。但这种想法就可以允许人们运用科技误导别人吗？"责怪受害者"这样的心态是可以接受的吗？对别人实施网络自夸行为的人是否应该被追究刑事责任呢？

未成年人违法犯罪研究

现代社会青少年的问题是一个在美国引发全国关注的问题，特别是这个问题和未成年人违法犯罪行为联系起来的时候。

未成年人违法犯罪：未达到法定年龄的青少年参与违法行为。

现在每年有超过110万的青少年因为各种各样的罪名被逮捕，从闲逛到谋杀，不一而足。虽然大部分违法行为都很轻微，但有时青少年违法者可能会极度危险暴力。美国大约有80万青少年是2万多个不同团伙的成员。街头暴力团伙可能会使整个城市都陷入恐惧中（见本书第5章）。屡屡犯下严重罪行的青少年（被称为惯犯或者慢性少年犯）现在被认为是一个严重的社会问题。青少年主管部门必须处理这些少年犯，还要应对其他各类社会问题，包括虐待儿童、忽视儿童、校园犯罪、故意破坏财物、家庭危机及吸毒。这些高频惯犯造成了巨大的社会问题。马克·可汗（Mark Cohen）、阿历克斯·皮丘洛（Alex Piquero）和卫斯理·简宁斯（Wesley Jennings）针对各类少年犯给社会造成的损失进行了一系列研究，其中包括成年后仍持续犯下严重罪行的高频犯罪者。研究者发现，他们中的每一个人平均让社会机构花费超过150万美元，随着他们年龄的增长，他们让社会付出的代价会随之增长。这些违法者中最恶劣的人犯下的已知罪名多达53项，在20多岁的时候就花掉了社会169.6万美元。这些研究中的高频犯罪者每年造成的损失和付出的代价会花掉社会超过5亿美元。

慢性少年犯（也称为慢性青少年违法者、惯性违法青少年、青少年惯犯）：在未成年时期曾被逮捕4次以上并参与各种严重犯罪行为。人们认为大部分青少年违法行为都是由这一被称为"慢性6%"的小群体犯下的。

鉴于上述问题的多元性和严重性，我们急需制定策略，打击未成年人违法犯罪这个复杂的社会现象。然而，制定有效的策略需要对犯罪的原因和预防有深刻的理解。违法犯罪是心理变态的表现吗？是青少年对抗恼人的社会现状的集体反应吗？是令人困扰的家庭生活和社会化的产物吗？严重的违法犯罪行为只出现在大城市的下层家庭的青少年中还是已经在全社会蔓延了呢？家庭生活、物质滥用、学校经历和同龄人关系对青少年和他们的违法行为有什么影响呢？虽然我们知道大部分未成年违法犯罪者不会继续成为成年罪犯（这一过程被称为到年纪就不再犯罪了），但我们不知道为什么有些青少年会从年少时就开始犯罪，成年之后仍然继续犯罪成为惯犯。为什么有些儿童出现违法犯罪行为的年纪那么小？为什么有些人违法犯罪行为的严重性会升级？根据哪些因素可以推测违法犯罪行为会持续或继续？相反，哪些因素有助于犯罪中止或停止？我们必须对影响犯罪行为出现和中止的因素进行有序的科学研究，否则很难形成有效的防治策略。

到年龄就不再犯罪的过程（也称为犯罪中止或自行缓解）：青少年随着年纪的增长会减少自己的犯罪频率，人们认为各类违法者都会有这一倾向。

持续犯罪：未成年违法犯罪者不是到一定年龄就不再犯罪，而是持续其违法犯罪行为。

对违法犯罪行为的研究涉及对青少年犯罪执法机构、法庭和矫治机构的分析，这些机构统称为未成年人司法系统。警方如何处理违法未成年人？儿童的合法权利有哪些？比如犯了谋杀罪的未成年人是否应当接受死刑？什么样的矫治项目对违法青少年最有用？教育、社区、咨询及职业发展项目的作用大吗？有些批评者称，大部分针对青少年违法者的康复项目都注定失败。我们是应当采取惩罚性还是治疗性措施？还是兼而有之？

未成年人司法体系：司法体系的一部分，包括青少年犯罪执法机构、法庭和矫治机构。

总之，科学研究青少年违法犯罪需要了解青少年违法犯罪行为的实质、程度和原因，还要设计管控方法。我们还需要研究和违法犯罪行为有关的重大社会环境因素，包括物质滥用、儿童虐待和忽视、教育及与同龄人的关系。本书将研究未成年人违法犯罪的方方面面，以及为了帮助问题青少年防止违法犯罪行为蔓延所做出的种种努力。我们在研究的开始会回顾一下童年这个概念的发展，看看儿童一开始是如何被确定为一个具有自身特殊需求和行为模式的独特群体。

童年概念的发展

从历史上看，将儿童视为一个具有特殊需求和行为模式的独特群体还是一个相对较新的概念。在350年前，还没有照顾儿童的机制，哪怕是孤儿或赤贫的儿童这些最需要人照顾的人群。照顾儿童的概念是如何发展起来的呢？

中世纪儿童的童年

在欧洲，中世纪（大约公元500—1500年）不存在我们今天理解的儿童的概念。那个时候是家长专制型家庭，父亲对所有家庭事务都具有最终决定权，从社会、经济到身体的方方面面控制着他的妻子和儿女。不听话的孩子会受到严厉的体罚，甚至会被打死。

家长专制型家庭：父亲对所有家庭事务都具有最终决定权，控制着他的妻子和儿女的方方面面。

对下层阶级农民的孩子而言，长大成人好像是一瞬间的事。只要他们体力上符合要求，此阶层的儿童就会承担起成人的角色。男性会做农活或者学习泥瓦活儿、打铁这样的技术手艺；女性会帮厨或者帮着料理家务。一些农民家庭的青少年会在有权有势的地主家里干家务或者做农活，也可能会去当技术劳工或者铁匠、马蹄铁工这样的手艺人。

对于中世纪童年生活的这种看法是由菲利普·艾瑞思（Philippe Aries）提出的，他的著作《各个世纪的童年》（Centuries of Childhood）颇具影响力，被视为史学经典。艾瑞思称，大部分青少年都会去做学徒、农民或者工厂工人，通常在年纪不大的时候就进入成人社会。根据艾瑞思的说法，婴儿的高死亡率导致父母从情感上与自己的儿女保持疏离。那时的绘画作品把孩子们都描摹成只要体力跟得上就被送去工作的小大人。西方文化在19世纪晚期和20世纪早期才意识到，童年是人生中一个独特的阶段。

虽然艾瑞思认为中世纪的儿童被当作小大人的这种看法已经成为标准观点，但在之后出版的一本叫《中世纪儿童》的书里，历史学家尼古拉斯·奥姆（Nicholas Orme）提出了证据，表明中世纪的儿童得到了父母的重视，享受了较长时间的童年时光。在书中，奥姆发现，中世纪的母亲甚至在生产之前就表现出对自己孩子的关爱。贵族家庭的女性会从教堂里借出圣母玛利亚的纪念物来保护她们未出生的孩子，而穷人家的女性会把碧玉石或者十字架的画放在肚子上以求顺利生下健康的孩子。父母会把自己孩子的生日和圣徒纪念日联系起来。中世纪的孩子有自己的歌谣、曲子和游戏。一些简单的游戏会利用樱桃核或者榛仁，孩子们也有普通玩具、有娃娃，一些贵族孩子甚至还会有机械玩具。

贵族家庭的儿童虽然与富裕阶层和地主阶层孩子们的生活大不相同，但他们也在很早的时候就承担起成人的角色。贵族家庭的女孩会在家接受教育，十来岁就会嫁人。一些女孩会学习读写、学习算式以便给家里算账，还会承担典型的女性职责，比如管理仆人和一家子的饮食。

地主家庭的男孩们在七八岁的时候就会被送到修道院或者教会学校受训，为了日后从事教职或者被选入武士阶层，他们会被送去当随从——给有经验的武士当学徒或者助手。21岁的时候，这些年轻人会完成随从的任期，接受武士头衔，回家和父母生活在一起。大部分人都保持单身，因为人们普遍认为，在一个庄园或者城堡里只能住一对夫妻。为了消磨时光，也为了保持自己打斗的锐气，许多年轻的武士会参加巡回锦标赛、多人混战和竞技以赢取名声和财富。他们的父亲去世时，年轻的武士就会继承他们的头衔，结婚并组建自己的家庭。

当时的传统和习俗决定了儿童的生活形态，在某些情况下，极大地放大了他们的艰难与痛苦。长子继承制要求家里活着的最大的男性子嗣继承家里的土地和头衔。他可以随意将财产分给年幼的弟弟妹妹们。没有硬性规定要求财产一定要平均分配，很多分不到土地的青少年被迫进入宗教团体、参军或者寻找富有的赞助人。长子继承制经常造成激烈的家庭冲突，导致流血和悲剧。

长子继承制：在中世纪，长子有权继承家里的土地和头衔，他的弟弟们只能选择被迫进入宗教团体或参军。

嫁妆制度要求女性的家庭要给她未来的丈夫或者他的家庭献上金钱、土地或者其他财物（被称为嫁妆）。作为回报，新郎的家里会承诺给这个年轻女性财产资助，这被称为寡妇所得遗产。如果妻子活的时间比丈夫长，寡妇所得遗产可以给她提供一辈子的收入。嫁妆制度严重影响了中世纪女性的地位，也因此影响了儿童的地位。在这个制度里，父亲或者男性监护人对他女儿的婚姻选择具有最终决定权，因为他可以威胁女儿不提供嫁妆。一些女性因为自己的家庭地位受到影响而无法嫁人。

如果一个家里有很多女孩，男孩很少，这个家庭的父亲就会面临巨大的财务压力，很难为她们选择合适的婚姻。因此，许多家里年纪最小的女儿不得不去修道院或者待在家里，能够结婚和组建家庭的前景渺茫。

嫁妆制度对于女性在社会上的地位具有深远的影响，迫使她们成为依附于自己父亲、兄弟和监护人的二等公民。因而形成了一种模式，如果女性不遵守男性认为合理的女性行为标准，就会受到严厉的惩罚，这便形成了两性双标，这种标准中有一部分一直留存至今天。

中世纪儿童抚养的艰难也影响了15～16世纪抚养儿童的行为方式。比如，婴儿一生下来几乎立刻被交给乳母，乳母会哺乳抚养他们直到两岁。乳母经常不和这家人住在一起，因此，孩子的父母和孩子接触很少。即使最富裕的家庭也会请乳母，因为贵族女性认为哺乳是自降身份的行为。当时的惯常做法是把新生儿完完全全地包在绷带或者襁褓里。襁褓可以让婴儿不能乱动，这样乳母带孩子就更加容易。人们认为这种行为是为了保护孩子，但很可能正是这种做法导致新生儿的高死亡率，因为这样无法保证孩子的健康。

襁褓：中世纪将新生儿完全包在长长的像绷带一样的布里，让他们无法乱动，更容易管理。

这段时期的管教很严。各个阶层的儿童，不分贫富，都会受到严格的管教和约束。他们稍有不听话或者闹情绪就会被揍得很厉害。按照今天的标准，那时候的很多孩子都受到了虐待。父母和子女之间的关系很疏远。当时的人们认为，孩子应当在很年轻的时候就进入成人世界，承担责任，分担家长和兄弟姐妹们的工作。如果人们觉得这个孩子有病或者发育迟缓，通常会把他遗弃在教堂、孤儿院或者弃儿养育院。

父母和孩子之间冷漠关系的起源可以追溯到婴儿的高死亡率，这种情况下，多愁善感和富有感情的关系就会有风险。父母不愿意对可能轻易就被暴力、意外或者疾病中止的关系投入过多的感情。许多人认为必须对孩子严加管教，这样他们才能在危险重重的世界里生存。亲密的家庭关系被视为不利于生存。而且，因为最年长的孩子被视为决定一个家庭幸福的关键人物，年轻的男孩和女孩就被当作经济和家庭负担。

儿童关爱行动的发展史

在17～18世纪期间，英国发生的一系列事件预示了人们会逐渐意识到儿童的权利。其中一些事件最终影响了美国的未成年人司法体系，包括家庭模式和儿童关爱模式的变化、英国《济贫法》、学徒运动和衡平法院。

家庭结构的变化 家庭结构和儿童地位在中世纪后开始出现变化。大家庭在经历了几百年后，逐渐被我们今天所熟悉的核心家庭所取代。越来越多的婚姻是基于爱情和男女之间的相互吸引而不是父母之言或者父亲的强势决定。婚姻的概念出现了变化——从经济安排变成了感情约定——也开始影响孩子在家里的地位。虽然父母还是会对孩子严加管教，但亲子感情更加亲密，父母更关心子女的生活。

为了更好地管教孩子，这一时期出现的走读学校和寄宿学校在许多大城市快速发展。儿童经常从小学习语法、拉丁语、法律和逻辑。学校的老师利用孩子们的害怕心理管学生，最常用的管束方法就是鞭打。学生会因为学习犯了错或者品行不端挨打。这种残酷的方式贯穿了所有学生的整个求学生涯，不管是穷学生还是富学生，甚至还包括大学生。随着启蒙运动的兴起，这种管教方式在欧洲逐渐减少，但直到19世纪末，英国还在使用这种方式对待儿童。虽然现在看起来，这种残忍的方式令人难以理解，但在当时的社会却很平常，因为儿童是二等公民。

18世纪末，伏尔泰、卢梭和洛克这些哲学家的作品开启了儿童和家庭的新时代。他们的想法创造了人们所熟知的启蒙运动。启蒙运动强调用人性的观点看待生命、自由、家庭、论断和法律。理想中的人格是对他人充满同情，乐于接受新的想法。这些新的观念影响了家庭的结构和生活方式。夫权被削弱了，家庭里的管教更加放松，家庭成员间更乐于表达爱和情感。中上阶层的家庭开始关注儿童抚养的问题，儿童的地位得到提升。

随着这些变化的出现，19世纪的儿童开始被认为是一个有独立需求和利益的独特群体。父母开始对子女的养育投入更多关注。而且，人们开始强烈质疑学校对待儿童的方式。公众的呼声减少了太过严厉的体罚，教鞭的使用得到限制，一些学校用布置作业或者减少优待的做法替代了体罚。尽管出现了一些改革，很多孩子还是生活在水深火热之中。女孩们仍然无法得到足够的教育，惩罚的方式仍然以体罚为主，学校仍然继续虐待儿童。

《济贫法》 政府采取行动关心有需要的儿童，这种做法可以追溯到英国的《济贫法》。早在1535年，英国通过法律允许儿童的指定监护人将贫困的或者无人监管的儿童送到富人家里当用人。《济贫法》强制要求儿童在未成年阶段必须得到家庭的照顾，这些家庭会锻炼他们做农活、手艺活或者家务活。1601年的伊丽莎白《济贫法》在之后的200年里一直都是处理贫困儿童问题的模板。根据这部法律所制定的体系，教会委员和监管人在得到治安法官的同意后，可以对流浪的、违法的或未被好好管教的儿童采取措施，让他们去工作。通常情况下，这意味着把他们送去救济院或者工厂，让他们给师傅当学徒。

《济贫法》：英国法律，允许为贫穷的或者无人监管的儿童指定监督人，允许把这个儿童送到富人家里当用人。

学徒运动 学徒体制下，儿童的照管人是训练他们获取技能和承担职责的人。自愿的学徒指的是孩子的家长或监护人希望他们的孩子能得到训练；非自愿的学徒是主管人强迫儿童必须到21岁甚至年纪更大一些才能结束学徒生涯。师父和学徒的关系类似于亲子关系，因为师父对学徒拥有完全的掌控权。如果学徒不守规矩，师父可以管教，这名学徒就会受到惩罚。在监狱里的学徒通常和其他犯人分开住在单独的房间或宿舍，受到的待遇通常也和罪犯的待遇不同。即使在这一阶段，人们也逐渐认识到，儿童法律的适用性和执法应该有所不同。

衡平法院 15世纪后，一个叫衡平法院的制度成为英国法律体系里的重要分支。一开始，这种法院被称为"平等法院"，用来处理那些不在传统法律管辖范围内的问题。这些早期的法院成立的基础是英国传统中认为首相是

"国王的良心"，可以调整法律规定的适用范围，根据不同的情况提供救济。这类法庭不处理技术性的法律问题，而是关注做出公平公正的裁决和命令。在处理和儿童有关的问题时，衡平法院主要处理孤儿的监护人、财产和继承权的问题，并且指派监护人保护这些儿童，直至他们成年并可以照顾自己。比如，如果一个富有的父亲在他的继承人成年前去世了，或者对于继承人的身份（合法性）有异议，国王可以让衡平法院裁决这个案子，确保继承权得到保护（需要收税）。

衡平法院：出现在十五世纪英国的一种法庭程序，用于监管上层阶级中未成年孤儿或其他无法照顾自己的未成年人的生活。

衡平法院做出裁决的基础是儿童和所有其他没有行为能力的人处于国王保护性控制之下；也就是拉丁语中国家亲权主义这个词，指国王是整个国家的父亲。英国国王第一次用这个词是为了表明自己有权介入自己封臣的子女的生活——这些孩子的地位和财产与国王有直接关系。国家亲权主义的概念成为衡平法院作为国王权力的一部分进行保护性管辖的理论基础。随着时间的推移，国王越来越多地使用国家亲权主义的概念，以关注他们的整体福利为由去介入某些家庭和儿童的生活。

国家亲权主义：国家有权代表儿童采取行动，同时有权像父母一样，为儿童提供照顾和保护。

衡平法院只关注富裕阶层的财产和监护问题。他们对被指控犯罪的儿童不具有管辖权。常规的犯罪法庭体系框架同样适用于违反法律的青少年。逐渐地，国家亲权主义的概念主要指法庭和国家有责任以儿童的利益为重。

总结

1. 熟悉美国文化中青少年面临的问题

青少年很容易受到学业不佳、物质滥用和过早性行为所产生的负面影响。

青少年经常因为家庭、学校和社区中的麻烦与矛盾感到压力、迷茫和抑郁。

青少年度过他们混乱的青春期时，美国社会的问题和现代日常生活的压力会对他们产生严重的影响。

2. 区分自我认知和角色扩散的区别

根据心理学家埃里克·埃里克森的理论，对许多青少年来说，青春期是一个充满尝试和不确定性的时期。

根据埃里克·埃里克森的解释，自我认知指的是青少年形成了对自我的完整观感，包括他们怎样看待自己、怎样适应他人。

角色扩散指的是他们对自己产生了不确定感，心力交瘁，因为自己无法确定身份认知而受到那些承诺给他们一个身份的人支配。

3. 讨论美国青少年面临的特定问题

许多孩子都受到慢性健康问题的折磨并且医疗保障不足。

孩子们生活在不达标的居住环境中，同许多家庭住在一起，这种环境会对他们的长期心理健康产生负面影响。

对违法行为的研究涉及对青少年犯罪执法机构、法庭、矫正机构的分析，这些机构统称为未成年人司法系统。

尽管所有青少年都面临着来自教育系统的压力，但穷人、少数族裔和新移民家庭的孩子面临着更大的风险。

少数群体的孩子通常上学的学校因资金不足，得到的教育机会不够，实现传统意义上成功的机会最少。

4. 理解有风险的概念，讨论为什么许多孩子冒险

学校、家庭和社区的问题，再加上健康和成长问题，使很大一部分美国年轻人置于违法和物质滥用的风险中。

所谓的风险是指陷入各种危险行为的风险，比如吸毒、饮酒或者滥交。

青少年为什么要这么做呢？是因为青少年群体认为冒险是正常的。

5. 熟悉美国青少年近年来取得的社会进步

美国青少年生育率在过去十年大幅下降。

现在和过去比,现在更多的家长给他们的孩子念书。

和1990年相比,现在出生的孩子中有健康风险的更少。

6. 讨论为什么青少年违法犯罪的研究如此重要,这一研究包括什么

现代社会中青少年的问题,既是一个全国性的重大问题,也是学术研究的一个重要主题。

虽然青少年的大部分违法行为是轻微的,但有一些青少年具有暴力危险。

一些青少年卷入多种严重犯罪行为,这些人被称为生活习惯式的、惯性违法犯罪者或惯犯。

对青少年违法犯罪行为进行科学原理研究需要了解青少年违法行为的性质、范围和原因,以及各种管控方法。青少年违法犯罪行为的研究还包括对青少年执法、法庭及矫正机构的分析。这些机构统称为未成年人司法系统,它们的设立是为了应对落入法律管辖范围内的青少年违法者。

7. 描述封建时期儿童的生活

在中世纪的欧洲(大约公元500—1500年),我们今天所熟知的童年的概念是不存在的。

在当时的家长专制型家庭里,父亲对家庭的所有事物具有最终权威,对于家庭的社会经济和健康幸福行使完全的管控。

西方文化直到19世纪末20世纪初,才将童年定义为人生中的一个特殊时期。

在这个时候,管教很严。各个阶层的儿童都要服从严厉的规则和规矩。一旦有任何不听话或者坏脾气的迹象,他们就会被痛打。

父母和孩子之间冷漠关系的来源可以追溯到婴儿的高死亡率,这种情况下,多愁善感、富有感情的关系就会有风险。

8. 讨论17~18世纪对待孩子的方式

大家庭开始被我们今天所熟悉的核心家庭结构所替代。

为了更好地管教孩子，这一时期出现了语法学校和寄宿学校，并在许多大城市快速发展。

启蒙运动强调用人性的观点看待生命、自由、家庭、论断和法律。理想中的人格对他人充满同情，乐于接受新的想法。

学徒体制下，儿童的照管人是训练他们获取技能和承担职责的人。

衡平法院成为英国法律体系的重要武器。

国家亲权主义的概念是国家有权代表儿童采取行动，同时有权像父母一样，为儿童提供照顾和保护。

视点

作为南方一个大州的州长，你收到了一位年轻男子的家人和朋友的请求，希望赦免这位年轻人。内森尼尔·B于1995年被判二级谋杀罪名，根据本州刑法体系，被判处28年刑期。他是以成年人的身份受审的，被认定故意杀害他的英语老师巴瑞·G先生，原因是他对因为成绩不及格和扔水球被停课的事情非常生气。在庭审中，内森尼尔的律师称，内森尼尔把枪带到学校，指着G先生，只是想强迫他让内森尼尔和教室里的两个女生讲话，但枪却意外走火。

"他拿起枪的时候，眼中充满泪水，"内森尼尔的律师告诉陪审团，"他的手开始颤抖，枪走火了。这个毫无经验的13岁男孩手里拿了一把垃圾枪，所以枪走火了。"公诉人回应称，内森尼尔的行为是有预谋的，因为他学业上得了个"F"而倍感沮丧，而且因为他被禁止和女生谈话而充满怒气。受害者对这个青少年所感受到的"愤怒、仇恨、怒火和沮丧"毫不知情。警方的信息也对内森尼尔不利，内森尼尔曾告诉一名同学，他要回到学校，射杀老师。他说自己会出现在随处可见的新闻里。

在内森尼尔的判决听证会上，他读了一个声明："语言无法解释我有多抱歉，但这是我拥有的全部。"他的妈妈波利因为儿子的行为而责怪自己，说他生长在一个充斥着各种家庭暴力和酗酒行为的家里。

现在他已经服了7年刑，内森尼尔的案件引起了你的注意。作为州长，你意识到，他的判刑和惩罚引发了一系列重要的问题。他的妈妈认为，他的行为是家庭暴力和虐待的产物。你读过的研究表明，许多习惯性具有攻击性的儿童都成长在经常受到父母粗暴对待的环境中，这种暴力会持续到成年时期。

- 像内森尼尔一样有麻烦的孩子，应当再次受到司法系统的惩罚吗？
- 内森尼尔的行为很可能事实上是由一个他无法控制的家庭环境所造成的，他个人需要因此为其行为负责吗？
- 虽然他在犯罪的时候才13岁，内森尼尔的案子是在成人法庭受审的，他被判在成人监狱长期服刑。像内森尼尔一样犯下重罪的未成年人应当像成年人一样被处理吗？还是应当在一个以治疗和康复为导向的独立青少年司法体系中受审呢？
- 现在内森尼尔已经在监狱服刑了7年多，你会赦免他吗？

第 2 章　　　　　　　　　　　　　　　　　　　　　　　　　　CHAPTER 2

青少年违法犯罪的内涵与外延

2013年1月31日，两名少男莱昂内尔·孔特雷拉斯和威廉姆·史蒂芬·罗格里戈斯因在圣地亚哥公园内绑架并性侵两名少女而被判处至少50年监禁。虽然此二人在犯下罪行时仅16岁，但他们在法庭上以成年人身份受审，被判以同谋、强奸、绑架和使用刀具等罪名。

这起案件的受害者在某居民区后面的绿化带散步时遭到了绑架，年仅15岁和16岁。她们被带至僻静的地方遭受了残忍的侵袭，被迫与被告多次发生性关系，时间长达三四十分钟。在听证会上，法官对被告说："你们掳掠了她们（受害者）的灵魂……这种行为野蛮、无情又残忍。如果可以的话，我会判你们645年监禁，但法律不允许如此。你们是未成年人，才得以免于此刑罚。"在法庭上，其中一名受害少女的家属读了封信，详细描写了这名少女在遇袭之后面临的重重困境与挣扎。信上说，被告盗取了"他们无权触碰的东西"，这个女孩虽然持续被噩梦困扰，却选择"不以受害者的姿态生活"，而是"为了痊愈持续努力"。她的父母对被告的妈妈说，"我们也为你们的遭遇感到心碎"。

虽然很多人认为青少年罪犯不过是犯些小的过错，如店内偷窃、抽大麻和在学校随意喷涂，但诸如圣地亚哥强奸案一类的案件却表明事实并非如此。今天的孩子们时常犯下抢劫、强奸甚至谋杀等重罪。哪些孩子会犯下这类严重的罪行？这类案件最可能发生在哪些地方？要想厘清这些违法犯罪行为的原因并采取有效措施减少其发生，我们必须找寻上述两个问题的答案。

专家在研究此类违法犯罪行为的性质及严重程度时，主要依赖于三类数据来源：官方记录、受害人调查和犯罪者自述调查。只有知道这些数据是通过何种方式获得的，才能洞悉违法犯罪行为的评测准则，才能了解这些数据对于研究青少年犯罪及遇害现象有何意义。因此，本章将对这三类数据一一进行详细解读。

官方违法犯罪记录：统一犯罪报告（UCR）

关于青少年违法犯罪行为的一些最有价值的信息，大部分都来自联邦调查局向当地执法机构所收集的信息，他们每年会把这些信息发布在统一犯罪报告中。统一犯罪报告既包括向当地执法机关报告的犯罪行为，也包括警察机构进行的逮捕数量。联邦调查局会从能够覆盖绝大多数美国人口的17000家警察局收集并整合记录。联邦调查局会对每个城市、郡县、标准的大都市统计分区以及地理分区所报上来的违法犯罪案件的数量进行统计，并且每年进行发布。最严重的犯罪行为被称为这个报告的第一部分犯罪，包括谋杀、非过失杀人、强奸、抢劫、加重攻击、盗窃、纵火和盗窃机动车等。除了上述这些数据，统一犯罪报告还会将所有因为上述犯罪及其他所有犯罪种类（被称为第二部分犯罪）而被逮捕的人员的数量及特征（年龄、种族和性别）进行统计，这一点对于研究青少年犯罪来说非常重要，因为它可以告诉我们每年有多少未成年人被逮捕。

联邦调查局：美国司法部下辖，调查违反联邦法律的行为，收集犯罪数据，运行综合犯罪实验室，帮助训练地方执法人员。

统一犯罪报告：由联邦调查局编纂，是使用最广泛的美国违法犯罪数据来源。

第一部分犯罪：其中包括谋杀、非过失杀人、强奸、抢劫、加重攻击、盗窃、纵火和盗窃机动车等；由当地执法官员记录；这些犯罪记录每季度汇总一次，送交联邦调查局收录在统一犯罪报告中。

第二部分犯罪：第一部分犯罪以外的其他所有犯罪种类；由当地执法官员记录。因这些犯罪导致的逮捕信息每季度汇总一次，送交联邦调查局收录在统一犯罪报告中。

聚焦青少年违法犯罪

未成年性犯罪者

最严重的青少年违法犯罪行为之一就是对其他未成年人实施性犯罪，虽然人们通常认为恋童癖者或捕食者都是成年人，但我们要明白，这些犯罪行为中有很大一部分都是由未成年人实施的，虽然他们的形象并不符合性犯罪者的形象。近年来，实施性犯罪行为的青少年数量出现了增长，当前占所有性犯罪者总数的1/3。社会学家戴维·芬克尔霍尔、理查德·欧姆罗德和马克·查分最近对现有的青少年犯罪信息进行了整理，同警方数据加以对比来分析青少年犯罪行为的趋势。

他们做了些什么？他们为什么要这样做？

临床研究表明，有多种行为会造成青少年需要进行诊疗，其中包括但不限于下列行为：给年龄更小的孩子看黄色图片，隔着衣服抚摸儿童，在学校以一种有性意味的方式抓摸同龄人，约会强奸，团伙强奸或者和一个年龄小很多的孩子发生性行为。性犯罪可能是一个单独的事件、一些相互独立的事件或者多起涉及多个受害者的事件。未成年性犯罪者通常来自不同的社会和家庭背景。有一些社会和家庭背景正常，有一些具有各种各样的问题。其中有一些未成年性犯罪者曾经受过虐待或者暴力，但并非所有人都如此。在一些案件里，施害者童年受过性虐待，可能会导致他们在青少年时期对他人实施性侵犯，但是大多数的性虐待受害者并不会成为性侵犯者。如果十一二岁的孩子有性行为方面的问题，他们很有可能曾经遭受过性虐待。

除了背景不同，侵犯者的动机也明显不同。一些未成年性侵犯者的主要动机似乎是性好奇，而有一些人长期侵犯他人的权利，已形成行为模式。有一些侵犯和严重的精神健康问题有关，有一些侵犯行为是被迫的，但更多的是冲动犯罪或者判断力差引发的犯罪。

非常年轻的侵犯者

大部分未成年性侵犯者都是十几岁，但是这些人中有16%的人在引起警方注意时还不足12岁。专业人士通常会使用其他的说法（如有性行为问题的儿童）来描述这一群体。年龄较小的性侵犯者更容易侵犯家庭成员，侵犯行为通常发生在居住环境中，目标是和他们年龄相仿的男性受害者，他们最严重的侵犯行为通常是抚摸，不太可能是强奸。

女性未成年性侵犯者

女性未成年性侵犯者是另外一个让临床医生和执法人员尤其感兴趣的群体。她们只占了所有未成年性侵犯者中的非常小的比例（7%），但是有几个明确的特征将女性未成年性侵犯者和男性区分开。女性侵犯者通常比男性年龄要小，在女性侵犯者中31%不足12岁，而男性侵犯者的这一数据是14%。和男性侵犯者比，女性被认为更容易和他人一同作案（36% VS 23%），也更容易和成人一起作案（13% VS 5%），他们也更容易参与有多名受害人的案件（23% VS 12%），也更容易被调查者认定在其实施侵犯的同时成为受害者。女性侵犯者似乎更容易在家庭环境而非学校实施侵犯行为。和男性侵犯者比，她们的受害者是男性的比例更大（37% VS 21%），11岁以下受害者的比例更大（60% VS 43%）。

批判性思维

未成年性侵犯者应当得到治疗还是惩罚？你觉得他们是成人恋童癖的年轻版本还是一个本身也极有可能是受害者的不同群体？

编写统一犯罪报告

编写统一犯罪报告的方法非常复杂，每个月执法机构都会上报他们知道的犯罪的数量，这些数量来自受害者还有警方发现违法犯罪违法行为之后进行的报案记录，也包括其他消息源向执法机构进行的报案。

如果经过调查发现某起报案是虚假的或者不成立的，就会从实际的数目中减去。然而，不管这个案件中有没有人被抓，不管案件中遗失的财产有无得到追回或者有没有进行诉讼，只要案件实际发生了，就会向联邦调查局报告。

此外，每个月执法机构还会报告有多少起案件得到清理。清理有两种方式：(1) 至少有一个人被抓、被起诉或者是移交法庭进行公诉；(2) 当警方无法控制的一些因素（比如，犯罪嫌疑人已经离开了这个国家）导致无法对犯罪嫌疑人实施人身逮捕的时候，也可以通过特殊的方式进行清理。案件清理的数据包括未成年人违法犯罪者被逮捕的数据、在第一类犯罪中被偷走而又重新被追回的财产价值以及和刑事杀人罪有关的详细信息。通常情况下，每年和第一部分犯罪有关的案件中，20%以上的案件会得到清理。

因特殊手段而被逮捕的犯罪行为

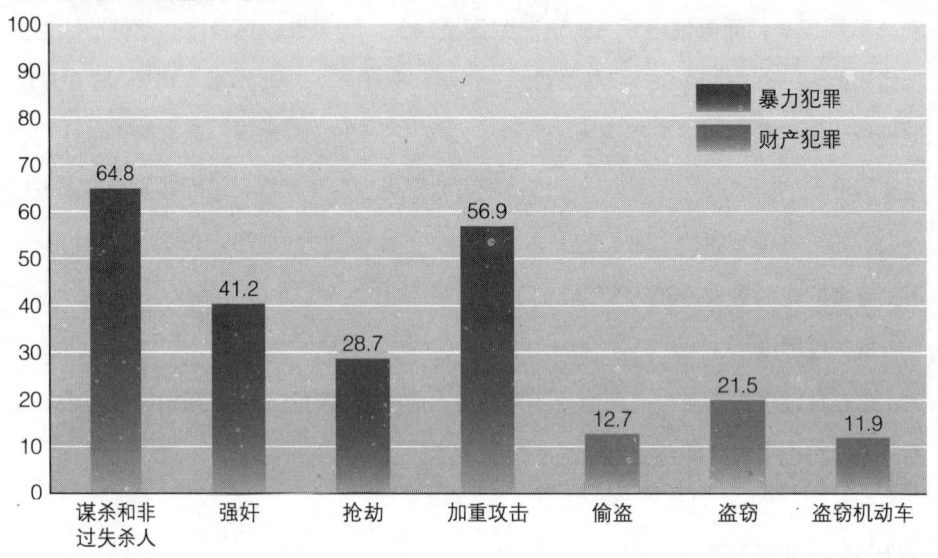

犯罪类型	比例
谋杀和非过失杀人	64.8
强奸	41.2
抢劫	28.7
加重攻击	56.9
偷盗	12.7
盗窃	21.5
盗窃机动车	11.9

图2.1　通过逮捕得以清理的犯罪案件比例

和财产犯罪相比，暴力犯罪更容易得到解决，因为警方会投入额外的资源来解决这些严重的犯罪行为，对于这种类型的犯罪而言，证人（包括受害者）通常能够出来指认违法加害者，在许多案子里，受害者和加害人之前都是认识的。

统一犯罪报告会用三种方式公布犯罪数据。

第一，向警方报告的犯罪数量和进行逮捕的数量会以原始数据的形式进行公布（比如，2011年共发生14612起谋杀）。

第二，会计算出10万人犯罪率。也就是说，如果统一犯罪报告指出2011年的犯罪率是5，意思是说每10万人中有4.7个人在2011年1月1日到12月31日期间被谋杀。计算公式为：

报告的犯罪数量÷美国人口总人数×10万=10万人犯罪率

第三，联邦调查局会计算犯罪数量和犯罪率的变化。从2010年到2011年，谋杀率下降了1.5%，2007年到2011年，谋杀率下降了17%，2002年起，谋杀率下降了17%。

统一犯罪数据可靠吗？

虽然统一犯罪数据是官方犯罪数据的主要来源，但是专家长期以来一直质疑其准确性。调查表明，不足一半的犯罪受害者会将犯罪事件向警察报告。那些没有报告案情的人认为，他们受害这件事是一个私人/个人的事情，犯罪行为没有严重到需要向警方报告或者将犯罪行为报告给其他官方机构。一些受害者不相信警方，或者相信自己有能力可以解决犯罪问题；一些人没有财产保险，因此觉得报告失窃案件也是没有用的；在另外一些案子里，受害者害怕受到侵犯者的朋友或家人报复，或者在家庭暴力的案件中，他们害怕受到自己的配偶或男/女朋友的报复，他们可能觉得自己对犯罪也有一些责任，比如，约会强奸的受害者觉得是因为自己在受到攻击前喝了酒或吸了毒；对于一些会直接影响儿童的犯罪（如儿童虐待），考虑到受害者的年纪及他们没有足够的能力去联系警方，可能这些案件也没有全部都向警方报告。人们如何向警方报告犯罪会对统一犯罪报告中的犯罪率产生重要的影响，也会影响其中表现出来的犯罪趋势，人们觉得犯罪产生了明显的下降，可能事实上更多地反映出了受害者的行为，而非犯罪者的行为。

另一个问题是，地方执法机构可能会在他们向联邦调查局报告时有意无意地犯一些错误。一些机构对犯罪的定义比较宽松，比如，将袭击女性定为意图强奸，而一些地方则严格遵守联邦调查局的指南。有证据表明，在政治高压下，警方可能会修改记录，表明他们在打击犯罪上效果明显，他们的方法取得了积极的成果。具有讽刺意义的是，随着技术革命的逐渐发展，警方能够更加完整地记录和报告犯罪。一些地方司法机关的犯罪率看起来上升了，只是因为警方记录犯罪案件的能力得到了提升。

联邦调查局使用的计分程序十分复杂，导致许多严重犯罪没有被记录在案。比如，在一个持枪抢劫银行的案件中，犯罪者用手枪柄袭击了柜员，然后从银行逃出并在路边偷走了一辆汽车。虽然从技术上说他犯了抢劫、加重攻击和偷盗机动车的罪行，但是由于抢劫是其中最严重的罪行，只有抢劫被记录在统一犯罪报告中。同时，由于不同的司法管辖区域对犯罪的界定不同，在某一个州被认定为轻微犯罪的行为在另外一个州可能会被认为是重罪。由于犯罪的定义一直在发生变化，统一犯罪报告中使用的定义也会有所不同。比如，强奸的定义出现了多次修订和扩充，目的是为了将更多形式的性骚扰囊括其中，从而使它和地方警察机构界定性犯罪的方式吻合。

虽然有上述提到的种种问题，但影响联合统一犯罪报告中数据收集和准确性的问题却一直都是那么几个。这就意味着，虽然数据的绝对准确性可以被质疑，但这些数据中表现出来的趋势和形式很有可能是可靠的。换句话说，我们无法百分之百确定违法犯罪的青少年的实际数量，但青少年犯罪率很可能确实出现了大幅度下降。

美国基于事件的报告系统（NIBRS）

联邦调查局现在正在推进一个叫美国基于事件的报告系统的项目，这个项目从每个上报的犯罪案件中收集数据。这个报告系统得到全面实施后，将要求各地警方对每一起案件和逮捕都至少提供一个简短的说明，其中包括事件本身、受害者和加害者的信息，而不是像以前那样提交个体公民在报案时所做的声明和对后续逮捕进行的概括式说明。在这一报告系统下，只要出现在他们辖区的犯罪案件涉及包括8种犯罪在内的46种特定犯罪行为，执法机构就需向联邦调查局提供该案件的相关信息。涉及这46种犯罪行为及11种较轻微犯罪行为的逮捕信息，也需要向该系统提供。上述经过扩充的犯罪种类包括许多其他类型的犯罪，比如，勒索、侵占、毒品犯罪及受贿，这样就可以在美国范围内建立一个包含犯罪性质、受害者及罪犯信息的数据库。目前联邦调查局证实，已经有26个州参与了NIBRS项目，还有12个州处于系统调试阶段，8个州处于项目规划和发展阶段。

美国基于事件的报告系统（NIBRS）：这个项目从每一个上报的犯罪案件中收集数据，要求各地警方对每一起案件和逮捕都至少提供一个简短的说明。

虽然青少年违法犯罪研究经常使用官方数据，但这个数据仅仅代表被逮捕的青少年的数量，而非实际进行违法犯罪行为的青少年人数。为了弥补这一缺陷，研究者通常会在研究中依靠自述报告的数据。

违法犯罪的趋势

1960年到1991年，青少年违法犯罪的比率呈上升趋势，1991年，警方记录共发生了1500万起犯罪案件。自1991年以后，犯罪数字在下降。2012年上报的犯罪案件有1000万起，虽然和1991年的峰值比下降了500万，但与之相对的是，总人口数上升大约5000万。

统一犯罪报告反映的青少年违法犯罪信息

由于统一犯罪报告的数据根据犯罪嫌疑人的年纪进行了分类/区分，所以这份报告可以被用来估算青少年违法犯罪的有关情况。然而，解读未成年人被逮捕数据时，必须要认真谨慎。首先，被逮捕的青少年的数量并不等同于曾经进行违法犯罪行为的青少年数量。一些违法者从来没有被计入报告中，因为他们从来没有被抓到。另外一些人则被多次计数，因为同一个人由于犯下不同罪行而多次被逮捕，而在统一犯罪报告中多次计数。因此，被逮捕人次的总数并不等同于曾经被逮捕的总人数。换句话说，如果某一年18岁以下的青少年被逮捕200万次，我们不能确定是200万个不同的人被逮捕，还是有50万个惯犯每人被逮捕了4次。如果被逮捕者犯下不同的罪行，只有最严重的罪行会被记录在案。此外，我们知道，只有20%的案件因为有人被逮捕而获得清案，如果将这个比率使用在青少年身上，很可能被逮捕的200万个青少年在被抓之前已经犯下了1000万起案子。如果有200万名青少年被逮捕，那么他们所犯下的案件总量至少是200万，但是也有可能要高得多。

分解：在控制一个因变量（如种族）不变的情况下，分析两个或多个自变量（如谋杀定罪和死刑）的关系。

尽管有种种局限，但逮捕数据的本质不会随着时间而改变。因此，我们可以从逮捕数据中明白青少年犯罪的一些内涵和趋势。关于未成年人违法犯罪的内涵和程度，联合犯罪报告都告诉了我们些什么？

青少年被捕趋势

最新可查的数据表明，2011年共逮捕了1240万人次。在所有被逮捕的人中，有53万是由于第一部分犯罪中的严重暴力犯罪被逮捕，有160万是由于第一部分犯罪中的严重财产犯罪被逮捕。无论是严重犯罪还是轻微犯罪，被逮捕人数最高的三种犯罪类型是吸毒（大约150万人次）、偷窃（大约120万人次）和酒后驾驶（大约120万人次）。

所有被逮捕的人中，12%是青少年。因为第一类犯罪中的暴力犯罪被逮捕的人中13%是青少年，财产犯罪被逮捕的人数中，这一比率为20%（见表

2.1)。几乎所有被逮捕的青少年犯罪者年纪都在14～17岁，而这个年龄段的人群只占总人口的10%。这些数据表明，在所有被逮捕的人中，青少年所占的比率明显过高。

表2.1　不同年龄段因为严重犯罪被逮捕人数

	15岁以下	18岁以下	18岁以上
严重暴力犯罪	4%	13%	87%
严重财产犯罪	6%	20%	80%
总计	3%	12%	88%

资料来源：联邦调查局《2011年美国犯罪》。

2011年大约有100万未成年人由于第二部分的违法行为被捕，其中包括身份违法行为，69000人次逮捕是由于违反了酒类法律，106000人次逮捕是由于破坏公共秩序，59400人次是由于违反宵禁。

未成年人被逮捕人数的最新趋势反映了该群体的整体犯罪情况。从20世纪80年代起，被逮捕的未成年人人数开始攀升，在20世纪90年代中期达到最高峰，然后开始回落，从此以后一直处于下降趋势。比如，同2010年相比，2011年因为各种原因被逮捕的未成年人人数下降了11%，而同期被逮捕的成人人数下降不足4%。

即使一直居高不下的青少年谋杀率，在过去几年也有所降低。1997年有1700名青少年因为谋杀被逮捕，和2011年的数字相比下降超过50%（因为2000年谋杀被逮捕人数为650人）。与之类似，1997年，3800名青少年因强奸被逮捕，2011年这一数据下降至不足2000人。2011年共有52000名18岁及以下青少年因为暴力犯罪被逮捕，259000名因为财产犯罪被逮捕。

所以，尽管仍不断有媒体报道暴力青少年团伙在街上招摇过市造成的各种破坏，而实际被逮捕的未成年人数量在过去十年大幅下降。因为未成年人在所有被逮捕者中所占的比率偏高，所以未成年人被捕率近年来的下降程度远超成年人。

哪些因素造成了犯罪率和青少年违法犯罪率的变化？这就是《聚焦青少年违法犯罪》这一个栏目《塑造青少年违法犯罪趋势》中所讨论的话题。

聚焦青少年违法犯罪

塑造青少年违法犯罪趋势

青少年违法犯罪专家发现，一系列社会、经济、个人及地缘因素会影响青少年违法犯罪率的发展趋势。下面会讨论其中最重要的因素。

年龄

因为青少年犯罪率相对较高，犯罪专家认为，总人口的年龄分布变化对犯罪趋势有最重要的影响。整体看来，犯罪率会随着青少年男性在人口中所占的比率而变化。儿童如果在童年早期就有多种犯罪行为，很可能在青少年时期乃至成年期会继续犯罪。人口中青少年所占的比率越高，犯罪率就越高。然而，由于老年人的数量也在扩大，他们在人口中的高比率可能会抵消青少年的影响，对犯罪率起到调和作用。

经济/工作

人们对经济是否对犯罪率有影响持有不同意见。人们自然会觉得，如果经济衰退，人们（尤其是没有工作的人）会更有动机进行偷窃犯罪。很难找到兼职或毕业后很难找到工作的青少年会有更多的动机去寻求其他形式的收入，比如盗窃或者贩毒。随着经济的回升，青少年违法犯罪率适当下降，因为人们可以找到好工作，如果有合法的收入机会，为什么还要违反法律？

然而，这个问题却远远没有定论。经济形势较差可能有助于降低青少年违法犯罪率，因为它限制了青少年参与犯罪行为的机会。没有工作的父母会待在家里监督儿童，看守财产，而且因为没有那么多钱可以消费，人们就没有那么多值得别人偷的财产。遵纪守法的青少年也不会单纯因为经济下行突然去违法。

虽然经济对于青少年违法犯罪率的影响仍然没有定论，但从长期看来，良好的经济形势有助于降低青少年犯罪率，而长期持续的经济疲软和高失业率最终会导致这一比率上升。20世纪30年代大萧条期间，犯罪率激增；20世纪90年代经济复苏时，犯罪率下降。此外，经济的影响在每个地方都有所不同，每个城市每个地区的人们情况不同，即使同城另外一个地区的人们可能正遭受着失业的阴霾，而其他地区则不受影响。经济对于青少年违法犯罪率的影响，可能在每一个社区甚至每一条街上都不同。

移民

移民已经成为美国社会最具争议的问题之一。想要收紧移民法律的人所给出的其中一个原因是，移民的犯罪率较高，应当阻止他们进入这个国家。然而，可信度最高的实证研究表明，移民和整体人口相比，暴力程度和犯罪率都更低。以墨西哥移民为例，和美国本土出生的人相比，墨西哥移民暴力比率更低。移民可以降低他杀的整体水平，尤其是与毒品有关的他杀。总之，移民人数在整体人口中的比率上升，总体青少年违法犯罪比率会下降。

社会问题

随着社会问题的加重，例如单亲家庭、辍学率、种族矛盾及青少年怀孕等，青少年违法犯罪的比率就会增加。青少年违法犯罪率和人口中未婚妈妈的数量有关，可能是因为未婚妈妈的孩子比双亲家庭的孩子需要更多社会服务。随着未婚妈妈生育的儿童数量的增加，儿童福利体系征税的负担加重，所提供的服务随之下降。近年来，因青少年生育的比率呈下降趋势，所以青少年违法犯罪的比率也呈现同样的趋势。

种族矛盾也可能会提升青少年违法犯罪率。经历种族变化的地区，尤其是当少数民族迁移至以白人为主导的社区时，当地的青少年违法犯罪比率更容易出现明显变化。这些地区的白人可能会使用暴力来维护他们认为是自己的领地。当社区融合和权力纷争得到解决后，因为种族原因而导致的犯罪会减少。

流产

约翰·J.当诺霍尔和史蒂芬·D.列维特在一本具有争议的著作中提出，经验证据表明，近年来青少年犯罪比率的下降可能归因于流产合法化。1973年，罗依诉维德案（Roe V. Wade）使流产在美国合法化。在这一案件之后的数年内，每年都会出现一百多万起流产事件，换句话说，流产和新生儿出生数量的比例大致是1∶3。当诺霍尔和列维特认为，大约18年之后也就是1991年，青少年犯罪率开始下降，这是因为第一批没有流产而成长起来的潜在违法犯罪者在那时开始达到实施犯罪行为的高峰年龄。研究者发现，率先将流产合法化的州是第一批出现青少年违法犯罪率下降的州，而1985年以后，流产率较高的州青少年违法犯罪率下降的比率更多。

> 罗依诉维德案（Roe V. Wade）：最高法院判定，根据正当程序条款下的个人隐私权，女性有权决定流产，但各州制定堕胎规定时，必须要将此权利和当地利益进行平衡以保护胎儿的生命和女性的健康。

青少年违法犯罪率和流产的关系可能是由下列三个原因造成的：（1）选择流产的女性的子女最有可能在将来参与违法犯罪活动；（2）由于女性生育的子女更少，对子女的抚养或环境状况得到了提升；（3）那些不受欢迎的孩子没有来到世上，这些孩子本身最有可能违法犯罪。当诺霍尔和列维特认为，如果流产是违法的，青少年违法犯罪率可能会比现在合法状态下高10%～20%。卡特·黑和迈克尔·伊凡斯认为，母亲不想要的孩子确实比母亲想要的或者计划内生育的孩子更容易违法犯罪，但这一因素的影响甚微，而且是暂时的。到十几岁和二十几岁的时候，母亲不想要的孩子和他们其他的兄弟姐妹的犯罪率一样高，这个发现似乎和当诺霍尔和列维特的发现相悖。

枪支

是否容易得到武器或许会影响青少年的违法犯罪率，当十几岁的少年也可以获得武器时更是如此。基于高中学生进行的调查表明，有6%～10%的学生曾经在过去的某些时候持有过枪支，枪支也造成违法犯罪行为的升级。随着带枪学生人数的增加，暴力违法犯罪行为的严重程度也相应增加。一次校园的打架行为可能会演变成谋杀。

帮派

另外一个影响青少年违法犯罪率的因素是青少年帮派的爆炸式增长。调查表明，美国共有超过80万名帮派成员。男性帮派成员更容易比非帮派成员持有枪支。青少年加入帮派后，犯罪行为会增多。

吸毒

一些专家将1980—1990年暴力违法犯罪率的上升和快克可卡因席卷了美国各大城市及贩毒集团相互争夺贩毒地盘联系起来。这些全副武装的贩毒集团为了控制领地、吓退竞争对手和增加市场份额，会毫不犹豫地使用暴力。随着快克可卡因的蔓延平息下来，纽约和其他快克可卡因滥用猖獗的地区的暴力也急速减少了。而另一方面，吸毒的突然增长也可能预示着未来一段时间内青少年违法犯罪率的增长。

媒体

一些专家称，媒体对暴力的传播可能会影响青少年违法犯罪率。家庭影音播放设备、DVD、有线电视电脑和视频游戏的发展和青少年暴力比率的上升吻合。或许是因为暴力在这些平台上的传播使青少年更具攻击性。攻击性行为可能和在电视上观看暴力节目有关，特别当观看者本身已经有了违法犯罪和暴力倾向。研究表明，孩子看这类电视节目越多，越容易陷入暴力冲突。

未成年人司法政策

一些执法专家认为，青少年违法犯罪率的下降或许归功于警察人数的增多，出动了大量警察打击帮派、持有枪支、药物滥用等。也有可能更严苛的法律，比如，放弃对青少年的管辖权、将其移交成人法庭或把他们送往成人监狱的做法也会影响犯罪率。人们对于受到惩罚的恐惧会阻止一些本可能会发生的违法犯罪行为。而严苛的法律将大量的青少年惯犯关在了监狱里，因此降低了违法犯罪率。

批判性思维

虽然美国的青少年违法犯罪率一直在下降，但欧洲的这一比率一直在上升。这是不是说明影响美国青少年违法犯罪率的因素在预测其他文化中出现的变化时作用甚微？还有哪些因素会导致青少年违法犯罪率的上升或者降低？

自述报告的发现

大多数自述报告研究表明，违法的青少年数量远远比官方数据让我们相信的数据要高。事实上，如果把逃学、消费酒精、小偷小摸和娱乐性吸毒都计算到自述报告的范围内，几乎每个人都曾经参与过违法犯罪行为。最常见的违法行为是逃学、喝酒、使用虚假身份信息、在商店行窃或者偷盗不足5美元的物品、打架、吸食大麻、毁坏他人财物等。

密歇根大学社会研究学院的监督未来调查（MTF调查）被认为是最重要的持续性自述研究之一。在目前的研究形式下，每年大约有50000名八年级、十年级和十二年级的学生接受调查。此外，会选取一个毕业班组成的样本，这些班级在参加调查后的几年里，每年都会收到后续问卷调查。

表2.2包含了最近MTF调查的一些数据。报告称，自己曾经参与严重犯罪行为的青少年人数多得惊人。大约12%的人称自己曾经因为伤害他人导致受害者需要医疗看护（6%说不止一次），大约25%的人说他们曾经偷过不足50美元的东西，另外90%的人偷过超过50美元的东西，24%的人说自己曾经在商店里偷过物品，11%的人曾经损坏过学校财物。

表2.2　2011年高中高年级学生犯罪活动调查

犯罪	类型	
	至少犯过一次	犯过两次以上
故意纵火	1	2
损坏学校财物	6	5
损坏工作财物	2	2
偷盗机动车	2	2
偷盗机动车零件	2	2
非法侵入	11	13
偷窃不足50美元的财物	11	14
偷窃超过50美元的财物	4	5
在商店行窃	10	14
打群架	9	8
伤害他人致使他人需要医疗护理	6	6
使用武力或武器盗窃	1	2
袭击老师或监管员	1	2
在学校或工作场所严重打架	7	5

如果MTF的数据是准确的，青少年犯罪问题比官方数据给我们的印象要严重得多。10～18岁的青少年大约有4000万。根据MTF的结论，这一年龄段中曾经有过偷盗行为的人比统一犯罪报告中所有的偷盗案件都要多。大约4%的高中生说，他们曾至少一次使用暴力偷窃（这是抢劫的法律定义）。根据这个比例，每年仅高中生就参与100万起抢劫。与之相比，统一犯罪报告称，2011年所有年龄群体中共发生了354000起抢劫案件。过去的十年中，MTF调查表明，青少年自述其参与偷窃、暴力和破坏型犯罪行为的数据比统一报告中逮捕数据所表明的趋势更加稳定，只有少数例外。

这些数据源是兼容的吗？

每一个犯罪数据源都有其优劣。联邦调查局的数据包括被逮捕人员的数量和性格特征，这些数据是其他调查源所不具备的。它还包括谋杀等几种特别犯罪的相关信息，而其他数据源都没有这些信息。虽然统一犯罪报告使用广泛，但缺少受害者选择不向警方报告的那些犯罪，并且需要每个警察局的报告都非常准确。

美国犯罪受害调查包含统一犯罪报告缺失的那些不曾上报的犯罪案件，也包括受害者个人的重要特征信息。然而，这项调查的数据来自相对有限的样本，难以代表整个美国人口。因此，哪怕是某种犯罪率的细微波动都可能会对最终结果造成严重影响。美国犯罪受害调查需要依靠人们的记忆，而记忆可能是不准确的。此外，还缺少谋杀、吸毒等几类重要犯罪类型的数据。

自述报告调查提供的信息非常有用，因为其中除了针对青少年违法犯罪行为设置的问题，通常还有衡量受访者个人性格特征的问题，比如他们的态度、价值观、信仰、心理状态等。自述报告包括药物和酒精滥用的相关数据，这是统一犯罪报告和美国犯罪受害调查所缺少的。然而，自述报告需要违法犯罪者和药物滥用者能够诚实作答，而这些人通常不那么诚实，说话也不那么靠谱。

虽然上述不同的数据来源对于青少年违法犯罪的计算肯定不会完全一致，但他们对犯罪类型和犯罪趋势的判断非常相似。如果统一犯罪报告表明违法行为下降了，美国犯罪受害调查也会得出这种结论。对于严重违法犯罪的个人特征（如年龄和性别）和违法犯罪行为出现的时间和地点（如夜晚和夏季、城区）而言，这几份不同的数据源通常都有类似的结论。因为每一份数据源的计量缺陷一直以来都是一样的，它们可以真实反映出变化及违法犯罪青少年违法犯罪率的波动。

未来是怎样的？

如今，5～18岁人口占美国总人口的比例约为17%，也就是说，学龄青少年的人口数约为5000万。虽然这些人中许多都能得到家庭支持，但也有人缺少稳定的家庭和足够的监管。其中一些青少年很快就会达到他们的犯罪年龄。虽然青少年暴力会上升，但不见得整体犯罪率会随之暴增，因为犯罪率偏低的老年人口的增加抵消了青少年犯罪增多的效果。

当然，预言、预测和预报都是基于现在的条件，这些条件随时都有可能因为战争、恐怖主义、社会动乱、经济下滑及其他类似事件的突然发生而改变。

与违法犯罪的相互关系

衡量一个人的品质特征、社会特点与青少年不当行为的关系是青少年违法犯罪研究的一个重要方面。比如，如果违法犯罪行为和家庭收入之间有紧密的关系，那么任何时候在解释青少年违法犯罪时，都必须考虑贫困和经济困难的问题。如果青少年违法犯罪和家庭收入的关系不明显，那么就需考虑是什么原因导致反社会行为。如果研究发现社会地位和违法犯罪行为无关，而我们却将管控违法犯罪行为的工作集中在创造就业和提供职业培训上，这样我们就会徒劳无功。与之类似，如果只有少数违法犯罪青少年罪行严重，并且我们能够识别并治疗这些青少年，犯罪控制政策就能更加有效。接下来的几节会讨论违法犯罪行为发生的时间、地点及违法犯罪与性别、种族、社会阶层和年龄等个人特点的关系。

违法犯罪的时间和地点

大部分违法犯罪行为都出现在七、八月，炎热的夏季天气会通过许多不同的方式影响违法犯罪行为。七、八月，青少年不用上学，有更多的机会犯罪。并且夏天有更多的房子闲置，更容易遭受财产犯罪。天气可能会直接影响人们的行为。随着天气逐渐变热，青少年会变得更加暴力。然而，一些专家认为，如果温度高于30℃，像性骚扰这一类的暴力行为会减少。

违法犯罪行为的发生概率和地理差异也有关系。目前，大城市未成年人暴力犯罪率最高，偏远地区最低。通常情况下，南部和西部的未成年人违法犯罪率一直都比中西部和东北部高，原因可能是不同的文化价值观、人口构成、持枪率和经济差异。

性别和违法犯罪

男性比女性的犯罪比率要高得多。青少年暴力犯罪的男女比例约为4∶1，财产犯罪约为2∶1。唯一一个例外是因为离家出走被逮捕的人数，女孩比男孩更容易因为离家出走被逮捕。对此可能有两个原因，女孩比男孩更容易离家出走或者警方认为女孩离家出走比男孩离家出走问题更严重，因此，警方会通过官方司法渠道来处理这一问题。这或许反映了家长式作风对女孩的态度，认为女孩如果上街就容易"有麻烦"。

虽然男性犯罪的数量仍高于女性，但在过去十年中，男性和女性的被逮捕率都有所下降，不过每年还是有33万名女性青少年被逮捕，其中60人是因为杀人，1600人因为抢劫，另外8000人因为加重攻击。2002年以来，女性被逮捕总数下降了约25%。

官方被逮捕数据可能严重低估了女性违法犯罪的实际数量。自述报告数据显示，女性违法犯罪的比率比之前人们认为的要高很多，而男性经常犯的罪行也是女性最经常犯的罪行。表2.3显示了在最近的MTF调查中承认自己在过去12个月中曾经有过违法犯罪行为的高中高年级男生和女生的比率。男生和女生中都有超过20%的人承认自己曾经有过商店盗窃行为。12%的男生和6%的女生称自己曾严重伤害他人并致使他人需要就医。过去十年中，在自述报告中承认自己曾有过违法犯罪行为的女生的数量增多，而男生数量则有所减少。由于性别和违法犯罪比率的关系非常重要，第3章将会对此进行进一步论述。

表2.3 承认自己在过去12个月中曾有过违法犯罪行为的高中高年级学生比率（按性别划分）

违法犯罪行为	男性	女性
严重打架	14	9
打群架	19	13
严重伤害他人	17	6
使用武器偷窃	5	2
偷窃不足50美元	29	20
偷窃超过50美元	12	6
在商店行窃	28	23
非法侵入	27	17
纵火	4	1
损坏学校财物	15	6

案件简介：杰米塞塔案

杰米塞塔出生在一个贫困的城市地区。她的父母备受物质滥用、贫困和失业的煎熬，杰米塞塔也遭受了身体伤害和性侵犯，在5岁那年被寄养。9岁的时候，杰米塞塔就开始在商店里偷东西、逃学和违反宵禁规定。13岁时，她对她的养母进行人身攻击，因为行为不当和多次违法犯罪行为而卷入了未成年人司法体系。她的寄养关系被终止后，杰米塞塔被送去与她的姑姑、姑父和他们的6个孩子一起生活。不久，她的姑姑就开始为她的性行为担忧，因为她和她17岁的男朋友鬼鬼祟祟地整晚待在一起，并非常不尊重别人，她姑姑觉得这个孩子已无法控制。

杰米塞塔被未成年人法庭勒令服从亲戚家的家规正常上学，不得再有其他违反法律的行为，并完成25小时的社区服务，归还在商店里偷的物品。但是她拒绝完成任何一项命令，继续随心所欲地生活。杰米塞塔姑姑一家得到了负责杰米塞塔监管项目的咨询师和家庭理疗师的大力支持。但是在她和姑姑一起生活的第二个月，杰米塞塔发现自己怀孕了，并且打算留下这个孩子，那时她才14岁。项目咨询师和其他与此案有关的专业人士不得不跟杰米塞塔及她的姑姑一起重新评估这个计划。

杰米塞塔进入一个专门为怀孕或者已经为人父母的青少年设计的学校，在那里她不仅可以完成高中学业，学校还提供养育课程、独立生活课程和人际关系咨询。同时，还有一个邻里介入项目为杰米塞塔提供服务，该项目旨在通过咨询服务为她提供支持和依靠，通过每天的小组会议为她提供鼓励。虽然有这些外界的支持和介入，杰米塞塔仍然继续犯一些轻微的身份犯罪，比如逃学、不按时回家、不遵守家规等，然而，她不再出现那些严重的违法犯罪行为。

杰米塞塔继续与她的姑姑和姑父一起生活，最终完成了社区服务，归还了偷盗的物品。杰米塞塔生下孩子后，开始明白自己行为的后果。她继续从咨询师那里得到服务和支持，也开始遵守家里的规矩，满足家人的期望。为了给女儿提供必要的医疗和护理，杰米塞塔在零售业找到了一份工作，开始为她的未来打算。尽管面临辍学的风险，杰米塞塔仍然完成了高中学业，对自己的未来有比较积极的态度。由专业人士组成的团队继续为她提供必要的支持，鼓励她为自己和孩子做出正确的决定。虽然有时杰米塞塔仍然面临各种挣扎，但已经不再违法。

批判性思维

1. 人们采取各种介入措施以解决杰米塞塔的问题，但仍然花费了很长时间才使她的违法行为有所减轻。未成年人司法体系应该给一个青少年多长时间让其做出改变？一个青少年应该得到多少次机会？你认为如果杰米塞塔继续从事违法犯罪行为，她是否可能被姑姑和姑父从家里赶出去？

2. 随着杰米塞塔年纪的增长，她的犯罪活动也有所减少。想一想，因为年纪增长而不再犯罪的原因有哪些，用这些原因解释这个案例。

3. 杰米塞塔童年有哪些风险因素使她有可能成为一个惯犯？应当如何避免这些风险？可以采取哪些措施减少高风险青少年的惯性违法犯罪行为？

社会经济地位和违法犯罪

在研究青少年违法犯罪时，判断社会经济地位和违法的真正关系非常重要，是研究中必不可少的一部分。如果青少年犯罪只在下层阶级中出现，其根源一定是只存在于下层阶级中的社会因素：贫穷、失业、社会解体、文化冲突和疏离感。然而，如果违法行为遍布社会各个阶层，原因则一定是非经济因素：智力、人格、社会化程度、家庭失能、教育失败或同龄人压力。如果是此类原因，通过增加就业或进行经济刺激，就很难影响犯罪率。

社会经济地位和违法犯罪之间的关系非常明确：

• 没钱或者没有社会地位的青少年会通过非法途径来实现目标或者弥补他们缺少的经济资源。

• 缺少经济和社会机会的社区犯罪率最高。

• 在上述地区生活的青少年认为，他们在社会地位或经济上永远比不上富裕地区的青少年，因而会通过非法行为获取财富及心理上的满足感。

• 低收入地区的家庭生活可能会比较紧张混乱。因此，在这种环境下，成年人的监管不足会导致帮派和违法青少年群组的盛行。

・在贫困社区的贫困家庭中生活的青少年违法犯罪的风险成倍增加，这些青少年很难抵抗外面的种种诱惑。

社会阶层和违法犯罪的研究 有些自述报告研究对社会阶层和违法犯罪行为的关系产生了质疑，特别是一些研究表明，社会阶层和违法行为没有直接的关系。相反，社会经济阶层和警方、法庭及矫正机构的官方处理方式有关。警方可能将更多的资源投入贫困地区，因此，这些地方的逮捕率会更高。与之类似，同中上层阶级的孩子相比，警方正式批捕和起诉贫困阶层家庭孩子的可能性更高，这或许会导致官方数据和入狱人员中下层阶级的比例抬高。自述报告数据表明，社会各阶层的青少年都会犯罪，但底层社会的被逮捕率较高。虽然穷人和富人家的孩子都会打架、都会在商店偷东西和吸毒，但穷人家的孩子更容易被逮捕，被送往未成年人法庭。这些现象使人们怀疑贫困和社会地位低下是否真的会造成违法犯罪行为。

一些人不认同自述报告研究，认为大部分报告中都包括过多轻微犯罪行为——比如使用虚假身份证件。虽然中上层阶级青少年和下层阶级青少年的违法犯罪频率似乎一样高，但他们更多的是诸如身份犯罪这一类的违法行为。下层社会的青少年更容易从事较为严重的违法犯罪行为。

总而言之，一些专家认为，反社会行为出现在各个社会阶层中。中上层阶级的青少年会从事一些轻微违法行为和盗窃行为，下层阶级的青少年则是绝大多数严重犯罪行为的责任人。大多数人认为，从事严重违法犯罪行为（如帮派暴力）的青少年可能来自底层社会。

年龄和违法犯罪

人们通常认为，年龄和犯罪行为成反比，青少年的越轨行为来自对金钱和性的需求，青少年文化强调反叛和蔑视常规的不成文规定又强化了这种需求。只要到了法律允许的年龄，青少年就可以打耳洞和文身，这并非巧合。

同时，青少年开始逐渐独立，不再依附他们的父母或是遵守其他传统道德和行为标准的成年人。他们对于精力和力量有不同的感觉，交往的同龄人也都和他们类似，精力充沛，时常感到沮丧。

不管种族、性别、社会阶层、智商或者其他任何社会变化，随着年纪的增长，人们犯罪的比率会降低，这一点儿也不稀奇。正如第1章中讲到的那样，被称为到了年龄就停止犯罪的过程，有时也被称为远离犯罪或自动缓解的过程。这一过程可能是人类生命循环的自然历史形成的，无人例外。哪怕是频率最高的惯犯，随着年龄的增长，违法犯罪的次数也会减少。虽然高频违法犯罪者比那些遵纪守法的同龄人犯罪次数要多，但是，这些人随着年纪的增长，他们犯罪的频率也会降低；几乎没有人在51岁的时候还像他们15岁的时候那样容易惹麻烦。

年龄对于违法犯罪行为的影响还表现在青少年开始犯罪的时间越早，违法犯罪行为就会越严重，越具有攻击性。首次违法行为的年龄是决定违法生涯会持续多少年以及会达到何种严重程度的重要因素。长期违法犯罪的青少年在很小的时候就开始犯罪，在青春期晚期会快速加剧其违法行为，直到成年后才开始有所缓解。那些在年龄很小时就表现出反社会倾向的孩子违法的可能性更高，犯罪行为持续的时间也更长。

<small>首次违法的年龄：青少年开始其违法生涯的年龄；人们认为惯性违法模式和首次违法的年龄较小有关。</small>

总而言之，较早出现违法犯罪行为的青少年更容易成为职业犯罪者；年龄是影响违法犯罪行为的一个关键因素。

犯罪行为为什么会随着年龄的增长而减少？ 违法犯罪研究专家列出了一系列原因：

- 年龄增长意味着要面对未来。年轻人尤其是贫困和反社会的年轻人容易无视未来。如果他们的未来不确定,他们为什么要推迟获得满足感?随着他们的日渐成熟,麻烦不断的年轻人开始形成一种长期的人生观,会抵制想要及时行乐的需求。

- 随着人们变得成熟,开始有能力去抵制想要快速解决问题的想法。研究表明,一些青少年会把犯罪作为一种解决青春期寂寞、沮丧、害怕同龄人排斥等问题的方式。随着他们长大成熟起来,开始使用传统的方式解决问题。他们以前或许曾有过违法犯罪行为,生活阅历的增加能帮助他们找到非破坏性的方法来解决问题。
- 成熟也意味着更多的责任。在一个无聊的世界里,轻微的犯罪行为可以带来像冒险一样的刺激。随着青少年年龄的增长,他们担负了新的责任,责任感使他们的犯罪行为减少。比如年轻人结婚、参军或是参加职业培训课程后,违法犯罪的可能性会更低。
- 人的性格特征会随着年龄的增长而变化。随着青少年的成长,叛逆青少年的自制力会提高,足以抵制反社会行为的诱惑。人在成年后更能做到推迟获得满足感,放弃违法行为所带来的立竿见影的收获。他们会开始想要为自己的行为负责,遵守传统的标准,比如建立长期的关系和成立家庭。结婚、养家糊口和建立长期的家庭关系所带来的稳定也可以帮助人们远离犯罪。
- 年轻的成年人更能意识到犯罪带来的风险。作为成年人,他们不再受相对温和的未成年人司法体系的保护。

当然并非所有的未成年罪犯都会随着年纪的增长而停止犯罪,有一些人会继续成为成年惯犯。然而,哪怕是这些人,也会随着年龄的增长而减缓犯罪的频率。对于大多数人来讲,犯罪太过危险、消耗体力、回报不佳、惩罚严厉且持久,不是一种合适的生活方式。

被伤害的青少年

理查德和毛林·坎卡认为，他们的女儿梅根在他们居住的新泽西州汉弥尔顿镇上安静的郊区社区里非常安全。然而，1994年7月29日，七岁的梅根失踪了，他们的生活被打乱。毛林搜寻了整个社区，遇到住在街对面33岁的杰瑟·提蒙德卡斯。提蒙德卡斯告诉她，当晚早些时候，他曾经看到过梅根，那时他在修车。警察来后很快就把目光集中到提蒙德卡斯的家里，因为他们得知他和其他两位室友都曾被判性侵，他们三个人在治疗中心相遇，决定释放后一起生活。提蒙德卡斯很快就承认，自己告诉梅根说可以来家里看狗，把她勾引进屋，然后强奸了她，并把她勒死。

梅根的死引发了一项全国性的改革运动，制定法律要求性侵者在搬入一个新的社区时要向当地警方备案，同时要求当地的主管部门向社区发通知，告知社区性侵者的存在。在联邦层面上，1996年5月通过了《雅克布·惠特灵儿童犯罪法案》，要求各州必须通过某种形式的"梅根法案"，否则将失去联邦的援助。最终47个州和哥伦比亚特区遵守了这一要求。杰瑟·提蒙德卡斯于1997年6月20日被判死刑，直到2007年12月17日仍然在新泽西州的死刑队列里，后来该州废除死刑后，他从死刑转为终身监禁，不得假释。

正如梅根·坎卡这个悲剧性的案例告诉我们的那样，青少年也是犯罪的受害者。特别是我们把青少年和65岁以上老人进行对比时，会发现差别惊人，青少年成为犯罪受害者的概率是他们爷爷奶奶的15倍。数据也表明，男性青少年成为暴力犯罪受害者的概率比女性要高得多。非洲裔美籍青少年成为暴力犯罪受害者的概率比同龄白人青少年要高。年轻女孩更容易成为性骚扰的受害者，而男孩更容易遭到抢劫。无论是男是女，成为这两种犯罪受害者的概率在成年后都会降低。

在下面的《青少年故事》专题栏目里讲述了三个臭名昭著的青少年受害案例，并对其细节进行了讨论。

青少年故事

伊丽莎白·史马特案、杰西·杜嘉德案和阿曼达·贝利、吉娜·德杰瑟斯和米雪·奈特案

最近有三个案件占据了美国媒体的头版头条，这些案件揭示了青少年极有可能会成为成人犯罪者的猎物。第一个案子的受害者是伊丽莎白·史马特，这个生活在盐湖城的14岁女生于2002年6月5日在家里被绑架。她半夜被人从房间里掳走，当时她九岁的妹妹玛丽·凯瑟琳和她睡在同一房间，假装自己睡着了。案发后，警察展开了大规模的搜寻，但没有找到伊丽莎白，许多人觉得这个姑娘找不到了。数月后，玛丽·凯瑟琳突然想起她之前曾经听到过绑架者的声音，那是一个叫伊曼努尔的男人的声音，史马特家曾经聘请过这人干家务活。警方认为这一信息并不可信，所以史马特家人请素描师画了一幅肖像发布在媒体上，并通过《拉里金现场》和《全美通缉令》这类电视节目得到了媒体关注，布莱恩·戴维·米切尔（伊曼努尔的真名）的家人通过素描肖像认出了他，并提供了相关照片。米切尔被警方在美国范围内通缉，于2003年3月12日在犹他州桑迪市被发现，当时是绑架案发生后的第九个月。米切尔和他妻子万达·巴姿被拘留，伊丽莎白·史马特和他家人重新团聚。在庭审中，伊丽莎白·史马特出庭做证，讲述了她在被禁锢九个月里的可怕经历。她每天都被强奸，不断被威胁，如果试图逃跑就会被杀死。米切尔最终被判绑架和性侵罪成立，判处终身监禁。巴姿认罪较早，被判处15年有期徒刑。

在另一个悲剧性的案件里，11岁的杰西·杜嘉德于1991年6月10日在她家可视范围内的一个校车站被绑架，她家住在加利福尼亚州南塔霍湖。在被菲利普·加瑞德从街上掳走后，她被监禁在帐篷里长达18年之久，居住在加瑞德在加州安提俄克自有土地上建起的一处与世隔绝的住所里。杜嘉德被多次强奸，于1994年和1998年生了两个女儿。执法部门至少去过这个住所两次，却没有发现杜嘉德和她的孩子们。加瑞德和他的妻子被诉绑架、强奸和非法监禁。2011年，加瑞德被判处431年监禁，他的妻子南希被判处36年监禁。

第三个是离当前最近的一起案件，这三个年轻姑娘失踪了至少十年之久，后来她们从克里夫兰市区的一个住所里被奇迹般地解救。阿曼达·贝利、吉娜·德杰瑟斯和米雪·奈特被当地的一个音乐人兼公交车司机阿瑞尔·卡斯特罗监禁在家里。阿曼达·贝利在17岁的时候被绑架。2003年4月21日，她在汉堡王打完工离开后就毫无音讯。她的家人从来没有放弃过希望，一直通过《美国通缉令》这一类的电视节目寻求公众支持。吉娜·德杰瑟斯于2004年4月2日在从家步行上学的途中失踪。那时她14岁，正在上七年级。米雪·奈特失踪的时候21岁，她最后一次被人看到是在2002年8月22日，当时她在一位表亲的家里，这里离贝利及德杰瑟斯最后一次被人看到的地方不远。

10年后，卡斯特罗的邻居安琪尔·考德洛和查尔斯·兰姆赛听到尖叫声，发现贝利在卡斯特罗家门口。门被打开了一条缝，刚好够一只手伸出来，贝利非常绝望地试图逃出来，她请这两位邻居帮忙报警。这两个人破门而入，救出了贝利。之后，邻居们帮她打911报警，在报警电话中她说"我是阿曼达·贝利，就是过去十年里新闻上的那个阿曼达·贝利"。她请求警察在绑架者回屋之前到房子里来，"我被绑架了，我已经失踪10年了"，她告诉接线员，"现在我出来了，我自由了"。

这3名女性被锁在卡斯特罗家地下室里，长期遭到殴打和强奸。贝利在被监禁期间生了孩子，她被救出的时候孩子已六岁。这些受害者告诉警方，卡斯特罗的殴打导致她们多次流产。米雪·奈特告诉救她的人，卡斯特罗让她多次怀孕，每次都迫使她流产，卡斯特罗会把奈特饿上好几个礼拜，不停抽打她的肚子，直到她流产。

尽管遭受了残忍的对待，这些姑娘们都活了下来。伊丽莎白·史马特成为一名记者，为失踪和被虐待的孩子们伸张正义。2012年2月，伊丽莎白嫁给了马修·吉尔莫，这是她在欧洲出差时遇到的一个苏格兰人。2010年7月，加利福尼亚州批准给杰西·杜嘉德1笔200万美元的安置费，补偿她由于执法部门的各种过失导致杜嘉德被长期监禁、性侵和受到精神和肉体的虐待。阿曼达·贝利、吉娜·德杰瑟斯和米雪·奈特都与家人团聚了。

悲剧的是，这些绑架都并非偶然事件。每年有将近3万名儿童被陌生人掳走并遭到性侵。虽然长期监禁和性侵的案件相对较少，短期监禁和强奸儿童的案件却不胜枚举。

将年轻女性长期绑架的案件似乎经常发生。绑架者应当接受何种程度的惩罚？像阿瑞尔·卡斯特罗一样绑架年轻女性、使她怀孕并迫使其流产的人是否应该被判谋杀？

青少年受害趋势

青少年违法犯罪的比率在过去20年中持续下降，因此，青少年受害比率的下降就没有什么好奇怪的了。1994年起，针对青少年的严重暴力犯罪——强奸或性侵、抢劫加重犯罪——的整体比率下降超过75%，从1994年12～17岁的62‰下降到现在的14‰。在针对青少年的严重暴力犯罪中，强奸或性侵的比率下降了68%，抢劫下降了77%，加重性犯罪下降了80%。简单袭击的整体比率同期下降83%，从125‰下降到22‰。

尽管青少年受害的比率整体大幅下降，但在过去的20年中发生了一些引人注意的变化。1994年起，女性和男性青少年受害者的比率开始明显汇合。1994年，遭受严重暴力犯罪的男性青少年的比率（79‰）几乎是女性青少年（44‰）的两倍。如今，男女青少年遭受严重暴力犯罪的比率几乎持平。与之相对，不同种族和民族群体受害的比率出现分歧，白人和西班牙裔青少年遭受严重暴力犯罪的比率大幅降低，但这一比率在黑人青少年中仍保持稳定。网络青少年违法犯罪专题栏目讨论了一个臭名昭著的案件，讲述了青少年如何在网络时代成为受害者。

将受害经历上报 孩子们会把他们受害的案件报告给警方、学校或者医疗机构吗？最近（2012年）美国儿童暴力侵害调查结果表明，同20世纪90年代早期一个类似的研究相比，现在的有关部门更容易知晓暴力案件的发生，这或许得益于有关部门、犯罪司法机构、儿童保护机构和社会活动家一直持续宣传要上报此类案件有关。调查报告表明，在过去一年中受害的孩子里，有46%的人曾经至少把一次受害经历报告给学校、警方或者医疗机构，而其中学校（如老师、校长和咨询师）最有可能知道这些受害经历。警方最有可能知道的是最严重的受害经历。总体来说，各相关部门最可能知道的都是严重的受害经历，包括被成年人性侵、勒索、遭遇帮派或群体侵害。最不可能被知道的是遭受包括同龄人或兄弟姐妹在内的其他青少年侵害、约会暴力、强奸或试图强奸等受害经历。受害经历上报的数量在增多，同时儿童成为受害者的概率在下降，这很可能是因为曝光事件的增多，有关部门采取了足够的行动，避免青少年成为受害者。

青少年受害者

NCVS数据也可以告诉我们受害者和施害者的关系。之所以可以获得相关信息，是因为暴力犯罪（如侵害和抢劫）的受害者可以辨别出施害者的年龄、性别和种族。

总体而言，青少年更容易成为其同龄人的受害者，而20岁及以上的受害者所遭受的侵害通常来自21岁或年龄更大的人。然而，几乎所有遭受群体侵犯的人，不论其属于哪一年龄群体，都认为施害者是青少年或年轻的成年人。

数据也表明，受害与侵害一般发生在同一种族内部。白人青少年更容易成为白人青少年的受害者，非洲裔美籍青少年则更容易被他们的同族侵害。

如表2.4所示，年轻人与成年人相比，更容易被陌生人施害，而随着年龄的增长，这一可能性下降。表2.4也表明，在过去20年中被陌生人侵害的概率大幅下降。对青少年而言，12～17岁的人被陌生人施以暴力犯罪的年度平均比例为15‰，略低于18～24岁的年轻人，后者为18‰。65岁或以上的人群被陌生人施以暴力犯罪的概率最低为1.6‰。

表2.4 被陌生人施以暴力犯罪的比率（以受害者的年龄划分）

年龄	每一千人中的年度平均数量		
	1993—1998年	1999—2004年	2005—2010年
12～17岁	52.2	21.7	15.5
18～24岁	61.0	31.5	18.3
25～34岁	41.1	19.4	14.3
35～49岁	26.7	12.2	9.5
50～64岁	12.9	8.5	5.6
65岁及以上	3.1	1.6	1.6

网络违法：克里斯托弗·古恩

2011年，31岁的克里斯托弗·古恩承认自己参与了一个全球性的在线性勒索计划，并制作了儿童色情资料。在两年多的时间里，古恩多次利用聊天室和其他社交媒体威胁了几百个遍布全美的9～16岁的年轻女孩，诱惑她们给他发送具有性意味的照片。第一个计划被称为"新儿童计划"，他通过脸书（Facebook）联系受害者，假装是镇上新来的孩子想要交朋友。一旦通过聊天获得女孩们的信任，古恩就会问她们一系列个人问题，比如她们的性历史、和她们身体有关的非常私密的细节等。如果她们透露了这些个人信息，古恩就会让这些女孩给他发送一张半裸的上身照片。如果她们拒绝，古恩就会威胁她们要把他们的私密对话发送给学校校长，或者贴到脸书上，让每个人都能看到。第二个计划被称为"贾斯汀·比伯计划"，古恩假装自己是明星贾斯汀·比伯，通过像Skype、Omegle等视频聊天工具和年轻女孩们联系，提出如果她们同意通过摄像头给他看胸部或者发一张自己胸部裸露的照片，就送她们免费的演唱会门票、后台通行证或者其他粉丝福利。

如果她们满足了他的要求，古恩就会提出其他要求，说出更具威胁性的话。如果提出了要求却没被满足，古恩就会威胁这些女孩，要把他承诺给这些女孩儿的福利收回或者通过在互联网上发布她们的私密图像和视频来毁坏她们的名誉。有十几个女孩都被迫给他发送具有性意味的照片。在审判听证会上，检察官念了一段古恩和一个13岁受害者之间的对话文本。在对话中，受害者表示她不想在摄像头前把衬衫脱掉，古恩回复说如果她不脱，他就会按下发送键，把之前的照片发送给受害者的家人和朋友。受害者回复自己才13岁，"还有很长的路要走，不要毁了她"。古恩回复，"因为你不按照我说的做，我现在就要按发送键"。受害者告诉古恩，如果他这么做，她会自杀。古恩完全无视受害者的恳求，要求这个女孩脱掉上衣，她照做了。古恩因为对儿童犯下的罪行被判30年监禁。

批判性思维：

为了阻止像克里斯托夫·古恩这样的罪犯，有什么更有效的手段？是告诉孩子在网上和陌生人接触有危险，还是严厉惩罚那些折磨孩子们的成年人？

总结

1. 解释统一犯罪报告（UCR）数据的收集和使用

UCR的数据是关于违法犯罪行为的官方数据。

统一犯罪报告包括被逮捕人员的数量及特征（年龄、种族和性别）。这一点对于未成年人犯罪研究来说非常重要，因为其可以告诉我们每年有多少未成年人被捕。

统一犯罪报告的准确性遭到质疑，因为调查表明，不足一半的犯罪受害者会将犯罪事件向警察报告。

2. 讨论自述违法行为的概念

这类调查会让青少年详细描述他们最近及过去曾经参与的反社会行为。

许多情况下，自述报告调查是以群体的方式展开，受访者会得到承诺隐去姓名以保证他们回答的诚实和真实性。

大部分自述报告除了调查和违法犯罪行为有关的问题，还调查受访者态度、价值观及行为有关的问题。

3. 熟悉未成年人违法犯罪的新趋势

1960到1991年，犯罪和未成年人违法犯罪的比率呈上升趋势，1991年，警方记录共发生了1500万起犯罪案件。1991年犯罪数字在下降。

现在每年未成年人被逮捕人次超过100万。

未成年人违法犯罪行为对于美国的整体犯罪数据仍然有重大影响。

4. 认识影响未成年人犯罪率的因素

因为青少年的犯罪率很高，犯罪专家认为，总人口的年龄分布变化对于犯罪趋势有最重要的影响。

整体看来，犯罪率会随着青年男性在人口中所占比率而变化。

人们对经济是否与犯罪率有影响持有不同意见。青少年违法比率的下降被认为和强势的经济有关。一些人认为，经济形势较差可能实际上有助于降低未成年人违法犯罪率，因为它限制了青少年采取犯罪行为的机会。

随着社会问题的加重——例如单亲家庭、辍学率、种族矛盾及青少年怀孕——未成年人违法犯罪的比率就增加。

种族矛盾也可能会提升未成年人违法犯罪率。

能否容易得到武器或许会影响未成年人违法犯罪率，当武器被拿在十几岁青少年的手中时更是如此。

另外一个影响未成年人违法犯罪率的因素是青少年帮派的爆炸式增长。

一些专家称，媒体对暴力的传播可能会影响未成年人违法犯罪率。

5. 列出和违法犯罪有关的社会和个人因素并加以讨论

虽然男性违法者的比例较高，但女性违法比率的增速却高于男性。

少数族裔的青少年的犯罪率尤其是暴力犯罪比率被过度呈现。

专家对阶层和违法行为的关系持不同意见。一些专家认为，青少年犯罪是存在于下层阶级的现象，而其他人认为这一现象出现在各个阶层。

使用方法的问题使人们无法弄清楚阶层和犯罪之间的关系。然而，官方数据表明，下层社会的青少年要为最严重的青少年违法行为负责。

人们基本认同违法行为会随着年龄增长而减少这一看法。

6. 熟悉预测青少年受害的因素

和其他群体比，青少年更容易成为犯罪的受害者。

青少年容易成为同龄人的受害者。

20岁及以上的受害者所遭受的侵害通常来自21岁或年龄更大的人。

受害与侵害发生在同一种族内部。白人青少年更容易成为白人青少年的受害者，非洲裔美籍青少年则更容易被他们的同族侵害。

视点

作为一个未成年人法庭的法官，你必须要在听证会上做出一个艰难的决定：一个青少年是否应当被移交至成年人法庭。对于生活在当地公共房屋里面的人来说，参加帮派活动似乎已经成为一种生活方式。赤血帮售卖快克可卡因，狼群帮控制了毒品市场。两个帮派之间的打斗爆发时，16岁的狼群帮成员谢提阿克·约翰逊枪杀了赤血帮的一名成员。为了报仇，赤血帮悬赏要他的命。在躲藏的过程中，两名卧底侦探发现谢提阿克是个逃犯。害怕他的性命不保，谢提阿克掏出手枪开火，给其中一名侦探员造成了致命伤害。在听证会上，你会发现谢提阿克的故事，和其他许多在条件艰苦的公共房屋里长大的孩子情况类似。没有爸爸，只有一个单亲母亲，她没办法管住五个儿子。谢提阿克在远远没有达到法定投票年龄前一直生活在一个充满毒品、帮派和火拼的世界里。谢提阿克在13岁之前就卷入一起帮派成员因为十美元纠纷打死一个流浪汉的案件。他因此被判在青少年拘留所服刑一年，并在六个月之后被释放。现在他面临的罪行如果是成年人犯下的，那将是一级谋杀罪。如果把这个案件送到成年法庭，谢提阿克会被判处终身监禁，甚至死刑。

在听证会上，谢提阿克像丢了魂儿一样。他说他以为，警察是为了获得赤血帮的赏金而追杀他的杀手。他说，杀死对方帮派成员，仅仅是出于自卫，区里的律师也确认，死者确实是一个罪行累累的帮派杀手。谢提阿克的妈妈乞求你能想想她儿子只有16岁，有一个非常艰苦的童年，他因为这个社会对穷人的冷漠成了受害者。

• 你会将谢提阿克作为一个未成年人来审理，看看在青少年监管机构里待一段时间能否帮助这个陷入麻烦的年轻人？还是会把他转移到成人司法体系？

• 应该给16岁的谢提阿克第二次机会吗？

• 谢提阿克的行为在青少年男性中普遍吗？还是罕见而令人不安？

第 3 章　　　　　　　　　　　　　　　　　　　　　　　　CHAPTER 3

性别与犯罪

2012年，安布尔·莱特（Amber Wright），16岁，因在佛罗里达州萨默菲尔德参与杀害15岁的西思·杰克逊（Seath Jackson）被法院判处一级谋杀罪。安布尔因该罪行被判入狱。该案件发生于2011年4月17日，当时安布尔和她17岁的哥哥凯尔·胡珀（Kyle Hooper）及20岁的朋友迈克尔·巴尔虎（Michael Bargo Jr.）、21岁的贾斯汀·索托（Justin Soto）和19岁的查理·凯·伊利（Charlie Kay Ely）计划杀害杰克逊。原因是：巴尔虎忌妒杰克逊曾是安布尔的男朋友，在交往时杰克逊曾虐待过安布尔，但这并非事情的全部。在杰克逊和安布尔分手之后，他很快开始与另一个女孩谈恋爱，而此时胡珀萌生嫉妒心理，因为他也迷恋杰克逊的新女友。嫉妒与排斥促使安布尔和她的朋友们谋划对西思·杰克逊的谋杀。安布尔给杰克逊发短信，引诱其到伊利家与她见面。杰克逊到达后，受到了安布尔及其朋友们的袭击。安布尔和她的朋友们暴打了杰克逊，对其进行了枪击，最后用火焚烧了他的尸体。烧焦的杰克逊遗骸被塞到一个容量为五加仑的油漆桶后，被这些同谋扔到了佛罗里达州奥卡拉市的一个采石场。

在法庭裁决宣读完毕之后，安布尔双手抱头，放声痛哭。助理州检察长艾米·伯恩特（Amy Bernt）在作结案陈词时说："安布尔·莱特在谋杀西思·杰克逊一案中占据最重要的角色。她是整个谋杀案的诱饵。"杰克逊的母亲索尼亚·杰克逊（Sonia Jackson）站在证人席上宣读证言，她说："安布尔，得知是你导致所有这一切的发生，我们希望你能彻底地感到内疚。没有你的操控，杰克逊是永远不会到那间屋子去的。"

安布尔·莱特参与西思·杰克逊谋杀案说明青少年女性也开始涉足非常严重的罪行。这是一个相对较新的现象。在过去，专家将女性犯罪视为一个失常现象，即情感或家庭相关问题，因此并不是一个重要的研究主题。事实上，这些为数不多的"真实"的女性犯罪者是一些另类，她们的犯罪行为也是出于自身的男性气质和特征，这个概念现在被称为男性气概假说。

男性气概假说：该观点认为，犯罪女性具有与男性类似的生理和心理特征。

通过观察青少年女性当前面临的挣扎，加上她们频繁地参与严重罪行，当代学者对女性犯罪的研究产生了兴趣。尽管女性犯罪行为仍然少于男性，但她们所犯罪的种类与青少年男性十分相似。盗窃罪和严重伤害罪，是多数被捕青少年男性所犯的罪行，也往往是被捕青少年女性所犯的常见罪行。另有证据表明，女孩参与帮派和帮派暴力数量在增多。

本章概述了犯罪中的性别因素。我们首先探讨社会发展过程中的性别差异及这些性别差异是如何与犯罪率产生联系的。之后对女性犯罪原因的一些理论进行解释：(1) 特质理论观点；(2) 社会化观点；(3) 女性主义观点；(4) 女性主义的批判性观点。

社会发展过程中的性别差异

社会化、认知和人格等社会发展过程中的性别差异是否为今后的行为不端中的差异奠定了基础呢？产生行为不端的性别特征可能早在幼年时期就已经存在，女婴能很好地控制她们的情绪，而男宝宝更容易恼怒和更多地依赖母亲。

社会化中的差异

心理学家认为，男性和女性社会化方式的差异影响了他们的发展。女孩可能和父母，尤其是保护她们免遭反社会行为侵害的母亲关系更为亲近。由于自我控制的水平与父母的依恋密切相关，与父母关系更亲近的孩子自我控制的发展水平会更高，在这两种情况下，女孩可能比男孩受益更多。

父母对待男孩和女孩的态度可能有所不同，分别以他们认为适合男性和女性行为的方式鼓励他们。不足为奇，父亲更有可能教儿子怎么使用和保养武器，却不会和女儿分享这样的知识。自陈式研究表明，有与家庭成员一起狩猎或射击经历的男孩人数是有类似经历女孩人数的3倍。

男性重视独立，而女性往往被教导她们的自我价值依赖于她们维持人际关系的能力。女孩在维持与他人的关系时，冒着迷失方向的风险，正因如此，她们与很多人的关系出现差错；此外，由于在实现成功关系方面遭遇失败，她们还冒着被疏离的风险。研究表明，在遭遇诸如缺乏来自家人或同伴的社会支持等类似的挑衅时，女孩将变得抑郁，而男孩则可能因此从事犯罪行为。

社会化对攻击性行为也有影响。虽然在年幼时期，在攻击性行为方面，男性和女性的性别差异不大，但社会化使女孩跟男孩相比不那么具有攻击性，并且被监管得更加严密。男孩在他们的人生发展中会接触更多的危险因素，而且得到的保护比较少。较大的危险结合较少的保护体现在反社会行为和攻击性行为的程度上。在3～6岁，是孩子上幼儿园的阶段，男孩和女孩的攻击性差异变得非常明显。男孩有可能显现出身体上的攻击性，而女孩则展现出关系上的攻击性，比如排斥幼儿园里自己不喜欢的同伴。

当女孩长大成熟后，面对挑衅她们往往会感到焦虑，而不像男孩那样被鼓励报复。尽管女性和男性一样经常发怒，但是许多女性会因为这些情绪而被教导这是她们自身的问题。因此，在应对愤怒时，女性比男性更有可能表现出抑郁、焦虑和羞愧。社会化使女性担心生气会损害她们与他人的关系。在这种情况下，男性则被鼓励以"道德义愤"回击，因为自己的不适而指责他人。迈克尔·拉特（Michael Rutter）、亨利·吉勒（Henri Giller）和安·哈泽尔（Ann Hagell）认为，抑郁和犯罪分别对女性和男性具有等同的结果。男性和女性被教导以不同的方式应对压力，社会化使女性表现出较高的内化反应（抑郁），而男性则表现出更高的外化反应（犯罪）。因此，女孩在面对家庭危机时变得抑郁，而男孩则更可能通过攻击性和暴力行为使他们的痛苦具体化。

认知差异

男性和女性还存在认知差异，这些差异始于儿童时期。有关认知表现中的性别差异反复出现的调查结果显示，女性在视觉、运动速度和语言能力方面具有优越性，而男性在机械性任务和视觉、空间任务方面更胜一筹。换言之，男性更擅长评测操控工作记忆中的视觉意象方面能力的任务，而女性则需要在长期记忆中进行检索，以及获得运用语言信息方面的任务胜过男性。这些在早期学龄阶段发现的性别群组优势在青春期变得更为确定，但在成人期保持稳定。

女孩学习说话早而且更快，具有更好的发音，也学得更像，因为相比襁褓中的幼男，父母一般与襁褓中的幼女说话多一些。女孩的语言熟练程度使其形成一种帮助她不用诉诸暴力就能处理冲突的技能。当面临冲突时，女性往往尝试协商解决，而不是消极回应或采取肢体上的抵抗，在她们察觉到伤害或死亡威胁增加时更是如此。

相比男孩，好斗的女孩往往在成人面前掩饰自己的行为；欺凌他人的女孩也通常不会轻易承认自己的行为。女孩的道德意识引导她们避免伤害他人。她们的道德敏感度与家庭影响有关。女性比男性展现出更多的自控力，这是一直以来与犯罪密切相连的一个因素。

多数情况下，认知差异很小，范围狭窄，并且通常归因于文化期待。一旦给予专门训练，女孩可以增加她们视觉的空间技能。然而，这种差异仍然对青少年女孩具有不利影响。例如，在学业能力倾向测验（Scholastic Aptitude Test，美国高中生升入大学必须通过的测验）中的数学部分，男生做得仍然比女生要好得多，500分以上的男生人数几乎是女生人数的两倍，而超过700分的男生约为女生的13倍之多。

人格差异

青少年女性使用与男性不同的知识，解读她们与他人交互的方式。例如，女孩在衡量亲和力的尺度方面得分很高，而男孩更侧重于依赖经验。

这些性别差异可能对自尊和自我意识产生影响。研究表明，随着青少年的成长，男性的自尊和自我意识得以增长，而女孩的自信却下降。原因之一是女孩可能担忧自己的体重，并对她们的身形和身材不满意。青少年女孩经常会对身材苗条的要求高得不切实际，这让她们对自己的身材极度不满。因此，最近几年，诸如厌食、暴食等饮食失调症状明显增加。心理学家卡罗尔·吉利根（Carol Gilligan）揭开了女性自尊下降的另一种解释，随着女孩步入青春期，她们意识到自己看待自身的积极方式与社会看待她们的消极方式之间的冲突。许多女孩选择"丢掉自己的声音"进行回应，也就是将自己的情感掩盖起来，接受成人权威人士表达的关于女性的负面观点。

情感差异

人们通常刻板地认为女孩比男孩更情绪化，然而，研究表明，在很多情况下，情绪状态方面因性别产生的差异是有限的。尽管如此，研究表明，女性更愿意流露自己的情感，并更可能表达对他人的关心。她们更关心找到"生活的意义"，而对于追逐物质上的成功则兴趣不大。最近一项对情感发展方面的文献调查发现，相比男孩，女孩更愿意表现出积极情感和内在情感，如悲伤、焦虑、同情等；相反，男性则表现出更多的外在情感，如愤怒。这种情感上的性别鸿沟随着年龄的增长而变大，女孩在成熟后展现出更多的积极情感，而男孩则有些滞后。

这一心理成熟方面的改变或许能够解释青少年犯罪率方面的性别差异。由于青少年时期的男孩不能像女孩那样更好地承受青春期的压力，因此可能具有更高的犯罪率。由于无法形成管控自己情感所需的自制力，男性更可能以犯罪的方式来应对压力（见概念摘要3.1）。

概念摘要3.1　对这些不同方面的性别差异作了探讨

性别差异	女性	男性
社会化	维持关系 攻击性较弱 自责愤怒外化	独立 具有攻击性
认知	具有优越的语言能力 说话较早 具有较好的发音 更好的阅读能力	具有优越的视觉—空间能力 在数学方面更好
人格	自尊心较低 具有自我意识 具有更长的注意力持续时间	自尊心较高 追求物质主义 具有较低的注意力持续时间
情感	内化情感 表达悲伤、焦虑等	外化情感 情感表达愤怒

造成性别差异的原因：生物学上的还是社会学上的？

为什么会出现这些性别差异？一些专家认为，性别差异或许在生物学上可以找到渊源，男性和女性有着本质的不同。男性和女性的大脑结构有些不同；女性多以左脑为主导，而男性多以右脑为主导（左脑控制语言，而右脑控制空间关系）。其他人则指出，两种性别之间的激素差异是解释他们行为的关键因素。

另一种观点认为，性别差异形成于人的整个生命历程，并反映了对男性和女性不同的处理方法。心理学家埃莉诺·麦考比（Eleanor Maccoby）在她的《两种性别》(*The Two Sexes*：*Growing Up Apart*, *Coming Together*) 一书中提出，性别差异与个人性格或生理差异无关，而是个人参与社会化的一种方式，并与他和他人的关系是如何构建的相关。尽管父母为打破这种性别界限而做出众多努力与尝试，孩子在幼儿园玩耍时仍然按照性别进行分组，因而形成了相应的"男孩文化"和"女孩文化"。根据和他们一起玩耍的人及参与他们行为的人，儿童也各自承担不同的角色。男孩在和同龄人待在一起时，总是显现出男子气概，但当被要求照看自己年幼的妹妹时，他又会变成一个温柔的、充满爱心的大哥哥。

小女孩不会因为某种根深蒂固的特性而变得"被动"，她们只有当男孩在场时才会表现为被动。根据麦考比的观点，两性隔离有生理方面的原因，也有社会方面的原因。虽然生理和认知差异确实影响行为，但麦考比认为，性别差异主要出现于社会交往中，并且同龄人群组在强化性别方面有较高的影响力。以体现男子气概的男性运动员文化为例，该文化鼓励其成员敢于冒险，并参与诸如酗酒等身份犯罪活动。然而，生理和社会因素纵横交错，因此简单地将性别差异视为具有单一的社会或生理渊源是错误的。

还有一种观点认为，性别差异是社会化、学习和文化适应三者相互作用的结果。由于男孩和女孩接触不同风格的社会化过程，学习不同的价值观，并拥有不同的文化经历，他们的行为表现可能就不尽相同。根据心理学家桑德拉·贝姆（Sandra Bem）的性别图式理论，我们的文化通过强制男性和女性遵守互相排斥的性别角色或"剧本"使两种性别走向两极分化。女孩被期待"女性化"，展现同情和温和的特征。相反，男孩被期待具有"男性气概",展现果敢和控制的特征。孩子们将这些"剧本"内在化,成为他们自身性格的一部分,并接受性别两极化,视其为一种正常的状态。根据自身行为符合各自性别类型的程度,孩子们的自尊心被相应地隐藏起来。当孩子们开始察觉自己是男孩或女孩时(这一阶段发生于三岁左右),他们就会寻找能帮助自己明确自己角色的信息;他们开始学习那些对于他们的性别而言是合适的行为。女孩被期待根据恰当的"剧本"展现自己,并寻求别人对其行为的肯定,她们会思考自己的行为表现符合这个年龄阶段女孩的特征吗?对她们而言,要避免体现男性气概的行为。相反,男性从他们的同龄人身上寻找能明确他们男性气概的线索;攻击性行为可能会获得同龄人的认可,而敏感性则会被视为缺乏男性气概。

性别图式理论:一种发展理论,该理论认为,儿童的反映与性别相关的社会文化的性别剧本内在化。之后,这些性别剧本使儿童倾向于构建一种与之一致的自我认同。

终究不存在太大的差别　　并非所有社会科学家都认可不同性别之间具有明显差异的观点。在调查诸如性格、认知、沟通技能和领导能力等特征方面,性别差异的研究是一项重要的原因分析,心理学家珍妮特·希伯利·海德(Janet Shibley Hyde)发现,在这些关键的心理变量方面,男性和女性基本上是类似的,而不是具有明显的差异,她将自己的发现称为性别相似性假说。海德发现,性别差异对于大多数调查的心理变量没有影响或只有微小的影响,仅有几个例外。与女性相比,男性更具有人身攻击性。海德还发现,性别差异会随着年龄的增长而产生波动,在整个生命历程的不同阶段变大或变小,这表明,这些性格差异并不是固定一成不变的,而是变化的。她声称自己揭穿了一个重要的荒诞说法,即男孩在数学方面做得比女孩更好。根据她的调查结果,男孩和女孩在进入高中之前数学可以学得一样好,而在高中阶段,男孩确实表现得更熟练一些。有可能一些女孩错误地认为自己注定会在数学上较弱,并逃避数学的高级课程,从而创造了这一自我应验的预言。

性别相似性假说：该假说认为人格、认知、智力等方面的性别差异比人们以前认为的要小得多。

循证未成年人司法预防：同辈友好女性互助网站

女孩应得到健康的社会生存环境，但当她们面临很多压力时，这些压力阻碍了她们在关于合法和违禁物质使用方面做出正确选择的能力。女孩往往被诱导饮酒、吸烟及服用其他药物使自己变得苗条或保持苗条。控制压力，显得成熟，在两性同龄人中受到欢迎。由于这些压力在女孩中极为普遍，因此标准的预防项目对女孩可能并不怎么有效。

女孩吸毒的方式和原因与男孩不同。与男孩相比，女孩更有可能从其他人那里接受一种药物，而且在该药物的作用下，与人产生性行为。渴望被同龄人接受的欲望进一步影响女孩吸食毒品。因此，女孩比男孩更能意识自己的肥胖体型，并且在追求纤细的体型方面，女孩具有更大的社会压力。因而，女孩或许借助服用减肥药或吸烟来控制体重，保持自尊，并使自己在同龄人中受到欢迎。

相关项目：同辈友好女性互助网站

同辈友好女性互助网站旨在使女孩形成抵制使用诸如药物、酒精、烟草、家庭化学品等有害物质的技能。在习惯控制压力和转移引发吸毒的同龄人、媒介及其他压力的健康方式之后，女孩变身为同龄青少年女孩的教育者。

同辈友好女性互助网站面向11~14岁的女孩，在这个年龄段，女孩开始充分地体验和应对来自同龄人的影响和压力。该网站通过参与者能够具体确定自己目前被迫所做的事情及其后果的方式来增强她们的知识和技能以抵制负面的同龄人影响。然后，项目参与者拟订健康的替代方案，并邀请同龄人加入她们，按照她们明智的选择行事。该项目增强女孩的沟通技能与能力来承受压力，并提供健康的方式应对压力，由此，使得这一项目过程得到了强化。此外，项目参与者学习各种不同的合法和违禁物质知识，接受指导怎样利用现成的药方和非处方药物，并分析药物滥用的媒体信息。

项目参与者也加强有助于策划和实施年龄在6~10岁的青少年和儿童（被称为同

龄受教育者）进行物质滥用预防活动的领导技能。通过成为同龄人的教育者和良师益友，年长的参与者能够增强她们避免物质滥用的承诺。

同辈友好女性互助网站已经获得多项奖励，被美国卫生与人类服务部（US Department of Health and Human Services）下属的美国物质滥用和精神卫生管理局（Substance Abuse and Mental Health Services Administration）和美国司法部（US Department of Justice）下属的青少年司法和犯罪预防办公室（Office of Juvenile Justice and Delinquency Prevention）确认为一个有效的基于实证的项目。

批判性思维：

1. 还有哪些女性独有的问题必须通过治疗/预防项目处理？处理这些问题的最好方法是什么？

2. 鉴于青少年女性面临的独特问题，男女共学的治疗项目会有效吗？

海德的调查结论也不乏批评者的声音。然而，她提出并解决了一个重要的当前现象：虽然性别差异之前确实存在，但当前这些差异正逐渐弱化。如果是这样的话，这一现象可能会影响违法犯罪中的性别差异。在本章特色栏目循证未成年人司法预防中，一项专门面向青少年女孩的预防项目正在具体部署实施。

性别差异与犯罪

美国及国外进行的研究发现，影响男性犯罪的轨迹与影响女性犯罪的轨迹大不相同。男性好斗，并且不太可能依附于他人，这些因素使他们的犯罪率在其整个生命周期内居高不下。男性将攻击性行为视为获得地位的一种恰当手段。男孩比女孩也更有可能与离经叛道的同龄人打成一片，并且在他们这样做的时候，他们展现出自身的个性特征，使他们更容易走向犯罪。他们经常暴露在诸如犯罪、受害等犯罪环境的重压之下，更有可能以咄咄逼人而非同情和理解的方式对与他人的矛盾做出反应。

这种模式适用于这两种文化观。这表明，女孩和男孩之所以具有不同的社会行为，很大程度上是因为他们性别隔离的同龄人群组需要诸如攻击的行为，而这样的行为在其他社交情况下可能不是他们的特征。在反社会行为倾向中通常被认为的内在差异实际是同龄人社会化差异的结果。事实上，青少年男孩认为他们的角色比青少年女孩更占主导地位，这可能是受到了同龄人压力的影响。男性对权力的理解，拥有自由及与他们的朋友打成一片的能力，有助于解释在性格方面的性别差异。因此，如果男女双方被置于同样产生犯罪的因素之下，那么他们的犯罪率将是相同的。虽然社会化是一个强大的力量，但是诸如认知、个性及生理等内在性别差异似乎仍然影响包括攻击性行为在内的人际交往，并且这种影响并不能被完全忽视掉。当孩子们将各自不同性别的行为内在化之后，认知和个性差异就被放大。那些不坚强的男孩可能会表现疲惫、懦弱和娘娘腔。相反，女孩将与朋友们形成更加紧密的联系，并且和朋友们分享感受。

犯罪的性别模式

在所有社会和经济阶层，男性犯罪数量仍然比女性犯罪数量大。然而，犯罪及犯罪被逮捕的性别差距却相差无几。在1995年，男、女因严重犯罪被逮捕的比例为3∶1；如今，该比例已经接近2∶1（男性暴力犯罪被逮捕比例仍然高于5∶1）。

同样地，自述式研究报告指出，男性与女性违法犯罪行为的排序比以往任何时候都更相似。也就是说，对于男孩而言最常见的犯罪行为如轻微盗窃罪、使用假身份证、吸食大麻等，也是女孩所犯的最频繁的罪行。此外，男性犯罪的诱因，比如犯罪同龄人的影响，与解释女性犯罪的诱因是相似的。换言之，犯罪途径已经跨越了性别，呈现相似性。

犯罪性别差距在十年间缩小了，这种现象应该如何解释呢？以下几条政策的变化可能加剧了女孩的被逮捕倾向。

- 暴力犯罪的定义可能扩大了，因此，相对女孩更可能犯的轻微罪行现在已经被纳入被逮捕数据。
- 警察有可能在私人场所（比如家里和学校）实施逮捕，在这些地方，女孩暴力比较普遍。
- 目前家庭和社会对待未成年女性的态度已经不那么宽容。这些发展反映出对于暴力在法律和市民中越来越不被宽容。此外，预防惩罚和风险管理策略被广泛应用，这些策略强调对具有问题的个人或团体尤其是问题青少年早期的识别及增强控制的重要性。

尽管性别差距已经缩小，对于大多数暴力犯罪而言，性别差异仍然非常明显。因谋杀而被逮捕的男/女比例通常是10∶1；在2011年，18岁及以下的女孩因谋杀指控而被逮捕的人数仅为57人，而男孩的人数却高达594人。

在致命暴力方面存在性别差异的一个原因是，男性和女性在目标受害人及他们所使用的武器上存在差异。男性青少年在争吵中通常用手枪杀死朋友或熟人。相反，女性所杀人员通常为家庭成员，并且更可能是用刀。无论是男性还是女性都倾向于杀死男性（一般是他们的兄弟、父亲或朋友）。

警察与性别差距　应该如何解释违法犯罪中性别差距的缩小呢？一种可能是，警察正在改变他们处理涉及青少年女性案件的态度，不再偏袒她们导致女孩被捕的可能性更大。采用自述式报告数据的研究显示，在过去的十年，女孩的暴力或药物使用几乎没有实际的增长。因此，犯罪逮捕率的性别趋同可能是由于警察的程序得以改变，而犯罪行为没有实际的改变。未成年人司法与犯罪预防办公室（OJJDP）资助的女孩研究小组的专家仔细评估了现有的数据，得出结论为女性暴力犯罪被捕人数的增加更有可能是警察逮捕程序和政策引起的，而不是因为任何女性行为的彻底改变。

研究小组发现,家庭暴力的高度敏感已经导致许多州和地方警察机构实施强制逮捕政策以应对包括父母与孩子在内的家庭骚乱。家庭环境中曾被认为是"无法无天"(一种身份犯罪)的一些行为,现在以一般攻击罪予以逮捕。最初采用因为家庭暴力而强制逮捕的政策,是为了保护受害人免受进一步的攻击,为那些试图控制他们"不守规矩"的女孩的家长提供了一种方法。女孩与家人或兄弟姐妹打架比男孩更为频繁,而男孩则经常与朋友或陌生人打架。因此,在家庭暴力法律发生变化的情况下,女孩更容易被逮捕,她们的犯罪统计数据也因此增加。

女性暴力　虽然女孩研究小组否定了女性"犯罪浪潮"的概念,但承认许多女孩是存在暴力倾向的,并且女性犯罪呈现明显的模式和趋势。

• 同龄人暴力。大多数女孩的犯罪是针对同性同龄人。女孩与同龄人打架以获得地位,捍卫她们的性声誉及为防范性骚扰而进行的自卫。

• 家庭暴力。与男孩相比,女孩在家里和父母打架更为频繁,而男孩通常是在外面参与暴力。她们通过一些事件对她们认为控制过度的结构体系进行了强烈的反击。其他女孩则将攻击家庭成员作为防御或者愤怒的表达,这种愤怒源于家庭成员对其性或者身体的虐待。

• 学校暴力。女孩可能因为在学校被教师冠以标签、自卫或者出于一般意义上的绝望而在学校与人打架斗殴。

• 弱势社区的暴力。由于受害的风险增加,且父母无力保护她们免受社区强者的侵害,加之缺少成功的机会,弱势社区的女孩更有可能对他人实施暴力。

• 加入帮派的女孩。跟成员主要为男性的帮派联系密切的女孩比全是女孩的帮派表现出更多的暴力迹象。帮派女孩比其他女孩更暴力,但没有帮派中的男孩暴力。

在下面的章节中,我们将探讨女性犯罪的理论基础。

特质理论与女性犯罪

通过分析男性或女性独有的特征，探究性别差异对未成年人犯罪的影响是一贯的传统。男性和女性的生理和心理差异可以解释犯罪率的差异，这并非一个新的观点。最早的犯罪心理学家关注一些被认为是犯罪前兆的身体特征。

早期生理学解释

随着《女性犯罪者》在1895年的出版，塞萨雷·隆布罗索（Cesare Lombroso）[和威廉·费列罗（William Ferrero）]把他的工作延伸到女性犯罪领域。隆布罗索认为，女性的进化程度比男性更低、更天真，并且不如男性聪明。犯罪的女性可以通过一些身体特征，例如过多的体毛、皱纹和畸形头盖骨等，来区别于"正常"女性。例如，从外表看，犯罪的女性似乎比其他女性更容易接近男性。男性气概假说认为，犯罪的女性有过多的男性特征。

隆布罗索的思想在20世纪的大部分时期都有着重大影响。研究者基于性别差异对犯罪率差异进行了解释。在1925年，西里尔·伯特（Cyril Burt）将女性犯罪与月经周期联系起来。同样，威廉·希利（William Healy）和奥古斯塔·布朗纳（Augusta Bronner）认为，男性身体上的优势增强了他们的犯罪行为。他们的研究表明，他们所研究的大约70%的犯罪女性体重和身材都不正常，这一发现支持了男性气概假说。

一些专家认为，女性犯罪没有被记录在案，是因为女性是教唆犯，而不是行为人。女性首先使用自己的性魅力煽动犯罪，然后诱骗司法界的男性，以得到礼遇。这一观察，被称为"骑士精神假说"，认为女性犯罪被司法系统的男性工作人员忽视或者原谅，这一事实能够解释犯罪率的性别差异。那些相信骑士精神假说的人指出，根据数据显示，尽管女性大约占被逮捕者的

20%，但是监狱服刑人数仅占不到5%。警察和其他的司法系统人员可能相比男性罪犯而言更不愿意惩罚女性罪犯。

骑士精神假说（又称父爱主义假说）：该观点认为，女性犯罪率较低反映了警察对待女性犯罪者所持的宽容态度。

早期心理学解释

心理学家将男女之间的心理差异视为行为差异的基础。西格蒙德·弗洛伊德（Sigmund Freud）认为，女孩们将她们缺少阴茎理解为她们受到惩罚的信号。男孩担心他们会被以切断阴茎的方式受到处罚，从而害怕女人。从冲突中产生了阴茎羡慕，这常常在女孩身上产生自卑感，迫使她们努力弥补自己的"缺陷"。补偿的方法之一是认同他们的母亲并接受母亲的角色。此外，女孩可能会通过穿得好、美化自己来弥补由于缺少阴茎带来的不足。弗洛伊德还声称，"如果一个小女孩坚持她的第一个意愿是长成一个男孩，在极端的情况下，她最终将变成一个明显的同性恋者，在她以后的生活中，她将表现出明显的男性特征，选择一个男性的职业等。"

在20世纪中叶，心理动力学理论家认为，女性非常被动，这有助于解释她们的低犯罪率。然而，这种情况也使一些女性容易被男人操纵。因此，她们会参与与性有关的犯罪，如卖淫。精神分析学家认为，一个女孩的任性行为仅限于神经过敏的盗窃行为和公开的性行为，这是人格适应不良的症状。

根据心理分析方法的早期版本，犯罪率的性别差异可以追溯到心理取向的差异。男性犯罪反映了攻击性的特征，而女性犯罪则是在压抑的性行为、性别冲突和异常的社会化的作用下产生的。

当代物质理论的观点

当代社会心理学家延续了这一传统，将犯罪的性别差异归因于身体和情感特质。这些理论家认识到，是生理和心理特征与社会环境的相互作用促成了犯罪。

青春期提前/性早熟　早期理论家把女性犯罪与青春期提前和性早熟联系起来。根据这一观点，身体发育成熟较早的女孩最有可能从事反社会行为。女性罪犯被认为比男性罪犯更淫乱且更复杂。将女性犯罪与性行为联系起来，认为女性犯罪的部分原因是身体失调所致。

性早熟：青春期早期的性体验。

纯粹地将女性犯罪与性行为等同起来已不再被重视，但过早的性成熟与其他问题被联系起来，例如少女怀孕和性传播疾病的风险增高。经验告诉我们，过早进入青春期的女孩的犯罪风险最高。原因之一是"成熟的女人"可能对青少年男孩更具有吸引力，并且她们会更多地与一些反社会行为的高风险组织接触。研究表明，相比那些与合适年龄的男孩约会的女孩，与大自己三岁或三岁以上的男孩约会的年轻女孩容易性早熟，容易感到压力从而发生性行为，在毒品和/或酒精的影响下发生性行为。早熟最有可能促进犯罪活动，是在与同龄人交往，与男孩发展浪漫关系的背景下发生的。女孩浪漫的爱恋吸引反社会行为年长的男孩，她们比那些不和这种"鼓励"反社会行为的人在一起的女孩更有可能从事犯罪。在晚熟女性达到性成熟并且更多地接触男孩的时候，早熟和晚熟的女性的犯罪差距缩小。

与同龄人相比，性发育成熟的女孩容易较早参加社交活动，并参与一些越轨行为，特别是"越轨聚会"，比如饮酒、吸烟和吸毒。这种行为可能产生长期的后遗症。社会学家桑普森·利·布莱尔（Sampson Lee Blair）最近研究未成年人犯罪和吸毒对年轻人婚姻选择的长期影响，他使用的是美国10000多个具有代表性的样本。他分析后发现，在青春期，不管是吸毒还是犯罪行为都显著影响婚姻的可能性和年轻人的初婚年龄。犯罪行为似乎增加了男女结婚的可能性，却降低了初婚年龄，而较高程度的吸毒（酒精和大麻）则大大降低了女性结婚的可能性。结果表明，青春期的冒险行为对成年后婚姻结局的影响存在着性别差异。

早熟和受害　如果早熟增加了犯罪行为的可能性，那是否也增加了受害的风险呢？德纳·海涅（Dana Haynie）和亚历克斯·皮克罗（Alex Piquero）的研究发现，男孩和女孩早熟会增加受害的风险。这种联系具有性别之分，如果男孩的朋友圈中包含女孩，他们不太可能会成为受害者；相比之下，女孩的受害并没有因他们同龄人群的性别构成而得到减轻。

为什么同龄人群的性别构成对男孩的影响比女孩更多呢？女性不太可能卷入严重的暴力犯罪，因此她们会更多地关注朋友圈子里与暴力男孩接触少的男性。相比之下，男孩多数与男性同龄人结交，为了跟上朋友的节奏，可能会被迫从事危险的行为，和他们的朋友喝酒、飙车、参与斗殴等。女孩在参与危险行为方面可能会感到更少的压力，因为他们的男性朋友会保护她们，而不是把她们置于危险之中。

总之，虽然早熟和性发育可能会使女孩处于青少年犯罪和吸毒的危险中，但也可能有助于减少他们受伤害的风险。

为什么女孩会早熟？　为什么有些女孩成熟早反而把自己置身于犯罪的风险之中呢？被父亲抛弃的女孩倾向于早熟，更多地表现出性关系混乱。对这一发现，心理学家杰伊·贝尔斯基（Jay Belsky）提出了一种解释。贝尔斯基认为，一些处于高压之下的女孩，特别是在儿童早期由于父亲角色的缺失，可能会变得抑郁和不安，体重增加，然后由于体重增加促成荷尔蒙的变化，经历加倍的成熟，并且与多个对象发生性关系，人际关系不稳定导致早育。

然而，一项新的研究对于父亲的缺失与女孩的早熟和滥交之间的联系有着不同的解释。戴维·康明斯（David Comings）和同事对男性和女性受试者进行了测试，发现一个有着短AR基因的特定基因类型，与暴力行为、冲动、性冲动、性伴侣数量的增加及男性受试者减少内心控制的感情等有关。对女性而言，短AR基因模式的存在与父母离异、父亲在童年和青春期早期的缺失有关。他们的结论是：父亲遗弃和女孩早熟的关系是遗传的。可能有这种基因模式的父亲陷入婚姻冲突，抛妻弃子。他们的女儿遗传了这种基因，更容易早熟，并产生危险的行为，如过早的性行为、生育和破坏性的个人关系。这些不正常行为的原因不是压力或学习，而是父亲遗传给女儿的基因。他们的发现还解释了为什么父亲早逝的女孩不会像被父亲抛弃的女孩一样在青春发育时期有着相同的变化。早逝的父亲与普通人群的父亲相比，不太可能携带这种短AR基因。

荷尔蒙效应 一些生物社会理论家将反社会行为和荷尔蒙的影响联系在一起。这种观点认为，荷尔蒙失衡可能会影响年轻女孩的攻击行为。例如，负责控制炎症和抑制免疫反应的皮质醇是在长期的压力或身体创伤中释放的主要激素。它还和年轻女性的攻击性行为联系在一起。凯瑟琳·帕杰罗（Kathleen Pajer）和她同事们对47个有品行障碍（CD）的青少年女孩和37个能自我控制的女孩进行了研究，对皮质醇做了三种独立的测量。他们发现，有品行障碍的女孩在所有三个抽取时期中皮质醇都明显低于在正常控制组里的女孩。他们推断，反社会的女孩可能患有"下丘脑—垂体—肾上腺轴的失调"，这些能调节皮质醇水平。

另一种观点认为，过量的男性荷尔蒙（雄性激素）与犯罪相关。通常与反社会行为相关的雄性激素是睾酮。一般而言，经测试睾酮数量较高的女性可能从事典型的男性行为。雄性激素水平较低的女性相比男性不那么具有攻击性，而那些具有较高水平雄性激素的女性会呈现典型的男性特征，包括攻击性。

一些女性，子宫过度暴露在男性荷尔蒙环境下，可能从本质上变得男性化。她们可能出现反常的毛发生长，长出肌肉块组织，声音低沉，月经周期不规律及具有高度攻击性行为。子宫暴露在男性荷尔蒙环境下的女性更可能在以后的生活中从事攻击性行为。

经前期综合征　早期生物理论学家怀疑，经前期综合征（PMS）是女性暴力事件相对罕见的直接原因，"在月经前几天和月经期间，通常会出现这种情况：'愤怒的荷尔蒙'使女性烦躁不安和判断力差，这是经前期综合征的两个方面。"凯塔琳娜·道尔顿（Katharina Dalton）使经前期综合征和犯罪的联系得以普及，她对英国女性的研究使其得出结论，女性更容易自杀，经前期或月经期间更具攻击性及其他的反社会特征。

如今，在经前期综合征和女性犯罪的关系方面存在着相互矛盾的证据。研究表明，大量被收押的女性是在经期犯的罪，也有一小部分女性极易出现周期性激素变化，使她们更容易感到焦虑和产生敌意。即使证据具有说服力，但事实上犯罪和女性月经周期之间的关系仍未可知。这是一个因果困境，虽然与月经相关的压力很有可能产生犯罪，反社会行为的压力同样可能产生早期的月经。

攻击性行为　根据一些生物社会理论学家的观点，犯罪率的性别差异可以用天生的攻击性差异来解释。一些心理学家相信，男性生来就更加具有攻击性，这是生命中很早就出现的状态，在社会化之前，它能够影响人的行为。

基于性别的攻击性差异已经发展了数百万年，反映出男性和女性生殖系统的不同之处。男性更具侵略性，因为他们希望拥有尽可能多的性伴侣，以此提高自己繁衍后代的机会。女性已经学会控制自己的攻击性冲动，因为拥有多个配偶并不会增加受孕的机会。相反，女性把注意力集中在获取会帮助她们养育后代的物质方面，如一个能够提供物质资源的可靠伴侣。

当代心理学观点

因为社会化使女孩的攻击性小于男孩，所以卷入反社会和暴力行为的青少年女性有可能遭受某种形式的精神痛苦或异常。女孩比男孩更可能从事身份犯罪，例如离家出走、旷课逃学等，其行为表现出潜在的心理痛苦。

研究表明，反社会的青少年女孩确实遭受了种种心理问题，包括创伤后精神紧张性（精神）障碍，在家与伴侣在一起时有不正常的暴力关系。被收监的青少年女性罪犯比男性罪犯具有更多的急性心理健康症状和心理障碍。女性犯罪心理测试分数的高低会参照诸如精神变态的偏离、精神分裂症、偏执、精神衰弱（一种以恐惧、困扰、强迫症或过度焦虑为特点的心理障碍）等特点。临床调查显示，女性罪犯比男性罪犯更可能患情绪障碍，包括破坏性障碍、重度抑郁障碍和离别焦虑障碍。比如，严重的女性罪犯被发现具有冷酷无情的状态发生，一种表现为缺乏悔恨或羞愧、判断力差、不能通过经验得到教训、长期说谎的情绪障碍。

女性似乎比男性更容易受到家庭生活失调所造成的心理伤害。一项有关女性纵火犯的研究发现，她们经常因极不稳定的家庭而皱眉烦恼，她们很难在学校的出勤率和行为方面表现良好，她们很少或从未接触过家长，并且在纵火时她们处于危机之中。除了不稳定的家庭生活之外，单身女性青少年常常感到沮丧、愤怒，并表示有自杀的想法。

总之，一些专家认为，女性罪犯遭受着从缺乏自控能力到严重损伤等不同程度的心理障碍。

未成年人社会化理论

未成年人社会化理论就是基于这样一个观点，孩子的社会发展是理解违法犯罪行为的关键。如果儿童经历过伤害或是家庭分裂等，那么这名儿童就更容易受到犯罪组织和行为的影响。

将犯罪率差异与社会化的性别差异联系起来并不是最近才出现的现象。W. I.托马斯（W. I. Thomas）在其1928年的著作《适应不良的少女》（*The Unadjusted Girl*）一书中提出，一些生活在中产阶层家庭以下且还没有被社会化的女孩的自控能力很差，她们可能因冲动而寻求刺激。根据托马斯所说，女性的犯罪行为和她们对奢侈品和刺激事物的欲望有关。社会阶层的不平等使那些来自堕落家庭的贫穷女孩通过性交换取漂亮的服饰、其他的奢侈品或得到乐趣。性早熟使这些女孩更容易受到成熟男性的侵害，这会导致她们走向堕落。

未成年人社会化与犯罪

关注犯罪性别差异的学者对男性、女性的生活方式也很感兴趣。女孩受到的监管比男孩更加严格。如果她们在社会上的表现不符合大众的要求时，她们的父母也很容易发现。成年人可能对男孩的异常行为更加宽容，并且期望男孩表现得坚强，也能承担风险，更严密的监管限制了其犯罪机会及与犯罪团伙混在一起的时间。受到严密监管的女孩在青春期更不容易出现不正常的行为，随后继续过着更为传统的成人的生活方式（结婚、育儿）。

可见，在一个问题家庭成长并缺乏监管的青春期女孩更容易走向犯罪。

聚焦社会化　在20世纪50年代，许多研究人员开始关注特定性别的社会化模式。他们对社会化的性别差异做了以下三个假设：

• 家庭对女孩的影响比男孩更大。
• 父母对女孩管理更加严格，因为他们认为女孩更需要加以控制。
• 女孩很少与女性同伴形成亲密关系，因为她们认为其他女孩会成为她们挑选未来合格结婚伴侣的竞争对手。

正是由于这些原因，很多家庭中的青春期女孩抵制父母的严格控制，为了寻找陪伴而走上街头。那些缺乏父母合理指导的女孩很有可能与剥削利用她们的年长男性扯上关系，包括发生性关系（如街上的皮条客），甚至生出私生子。结果就是过上如卖淫、吸毒这样的一种边缘生活。他们的儿女，由于缺少家庭关系支持，也注定会在生命周期中重复这一模式。

破裂的家庭与堕落的女性　许多专家强调，家庭是违法犯罪行为的主要影响因素。男性罪犯被描绘成尊崇坚韧、刺激及其他低级价值观的叛逆者。在感到合法的机会很少时，男性就会屈从于犯罪的诱惑。相反，女性罪犯则被描述成有不完整家庭生活的青少年，她们通常是性虐待和身体虐待的受害者。露丝·莫里斯（Ruth Morris）把那些有违法犯罪行为的女孩描绘成在家庭关系紧张环境下成长的不具有吸引力的年轻女孩。在1970年出版的《不良少女》(*The Delinquent Girl*) 一书中，克莱德·威德（Clyde Vedder）和多拉·萨默维尔（Dora Somerville）提出犯罪女性通常是家庭压力调整造成的；据估计，教养院里75%的女孩都存在家庭问题。同时他们也提出，女性在男性主导的文化中有时会受到不平等的社会待遇，因此女孩更容易出现比较严重的问题。

其他早期的研究将叛逆行为与家庭中的性冲突联系了起来。研究发现，家庭破碎或破裂可能会引发女性的违法犯罪行为。与男性相比，被起诉至未成年人法庭的女性更有可能受到行为无法管控和性侵犯的指控。他们也往往可能是生活在单亲家庭里的孩子。通过对所收监未成年人的研究发现，大部分男性罪犯都是因为入室盗窃或其他与盗窃相关的犯罪行为而被收监的，但是女性罪犯往往涉及"屡教不改"和性侵犯。因此，可以得出结论：男孩犯罪是想展示自己的男子气概，女孩是因为对父母产生敌意或是想引起别人的注意而去犯罪。

当代未成年人社会化理论

当代未成年人社会化理论仍然坚持家庭互动是理解女性犯罪的关键。如果女孩成长于一个紧张的家庭氛围中，或者与她父母之间存在敌意，或父母缺失或父母本身是违法犯罪之人，她可能与其他被收监或父母犯罪的女孩一样会走向犯罪的道路，很可能吸毒或者犯罪。相反，与父母之间强大的关系纽带可以帮助女孩远离犯罪的社会因素。事实上，如果女孩与家人形成更为强大的关系纽带，这样也有助于解释犯罪率中的性别差异。

女性被期望遵循一种狭义的行为模式。相反，男孩在外面待到很晚或者与朋友开车兜风或者涉及一些违法行为都会被认为很正常。如果为了应对孤独或是对父母的敌意，女孩像男孩一样参加一些惯常的活动（如晚归、聚会、与朋友骑行等），她们就会面临从事相似类型的犯罪行为的风险。女孩参加不受监管的活动越多，她们就越有可能从事诸如吸毒等违法活动。

案情简介：瑞恩案

瑞恩（Rain）是一个15岁的女孩，正在读高二。她准时去上学，还是学校乐队的一名成员。她的母亲最近与其长期伴侣分开，又找了个新的男朋友。瑞恩是父母的独女，与亲生父亲仅有零星的接触，她的父亲在另一个州生活。最近，瑞恩说自己感到抑郁，并有些孤独。她已经开始定期与她的学校社工交流，解决成绩下降和在校遇到的问题。最近，在学校卫生间她被抓到购买处方药。因此，她被移交到一个面向初次犯罪者的项目，并被安排接受心理咨询。

在为瑞恩安排好服务项目之前，警察和救护人员被电话召至家中，因为瑞恩过量服用了她母亲放在医药箱中的止痛药。她被紧急送到一家当地医院，在那儿接受了医疗护理，并在那儿过夜。瑞恩向医院的精神病医生报告，自己目前并没有自杀倾向，因此医院的社工帮助她创建了一个社区计划以便出院回家。

回家之后，学校社工和社区的一名理疗师与瑞恩及她的母亲会面。他们安排瑞恩每天要跟学校社工见面，每周要找社区理疗师参加治疗两至三次。该理疗师专门研究青少年理疗，在当地的社区有一间小的办公室，与瑞恩的家相隔一个街区。这么近的距离使瑞恩可以经常与理疗师接触。这就减少了因缺乏交通工具及经常影响依从性障碍相关的问题。学校社工和理疗师最初怀疑瑞恩之所以存在这样的问题，与她妈妈的性取向有很大关系，但他们很快了解到瑞恩并不关心这个问题。瑞恩说她妈妈是个健康又快乐的人，她支持她的妈妈。瑞恩面对的主要困难是与她母亲之前的长期伴侣失去联系，并且她妈妈花费大量的时间与她的新男朋友待在一起。瑞恩说自己感到寂寞、伤心和沮丧。她想去看望她妈妈的前伴侣，也希望有更多的时间与妈妈单独在一起。瑞恩向往以前自己与妈妈一起骑自行车及一起做其他家庭活动的日子。

在理疗师和学校社工的帮助下，瑞恩很快理解了自己伤心及企图自杀的深刻感受。他们也开始参与家庭治疗，这使瑞恩能够与她妈妈说出自己想与妈妈及她的前伴侣待在一起的需要。瑞恩一家能够安排时间参与这些项目，并且瑞恩和她的母亲开始一起做更多有计划的活动。瑞恩继续得到学校和社区中心理疗师及其他方面的支持。她成功地完成了首次犯罪者项目的要求，并未因犯罪而再次移交司法机关。

批判性思维：

1. 瑞恩因失去自己母亲的长期伴侣及她母亲花费大量时间与她的新男友待在一起而感到困扰。是瑞恩的家庭生活和社会化导致她的问题吗？你认为一个更为传统的家庭能造就更传统的后代吗？

2. 瑞恩和她的咨询顾问经常见面，并且他们似乎形成了一种彼此相互支持的互动关系。你认为理疗师能对病人的病情发展产生重要的影响吗？

社会化方法认为，贫穷的家庭生活对女性的损伤作用比对男性更大。因为与男孩相比，女孩不太可能与同龄人有非常亲密的关系，她们更可能需要亲近父母以保持情感的稳定。事实上，如果女孩的男朋友鼓励她们从事反社会行为，那么她们可能会与男孩发生性关系以获得他们的支持，这种做法就会放大她们的问题。本章特色栏目的案情简介：瑞恩案阐述了一名家庭生活无法为其提供她迫切所需的支持的年轻女性所面临的问题。

犯罪和虐待 社会化理论的一个重点是虐待对孩子行为的影响。女孩比男孩在儿童时期更容易受到虐待，虐待与女性犯罪之间的联系比男性犯罪更强。

这些经历对她们的行为选择造成了影响。研究表明，儿童遭受性虐待和身体虐待的受害者更有可能参与暴力和非暴力的犯罪行为。那些有严重暴力倾向的人也最有可能成为犯罪受害者及关系暴力的目标。

他们的困境对他们有长期的影响。因为家庭破裂或自己行为的问题，有些孩子在他们的童年时期一直待在家中。寄居机构几乎无法解决问题。那些被送出去的人在成年之后比那些早期与家人待在一起的问题女孩更容易产生犯罪问题。

女孩可能会被迫进行性滥交的生活，因为她们的性吸引力使她们成为边缘家庭中的重要商品。有一些年轻人被"借"给毒品贩子，这样他们的父母或是伴侣就可以获得高额的贷款。街上的女孩被鼓励出售她们的身体，因为她们几乎没有什么其他价值。著名的女性主义学者梅达·切斯尼-林德（Meda Chesney-Lind）解释了这一关系："年轻女性被迫从性侵犯或是被父母忽视的家庭中逃离，通过法律来保护自己，过上逃跑的罪犯生活。"这些女孩中的很多人在她们很小的时候就发现自己怀孕。身体和性虐待及对年轻女孩造成的伤害并不是一种文化所特有的。

梅达的警告在佩妮拉·约翰逊（Pernilla Johansson）和金伯利·肯普夫-伦纳德（Kinberly Kempf-Leonard）最近的研究中得以证实。通过对10000名被诉至未成年人法庭的青少年的大量样本数据的研究发现，对于那些至少有一次离家出走经历的女孩，遭受惯性侵犯风险（相较于偶尔冒犯而言）的女孩是没有逃离经历的女孩的5倍，逃跑对女孩的影响比男孩大。样本中的女孩也比男孩更容易遭受虐待。近25%的女性遭受过疑似虐待或者被虐待，而男性仅有7%，这些虐待包括性虐待、身体上的虐待、情感上的虐待或是参与儿童保护服务。不足为奇的是，30%的女性和15%的男性有某种形式的心理健康问题。这项研究强调了社会化和违法犯罪行为之间的联系，这也表明，许多年轻女孩都有大量的情感问题，这也导致她们走向违法犯罪的生活。根据报告，与男性相比，女性青少年谋杀犯有更高的儿童虐待率、严重的药物滥用问题或是更严重的心理问题，研究结果表明，女性的家庭生活对她们的心理健康和违法犯罪行为有着极其强烈的影响。

创伤、欺骗与犯罪之路 目前主流的研究表明，年轻女性比其他群组更有可能成为受害和虐待的目标。最近，克里斯汀·卡尔博内-洛佩斯（Kristin Carbone-Lopez）和乔迪·米勒（Jody Miller）发现，早期的受害包括性虐待可能会促使女孩性早熟，从而使年轻女性步入吸毒和犯罪的歧途。他们的研究包括与冰毒使用者进行深度访谈时发现，当年轻女性过早地进入成人角色和责任时，她们可能会出现异常行为。这些女性描述了她们的问题童年，超过1/3的人曾经历过儿童性虐待，3/4的人描述了分裂的家庭，包括家庭暴力、药物滥用、疏忽或心理疾病，1/6的人来自深深陷入冰毒市场的家庭。他们把早熟描述为成人的角色与责任：早期是否独立地生活、有离经叛道的同伴和浪漫的伴侣、兄弟姐妹互相照顾的责任、年少时就已经为人母，或者是这些早期转变的组合。

修复迅速的女孩能避免走向犯罪的人生

为什么一些高危女孩能避免触及犯罪的生活方式，而其他人则成了毒品和反社会行为的受害者呢？斯蒂芬妮·霍金斯（Stephanie Hawkins）、菲利普·格雷厄姆（Philip Graham）、贾森·威廉姆斯（Jason Williams）和玛格丽特·子恩（Margaret Zahn）最近所做的一项研究有望通过分析美国132所学校、从7年级到12年级大约1.9

万名学生的大样本数据对这一重要问题进行解释。该研究的目标是查明为什么有些女孩，无论她们的个人情况多么困难，她们都能迅速修复，并可以避免涉入犯罪生活。

该研究聚焦于四个方面的影响效果：一个富有爱心的成年人的存在、学校联系、学校的成功与宗教虔诚。尽管青春期女孩受到很多经历的影响，这有可能增加她们违法犯罪的风险，但目前的研究关注的是个人受害（身体虐待、性侵犯和忽视等）和结构障碍风险（社区缺陷）。

霍金斯和她同事发现，最为一致的保护作用是女孩对生活中富有爱心的成年人照顾的感受程度。有爱心成年人的存在能减少女孩参与各种形式违法犯罪行为的可能性。然而，这种保护作用具有局限性：在青春期中期阶段，如果女孩认为自己生活中有富有爱心的成年人陪伴，那她们在身体受到侵犯时就会受到保护，但这种情况并不适用于成年早期的女孩；她们说，在进入成年早期以后，受到侵犯的女孩比没有受到侵犯的女孩更会有严重伤害行为。这些调查结果与之前的发现相反，并且有悖于有爱心的成年人能够提供保护的普遍预期。那么应该如何解释目前的结论呢？可能的解释是那些受到身体侵犯并进入成年早期的女孩可能已经认定，她们生活中的成年人辜负了她们。她们可能已经寻找到一些本身并非亲社会行为模范榜样的成年人的支持，并与反社会的成年人建立联系，这使她们陷入麻烦。

是什么帮助了身体受到侵犯的女孩避免参与犯罪行为呢？当受到身体侵犯的女孩感觉与她们的学校紧密相连时，她们就不太可能报告这种攻击性或反社会行为。学校或许会为她们从不安全的家庭环境中出来提供庇护。因为青少年一天多数时间是在学校度过的，和这样一个机构及资源联系起来，有助于保护身体受到侵犯的女孩，避免涉入违法犯罪行为。

学校的成功也能帮助高危女孩群组。在青春期早期，GPA（美国教育体制中的平均学分成绩）越高，女孩就越不可能参与犯罪（如身份犯罪、财产犯罪、帮派成员、一般攻击和严重伤害罪等）。然而，学校成功的影响也是有限的，并且随着时间的推移也会减弱。在成年早期，较高的GPA也不再能保证她们不从事财产犯罪，实际上，这与参与盗窃的可能性增加不无关联。另外，在贫困社区长大的年轻女孩可能遇到这种情况，即学校成功的效果并不是立竿见影的，而在短期内，暴力是一种更为有用的应对行为。这些女孩就读的学校往往是条件较差的学校，她们在学校获得的成功可能不会跟来自条件较好的学校和社区的女孩取得一样的有益成果。

宗教虔诚也有助于保护那些有暴力犯罪行为风险的女孩。对那些来自条件较差社区及之前受到性虐待的女孩而言，如果她们信奉宗教，那么她们不太可能参与暴力形式的犯罪行为。然而，那些被忽视或受到人身攻击的有信仰女孩更有可能参与严重伤害。当女孩被忽视并在年轻时反复经受身体攻击时，她们的信仰体系会被扭曲以至于倾向于支持暴力是一种可以接受的正常行为。此外，如果那些身体受到虐待的女孩的家庭也支持宗教信仰，那么在这种情况下，宗教可能成为支持暴力的信仰体系。

总而言之，霍金斯和她同事发现，在这些高危女孩中，一个富有爱心的成年人的存在、学校的成功、学校联系及宗教虔诚可以使一些女孩远离违法犯罪行为，但是这种保护作用受到风险因素和年龄的复杂交互作用的影响。

批判性思维：

理解保护性因素在女孩生活中扮演的角色对创建阻止犯罪的项目而言具有重要意义。证据表明，对高危女孩实施干预时，应将女孩的生活史和压力源考虑在内。考虑到这些能使高危女孩迅速修复，你认为哪些干预措施可能对高危女孩最有帮助？

该研究阐释了从早期的逆境到早熟的成人角色再到成年后犯罪的整个历程。在问题家庭中长大的女孩，她们可能是性虐待和身体虐待的受害者，她们成长得太快，发现自己深深地陷入了一种违法犯罪生活。有家庭支持、积极学校和社区影响的女孩可能会避免这种命运，正如本章特色栏目《犯罪聚焦》中所描述的案例。

社会化和帮派 男性比女性更加容易加入帮派，但是那些与不良同伴群组混在一起的女孩更有可能从事反社会行为，这也是一个意料之外的发现。加入帮派的女孩一开始是与不良同伴交往，这使她们与父母和老师之间的关系变得紧张。琼·摩尔（Joan Moore）通过对东洛杉矶帮派女孩的分析发现，很多人都来自问题家庭。她所面试的有68%的女性都害怕她们的父亲，有55%的人敬畏她们的母亲。许多女孩说，尽管她们自己牵涉违法犯罪活动，但是她们的父母过于严厉，并且控制她们的生活。摩尔还详细描述了性虐待，大约有30%的女性说家庭成员曾经有性挑逗。艾米丽·戈尔德（Emily Gaarder）和珍妮·贝克（Joanne Belknap）对被送往成年监狱的年轻女性的采访表明，她们中的大多数人都经历了长期的性虐待和暴力。其中一个调查对象丽萨（Lisa），是一个年轻的欧洲裔女人，因谋杀未遂罪正在服刑。丽萨吸毒并且酗酒，为了逃避家庭的痛苦和麻烦，她加入了一个帮派。她的母亲是一个酒鬼，父亲是一个被定罪的强奸犯。在她9岁到11岁的时候，遭到了继父的性虐待和身体上的虐待。不久后，丽萨开始逃学、酗酒，并使用药物，当她12岁的时候，她加入了一个组织。"他们对我来说就像家人一样，"丽萨对戈尔德和贝克说，"我参与了很多事情……我得到了很多，我抢劫、入室盗窃、持刀伤人，甚至还在车里向外开枪。"15岁的时候，在一场打斗中，她持刀伤了一个女人。因为这次犯罪，她可能要服刑7~15年。并且丽萨作了以下的描述：

> 我刚从这个团体之家里走出来。那个被我捅伤的女人一直和我妹妹的未婚夫厮混在一起。这个女人那儿还有许多属于我妹妹的东西，如立体音响和录像机，因为我和妹妹及她的未婚夫还有我男友准备去那儿拿回这些东西。去之前，我们全都处于兴奋状态。但当我们到那儿时，我妹妹和我走了进去……她们（丽萨的妹妹与受害者）因为我妹妹的未婚夫打了起来，于是，我就用匕首刺伤了她。因为我加入了帮派，所以总是随身携带一把匕首。

自由女性主义观点

女性主义运动最初是为了帮助女性打破传统的角色，获得经济、教育和社会地位的提升而斗争。毫无疑问，女性主义运动已经改变了女性看待她们在社会中角色的方式，同时也改变了女性与许多社会机构之间的关系。

自由女性主义影响了人们对违法犯罪行为的看法。根据自由女性主义者的观点，女性犯罪比男性犯罪要少，因为她们的社会角色所能提供的犯罪机会较少。随着女性角色变得和男性越来越相似，她们的犯罪模式与男性的犯罪模式也会逐渐趋同。女性有着和男性相同的犯罪动机。根据弗雷达·阿德勒（Freda Adler）的《犯罪姐妹》（*Sisters in Crime*）（出版于1975年）一书中的观点，通过争取独立，女性已经改变在传统的社会地位中被男性保护的制度。阿德勒认为，女性的违法犯罪行为会受到女性角色变化的影响。当女性进入新的职业，参加体育、政治和其他传统的男性活动时，她们也会参与之前一直以男性为主导的犯罪活动，因此犯罪率也会趋同。她指出女孩越来越多地参与传统的男性犯罪，比如帮派活动和打架斗殴。

自由女性主义：该观点认为，因为女性的社会角色为她们提供更少的犯罪机会，所以女性比男性从事犯罪的概率小；随着妇女和女孩的角色与男人和男孩的角色越来越相似，因此她们的犯罪模式也同样与男性的犯罪模式日趋相似。

支持自由女性主义

许多研究都支持女性主义观点关于犯罪的性别差异。三十多年以前，丽塔·詹姆斯·西蒙（Rita James Simon）解释，女性罪犯的增加是女性角色变化的一个重要原因。她声称，女性在经济和社会上都是有权利的，她们不太可能感觉到依赖和受到压迫。因此，她们不太可能攻击她们的传统目标如她们的丈夫、爱人，甚至她们的孩子。相反，当她们承担起养家糊口的新角色，就被怂恿参与传统的男性类型的犯罪，比如盗窃、偷车等。

西蒙的观点在一定程度上支持了妇女权利运动和女性犯罪率之间存在着显著的相关性这样一个观点。如果以1966年作为基点（因为美国妇女组织在这年建立），迹象表明，严重的女性犯罪模式（如盗窃和偷车）与女性解放的指标相关（离婚率与劳动参与率）。尽管这个研究没有证实女性犯罪与社会改变有关，但确定了支持这一假说的行为模式。

除了这些工作之外，自陈式报告研究也表明，犯罪的性别差异正在逐渐消失，即女孩犯罪率最高与最低的犯罪行为与那些被报道的男孩情况几乎相同，从而支持了自由女性主义观点。女性的犯罪模式在一定程度上与男性的犯罪模式非常相似。除了少数以外，刺激男性和女性的犯罪因素也似乎是类似的。

男性和女性的性别角色变得没有明显的区别，他们的犯罪模式也变得更加相似。女孩犯罪以获得经济上的进步，而不是因为她们缺少父母的支持。这两种模式都是自由女性主义者预测到的。

贩卖人口和对儿童的性剥削

贩卖人口包括所有以从事性和/或商业剥削为目的并通过暴力、绑架、欺骗及强迫等手段贩运成年女性和女孩（以及成年男性和男孩）的活动。贩卖活动包括招募个体，将他/她们从原籍国或地区贩运或转移至其他中转站和目的地，接收这些走私人口及将其监押或软禁。

贩卖人口有许多形式。年轻女孩和女性是商业性剥削的常见目标。她们可能被迫从事卖淫和诸如制作色情物品等其他活动。有记载写到，有女性被迫一天内为30名男性提供性服务，另有儿童陷入色情圈。还有一些人成为运送毒品的人体容器，她们被强迫将避孕套或其他装有违禁药物的容器塞入体内。劳动奴役在几乎所有的行业领域都能找到。年轻女孩被迫在血汗工厂、农田和渔场劳作。受害者可能长时间在令人生厌、不卫生或危险的条件下工作，报酬很低，有时无法得到休息或离开工作场所。在某些情况下，债务可能会一代一代地转移至其他家庭成员甚至整个村庄，从而为人贩子持续地提供契约奴工。

这种做法到底有多普遍呢？虽然目前所得数据不太可靠，但据估计，每年国际上被贩卖的男性、女性和儿童中仅儿童就高达120万。在这方面，美国并非不受影响，据估计每年有45000～50000人被贩运至美国。虽然这些数字有些庞大，法定当局所掌握的案件却相对较少，而起诉和宣判的案件就更少。然而，从所有的迹象来看，被贩卖儿童受害者的数量一直呈增加的趋势。例如受到国际移民组织帮助的被贩卖儿童受害者的数量在2011年增加到2040人，相比2008年的1565人增长30%。女性受害者的数量保持稳定，但男性受害者的数量增加了27%，这反映了贩卖成年男性和男孩的认同度越来越高。虽然国际移民组织提供的数字仅仅反映了一小部分问题，但这表明受害者数量正在持续增长。

受害者案例

墨西哥

玛丽亚·埃琳娜（Maria Elena）13岁时，一个朋友跟她说，在美国端盘子，她能赚到的薪水是目前她在小村庄所能赚到的10倍。她和其他几个女孩被开车送出边境，继续步行走完剩下的路程。她们走了四天四夜，穿越了沙漠，进入得克萨斯州，然后向东前往佛罗里达州。最终，玛丽亚·埃琳娜和其他女孩到达了她们的目的地——一个废弃的活动房屋，也就是她们被迫从事卖淫活动的地方。玛丽亚·埃琳娜遭到轮奸，被关在活动房屋内直到她同意按照他们的指示做事为止。她24小时处于监视之下，并被迫一天内与30名男性发生性关系。当她怀孕后，被迫进行流产，并且在第二天又被送回去工作。最后，玛丽亚·埃琳娜和贩卖她的人一同被捕，她最终得以逃脱魔窟。她被指控性行为不检点，包括参与性贩卖和卖淫。

尼泊尔/印度

在尼泊尔的一家地毯厂，纳彦塔拉（Nayantara）遇到一个劳务经纪人向她承诺在黎巴嫩为其找一份家政服务的好工作。劳务经纪人最终说服纳彦塔拉接受这个工作机会，并向她保证她无须支付任何费用。然而，该经纪人将她带到印度，没收了她的护照，将她卖给一家妓院，在那里纳彦塔拉被强迫每天与至少35名男子发生性关系，每天只有5小时的睡觉时间。当她试图拒绝时，妓院老板会用铁棍对其进行毒打，直到她屈服为止。纳彦塔拉不得与家人或任何妓院以外的人联系，并且她被限制自由行动。6个月后，警方对这家妓院进行了突击搜查，关押了所有提供性服务的女性和女孩。妓院老板也一同被捕，但是由于买通了警察，她比这些受害女孩早5个月获释。17个月后，纳彦塔拉从监狱获释，她被送还回该妓院，并在一个月内又卖给另一个老板。纳彦塔拉逐渐意识到，在这里她将永远无法获得自由，她逃跑并最终成功回到了尼泊尔。她在一个避难所得到了庇护。

美国

在艾希莉（Ashley）12岁时，她与自己的母亲打架后离家出走。她在她朋友的哥哥那儿待了一夜。第二天，当艾希莉想要回家时，她这个朋友的哥哥告诉她自己是一个皮条客，而现在她就是他的财产。他把她锁在房间里，每天对她进行毒打，并对其拍摄性视频发布到色情网站上。有一次，她从窗户向外看到她的母亲在街上，便朝她大喊。在艾希莉试图从窗户大声喊出自己母亲的名字时，皮条客一把抓住她的头发，将她猛拉回来，并威胁到"如果你胆敢喊出来，我就杀了你"。艾希莉最终逃脱了，目前正在一家治疗中心工作，专门为被性贩卖至纽约的女孩提供治疗服务。

为什么会有全球人口贩运？

全球经济和企业界限的放松促进了人口贩卖的蔓延。青少年女性受害者往往生活比较贫困，并渴望得到更好的生活。她们被强迫、胁迫、欺骗和受到心理控制，从而从事工业或农业劳作、结婚、沦为仆人、进行器官捐献或被性剥削。尽管受害者通常来自贫穷国家，但富裕的国家也存在劳工和性市场；另一种情况是在经济贫困的国家，这些劳工和提供性服务的人迎合来自富裕国家、公司或游客等人的需求。

虽然一些人被贩卖直接从事卖淫或商业性剥削活动，但其他被贩运从事合法工作的人可能成为人际暴力的受害者。被贩运至富裕国家从事家政服务的女性或从事建筑、伐木、工厂或农场劳作的劳工易受到他们雇主的剥削。以从事劳工工作为目的而被贩运的个人通常不熟悉他们工作的新地点及地方的语言。他们因没有受到正规的教育，并不了解能够帮助他们的人和法律资源。

阿富汗是一个典型的第三世界国家，在这个国家非法交易是一个重大的社会问题。该国是男性、女性和儿童遭受贩运的一个来源国、中转国和目的国。具体来说，被贩运的人从事强迫劳工和卖淫服务。阿富汗的男孩和女孩在国内被贩卖到砖窑、地毯厂等地方从事强迫劳工、强迫卖淫及家政服务等。阿富汗女性和女孩遭受强迫卖淫、逼婚，包括即使在婚姻中，丈夫也强迫他们的妻子从事卖淫活动，以及在巴基斯坦、伊朗或者印度等国从事非自愿的家庭奴役。一些家庭故意将他们的孩子卖掉从事强迫卖淫，这包括阿富汗巴查巴扎（bacha baazi）的传统习俗——在该项活动中，富裕男子使用年轻男孩的房间进行社交和性娱乐。其他家庭将他们的孩子送到经纪人那儿以获得就业机会。这些孩子中有许多最终从事强迫劳动，尤其是在巴基斯坦的地毯厂。有些家庭有时会就他们买卖的家庭成员数量对他们能借款的数额进行成本—收益分析。来自伊朗、塔吉克斯坦、乌干达和中国的女孩在阿富汗被强迫从事卖淫活动。一些国际安全服务承包商可能参与这些女性的性贩运。妓院和卖淫集团有时由外国人经营，有时与大型犯罪网络有关联。塔吉克斯坦的女性也被认为经由阿富汗被贩运至其他国家从事卖淫活动。被贩卖的伊朗女性在阿富汗中转，然后到达巴基斯坦。

色情旅游

色情旅游是项蒸蒸日上的业务，许多来自富裕国家的男性前往这些女性和儿童从事卖淫的地方参与性活动。一个特别令人关注的是在德国和捷克边境地区蓬勃发展的童妓。在名为"街头卖淫的儿童"的报告中，这样写道：

女孩和男孩在两个国家之间的联络道路上的加油站、公交车站和饭店附近闲逛。在城镇内，他们出现在火车站、公园、超市前面及赌场、住宅的入口处。在一些地方，儿童在车里或窗边等待游客。婴儿和6岁以内的儿童通常由女性向游客提供。7岁以上的儿童通常由一名男性青少年或成年人陪同。在这些地方，可以看到小孩子跟德国男子搭讪问他们是否想要做爱，或者向他们乞讨钱财或食物。这些儿童中有许多会上德国游客的车，然后一同离开。8岁以上的儿童可以独立协商价格和性服务项目。男性游客通常会开车载着受害者到一个他们都熟悉且不会被人发现的地方。这些地方可能是城镇的郊区、附近的森林、附近的公园、孤立的仓库或空荡荡的小巷，或者施虐者会带受害者到附近的公寓，有时会有一名皮条客陪同。

这些儿童中有许多在被卷入商业性剥削之前被强奸或受到性虐待。贫穷、性虐待和家庭责任是这些儿童从事卖淫的主要原因。这些孩子通常会得到5～25欧元的报酬。有些时候，他们只是得到一些糖果。一些性旅游者只带孩子去吃一顿饭或者给他们的家庭一些经济支持。

性贩卖能得到控制吗？

控制人口贩卖和性旅游被证明非常难控制。一些国家最近已经立法，禁止本国居民在国外旅游时与未成年人发生性行为。这些法律试图阻止色情旅游，使旅游者基于后果重新考虑他们的行为。然而，由于管辖权和证明等问题，这些法律实施起来存在困难，因此在世界上的很多地方，性贩卖仍然持续不减。美国在2003年通过了《人口贩运受害者保护法》，在2005年又进行了修订。该法律包括一项三亿六千万美元的资金计划用以扩展"纯真已逝行动计划"，这是一项帮助执法人员追捕性贩卖者和儿童贩卖集团的全国性倡议。联邦法律规定了几种新的罪行，包括人口贩运、性贩卖、强迫劳工和文件奴役等。文件奴役是指扣押或毁坏身份证件或旅游证件以控制年轻受害者。根据联邦法律，心理控制为非法的，也就是说，如果人贩子让受害者认为要是自己抵抗就会受到伤害，那么可以对人贩子进行起诉。2005年修正法案的条款为州和地方执法机构提供了新的工具以应对需求，对其进行调查，并对性贩卖进行起诉。这些措施是否足以降低对儿童的性剥削仍有待观察。

批判性思维：

1. 你会如何减少人口贩运的发生率？你会将色情旅游者以重罪进行惩罚吗？为保护年轻女孩免遭性捕猎者侵害，我们能做些什么？

2. 网络色情增加了人们与未成年少女发生性关系的兴趣吗？是否应该对网络浏览进行更严格的控制？

女性主义的批判性观点

许多女性主义作家试图从批判的角度解读犯罪、犯罪率的性别差异及对女性受害者剥削的原因。批判女性主义将资本主义社会男女权力的不平等视为性别不平等的根源，这造成了父亲和丈夫对女性的剥削。在这种体制下，人们将女性视为值得拥有的商品，就像土地和金钱一样。正如本章特色栏目犯罪聚焦中"贩卖人口和对儿童的性剥削"所显示的那样，发展中国家的女孩可能成为受剥削类型特别严重的受害者。

> 批判女性主义：该观点认为，性别不平等源于男性和女性之间的权力不平等及后来男性对女性的剥削；女性犯罪的原因源于男权至上及男性控制女性性行为的做法。

另外一种针对女孩的暴力形式是"荣誉杀戮"和"荣誉犯罪"，其中涉及对妇女和女孩实施暴力，如由家庭成员或亲属实施的殴打、毒打或杀害等行为。这种攻击的缘由在于女性的性行为失当或遭到怀疑，并由此导致施暴方确信或质疑个人及家庭荣誉受到威胁。在中东、西南亚、印度和拉丁美洲的传统社会中，"荣誉杀戮"是常见的，但在美国是一种相当新的现象。然而，新移民成员可能会给美国带来这种不良行为。例如2008年1月1日，亚瑟·阿卜杜勒·赛义德（Yaser Abdel Said）驾驶他的出租车带着两个女儿去兜风，伪装要带着她们去买食物而杀害了她们。他带着她们去了得克萨斯州的欧文市（Irving），在那里他开枪打死了自己的两个女儿。他这么做的原因在于他认为他的两个女儿和美国男孩约会使他的家庭蒙受羞辱，而且他的两个女儿试图摆脱他的传统观念以寻求独立。赛义德本人逃走。然而，这样的案件并非只有"得克萨斯州事件"一例。在美国亚利桑那州的菲尼克斯，50岁的伊拉克移民法利赫·哈桑·亚玛力克（Faleh Hassan Almaleki）由于杀死了自己20岁的女儿努尔·亚玛力克（Noor Almaleki），而被判处终身监禁。亚玛力克（Almaleki）的犯罪动机是他的女儿努尔没有按照伊拉克的传统价值观生活，变得西方化，并拒绝接受家庭包办的婚姻。

> 荣誉杀戮：在认为个人或整个家庭的荣誉因为涉事女性事实或感知的性行为不检点而受到威胁时，针对妇女和女孩实施的暴力。如由家庭成员或亲属实施的殴打、毒打或杀害等行为。

夫权至上与犯罪

根据批判性思考者的观点,女性遭受剥削及受害的历史可追溯到私有制的发展及男性统治继承法,这使得男性可以控制财产和掌握权力。在夫权制发达的社会内部,男性的工作受到重视,女性的工作却恰恰相反。随着资本主义优势地位的建立,由性别所致的劳动分工促使女性负责无偿的家庭维护工作及当下乃至将来劳力的再生产,人们冠之以雅号"家务劳动"。尽管这份由女性完成的无偿工作对于那些获取免费收益的资本家来说是至关重要的,但这种劳动对女性来说具有压迫与剥削性质。即便在女性获得工作报酬权利的时候,其仍旧作为廉价劳动力受到剥削。家务劳动及市场劳动对女性的双重剥削意味着女性比男性为资本家创造了更高的剩余价值。

夫权至上:一种社会体系。在该体系下,男性在家中、政府和商务事项中处于主导地位。

夫权制或男性霸权,仍旧为资本家所支持。这种体制在家庭及工作场所维持着对女性的压迫。传统夫权家庭的数量正在逐步下降,在那些仍旧存在夫权主义的家庭中,妻子的经济依赖使得丈夫与赚钱的工作更加牢固地联系在一起。女性正在通过对夫权制的潜在性反抗来进一步为资本家的利益服务。

性别矛盾

批判女性主义者将违法行为模式与由父爱主义及基于性别的经济不平等所引起的性别冲突联系在一起。在詹姆斯·梅塞施密特(James Messerschmidt)的经典书籍《资本主义、夫权制与犯罪》(Capitalism, Patriarchy, and Crime)中,他将资本主义社会定义为夫权制和阶级冲突。资本家控制着工人的劳动,而男性在经济与生理上控制着女性。这种"双重边缘性"解释了女性为什么在资本主义社会中的犯罪数量较男性少。因为她们在家庭中受到孤立,因此她们很少有精英越轨行为（白领犯罪与经济犯罪）。尽管强势的女性与男性一样都会实施白领犯罪，但是女性犯罪率由于资本主义体制的家庭夫权特质而受到限制。女性也不允许进入由男性主导的街头犯罪。

由于男性主导使下层女性处于弱势地位，她们所犯的罪具有不严重、非暴力、自我毁灭等特点，比如滥用药物。近年来，资产阶级对穷人社会的暗中破坏导致女性的处境更加艰难。福利的终结、福利欺诈的增加及对社会公益服务的削减都直接并独特地影响着女性。

女性的软弱无力增加了其成为犯罪行为实施目标的可能性。当男性处于下层社会的经济阶层结构之外时，他们试图通过大男子主义行为来塑造他们的自我形象，如暴力虐待女性的行为。这种行为导致受到配偶或亲密伙伴攻击的女性的犯罪率明显升高。根据此观点，随着女性社会地位的上升及其在家庭、工作场所及政府部门可以获得更多的权力，女性受害事件就会减少。实证性研究倾向于支持这种观点。跨国性数据显示，女性没有享受类似的教育及职业机会的国家，那些女性地位很高的国家中性暴力率明显较低。女性的受害率随其地位得到社会、经济及法律方面的认可而降低。

男性气概与犯罪　在《男性气概与犯罪》（*Masculinities and Crime*）一书中，梅塞施密特对男性犯罪进行了阐述。他认为，在每一种文化环境中，男性试图模仿"理想"的男性行为。在西方文化中，这种模仿行为意味着权威性、好斗及统治地位。失去这些角色会使男性感觉柔弱而缺少男性气概。为了他们的男性气概，他们试图控制女性，将其称为"展现男性魅力"。犯罪是男性"展现男性魅力"的一种手段，因为犯罪使他们与弱者区别开并有机会展示身体方面的勇敢。针对女性实施的暴力是展示男性气概特别经济的一种方式。然而，一个柔弱无力的男性会攻击女性吗？

女性主义作家也支持上述观点，他们认为，在现代社会，男性气概是以牺牲女性为代价获得的。最好的情况是男性可以说服其他人，使之确信他们绝不娇柔或具有女性特征。比如他们粗心、不会做饭、不会做家务，因为他们从事"男性"的活动。更为遗憾的是，男性可能从事排斥、伤害、诋毁、剥削或者虐待女性方面的工作。即便在全男子群体中，男性经常将最弱的队员视为"类女性"并因此虐待他。男性需要不惜一切代价保护自己，以防受到"女性"词汇的玷污，男性的这些努力从幼儿园开始，持续到成年期乃至婚姻阶段。在青春故事专题节目中，一则臭名昭著的性暴力案例阐明了男性暴力文化可能对女孩造成伤害。

关系冲突 性别、冲突及权力关系的相互作用影响了青少年人际关系的发展方向和内涵。当乔迪·米勒（Jody Miller）和诺曼·怀特（Norman White）在密苏里州的圣路易斯对青少年进行深度访谈时，他们发现由性别关系构成的约会暴力存在显著差异。为了在他们的朋友中获得一定地位，男孩必须扮演玩家的身份与女孩发生性关系，有许多性伴侣并赢得爱情。玩家与他们的性伴侣几乎没有情感依恋，而且他们的态度和行为冷漠、不受情感的牵绊。更多情况是他们极可能欺骗自己的女朋友，而女孩则对她们的男朋友更加忠诚。除此之外，男孩更愿意与他们的伙伴分享他们有关性的细节，并当着他们朋友的面公开虐待他们的女朋友，淡化他们与女朋友关系的重要性。这种动态关系造成了约会暴力的本质：女孩的暴力与情感相关，尤其与她们怀疑自己的男朋友时所体验到的愤怒相关。一些女孩攻击她们的男朋友并从他们那里获得情感的回应，使他们走出冷漠，即使这意味着她们会遭到更加严重的回击。一些女孩愿意将暴力回应理解为男孩确实爱她们的标志，对于这些女孩来讲，任何回应都使她们开心，即便是暴力。

相关未成年人：瑞塔·帕森斯

2013年，17岁的加拿大女孩瑞塔·帕森斯（Rehıaeh Parsons）被四个男孩性侵后的第十八个月自杀。瑞塔被性侵时15岁，她那时正要去加拿大新斯科舍省科尔港的朋友家，一夜狂饮后，她能想起来的事情微乎其微，但她记得有几个男孩强奸了她，而且还拍了照。照片被传到网上后，很快传遍了高中和科尔港社区。从那以后，她被他的朋友和同学欺凌、躲避和嘲笑，她最终不得不换学校。她进医院进行了为期六个月的检查以应对抑郁和自杀的想法。随着事情慢慢得到改善，她结交了一些新朋友，但她的过去始终跟随着她，而且她无法应对发生过的耻辱。最令关注此案的公众愤怒的是，警方审查了性侵索赔，但没对四位男孩提出上诉。警方完成调查后与检察官进行商讨，并宣称没有足够的证据继续进行控诉。在公开宣传年轻女孩的死之后，超过九万人签署了申请书要求重新开庭审理此案。公众的怒火在社交媒体上显而易见，很多用户严厉批评警方、校董事会及被指控强奸瑞塔的男孩。此事件在网上引起了热议以至于警方不得不发表以下声明：

我们阻止人们将法律交由他们自己掌控或以任何形式鼓励非执法人员私自执法。正在使用的信息未经核实有可能会导致未涉此案人员承担罪责。只有警方调查收集来的证据被证实才能得出此结论。

在此事件之后，新斯科舍省的司法部部长兰德里说他不会评审警方的调查结果。但为了回应公众的怒火，他转变态度说会公开听取意见并开庭审理此案。同时，新斯科舍总理德克斯特任命内阁大臣监督省政府对于死亡案件的回应并告诉媒体："新斯科舍省正在为瑞塔·帕森斯的失去而默哀，这个女孩触动了整个省甚至全世界人民的生命。"

瑞塔案表明社交媒体既可以摧毁生命，也可以是为被摧毁的人讨回公道的媒介。2013年4月12日，加拿大警方说得到新信息，将重新审理此案件。

批判性思维：

最近，该案涉及的男孩已被拘留。即便瑞塔属于自杀，他们是否应为她的死负责呢？

剥削与犯罪

批判女性主义者也对影响女性生活及体验的社会力量进行了集中讨论研究，以解释女性犯罪现象。他们试图向人们展示，女性犯罪与男性的社会化的关系，因为太多的男性学会了好斗及剥削女性。为了得到社会支持，男性会寻求同性伙伴群体；这些群体鼓励成员去剥削女性并虐待她们。在大学校园里，男性伙伴鼓励彼此对那些他们认为属于"卖弄风骚的女子""酒吧娼妓"或"浪荡女"的女性实施性暴力。这些诋毁性的标签将男性自身的行为正当化；这些标签就像是可以保护这些攻击者免受惩罚的保护伞一样。

根据批判女性主义的观点，剥削诱发女性犯罪与越轨行为的发生。当女性受害者逃跑并滥用药物（毒品）时，她们会对在学校或家庭所遭受的虐待做出反应。她们生存的尝试被冠以"不正常行为"或"违法行为"的标签。当受剥削的女孩发现她自己躺在司法体制的臂弯中时，她所面临的问题才刚刚开始。在这个体制内，人们将陷入麻烦境地的男孩看作"过分热心"，走得太远的青少年或孩子，然而，却将同样处境中的女孩视为"有害者"及不可接受的女性形象；人们认为，与男性的犯罪行为相比，女性的犯罪行为更不寻常。

权力控制理论

据约翰·哈根（John Hagan）和他同事推断，犯罪的性别差异与家庭生活的阶层差异具有一定关系。哈根将他的观点称为"权力控制理论"，他认为阶层通过控制家庭生活的质量来影响犯罪。在家长制的家庭，父亲承担着养家糊口的责任，母亲从事低贱的工作或待在家中。母亲希望控制他们女儿的行为，但授予他们的儿子更大的自由。在家长制的家庭中，父母与女儿之间的关系是为"主妇居家崇拜"所做的准备，这使得女孩参与犯罪的可能性降低。因此，男性的犯罪行为的等级与数量高于他们的姐妹。

> 权力控制理论：该理论认为，犯罪率中的性别差异是受到阶层差异和家庭生活结构的经济条件影响的。

在平权家庭中，丈夫和妻子在家庭和工作场所享有相似的权力地位，女孩可以得到自由，这种自由能够折射出家长控制减弱。在这些家庭中，女孩的违法行为可以反映出她们兄长或弟弟的类似行为。具有讽刺意义的是，在父亲不在家的时候，这些关系也会发生。同样，哈根和他的同事发现，当父母双方都拥有同等重要的管理地位时，他们儿女的犯罪率最为相似。因此，中产阶层家庭的女孩是最容易违法的，因为她们受到的管控低于下层阶级的女孩。

> 平权家庭：丈夫和妻子在家中分享权力；女儿和儿子有类似的自由，并且女儿的违法行为可以反映出她们兄长或弟弟的类似行为。

哈根和他的同事所做的研究倾向于支持家庭结构与犯罪性别差异之间的核心关系。其他的社会科学家也对这种理论实施了试验，这些试验已经证实了这种猜想。例如，布伦达·西姆斯·布莱克威尔（Brenda Sims Blackwell）和马克·里德（Mark Reed）发现，夫权制家庭儿子、女儿犯罪的差距最大，而提倡平等主义的家庭中儿子、女儿的犯罪差距最小，该发现与"权力控制理论"的核心假设相符。

然而，"权力控制理论"基本假设中的一些说法已经受到了挑战，比如，社会阶层与犯罪假设。一些批判主义者已经提出了质疑，相比于下层社会的年轻人，上流社会的年轻人可能参与更多轻微犯罪，因为后者从小就被培养成了冒险者，他们不害怕承担其罪行带来的后果。

权力控制理论为研究犯罪开辟了一条新的渠道，其中论述了性别差异、阶层职位和家庭结构。该理论通过强调改变女性角色的意义，有助于解释女性犯罪的相对增加。随着单亲家庭的增加，哈根所认定的模式可能有所变化。夫权制家庭的减少可能会为女孩创造出更加宽松的家庭关系，改变了性别角色并增加了犯罪。具有讽刺意味的是，这引出一个有趣的难题，与家居式母亲的女儿相比，成功且强大的母亲的女儿犯罪的危险更高！然而，就像社会学家克里斯托弗·尤根（Christopher Uggen）所说的那样，这种难题的出现也有令人高兴的一面。这些母亲成功且强大的家庭的孩子不仅具有实施犯罪行为的可能性，而且独立工作母亲的女儿也会在承担个人风险方面受到鼓励，如参与体育竞赛及进入传统意义上以男性主导的职业领域，比如警察与军人。

性别与未成年人司法系统

性别差异不仅对犯罪形态有影响，而且对青少年司法体制对待儿童的方式也会有显著影响。一般而言，与女性相比，司法体制对男性的制裁更为严重。

如果在某种犯罪行为中被抓获，男性更倾向于向少年法庭提出申请；如果法庭接受了申请，他们将受到审判；如果通过审判，作为一项制裁，他们可能接受收押留宿。在所有向法庭提起申请的暴力犯罪的男性中约有40%依据法院的判决受到了法庭的制裁（收押留宿、官方缓刑、赔偿、社区服务性劳役等）；相比而言，约有30%的女孩受到了类似的制裁。在所有的案例中，与涉及女性的案例（1/1000）相比，牵涉男性的案例免除刑事法庭处罚的概率（1/100）更高。

尽管青少年司法当局对待男孩比女孩更为严厉，但是他们不会将犯罪的严重性或先前的犯罪记录考虑在内，让这些因素导致更为严重的裁判。如果这些因素受到控制，案件处理结果中的性别差异处理可能会消失。事实上，女孩在很多方面得到的惩罚性治疗比男孩多，尤其是在牵涉性或暴力的案件中。这种现象不是最近才有的。在青少年司法体制的整个历史中，与事实性犯罪相比，女孩更容易受到因为不道德行为而带来的惩罚。30多年前，梅达·切斯尼–林德（Meda Chesney-Lind）所做的至今仍堪称经典的研究首次发现，在性行为案例中，警察更加倾向于逮捕青少年女性，而对男性同样的犯罪行为却不予理睬。与男孩相比，女孩更容易因为"身份罪"而受到逮捕，并且更容易受到拘留。

一些批判主义者认为，当政府官员将男孩和女孩的行为视为违背道德时，女孩，仍旧处于劣势地位，而男孩却并非如此。当男孩和女孩都被认为不严重的时候，女孩仍有可能会遭受严厉的惩罚。与男孩相比，尽管女孩遭受逮捕的可能性较低，但是那些不符合成规戒律要求下正派行为标准的女性较男性罪犯更易受到惩罚。最近蒂亚·史蒂文斯（Tia Stevens）与他同事所做的研究发现，在过去的几十年中，将种族/人种方面的因素排除在外，做出不恰当行为的女性更容易受到正式的指控并面对青少年司法体制的制裁。或许在女孩违反性别规范时，对不当行为的容忍才会明显降低，对这种行为的惩罚才会非常严厉。

经过丽莎·帕斯科（Lisa Pasko）所作研究证实，青少年司法体制将持续关注女孩的性行为。她注意到，在社会早期，法院将女孩不道德性行为的原因归为不良家庭、饮酒或药物使用、贫穷及移民身份。女孩可能由于不道德、不可救药及逃学而遭受监禁，但是将记录在案的罪名进行尘封无疑是某种形式的"性犯罪"。当今，对性的关注仍然存在。女孩不会由于不道德性行为而直接遭到逮捕或审判，但是对她们这种"不良"选择的关注仍然存在；女孩们仍旧被告知要为其性方面的决定承担责任。在现代社会，惩教署则对女孩身体及性行为的控制和微观管理进行持续的关注。

因此，女孩比男孩更能感受到青少年司法体制下惩罚性政策的冲击。在切斯尼–林德和薇琪·帕拉摩尔（Vickie Paramore）对来自火奴鲁鲁城市和乡村数据进行分析时，她们发现，更为严厉的司法体制标准意味着犯罪案件正式得到了控制。当女孩暴力犯罪的数量确实减少时，她们才更有可能陷入青少年司法体制的掌控之中。一旦她们陷入这个体制，相比于她们的男性同伴，她们便会得到更少的好处及服务。在青少年司法体制内，制度化的女孩表示，与制度化的男孩相比，她们享有更少对她们有利的特权、空间、装备及项目。

总结

1. 能够讨论对女性犯罪的兴趣培养问题

早期犯罪专家经常忽视女性犯罪，认为女性很少违法，或者她们即使违法，她们的非法行为都是身份犯罪行为。

当前人们对性别与犯罪关系的兴趣激增，因为女性和那些年轻男性一样，也涉及严重的违法犯罪活动。

对性别研究感兴趣的另一个原因是人们对性别差异的观念发生了变化。

2. 熟悉社会发展过程中的性别差异

社会发展中的性别差异包括社会化，认知能力和性格。

心理学家认为，男性和女性适应社会的差异性影响他们的发展。

在最初几年的生活中，尽管攻击性行为没有什么性别差异特征，但女孩在适应社会过程中不如男孩好斗，而且她们被更加严密地监视。

男女的认知能力在童年时期就开始出现差别。

在大多数案例中，男女认知差异很小，几乎没有。

3. 讨论性别差异的基础

有专家表明，性别差异是有生物起源的：男女性别本质上是不同的。

女性更趋向于使用左脑，而男性更趋向于用右脑。

第二种观点认为，性别差异在生命历程中发展，而且反映出对男性女性有差别对待。

还有一种观点是社会化互动，学习和适应导致的性别差异。

4. 了解性别差异造成的犯罪率趋势

犯罪率的性别差异缩小。

男孩仍然是因为暴力的犯罪行为被捕。

根据自陈式数据，犯罪的性别模式变得相似。

5. 熟悉对女性犯罪的早期生理学解释

龙勃·罗梭认为，女性的进化程度比男性低，更像小孩，而且缺少智慧。

犯罪女性的身体特征与正常女性是不同的，表现为毛发过多，皱纹多和颅骨畸形等。

表面上看，犯罪女性和男性的关系比和女性的关系更加密切。男性化假说表明犯罪女性有过多的男性特征。

6. 探讨关于女性犯罪的当代特质理论的观点

经验证据表明，青春期较早的女孩有更高的犯罪风险。

原因之一是早期成名者可能对年长的青春期男孩更有吸引力，而且频繁地与这些高危群组的接触使女孩处于反社会行为的危险境地。

一种观点认为，激素失调会影响年轻女孩的好斗行为。

另一种观点认为，犯罪与过多雄性激素有关。

因为女孩适应社会过程中不如男孩好斗，所以有反社会或暴力行为的年轻女性很可能遭受某些精神折磨或行为异常。

临床访谈表明，女犯比男犯更有可能患有情绪失调。

7. 探讨社会化与女性犯罪之间的联系

女孩比男孩受到的监视更加严密。如果女孩的行为反社会，她们的父母更有可能注意到。

女孩因受虐待的影响比男孩更深，虐待与女性犯罪的关系比与男性犯罪的关系更强。

大量资料将虐待的家庭生活与帮派参与和犯罪联系起来。

社会化方法认为，家庭互动是弄清女性犯罪的关键。

据推测，女孩遵循狭义的行为模式。

8. 了解关于女性犯罪的女性主义观点

自由女性主义影响犯罪思维。

据自由女性主义者称，女性比男性更少犯罪是因为女性的社会角色提供更少犯罪的机会。

女性主义的批判性观点认为，性别不平等源于男女权利的不平等和男性对女性的剥削。

批判女性主义集中社会力量塑造女孩的生活，他们尝试展现男性的社会化是怎样影响女孩的性受害及年轻男性对女性的剥削。

9. 讨论哈根的权力控制理论

约翰·哈根和他同事推断犯罪的性别差异是阶层差异作用的结果，因为阶层差异会影响家庭生活。

他的权力控制理论表明，阶层通过控制家庭生活质量，进而影响犯罪。

在家长制家庭中，父亲负责养家糊口，母亲作低贱工作或待在家里。

在平权家庭中——丈夫和妻子在家和工作中有平等的权力和地位——这样女儿就获得少受父母管控的自由。

权力控制理论通过强调改变女性角色的重要性，帮助解释为什么女性犯罪相对增加。

10. 探讨未成年人司法系统对女性违法犯罪青少年的处置

性别差异不仅会影响犯罪模式，还会极大地影响未成年人司法系统对待儿童的方式。

作为一项通用准则，涉及司法系统的男性比女性受到的制裁更加严重。

如果政府官员认为他们的行为违反道德准则或者他们不听父母管教，女孩会比男孩受到更加严厉的惩罚。

如果她们的道德十分败坏，女孩就会受到严厉的惩罚。

视点

作为东北中学的校长,你接到一个学生父亲的电话,他听到一个传闻:在"学生文学文摘"上计划出版一则以性为主题的故事,这让他焦虑不安。这个故事由一位当年怀孕并经历了流产的女孩所写。你从这位父亲那里得到了该故事的副本。

实际上,这个女孩的故事是对于导致意外怀孕的稚爱的一种警示。作者对她的经历进行了详细的描述,带有虐待性质的家庭生活导致她与另外一名学生发生了亲密关系,并导致怀孕,因与父母产生矛盾,她决定流产,并因为这次意外而产生了情绪混乱。她告诉同龄人,如果他们属于性活跃者,就应该采取避孕措施,并且她推荐了几种适当的节育措施。讲述中没有出现任何刺激及色情的话语。

一些老师认为,不应允许女孩阅读这则材料,因为其中包含她们应该远离并受到保护的性内容,而且在某种意义上,这个故事主张反抗父母。一些父母也反对让孩子看这则性早熟的故事,因为他们担心这则故事会鼓励他们的孩子去"尝试"。这样的行为会与犯罪和滥用药物相联系。那些支持发表这则故事的人认为,女孩有权阅读这则重要的文章,并决定她们自身的做法。

你会因为这则故事的主题本质上是关于性主题且富有争议而主张删除这则故事吗?

你会因为以一种成熟的方式处理有关性主题的事情而主张应该发表这则故事吗?

你觉得阅读并学习与性有关的故事能够鼓励或者抑制性"尝试"吗?

女孩应该受到保护并远离这些材料吗?这些材料会给她们带来伤害吗?

在男孩和女孩接受父母及社会机构对其进行社会化的过程中,仍存在不公平的对待。在犯罪率方面,是否也存在这样的性别差异现象?性别角色对行为选择有何影响?

第 4 章   CHAPTER 4

家庭与犯罪

15岁的尼希来·格列戈（Nehemiah Griego）告诉他所在教堂的人们，他的家人在一场车祸中丧生，正躺在他们新墨西哥南谷的家中。然而，警方通过调查迅速断定，是尼希来枪杀了他的父亲、母亲及三个兄弟姐妹。教堂人员报警之后，尼希来将教堂人员带到他的家中，教堂人员发现了五名枪杀致死的受害者，格雷格（Greg）、萨拉·格列戈（Sarah Griego）和他们的三个孩子泽弗奈亚（Zephania）（9岁）、雅亿（Jael）（5岁）和安吉丽娜（Angelina）（2岁）。随后，尼希来告诉教堂的代表，杀他们是由于他有"暴躁易怒问题"且"厌烦"他的母亲。他过去一直有杀人和自杀的想法，因此，在午夜时分，他从父母的壁橱里拿了一支口径0.22英寸的步枪，朝他母亲的头部进行射击，杀了他的母亲。他9岁的弟弟睡在母亲的身边。当弟弟醒来的时候，变得非常伤心和不安，因此，尼希来也对准他弟弟的头部将其射杀。此时，他的两个妹妹哭了起来，他又开枪射击她们的头部，将她们杀死。然后，尼希来从壁橱里拿出一支AR-15步枪，在洗澡间一直等到大约凌晨5:00，他的父亲回到了家中。随后，尼希来朝他的父亲开了多枪，他的父亲也当场丧命。尼希来将这些枪支的一部分放在他家的厢式货车里，然后开车到了骷髅地教堂（Calvary），在那里他讲述了关于他的家人所发生的一切，然而，这一切受到人们的质疑。此外，尼希来告诉警方，他拍了一张父亲死亡后的照片，并将照片发送给他12岁的女朋友。

尽管尼希来杀害家人的行为非常反常，但这样的行为并非仅此一例。每年，约有350起凶杀案涉及核心家庭成员、父母或兄弟姐妹。毫无疑问，一种积极的和滋养人的家庭生活能够帮助孩子免受反社会行为的影响,一个饱受冲突之苦的家庭则会产生相反的效果。事实上,大多数犯罪研究专家认为,父母和儿女之间、兄弟姐妹之间和不同性别之间的相互影响为儿童获得或抑制反社会的行为模式提供了机会。即便是由于异常人格特质或情绪障碍而预先有犯罪倾向的少年,如尼希来·格列戈,如果他们生活在积极且有效的家庭环境中,他们的生活状况可能会得到改善,其反社会行为也会减少。

在对青少年的不良行为的影响方面,家庭可能比其同龄群体更为重要。研究发现,那些保持积极生活方式的青少年与其父母关系密切,而那些被视为缺乏父母关爱和支持的青少年则更容易参与反社会行为,这一点也不奇怪。在支持高危青少年方面缺乏资源的家庭无法阻止其后代步入违法的生活方式。

良好的父母教育能降低生活于犯罪高发区域的儿童参与违法犯罪的风险。研究显示,如果从为其提供积极榜样的父母那里得到公正的惩戒与支持,青少年可以抵制街头的各种诱惑。

与父母保持温和及支持性的关系能够为青少年提供一种环境,在这种环境中,他们能够以一种健康的方式来适应环境带来的压力并做出应变。团结及定期进行家庭聚餐的家庭似乎最有可能使他们的孩子免受来自社会及文化层面的破坏性影响。即便对于那些遭受破坏性生活事件或长期环境压力的青少年来说,与父母保持积极的关系也能够促进他们的亲社会行为。

由于这些问题对于理解犯罪问题至关重要,本章将致力于分析家庭在引起或抑制犯罪行为方面的作用。我们首先介绍美国家庭的变化,然后回顾家庭结构和功能影响犯罪行为的方式,在一定深度上对虐待儿童、忽视儿童和违法犯罪行为之间的关系进行了阐述。

渐变的美国家庭

违法犯罪与家庭生活之间的假定关系在今天至关重要，因为美国的家庭在不断发生变化。大家庭在以前十分常见，但现在已多半不合时宜。代替它们的是核心家庭，人们称之为"危险的情感温室"，因为在核心家庭中，父母和孩子们的关系十分密切；而且，在这些家庭中，由于经常和住在附近的其他亲戚进行联系，所一些家庭以问题并未得到缓解。

> 核心家庭：一个家庭单位，由父母及其孩子组成；由于父母和孩子之间强烈且亲密的联系，这个较小的家庭结构承受巨大压力。

但是，就目前而言，核心家庭逐渐显露出破裂的迹象。所有婚姻中，约有一半说不定哪天就以离婚告终（结婚率为6.8‰，离婚率为3.4‰）。抚养孩子的大部分责任就移交给了电视节目及日托服务提供者。尽管一些家庭继续健康运转，培养出完全适应环境的孩子，但另一些家庭则在压力之下破碎，给孩子造成了严重的伤害。

所谓的传统家庭——由一个男性养家者和一个照顾家庭的女性构成——已经成为历史。人们不再将这样的家庭结构视为常态。性别角色的不断变化已经使女性在整个经济过程中扮演着越来越重要的角色；这样的变化造就了平权主义的家庭结构。在有学龄儿童的母亲中，约有3/4拥有工作，从1960年的40%上升至1970年的50%。经济结构的改变可以从性别角色的转换中得到反映。与二十年前相比，父亲现在工作日陪在孩子身边的时间更多，而母亲和孩子待在一起的时间变少了一些。

家庭组成

目前，约有7500万名18岁以下的孩子在美国生活。如图4.1中所示，在这些未成年人中，大约有2/3是生活在双亲家庭中。

第 4 章 家庭与犯罪

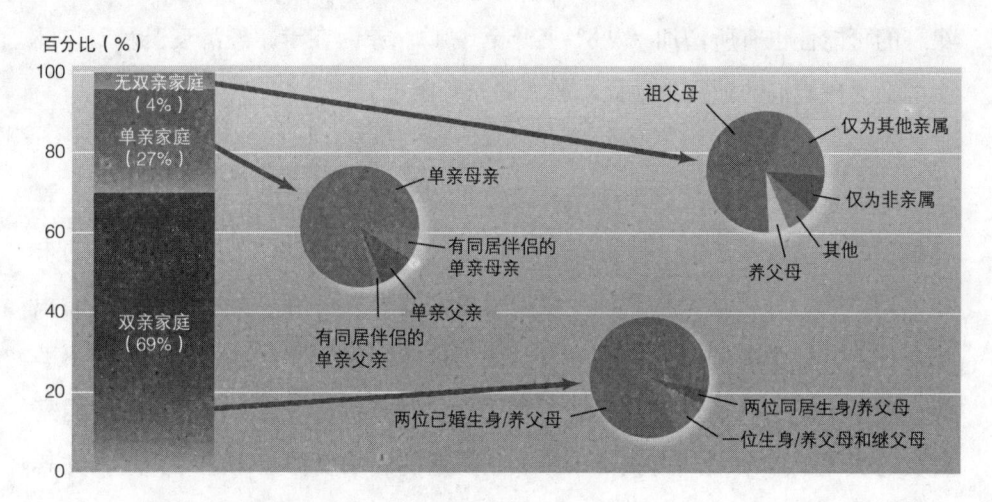

图4.1 0～17岁儿童生活在各种家庭组成方式中的比例

- 在这7500万名18岁以下的孩子中，大多数（约70%）与父母生活在一起；然而，另外还有27%生活在单亲家庭；其余的孩子与一个亲戚或监护人生活在一起。
- 这些与父母其中一方一起生活的孩子中，87%是与他们的妈妈生活在一起。
- 不与父母任何一方一起生活的孩子中，大多数与祖父母或外祖父母生活在一起。

在组建家庭方面，仍然存在明显的种族差异。所有非洲裔美国儿童中，约有1/3生活在双亲家庭；与之相比，约有3/4欧洲裔美国儿童生活在双亲家庭。有40%欧洲裔美国儿童和75%非洲裔美国儿童在他们16岁以前经历了父母分居或离婚；随着时间的推移，这些孩子中的大多数将经历多次家庭破裂。

具有讽刺意味的是，目前，尽管较少的孩子与双亲生活在一起，但在过去的几十年中，生活在他们父母家的年轻人（称为"回巢族"）有了显著的增加。年龄段在25～34岁，与父母生活在一起的男性年轻人比例从2005年的14%上升至当前的20%；女性年轻人住在家中的可能性更小，但是她们"回巢"的可能性也有所增加（从8%上升至10%）。原因在于，经济衰退及工作机会的缺乏使她们的独立生活面临较大的财务困难。

脆弱家庭 20世纪后半期，美国的非婚生育急剧增加，改变了美国人养育孩子的环境，营造了一种新的家庭形式——"脆弱家庭"，即带有孩子的未婚夫妇。一些分析学家将这种变化视为更大的个人自由及女性经济独立的积极象征；其他学者则对此持有异议，认为这些变化会导致贫穷及收入的不平等。鉴于家庭对孩子健康及发展的重要性，研究者及政策制定者对于脆弱家庭父母关系的本质及其对孩子未来人生机遇的影响变得越来越有兴趣，尤其是这些孩子获取资源的渠道及这些资源的稳定性和质量。这些住在合租且稳定的单位住宅内的父母倾向于共同管理他们的收入，并一起工作来抚养他们的孩子。相比之下，那些处于非合作关系的分居父母则会在社会层面及经济层面损害他们孩子应该享有的资源。这样的生活安排对孩子的幸福感产生影响：研究表明，虐待儿童的现象更容易发生在不稳定的双亲家庭，在这样的家庭中，同居男友或继父会成为他们的看护人。

总而言之，孩子出生时，未婚父母对未来都抱有很高的期望。这种类型的父母约有一半生活在一起，另外还有30%的父母则选择再次营造浪漫爱情。父母间关系的质量和父亲对育儿的参与度都很高。然而，在这种乐观主义之下，也有出问题的迹象，包括两性之间彼此的不信任及大家都认为单亲妈妈也可以像已婚妈妈一样抚养孩子。五年之后，这种情况将变得更加复杂。从积极的方面而言，约有1/3这种类型的父母在一起生活，约有一半的非同居父亲会定期看望他们的孩子，父母共同教养孩子的关系是积极的。从消极的方面而言，1/3的父亲几乎从他们孩子的生活中消失了，成立新的家庭及有了新孩子的现象是非常常见的，这导致这些家庭中出现高度的不稳定性及日益增长的复杂性。

青少年妈妈/单身母亲 生活在单亲家庭，尤其是以一个未婚青少年妈妈为主的家庭，使青少年妈妈及她的孩子面临困难。第1章讲述了出身于单亲家庭的孩子更容易生活在贫困中，并且更有可能长期经受物质层面及社会层面的困难。其中一方面原因是生孩子的青少年中90%以上是未婚妈妈，该比例在1980年是62%；并且年轻单身妈妈很难在艰难的经济环境中获得体面的生活。

通常情况下，这些条件之间是相互影响的，青少年妈妈会遇到社会问题，这些问题会给他们的孩子带来负面影响。研究显示，截至14岁，与年长妈妈所生育的孩子相比，青少年妈妈的后代更容易出现失常心理行为，更差的是在校表现及阅读能力，也更可能触犯刑法，可能经常性地吸烟及饮酒。然而，青少年妈妈与问题儿童之间的关系与他们所处的经济环境相关——与那些可以享有支持、经济支撑及其他来自家庭帮助的孩子相比，缺乏经济来源便意味着有可能会出现问题儿童。

尽管青少年妈妈仍然会遇到困难，但是与20年前相比（见图4.2），这样的现象明显减少了。生育的可控性及堕胎的合法化使怀孕青少年的数量减少。

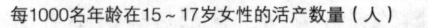

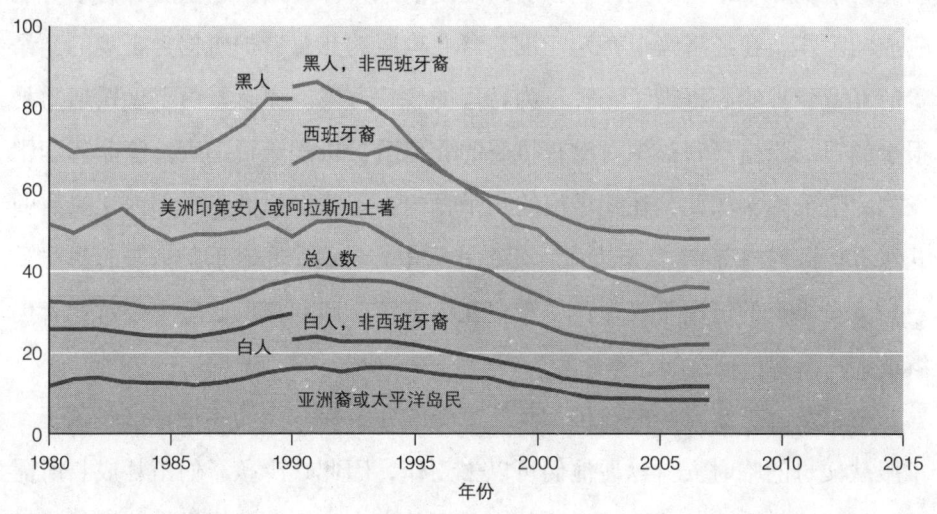

图4.2 不同民族和种族15～17岁女性的出生率

然而，年龄段在15～17岁的青少年的出生率仍然存在大量的种族与民族差异。就目前而言，青少年的出生率从亚洲人的7%至西班牙人的41%不等。尽管这种差异令人担忧，但自1991年以来，年龄段在15～17岁的非西班牙裔黑人、非西班牙裔白人及亚洲或太平洋岛民女性所带来的生育率下降了一半甚至更多。如图4.2所示，这种下降趋势体现在所有种族及民族女孩的身上。

儿童看护

日托系统是负责照看孩子的，该系统内的工作人员通常工资很低。"日托家庭"是特别值得关注的，在这样的家庭中，一个提供日托服务的人员需要照看3～9个孩子。就目前而言，所有年幼孩子中，超过60%的孩子（约1200万名）在他们的正规教育开始之前或之后均由某些形式的儿童保育机构负责照看。较之于家庭富裕的孩子，贫困儿童更可能受到非亲人般的照料及抚育。一些州对这些私人看护服务提供者既不发营业执照，也不对其进行监控。据估计，90%或更多的机构采取"地下"经营模式。一个成年人照看8个幼儿的情况并不罕见，无论是在培训还是情感关怀方面，这都是一份不可能完成的工作。在经济衰退时期，没有营业执照的儿童看护机构为正规的、昂贵的儿童看护中心提供了一种更为合理的替代方案。而且，由于惩罚通常是很少的罚款，检察官很少对没有执照的儿童看护机构进行追查，除非有悲剧发生。情况确实如此，在几年前的八个月内，密苏里州杰克逊郡内无执照的儿童看护机构内有4个孩童丧命。死亡儿童中，有两个是在看护人没有执照且看护太多小孩的情况下丧命；尽管存在诸多法律问题，但这些中心营业者仍继续在从事看护孩童的业务。

来自贫困工薪家庭的孩子，其所享受的儿童保育更为不足；这些孩子经常服从父母的临时安排以便他们可以去工作，因此缺少孩子们茁壮成长所需要的环境。与许多其他西部郡不同，美国并没有为工薪妈妈提供普遍的日托服务。因此，瓦莱丽·波拉科（Valerie Polakow）在她饱受争议的书《谁关心我们的孩子？另一个美国的儿童看护危机》(*Who Cares for Our Children？The Child Care Crisis in the Other America*) 中写到，可负担得起的高质量儿童保育的匮乏往往是一个家庭陷入贫困、失业及无家可归的临界点——这成为下层社会妇女和儿童的一个持续性威胁。

经济压力

家庭也面临经济方面的压力，并且有超过1600万名儿童生活在贫困之中。大量的贫困家庭生活在不符合标准的住房中，没有足够的医疗保障，那些收入在贫困线以上的家庭则不再得到政府的援助。最近的政治趋势表明，"社会保障网络"正在遭受攻击，在未来几年内，贫困家庭受到的政府援助可能会更少。

在不久的将来，这种经济压力是否会减少？除了最近的经济动荡、高失业率等因素之外，这些家庭仍将因为人口构成的变化而继续承受经济压力。寿命在不断延长，老人的数量在不断增加。目前，在美国约有400万人口在85岁以上，到2050年，该数目将会上升至2000万。随着人们的退休，只有少数的工人支付社会保障、医疗保健及养老院护理的费用，因为退休人群将需要一大笔国民收入来满足他们的护理需求。那时，用于对贫困儿童看护的钱会更少。这些费用会给贫困家庭带来更为巨大的经济压力。选民情绪对公共资金的分配有一定的影响，但存在一个问题，即那些担心医疗保健费用的老年人不愿意将自己的税金用在高危儿童身上。本章特色栏目《犯罪聚焦》对经济压力因素如何影响家庭这一社会问题的长期研究进行了描述。

犯罪聚焦：经济压力与犯罪

兰德·康葛（Rand Conger）是家庭生活方面美国国内领先的专家之一。在过去的20年中，他参与了四项重大社区研究，调查了经济压力对家庭、儿童和青少年的影响；该研究总共涉及大约1500个家庭和4000名以上的个别家庭成员，他们分别代表不同的社会阶层。随着时间的推移，康葛和他的同事收集了关于这些家庭的大量信息，包括家庭成员报告、家中录像谈话及来自学校和其他社区机构的数据。

康葛和他的同事指出，对于这些不同的家庭，经济压力会对父母和儿童造成有害的影响。根据他的经济困难"家庭压力模型"，低收入和收入损失会增加父母的悲伤，对未来悲观、生气和失望，并离家出走。经济压力通过生活压力影响父母的社会情绪功能，这些生活压力包括付不起账单或者不能获得基本的必需品（如充足的食物、住宅、衣服和医疗等）。随着父母情绪困扰的增加，他们相互影响对方而且会以一种更加暴躁无情的方式与孩子交流。这些行为使婚姻的稳固性下降，而且会破坏有效的教养行为，例如监控孩子行为和使用一致且恰当的纪律策略。婚姻的不稳固和混乱的育儿方式反过来会增加孩子面临的发育问题，例如抑郁、吸毒和参与犯罪活动等。这些经济压力使孩子在学校正常运转的能力及与同伴相处的能力下降。

调查也表明，那些相互支持的父母，他们在困难面前表现出的有效解决问题的能力，会打破这种消极过程，保护他们和他们的孩子免受这些经济压力所带来的负面影响。人际工作者可以学习并使用这些教养技巧，帮助遭受经济压力和类似生活压力的人们。

批判性思维：

为解决这些问题，康葛提倡社会支持政策，给处于压力中的家庭提供充分援助，使他们从经济衰退的困境中修复。他也提倡教授父母一些有效的策略，使他们在困难出现时能应对经济、情绪和家庭关系的挑战。在改善美国的家庭功能方面，你还有需要补充的吗？

家庭对犯罪的影响

家庭压力因素能够对儿童的行为产生重要的影响。家庭是儿童习得能够终生指引他们行为的价值观和人生态度的主要单位。家庭破裂或变动对儿童有持久的影响。相反，有效的家庭教育可以消除个人（如情绪问题）和社会力量（如不良同伴）对儿童的影响，这两个方面会诱导儿童犯罪行为的发生。

四种家庭功能异常现象会导致犯罪行为的发生，由分居及离婚导致的破裂家庭、陷入人际冲突的家庭、缺乏具有恰当育儿技能的效率低下的父母所组建的家庭及行为异常的父母（这些父母会将他们的行为遗传给孩子）的家庭（见图4.3）。这些因素彼此会相互作用，如吸毒的父母更可能经受家庭矛盾，对儿童照顾不良及婚姻破裂。现在我们讲述与违法犯罪行为相关的几种具体的家庭问题。

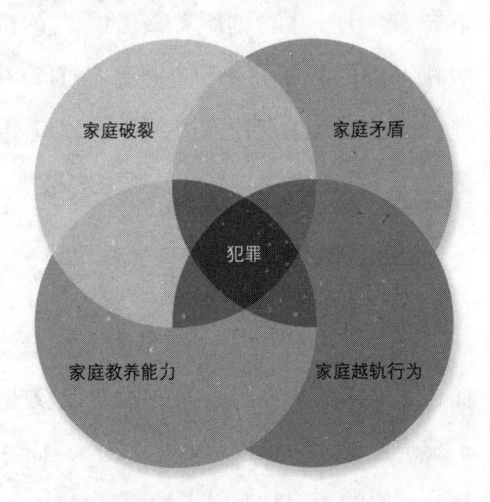

图4.3 家庭对行为的影响
注：这四个因素中的每个都与反社会行为和犯罪有关。这四个因素之间的相互作用可能使犯罪活动升级。

家庭破裂

违法犯罪研究中最为持久的争议之一便是父母缺失与违法犯罪行为之间的关系。父母或监护人是非正式社会监控的主要来源。当家庭破裂时，社会控制功能会受到干扰而中断，儿童便会自动参与反社会行为。

研究显示，婚姻安全的父母所生的子女自信而且独立。相反，在美国本土及国外所做的研究显示，父母中一方或双方缺失的孩子会有反社会行为的倾向。许多专家认为，破裂家庭是儿童有违法犯罪行为一个强有力的决定因素。这两者的关系似乎是不言而喻的，因为儿童最先在家接受社会化，因此，有序家庭结构中的任何分离现象都会对孩子产生不良影响。

破裂家庭：由于离婚或分居等原因，家中一位或两位家长均缺失；生活在这种环境下的儿童容易从事反社会活动。

这种破裂家庭与违法犯罪的关系非常重要，因为如果按现在的趋势持续下去，今天所生育的所有孩子中，童年时期与他们自己的母亲和父亲一直生活在一起的孩子将不到一半。而且，由于有继父或继母的家庭，即混合家庭，相比由亲生父母双方组建的家庭更不稳定，因此，将会有更多的儿童在童年时代经受两次，甚至三次家庭破裂。

混合家庭：离婚与再婚后产生的核心家庭，将两个家庭中的一位父/母亲及孩子混合在一起的家庭。

较完整家庭的孩子，经受家庭破裂的儿童更可能出现行为问题及多动症。家庭破裂通常与冲突、敌对及攻击性行为有关；据猜测，离异家庭的孩子疏于监管，情感依恋弱化。对来自同伴的压力更加敏感。

离婚的影响具有以下性别差异性：

• 男孩更容易受到离婚后缺失父亲的影响。在父母离异之后，父亲不太可能出现在孩子身边帮助他们解决问题，探讨行为的标准或执行纪律。如果离婚父亲选择继续融入孩子的生活，将会减少儿子犯罪的可能。

• 女孩更容易受到其母亲教育质量及离婚后父母之间冲突的影响。父母冲突的极端程度可能会成为女孩应对父母离异后果的一种模式。

• 离婚/离异对青少年的影响存在明显的种族和民族差异。一些群体（如西班牙裔和亚洲人）在离婚率低的环境中得到抚育，父母在抚育孩子的实践中经验不多，这些仅有的经验可以缓解家庭破裂对青少年问题行为的影响。

离婚与犯罪 至少可以这样说，破裂家庭与犯罪之间的关系一直存在争议。这种关系首次确立于早期的研究中。该研究表明，父母教养的缺失与年轻时的不正当行为存在显著相关性。经过多年的研究，这种联系变得逐渐清晰：与那些在双亲家庭生活的孩子相比，破裂家庭中长大的儿童更可能成为违法犯罪的牺牲品。

自20世纪50年代，一些研究者开始质疑破裂家庭与犯罪之间的关系。他们声称，早期的研究采用警方、法院及劳教所的记录作为研究资料。这些研究可能存在抽样偏差：较之于来自完整家庭的青少年，那些来自破裂家庭的青少年被逮捕的概率可能更大。但是，这并不意味着他们参与犯罪的行为更为频繁和严重。官方数据反映出司法体制内的执法官对来自破裂家庭的儿童更为严厉，因为他们不能向父母寻求帮助。在父母监护不足的情况下，未成年人法庭的"国家亲权"哲学倡导呼吁官方的干预。大量的后续研究（采用自述报告数据）未能建立破裂家庭与犯罪行为之间的任何清晰关系。来自完整家庭的男孩和女孩似乎与那些父母离婚或分居家庭的孩子一样可能自述自身的违法犯罪行为。研究者认为，父母的缺失比司法体制执法官对儿童行为的影响更大。

对离婚—犯罪之间关系的反思 学界一致认为，家庭破裂实际是一种创伤，而且最有可能对青少年的不良行为产生直接影响。研究表明，儿童被迫经历家庭变故的次数越多，他们就越可能参与犯罪行为。因此，目前的主流观点认为，离婚与犯罪及身份犯罪有关，尤其是在儿童与被迫离家的父亲/母亲有密切联系的情况下。

当然，并非所有在父母离婚或分居家庭长大的孩子都会走向犯罪。多数不会出现这种情况，而且，大多数孩子在长大以后过着幸福且充实的生活。离婚情况也不尽相同，但这些差异可以解释家庭解散对儿童不良行为产生影响的原因。

一个可能的因素是，父母如何应对婚姻破裂。前文曾提到，发展/人生理论学家罗伯特·桑普森（Robert Sampson）和约翰·罗柏（John Laub）认为，一场美好的婚姻可以帮助男性"远离"不良行为。相对而言，如果离婚是怀有敌意的，已经造成婚姻解体的生气与愤怒无法通过离异来缓解。在充斥着压力的婚姻中可能存在的家庭暴力在夫妻双方离异之后并不会减少，只不过转移到前夫或前妻（离婚后果所针对的对象）的身上。那些离婚之后处于动荡之中的父母会反过来影响他们的孩子，并使其行为不端。

另一个因素是婚姻破裂如何影响亲子关系。萨拉·贾菲（Sara Jaffee）和她的同事在研究婚姻的质量时发现，父亲与他们的孩子生活在一起的时间越少，他们的孩子所暴露的问题行为就越多。然而，当父亲自己参与反社会行为时，他们离开家的行为可能会改善他们孩子的行为。贾菲认为，维持婚姻不能作为生活在单亲家庭儿童所面临问题的解决方案，除非父母能避免越轨行为的发生且成为孩子情感及经济支撑的可靠来源。

家庭破裂也有可能不是儿童行为不端的原因，更确切地说，离婚的后果则是应该受到指责的对象。离婚以后，一些新的单身妈妈可能会在家庭之外花费更多的时间，以牺牲家庭时间为代价寻求新的情感伴侣。较少的监管及亲子依恋的减弱或许才是儿童行为不端的真正罪魁祸首，而并非父母双方离婚或分居引起犯罪的增长。

长期影响　离婚不仅在短期内伤害少年儿童，也会对他们的童年造成长期伤害，也可能持续到他们的成年期。社会学家萨拉·麦克拉纳汉（Sara McLanahan）研究了父母缺失对儿童的影响，结果发现，那些没有和他们的亲生父亲一起长大的孩子通常不如那些和亲生父母一起生活的孩子出色。前者完成高中并进入大学的可能性较少，也不太可能找到并维持一份稳定的工作，成为青少年父母的可能性较大。尽管大多数与单亲生活在一起的儿童做得相当好，但是单亲家庭和双亲家庭孩子之间的差异具有明显的不同，有证据显示，父亲缺失本身就应为一些社会问题负责。

在朱迪思·沃勒斯坦（Judith Wallerstein）、茱莉娅·路易斯（Julia Lewis）和桑德拉·布拉克斯莉（Sandra Blakeslee）的经典著作《始料未及的离婚后遗症》（*The Unexpected Legacy of Divorce*）一书中，他们对131名儿童所做的纵向研究发现进行了汇报，这些儿童的父母在他们的青春期内选择了离婚。他们发现，离婚家庭的孩子对他们发展长远人际关系的能力产生挥之不去的恐惧，这些恐惧通常会妨碍他们结婚及抚养家庭的能力。尽管大多数父母能够减少他们的感情伤痛，并在他们离异几年之后继续生活，但是对他们的孩子而言却并非如此，孩子的情感波折会持续几十年。沃勒斯坦和她同事发现，经历离婚的青少年仍旧与恐惧进行斗争，他们担心自己与伴侣的情感关系会像他们的父母那样以失败告终。

尽管离婚会让孩子遭受重创，但确实有许多经历家庭破裂的孩子做得相当好，而且他们能以良好的状态渡过难关。在E.马维斯·赫瑟林顿（E.Mavis Hetherington）和约翰·凯利（John Kelly）研究离婚家庭孩子的过程中，他们发现，许多孩子的确经受了创伤，但他们中的大多数比沃勒斯坦遇到的情况要好得多。与那些生活在完整家庭的孩子相比，尽管单亲家庭的儿童及与继父或继母生活在一起的儿童有更多的心理问题，但最终有超过75%的孩子和来自完整家庭的孩子做得一样好。

犯罪聚焦：是坏父母还是坏孩子？

坏父母还是坏孩子？哪一个先出现？是父母间的冲突造成孩子的违法犯罪，还是孩子的违法犯罪引发了家庭冲突？尽管父母与孩子之间关系的破坏与违法犯罪行为有关，但是这种关系很难评估。人们通常认为，存在的家庭问题可能会导致孩子违法犯罪，但事实上也可能是有这样行为的孩子对家庭施加了巨大压力。有冲突倾向的孩子现实中可能会造成家庭的不稳定。为避免孩子攻击性的加强，父母可能屈服于孩子的要求。孩子们就会知道攻击性是有回报的。父母会感到不知所措，让孩子远离他们的生活。青少年的不良行为可能是家庭冲突的前兆；冲突导致更多青少年的不良行为，这也造成了家庭压力与违法犯罪行为之间无休止的恶性循环。

大卫·许丁茂（David Huh）和他同事调查了接近500个青春期女孩，发现几乎没有证据表明不良的养育方式是孩子行为不当或是加剧不良行为的直接原因。不如说，孩子的问题行为会破坏父母教育的有效性。青少年不良行为的增加，比如吸毒，会导致父母的控制和支持减少。相反，父母的问题只在孩子的不正常行为问题上发挥了很小的作用。大卫解释道，那些持续做出不良行为的孩子的父母很可能变得恼怒甚至放弃管理孩子。

最近，玛莎·高尔特-谢尔曼（Martha Gault-Sherman）也发现，孩子卷入违法行为后家庭冲突会逐步升级，亲子关系是相互影响的，虽然亲子依恋的缺乏会影响违法犯罪，但青少年的违法犯罪行为有助于减少亲子依恋。父母在孩子生活中的缺失可能会影响孩子的违法犯罪行为，而在孩子陷入麻烦或参与违法犯罪行为后，父母的介入会随之减少。她在亲子依恋方面的发现为育儿和违法犯罪之间的相互关系提供了强有力的证据。

另一种关于家庭冲突和孩子违法犯罪之间关系的观点出自约翰·保罗·赖特（John Paul Wright）和凯文·比弗（Kevin Beaver）。他们认为，这是一种基因的组成部分。违法犯罪的孩子可能生活在充满冲突的家庭中，因为他们继承了遗传特征，比如较低的自我控制能力。赖特和比弗通过大量的研究发现，冲动和注意力缺陷多动障碍都是遗传的——这两者都是自我控制能力较低的方面。因此坏父母或家庭冲突的影响实际上是由"坏基因"造成的。由于这些基因的影响，父母的角色比通常意义上认为的更加复杂。父母可能会帮助消除遗传特性的影响，或者父母的特质以独特的方式与孩子的特质进行互动。孩子的基因决定因素很可能会影响父母对孩子的态度，而不是相反。所以，如果家庭冲突与违法犯罪行为相关，这是因为父母和孩子都遗传了冲突和反社会行为的倾向。

批判性思考：

家庭冲突与违法犯罪之间的关系也可能存在好的一面：索尼娅·斯拉尼克（Sonja Siennick）最近发现，年轻罪犯从父母那儿得到的经济援助要比那些没有犯罪的同龄人甚至他们没有犯罪的兄弟姐妹更多。即使是在孩子参与犯罪行为的情况下，为了帮助改善犯罪孩子的生活环境，父母也不会放弃他们的问题孩子。这可能是因为他们对造成孩子参与犯罪行为的生活方式感到愧疚。你如何看待这一问题？

家庭矛盾

并非所有不幸福的婚姻都以离婚而告终，一些婚姻可以在矛盾的环境中继续维持。家庭内部矛盾在许多美国家庭中都非常常见。早在50多年前，父母矛盾与犯罪之间的关系就已经建立，那时F.伊凡·奈（F.Ivan Nye）发现，儿童对他的父母婚姻的认知是犯罪的一个重要预兆。当代研究对这些早期研究提供了支持，即在不良家庭及不和谐或家庭暴力下成长的孩子会在后来的生活中表现出心理困扰及行为问题。那些只见证了家庭内部暴力的孩子与暴力受害者孩子的行为似乎相差无几。在最近的一篇研究报告中，家庭研究方面的专家利奈特·伦纳（Lynette Renner）发现，与那些避免了家庭矛盾的孩子相比，经受过任何形式家庭暴力的儿童更可能表现在自己的行为上。然而，伦纳发现，与遭受直接虐待及儿童身体虐待的孩子相比，那些经受间接家庭暴力的儿童，如遭受兄弟姐妹的躯体虐待等，更可能显现在他们的行为上。

家庭内部暴力：家庭环境不和谐，充满矛盾；成长在有缺陷家庭的孩子经常表现出违法犯罪行为，在年轻时他们就知道攻击性会使自己获益。

在充满矛盾的家庭中或是在破碎的家庭中成长，哪一种情况更糟糕呢？研究显示，在破碎家庭及矛盾程度较高的完整家庭中成长起来的儿童比矛盾程度较低的完整家庭成长起来的孩子的情况更差。然而，较之受到疏远及与父母分离的孩子，即便在父母离婚的情况下，那些与父母保持情感依恋的孩子参与犯罪行为的可能性较少。

家庭教养能力

不具备正确育儿技巧的父母抚养长大的子女，与那些以非强制性方式支持和有效管理自己孩子的父母抚养长大的子女相比，前者面临的风险更大。有的父母（对他们的孩子）过于容忍与放纵。对孩子的需求，他们总是欣然接受，却很少划定边界和设定规则；他们的孩子总是被给予而缺乏自控能力。脱离教养的放任行为总能产生负面的行为后果。相反，有的父母过于独裁，尽管为了教育孩子付出了努力，但是他们对孩子的行为依然缺乏合理的管理。

如果孩子缺乏其他形式的社会支持，教养的质量变得更加重要。调查结果显示，在高风险社区对问题少年不教育和放任教育的影响更大。换言之，如果一个年轻人希望远离由于居住在一个混乱的低级社区所带来的伤害，那么教养能力就是必要的。相反，那些被合理监管尤其是生活在混乱地区的孩子们不太可能向诱惑屈服。甚至当有风险时，孩子们能够更好地抵御犯罪活动，他们可以和父母沟通。

无法控制的青少年的父母被认为是反复无常的规则设立者，他们不太可能对他们的孩子感兴趣，显现了父母与孩子之间较高程度的敌对与脱离。那些与父母相处拘谨并拒绝与父母讨论重要话题的孩子更容易产生越轨行为。声称拥有不如意家庭生活的孩子同样显示了低层次的自尊，他们更容易做出反社会行为。

父母效能　如果不好的或者不恰当的教养能产生反社会的孩子，那恰当的教养能产生相反的结果吗？研究显示，如果父母一方或双方采取方法将孩子融入家人中，让他们坚持自己的个性，规范自己的行为，那么青少年罪犯就会减少。这种现象被称为父母效能。在一些文化中，母亲的情感支持是至关重要的，然而在另一些文化中，父亲的支持则是关键因素。无论属于哪种类型的家庭结构，重组家庭、同性恋父母家庭或是其他类型的家庭，与父母保持亲密关系的青少年们有较少的犯罪行为和不恰当的药物滥用行为。生活在一个父母充满温情和付出的家庭里的孩子往往更可能养成良好的个性品质，比如积极的自我形象，这能够帮助他们躲开犯罪行为的诱惑。这一结果表明，"父母—青少年"关系的质量比家庭类型能够更好地预测青少年的发展前途。

> 父母效能：父母使他们的孩子融入家庭，帮助其表现他们的个性，并规范自己的行为。

不一致的/严厉的惩罚 有过失的孩子的父母往往会成为前后不一致的纪律实施者，或者过于严厉，或者过于宽容。关于一项使用体罚的效力的争论，在美国全国性调查中收集到不同的观点。那些提倡体罚的父母认为，体罚是养成纪律的一个必要方面，能够培养出规规矩矩的孩子；相反，反对者坚信，体罚会在心理上重创孩子，阻碍他们的成长。

体罚的反对者认为，体罚会弱化父母与孩子之间的纽带，降低孩子的自尊，逐步削弱他们对正义的信心。体罚很有可能使孩子变得更加遮遮掩掩和不诚实。过度的体罚可能与反社会行为存在潜在的联系，被虐待的孩子比没有被虐待的孩子患神经功能障碍的风险更大，脑异常与暴力犯罪息息相关。

尽管有的社会支持体罚，但越来越多的证据表明了"暴力产生暴力"的循环。那些被体罚的孩子，即使只有几次，他们自己也可能使用暴力。社会学家默里·斯特劳斯（Murray Straus）回顾了一系列有关体罚的调查，他发现，体罚和之后出现的攻击性行为之间存在非常大的关系。

非暴力社会的父母很少体罚孩子，体罚与青少年犯罪、配偶虐待和成人犯罪之间存在联系。在10个欧洲国家进行的调查显示，父母及老师支持体罚的程度与凶杀率有关联。

不一致的监管　同样证据显示，不一致的监管能够导致青少年犯罪。伊凡奈早期的研究发现，那些恐吓孩子却并没有惩罚孩子的母亲比在纪律上始终如一的母亲更容易使孩子失足。

伊凡奈的早期成果已经被研究证实，无效或有疏忽的监管与一个孩子的犯罪参与度密切相关。数据显示，相比那些认为他们的行为被密切关注的青少年，认为父母对他们参与的活动不太关心的青少年更有可能参与犯罪行为。那些不被密切监管的孩子花费更多的时间跟社区的朋友们一起，他们更可能遇到麻烦。缺乏监管的孩子可能更加冲动，因此他们不太可能凭借自制力来制止自己的行为。

母亲的职业　密切监管孩子的父母及与孩子保持密切联系的父母能够降低青少年犯罪行为的可能性。当生活环境阻碍或干涉恰当的监管，犯罪机会可能增加。一些批评家暗示，即使在完整的家庭里，一个职业母亲不能充分监管她的孩子，那么也会增加孩子的犯罪机会。

职业母亲与青少年犯罪行为之间的联系需要一个前提条件，即母亲工作是因为在家当全职太太缺乏经济来源。在缺乏集体效能的贫困社区，父母不能号召邻居来负担起监管孩子的职责。

尽管有证据表明，职业母亲的孩子更可能犯罪，但这个问题还远未解决。有调查发现，母亲有职业可能对青少年的不正当行为影响甚小，尤其是孩子被充分监管的时候。史黛西·德·科斯特（Stacy De Coster）发现，对于有职业的和具有非传统价值观的母亲的孩子和那些母亲是家庭主妇和具有传统价值观的母亲的孩子而言，如果母亲没有表现出悲伤，并且与她们的孩子之间有情感的纽带，那相比其他孩子，他们不太可能犯罪。情感纽带最终保护青少年远离犯罪的同龄人，无论他们的母亲有全职工作还是全职妈妈。

资源稀释 父母可能发现管理他们的孩子很难,因为他们拥有如此多的家庭成员,他们的时间、金钱等各种资源被稀释。由于家庭规模和一些外部因素的关系,父母与子女之间的关系可能是不直接的;资源稀释和教育质量不达标有关,而教育质量不达标长期以来被认为与违法犯罪有关。排行中间的孩子可能受到这种影响,因为他们在家时,兄弟姐妹大多数也在家,并且他们的经济资源紧张。人口多的家庭比人口少的家庭更可能会造就有过失行为的青少年,相比最大、最小的孩子,排行中间的孩子更有可能参与犯罪行为。

资源稀释:父母的家庭过大以至于他们的时间、金钱等资源被稀释从而导致缺乏家庭支持与控制时所出现的一种状况。

资源稀释可能使一些母亲为了赡养他们年幼的孩子而成为劳动力。批评家暗示,这些职业母亲不能充分监管他们的孩子,使他们的孩子容易犯罪。然而,托马斯·范德·文(Thomas Vander Ven)和他朋友们的调查发现,一个有工作的母亲对年轻人的不正当行为就算有影响,其影响也很小,尤其是在孩子被充分监管的条件下。

家庭越轨行为

大量研究发现,父母的越轨行为对青少年和儿童的犯罪行为有至关重要的影响。那些处在父母嗜酒、吸毒或犯罪的家庭中的孩子更容易参与犯罪行为。拥有长期犯罪经历的父亲被证实更容易养出犯罪的孩子。这种影响是毁灭性的,并且具有长期性,有越轨行为的父母的孩子也会养出犯罪的孩子。剑桥青少年调查和剑桥犯罪发展研究是大卫·法林顿(David Farrington)在英国进行的一项备受推崇的纵向队列研究,研究发现,有相当多的犯罪青少年都有犯罪的父亲。无犯罪经历父亲的孩子大约有8%成为惯犯,而有犯罪经历父亲的孩子的这一比例为37%。剑桥犯罪发展研究同样发现,校园欺凌既可以是两代之间也可能是两代之外。欺凌者有了孩子，这些"欺凌者后代"长大后又成了同样是欺凌者的父亲。因而，在一个家庭中，爷爷、爸爸和儿子都可能是或曾经是校园欺凌者。

父母卷入司法系统　如果有越轨行为的父母同样遭受逮捕、定罪与监禁，那么其影响会增强。父母监禁似乎会带来更坏的恶果，被监禁父母的子女相比没有被监禁父母的子女更容易有犯罪的风险，他们在25岁之前更容易遭受逮捕。无论任何原因，离开父母的孩子都有可能犯罪，调查显示，由于父母疾病、死亡或离异而离开父母的孩子比那些由于监禁而与父母分离的孩子犯罪概率要小。父母监禁带来的分离将造成严重且长期的伤害。

有一个被监禁的父母亲会导致监管不力和家庭凝聚力减弱，这可能是监禁前的一系列问题，家庭之外的冲突与虐待会对一个孩子后续的犯罪行为产生巨大影响。佩吉·焦尔达诺（Peggy Giordano）在对有被监禁父母孩子的生活进行研究时，她发现家庭问题先于逮捕和监禁，并且在父母被释放之后持续存在且逐渐恶化。经济上处于弱势地位的女性与高度反社会的男性混在一起，他们被关起来并且处于一个长期使用毒品和反社会行为的模式下，他们创造出一种具有极端不可预测性的家庭氛围，给孩子压力；家庭问题处于两代之间。随着时间的流逝，许多在非正常家庭长大的孩子发现自己触犯了法律，并且他们注定拥有面临同样社会问题的下一代。

有越轨行为的兄弟姐妹　同样有证据表明，有越轨行为的兄弟姐妹同样会影响孩子的行为；调查显示，如果有兄弟姐妹是青少年罪犯，那他的兄弟或姐妹参与犯罪行为的可能性极大。兄弟姐妹之间保持友好关系，彼此亲近，容易举止相似不足为奇。如果某个或众多兄弟姐妹吸毒或参与犯罪活动，那么他的（他们的）兄弟或姐妹也同样会参与其中。可以从以下多个方面对这些数据做出解释。

- 兄弟姐妹生活在同样生活环境中，受同样的社会因素和经济因素影响；他们的行为习惯相似是不足为奇的。
- 越轨行为是由基因决定的，某个孩子参与犯罪，那么这种特质也同样存在于他的兄弟或姐妹的身上。
- 有越轨行为的兄弟姐妹由于共同的喜好变得更加亲近，年幼的孩子会模仿年长的孩子。
- 兄弟姐妹是虐待儿童的一个最常见的人群。很有可能有越轨行为的兄弟姐妹会分享虐待的经验。研究显示，有暴力经历的孩子与物质滥用、青少年犯罪和攻击性行为有密切关系。

为何家庭越轨行为存在于两代间　虽然越轨行为的代际传递已经确立，但这种联系仍不确定。一系列如下因素仍然在起作用。

- 遗传因素。父母的越轨行为与孩子的不正当行为之间的联系是由基因决定的。青少年罪犯的父母被发现患有与反社会行为相关的神经系统疾病，这种疾病很有可能是由基因遗传的。童年的不正当行为极有可能受基因影响，极少或不受环境和经验的影响。如果孩子与父母的行为一致，是因为他们拥有共同的基因，而并不是因为他们学坏或生活在同样的环境中。
- 暴力遭遇。父母有犯罪经历的孩子比平常的孩子会遭受更多的暴力和伤害。暴力遭遇与孩子的消极行为息息相关。
- 物质滥用。滥用毒品的父母的孩子比未涉及毒品滥用的父母的孩子更容易参与毒品滥用和犯罪活动。这可能是因为滥用毒品的父母生养出神经功能缺损的孩子，因此容易导致犯罪行为的发生。
- 教养能力。有越轨行为的父母和孩子的犯罪行为之间的联系是由教养能力形成的。有越轨行为的父母与他们的孩子不太可能建立亲密关系。他们更可能用过于严苛的纪律要求孩子或过于纵容孩子，教养方式是影响孩子犯罪行为最早期的因素。自身涉及犯罪行为的父母呈现低水平的有效管教的能力

（如处理物质滥用和心理疾病的能力）。他们的孩子很有可能要体验无效教养带来的消极后果，例如虐待和家外安置，这些都是与犯罪行为息息相关的因素。

• 污名。有越轨行为的父母和孩子的犯罪行为之间的联系可能与标签和污名有关。社会管制人员可能很快就对违法者的孩子贴上违法的标签，这就增加了这些孩子真正拾起犯罪标签的可能性。而产生的污名增加了他们参与犯罪行为的机会。

虐待儿童与忽视

在一项纽约市最为臭名昭著的虐待儿童的案例中，一个名叫尼克斯玛丽·布朗（Nixzmary Brown）的7岁布鲁克林女孩在遭受严重的头部打击后死亡，在这之前，她曾遭受可怕的折磨和虐待。该案犯罪嫌疑人尼克斯扎利兹·圣地亚哥（Nixzaliz Santiago）和恺撒·罗德里格斯（Cesar Rodriguez）分别是女孩的母亲和继父。尼克斯玛丽死时仅36磅，她被绑在一个椅子上，并且被迫用一个纸箱上厕所。女孩的母亲说，女孩的继父经常打她，他经常脱光女孩的衣服，把她的头按到浴池水龙头下，把她绑在凳子上。然后他便在另一个房间听着音乐。这次也是如此，当女孩的母亲鼓起勇气去看女儿时，发现女儿的身体已经冰凉。执法人员说，这位7岁女孩遭受的虐待是他们目睹过的最惨的虐待。尸检报告显示，女孩几乎整个身体都有割伤和擦伤，两只眼睛淤青发黑，头部被打得严重脑出血。尼克斯玛丽的母亲和继父因为他们的罪行被判长期监禁。

在这起恶劣犯罪发生之后，纽约市市长迈克尔·布隆伯格（Michael Bloomberg）对媒体谈道，"谁能理解这对父母对这个年仅7岁的小女孩都做了些什么？这有点难以形容"。悲剧的是，在尼克斯玛丽死前的一段时间，官方已经知道了她的情况。该市的儿童服务管理局曾收到过两次关于这个家庭的投诉。第一次是在2004年，但是以查无实据告终；第二次是在2005年12月1日，这个小女孩去上学时，她的一只眼睛被打得出现淤青。然而，儿童服务管理局几乎没有采取什么措施来帮助这个女孩或将她从这个残暴的家庭中带走。当被问到为什么他们没有得到法庭判令时，儿童福利机构将其归咎于女孩的父母，指责他们拒不配合工作，多次拒接社会工作者的电话，并把他们拒之门外。然而，纽约福利机构的负责人不能解释的是，为什么社会工作者连进入房子的搜查令都没有，他们也没有想过将尼克斯玛丽从家中带走并安排家庭寄养。女孩死后，纽约市通过了尼克斯玛丽法案，加重了对虐待儿童的成年人的刑罚力度，将最高刑罚改为终身监禁。

尼克斯玛丽的惨死是一个悲剧，但这并不是唯一的案例。每年都有数千儿童受到其父母或其他成年人的身体虐待或忽视，这会严重影响他们一生的行为。鉴于该主题的重要性，本章后面章节将专门探讨儿童虐待和忽视问题以及它们与违法犯罪行为之间的关系。

历史基础

父母的虐待和忽视不是现代现象。虐待儿童贯穿于整个人类历史进程。在18世纪的美国，这类虐待儿童事件引发的消极影响引起了一些人的关注，但直到1874年，才开始出现有关解决这一问题的做法。

在那一年，居住在纽约公寓大楼的居民告诉公共卫生护士埃特·惠勒（Etta Wheeler），他们公寓中的一个孩子正在被他的继母虐待。埃特发现这个名叫玛丽·艾伦·威尔逊（Mary Ellen Wilson）的孩子经常受到暴打，并且由于只吃面包和喝水而变得营养不良。即便这个孩子病得很重，但警方认为，法律赋予了孩子父母以其认为合适的方式抚养孩子的权利。纽约慈善部声称，他们没有得到玛丽·艾伦的监护权。

据说，玛丽·艾伦之所以最终得以离开她的父母，是防止虐待动物协会

（SPCA）从中安排的，理由是，玛丽·艾伦是动物王国的成员。然而，事实并没有那么耸人听闻，而是因为一位法官听说了玛丽·艾伦的案件。因为儿童有受保护的需要，所以她被安置在一个孤儿院。防止虐待动物协会实际上是在次年才建立的。

针对受虐待儿童问题的研究在科罗拉多大学的C.亨利·肯普（C. Henry Kempe）之前少有涉及。1962年，肯普报告了一项医疗和执法部门调查的结果，结果表明，儿童虐待率比想象中要高得多。他杜撰了一个受虐儿童综合征的术语，并将之应用于由儿童的父母和监护人导致的非意外伤害案件。

受虐儿童综合征：儿童的父母或监护人对其造成的非意外身体伤害。

虐待和忽视的界定

肯普的开创性工作扩展到一种虐待儿童的更普遍的表现，包括忽视和身体虐待。具体而言，其描述了对儿童造成的任何身体或情感创伤，而对这些创伤找不到诸如事故等合理的解释。虐待儿童通常被看作是一种行为方式，而不是一种简单的行为。行为方式的影响是累增的。也就是说，虐待持续的时间越长，它产生的消极影响也会越严重。

虐待儿童：任何对儿童造成的身体、情感或性创伤，包括疏于给予恰当的爱护和关注，而且对于这种创伤没有合理的解释。

尽管"虐待儿童"和"忽视"两个术语有时交替使用，但是它们代表不同形式的虐待。"忽视"指孩子享受父母抚养权利的剥夺（缺乏食物、住所、卫生保健和关爱）。"虐待儿童"是一种对儿童更明显的侵略形式，通常需要医疗护理。两种术语的区分并不十分明显，这是因为虐待与忽视在许多案件中同时发生。虐待和忽视可能以什么形式呈现呢？

忽视：指父母或监护人对孩子的被动忽视，剥夺其食物、住所、卫生保健和关爱等。

- 身体虐待包括拳打脚踢、射击、刺杀、火烧、溺水、窒息、咬伤或故意使孩子毁容。摇晃婴儿综合征同属于这一类,每年有1200～1600名儿童会遭受这种形式的虐待。摇晃婴儿综合征是由于婴儿或儿童被剧烈摇晃而引起的症状和体征的集合。
- 躯体忽视是由于父母在为孩子提供充足的食物、住所或医疗保障上的失职,同时也是在保护孩子远离危险方面的失职。
- 情感虐待与忽视体现在对孩子的不断批评和排斥上。那些遭受情感虐待与忽视的孩子成年后自尊心明显降低。
- 遗弃是指父母抱着切断亲子关系的目的而抛弃孩子的情况。
- 性虐待是指父母、家庭成员、朋友或法定监护人通过强奸、乱伦和性骚扰来剥削儿童的行为。性虐待可能呈现不同的形式,施虐者或者通过奖励儿童以诱导其发生不适合他们发展水平的性行为,或者通过使用武力或威胁使用武力以达到发生性行为的目的。有一部分孩子能意识到他们的行为涉及性内容,而另外一部分孩子,由于太小根本不知道他们的行为意味着什么。

遗弃:指父母抱着切断父母与子女关系的目的而抛弃孩子的情况。

虐待的后果

无论如何定义虐待,其后果都是非常可怕的。心理健康和犯罪专家发现,被虐待的孩子在他们的一生中都会遇到各种心理和社会问题,从物质滥用到人格受损等。经历过某种形式虐待的孩子会自我意识贬低,不信任他人,在他人意图不明的情况下有察觉他人敌意的倾向和针对社会冲突产生对抗性解决方法的倾向。虐待案件的受害者更容易患心理疾病,如分离性身份识别障碍(又称多重人格障碍);研究发现,绝大多数患有分离性身份识别的孩子过去都曾经历过虐待。那些经历过虐待的孩子在其整个生命过程中面临不良健康影响和行为的风险会大大增加，包括吸烟、酗酒、吸毒、进食障碍、重度肥胖、萎靡不振、自杀、性混乱和某些慢性疾病。发生在婴儿期或幼儿期的虐待会造成脑损伤，产生诸如睡眠障碍、惊恐性障碍和注意力缺陷多动障碍等一系列身体、心理和情绪问题。脑功能障碍在摇晃婴儿综合征患者当中非常普遍。15%～30%患有摇晃婴儿综合征的婴儿患者因受到伤害而死亡；摇晃婴儿综合征产生的非致命后果包括不同程度的视觉损伤（如，失明）、运动障碍（如，脑瘫）和认知障碍。

　　心理学家提出，虐待会促使孩子们通过使用攻击性行为作为解决问题的方法，并且不会同情他人。它削弱了孩子们应对压力的能力，使他们更容易受到文化暴力的影响。被虐待的孩子与同龄人的积极互动较少，不受欢迎，而且更容易从事扰乱社会的活动。最新研究发现，青年妓女往往来自有虐待行为的家庭，她们在家里遭受身体和物质的双重虐待。

虐待儿童的程度

　　估测虐待儿童的程度几乎是不可能的。许多受害者太小以至于还没有学会沟通。一些受害者因为感到尴尬或害怕而拒绝沟通。许多事件都是秘密发生的，并且即便有成年人目睹了不适当的或违法行为，他可能也不愿意卷入他人的"家庭事务"。社会学家理查德·吉勒（Richard Gelles）和默里·施特劳斯（Murray Straus）在1980年进行的一项突破性的调查指出了这一问题的严重性。吉勒和施特劳斯估算，美国有140万～190万名孩子受到他们父母的躯体虐待。虐待很少是一次性行为，殴打每年平均发生10.5起，中位数为4.5起。吉勒和施特劳斯同样发现，在样本对象中有16%的夫妇存在配偶虐待现象；在孩子众多的家庭中，50%的家庭兄弟姐妹之间存在暴力攻击行为；20%的家庭会发生孩子攻击父母的事件。

　　在将虐待儿童确定为一个全国性现象方面，吉勒和施特劳斯的调查是一个里程碑事件。之后在1985年和1992年进行的调查表明,针对儿童的严重暴力事件的发生率已经下降。原因之一在于父母对体罚的认可率从1968年的94%下降至1994年的68%。对这一问题的认识可能有助于缓和价值观,唤醒父母意识到体罚孩子的危害。然而,每年仍有超过100万名孩子遭受严重暴力的侵袭。如果该调查中涉及的"严重虐待"包括使用诸如棍棒或皮带等工具的抽打行为,那么每年儿童受害者的数量将接近700万名。

对虐待儿童的监测 从吉勒和施特劳斯的开创性研究开始,美国卫生与公众服务部一直通过儿童保护服务机构每年的调查来监测虐待儿童的程度。美国卫生与公众服务部调查认定受害者的方式有两种:

- 儿童受害者的重复计数法:儿童每次成为受害者均进行计数。
- 儿童受害者的唯一计数法:在报告年度内,无论该儿童受害多少次,均计一次。

最近数据(2011)显示,基于重复计数法,大约有370万名儿童接受了儿童保护服务机构的调查,占总人数的48‰。基于唯一计数法,近300万名孩子收到了儿童保护服务机构的回应,占总人数的40‰。在这些独具特色的调查中,大约有20%的孩子已经以某种形式成为受害者。其中大约68万名儿童被证实是虐待或忽视儿童事件的受害者;这些儿童中,超过5万名儿童在一年之内遭受了多种(重复)犯罪的侵害。

虽然这些数字令人触目惊心,但是虐待案件的数量和虐待的发生率事实上呈下降态势。15年前,美国全国范围内超过100万名儿童被认定为虐待或忽视儿童事件的受害者,受害儿童的比率大约为15‰;现在,经证实的儿童忽视或虐待案件有700000起,18岁以下受害儿童的比率达到10‰。虽然这些结果让人们看到了希望,但报告的虐待儿童的趋势可能更多地反映了预算削减对儿童保护组织监测、记录和调查能力的影响,而不是儿童虐待率的实际下降(见图4.4)。

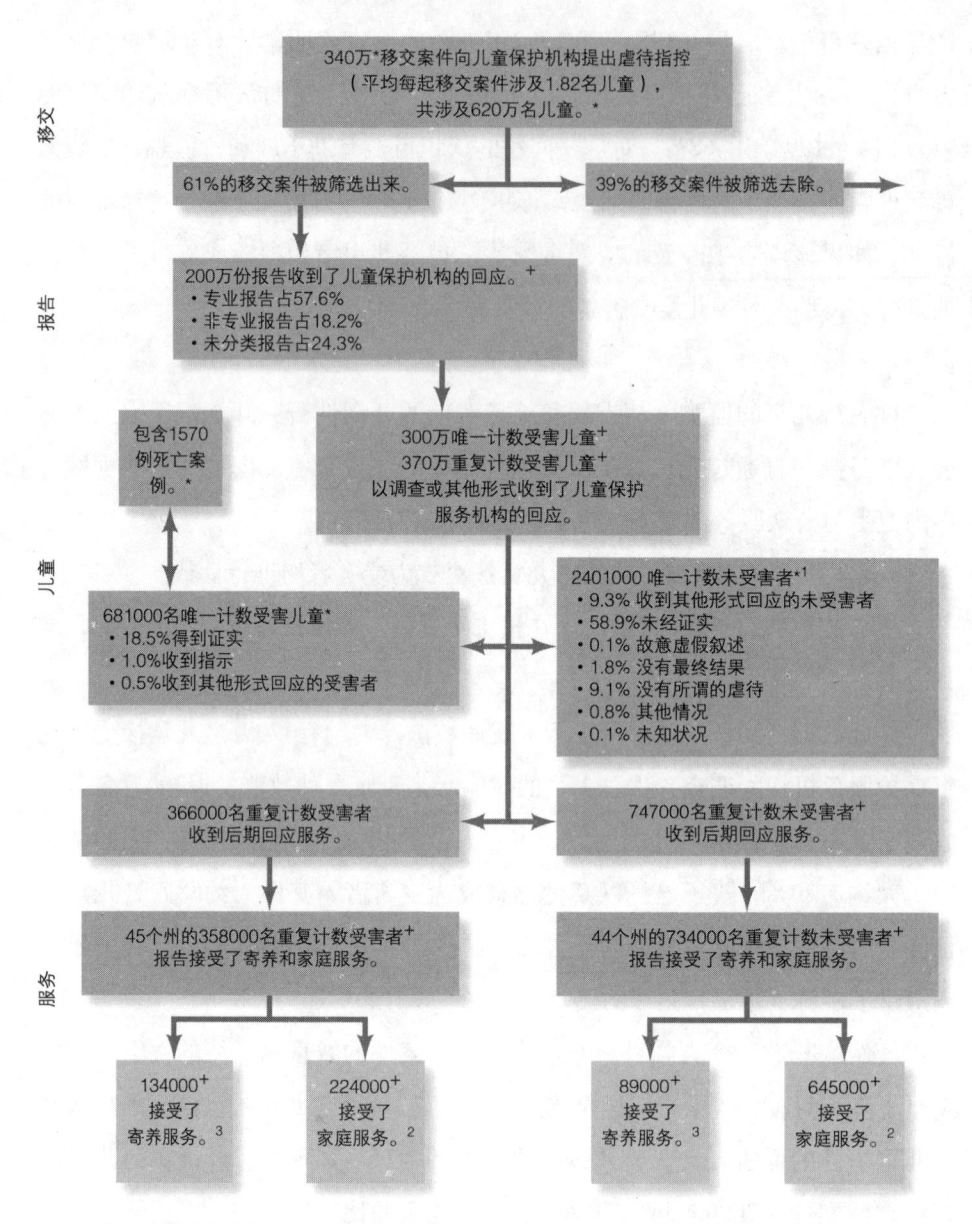

```
                    ┌─────────────────────────────┐
                    │  340万*移交案件向儿童保护机构  │
                    │      提出虐待指控            │
移交                 │ （平均每起移交案件涉及1.82名 │
                    │   儿童），共涉及620万名儿童。* │
                    └──────────────┬──────────────┘
                                   │
          ┌────────────────────────┼────────────────────────┐
          │ 61%的移交案件被筛选出来。│                 39%的移交案件被筛选去除。│
          └────────────┬───────────┘                        └──────────→
                       │
                ┌──────▼───────────────────────┐
                │ 200万份报告收到了儿童保护机构的回应。+ │
报告             │ • 专业报告占57.6%            │
                │ • 非专业报告占18.2%           │
                │ • 未分类报告占24.3%           │
                └──────────────┬───────────────┘
                               │
   ┌────────────────┐   ┌──────▼──────────────────────┐
   │ 包含1570       │   │ 300万唯一计数受害儿童+       │
   │ 例死亡案       │◄─►│ 370万重复计数受害儿童+       │
   │ 例。*          │   │ 以调查或其他形式收到了儿童保护 │
   └────────────────┘   │ 服务机构的回应。              │
                        └──────────────┬───────────────┘
                                       │
                                ┌──────▼────────────────────────────────┐
                                │ 2401000唯一计数未受害者*¹              │
儿童                             │ • 9.3% 收到其他形式回应的未受害者      │
   ┌─────────────────────────┐  │ • 58.9% 未经证实                      │
   │ 681000名唯一计数受害儿童*│  │ • 0.1% 故意虚假叙述                   │
   │ • 18.5% 得到证实        │◄─►│ • 1.8% 没有最终结果                   │
   │ • 1.0% 收到指示         │  │ • 9.1% 没有所谓的虐待                 │
   │ • 0.5% 收到其他形式回应  │  │ • 0.8% 其他情况                       │
   │   的受害者              │  │ • 0.1% 未知状况                       │
   └────────────┬────────────┘  └──────────────┬───────────────────────┘
                │                              │
   ┌────────────▼────────────┐   ┌─────────────▼──────────────┐
   │ 366000名重复计数受害者   │◄─►│ 747000名重复计数未受害者+    │
   │ 收到后期回应服务。       │   │ 收到后期回应服务。           │
   └────────────┬────────────┘   └─────────────┬──────────────┘
                │                              │
   ┌────────────▼────────────┐   ┌─────────────▼──────────────┐
   │ 45个州的358000名重复计数  │   │ 44个州的734000名重复计数    │
   │ 受害者+ 报告接受了寄养和  │   │ 未受害者+ 报告接受了寄养和  │
服务 │ 家庭服务。              │   │ 家庭服务。                  │
   └──────┬──────────┬───────┘   └──────┬──────────┬─────────┘
          │          │                   │          │
    ┌─────▼──┐  ┌────▼────┐         ┌────▼───┐  ┌───▼────┐
    │134000+ │  │224000+  │         │89000+  │  │645000+ │
    │接受了   │  │接受了   │         │接受了   │  │接受了   │
    │寄养服务。³│ │家庭服务。²│        │寄养服务。³│ │家庭服务。²│
    └────────┘  └─────────┘         └────────┘  └────────┘
```

图4.4 虐待儿童的报告结果

注：*是指全国预计数量。关于预计数字计算方法的信息，请查阅"2011年度儿童虐待报告"。

+是指取整后的数量。关于预计数字计算方法的信息，请查阅"2011年度儿童虐待报告"。

[1] 唯一计数法下未受害儿童的预计数量由唯一计数的预计儿童数量减去唯一计数下的预计受害者数量得到。

[2] 这些儿童仅接受家庭服务。

[3] 这些儿童接受寄养服务，并可能已经接受包括家庭服务在内的其他形式的服务。

虐待的本质

关于虐待的本质，数据都告诉了我们些什么？年龄和虐待之间存在直接的联系：年龄越小，受害率越高。最小的孩子最容易遭受虐待。近一半的受害者不超过五岁，大约2/3的受害者在七岁以下。通常情况下，受害率和受害百分比随着年龄的增长而降低。

尽管男孩和女孩有近乎同等的概率成为受害者，但虐待率仍然反映出种族差异。非洲裔美国儿童、太平洋岛民儿童、美国印第安儿童和阿拉斯加土著儿童遭受虐待的比率远远高于欧洲裔美国儿童、西班牙裔儿童和亚裔美国儿童。

虐待形式

最常见的虐待形式是忽视（78%），其次是躯体虐待（17%）和性虐待（9%）。约10%的儿童受害者遭受其他类型的虐待，包括遗弃、伤害威胁和先天性药物成瘾。

性虐待

在一起震惊美国的案例中，杰里·桑达斯基（Jerry Sandusky），一位在宾夕法尼亚大学拥有30年教学生涯的足球教练，被指控且定罪为律行性骚扰者。桑达斯基利用其职位的权力和信誉（他是1986年和1999年的年度助理教练）找到了"第二英里"，这是宾夕法尼亚的一家为弱势和高危青少年服务的非营利性慈善机构。桑达斯基在"第二英里"寻觅到受害儿童，并且强迫他们与自己在宾夕法尼亚大学校园里发生性关系，这种情况在他退休之后依然存在。虽然宾夕法尼亚大学的官方人员发现了桑达斯基的虐童事件，但他们并没有告知执法官员，因为担心将之公布于众会使大学的颜面扫地。在2012年6月22日，桑达斯基在48项控诉中有45项罪名成立，被判处有期徒刑30~60年。

桑达斯基案件及其他类似案件非常严重，因为青少年性虐待受害者在压力和焦虑方面面临特别大的风险。经历过创伤性性经历的孩子之后被发现存在心理缺陷。许多受害儿童逃离了他们所处的环境，因为这种环境使他们面临被逮捕和卷入未成年人司法体系的风险。另一些受害儿童存在创伤后的心理问题，包括急性应激障碍、萎靡不振、进食障碍、噩梦、焦虑、自杀倾向及其他心理问题。然而，精神压力不会随着童年的结束而结束。那些经历过心理虐待、性虐待或躯体虐待的儿童在他们成人后会缺乏自信和沉默寡言，并且更容易存在自杀倾向。相比那些逃脱童年创伤的孩子来说，他们成年后被再次虐待的风险更大。被再次虐待的孩子出现各种心理和生理问题的风险更高，包括性滥交、艾滋病毒感染率上升等。童年时期的虐待可能造成成年后的绝望、萎靡不振，甚至无家可归。一项针对无家可归女性的研究发现，相比其他女性，她们更可能报告自己在童年时期遭受的躯体虐待、性虐待、成人对其造成的身体伤害、成年后受到的性侵犯及其心理健康问题的历史。

性虐待的程度 在确定性虐待程度方面的努力表明，每10名男孩中有1名和每3名女孩中有1名可能为某种形式的性剥削的受害者。宾夕法尼亚大学社会福利学院的两位研究者理查德·J.埃斯蒂斯（Richard J.Estes）和尼尔·艾伦·韦纳（Neil Alan Weiner）发现，儿童性虐待问题比以往认为或记录的更加普遍。他们的研究表明，美国每年有32.5万名儿童会遭受某种形式的性剥削，其中包括性虐待、卖淫、被强迫拍摄淫秽作品以及来自成年人的性骚扰。他们中的大部分是中产阶层的欧洲裔美国人。性虐待涉及同等数量的男孩和女孩，但是对男孩进行的性虐待却更少获得官方的关注。这些孩子中许多（超过12万名）是离家出走的孩子，而另一些孩子是为了逃离精神病院和寄养家庭。超过5万名儿童是被父母一方或监护人赶出家的。

即使性虐待仍然非常普遍，但被报告案例的数目已经明显减少。这些数据可能意味着案例实际数目的真实减少，或者社会服务人员由于过度工作或人员不足而没有正确识别这些虐待案件。

虐待儿童与忽视的原因

为什么人们要虐待和伤害儿童呢？虐待儿童是一个复杂的问题，它既不是出于单一的原因，也没有单一的解决方法。它跨越了种族、民族、宗教和社会经济的界限。施虐的父母不能通过性别、年龄或教育水平来划分。

在所有与虐待儿童相关的因素中，讨论最多的是以下三条：(1) 自身遭受过虐待的父母更容易虐待他们自己的孩子；(2) 无关成人的存在增大了虐待的风险；(3) 孤立和疏离的家人容易变得有虐待倾向。暴力的循环模式从上一代传到下一代。有证据显示，大量被虐待和忽视的儿童长大后有参与暴力活动的倾向。施虐父母的行为可以追溯到他们自己童年时期的负面经历，如躯体虐待、情绪的忽视等。这些父母不能把他们自己的童年创伤与他们和孩子的关系分离开来。施虐的父母往往对正常发展有不切实际的看法。当他们的孩子没有表现好时——当孩子哭或顶撞父母时——父母可能用一种虐待的方式作为回应。

父母如果被他们的朋友、邻居或亲戚孤立，也会变得有虐待倾向。虐待型父母认为自己被大家庭疏远，他们缺少能在应激事件中为其提供帮助的亲密朋友。在离婚、分居或父母实际上从未结婚的家庭中，疏远和虐待的关系可能尤其严重；发生于单亲家庭的虐待性惩罚是双亲家庭的两倍。无法应付诸如离婚、财务压力、复发性心理疾病、毒瘾等应激事件的父母面临更大的风险。

研究发现，继子女比亲生子女被虐待的风险更大。继父母可能对另一半的孩子有较少的情感依恋。亲生父母往往不得不在新配偶与孩子之间进行选择，有时甚至成为虐待行为的帮凶。

调查显示，被报告的儿童虐待和忽视案件中有很大比率发生在低经济收入的阶层。那些来自年家庭收入少于1.5万美元的孩子比那些生活在更富裕家庭的孩子遭受更多的虐待。儿童护理员指出，他们的大多数客户或者生活贫困，或者因为失业和经济衰退而面临日益增长的财务压力。一种观点是，低收入家庭，尤其是单亲家庭，会承受更大的环境压力，而他们却比高收入家庭拥有更少的资源来处理这些压力。没有充足的资源养育孩子造成的负担和过度使用暴力似乎存在一定的关联。自述调查报告确实表明，贫穷父母比富裕父母更可能持有对孩子体罚的态度。

低收入家庭的较高虐待率反映了下层社会的父母在抚养孩子方面拥有的有限资源为其造成的压力；相比之下，中产阶层的父母只需拿出他们所有资源中的一小部分来供养家庭。在情感和身体上有缺陷的孩子的家庭中，这种负担变得尤为严重。不堪重负的父母可能会认为，孩子的特殊需求会造成财务的巨大消耗，并且未来成功的可能性非常渺茫；研究发现，残疾儿童被虐待的概率几乎是其他儿童的两倍。

儿童保护系统：指导思想和实践

在美国历史上的大部分时间，法庭认为父母有权以他们认为合适的方式抚养他们的孩子。在2000年的特罗塞尔诉格兰维尔（Troxel v.Granville）一案中，最高法院做出裁决，宪法的正当程序条款保护某些基本权利和自由权益不受政府干预，包括父母在关爱、监护及管控自己孩子方面做出决定的基本权利。如果一个孩子得到的关爱达不到合理的标准，政府将采取措施将孩子从家中带离并将他安置在没有威胁的环境中。在这些极端情况下，父母和孩子的权利都受宪法的保护。在拉西特诉福利局案（Lassiter v. Development of

Social Services）和桑托斯基诉克雷默案（Santosky v. Kramer）中，最高法院支持孩子免予遭受父母虐待的权利，并为终止监护权听证会制定指导原则，其中包括法律代表权。政府为受到虐待的孩子提供一个监护人（由法庭任命，替那些没有能力保证自身权利的人维权的律师），并确保报告的保密性。

> 特罗塞尔诉格兰维尔案：最高法院做出裁决，宪法的正当程序条款保护某些基本权利和自由权益不受政府干预，包括父母在关爱、监护及管控自己孩子方面做出决定的基本权利。
> 桑托斯基诉克雷默案：最高法院支持孩子免于遭受父母虐待的权利，并为终止监护权听证会制定指导原则，其中包括法律代表权。

尽管儿童保护机构在19世纪晚期就已经处理过有关父母虐待和忽视儿童的问题，但是针对这一问题，司法机构为确保孩子的安全最近采取了越来越大胆的措施。父母与孩子之间的关系"不容破坏的设想"受到了挑战。1974年，国会通过了"儿童虐待防治和处理法案"，该法案规定给各州提供资金提高对受虐儿童及其父母服务水平，并为各州提供联合基金支持他们的防治、调查和处理工作。该法案也为公共机构和非营利组织的示范项目提供补助金。

"儿童虐待防治和处理法案"已成为各州改善儿童保护体系法律框架的推动力。法案规定，如果虐待型父母有攻击、欧打和杀人等行为，可以向法院提起诉讼。

调查与报告虐待案

虐待儿童很容易被隐藏在公众视野之下。尽管国家法律规定：医生、教师和其他从事与儿童有关职业的人员应向儿童保护机构报告可疑案件，但仍有很多受虐儿童不在法律视线之内，因为他们没有达到上学年龄或者他们的父母不带他们去看医生。父母私下虐待儿童，甚至当他们被当面质疑时，他们会指责孩子说谎并把孩子身体上的伤害归为偶发事故。一旦出现此类案件，社会服务机构必须找到更加有效的方式来安置受虐儿童并进行处理。

收养与关爱

每年有成千上万名儿童因父母缺失、父母的异常行为、父母间的冲突或不称职被从家中带离。这些孩子中有许多在健康发展和安全方面已经受到过多次威胁。更为糟糕的是，这些易受到伤害的儿童进入支离破碎的寄养系统，这里缺少必要的资源、技术能力和向家庭提供必要服务和支持的跨部门协调能力。当前收养人员的各个方面都值得注意：

- 非洲裔美国寄养儿童占最大比例。
- 超过1/4的寄养儿童不满五周岁。
- 大多数儿童被安置于没有亲戚关系的寄养家庭中，但仍有大多数被安排在亲戚家、团体之家或机构里。
- 在退出寄养的孩子中，大多数与他们的亲生父母或初始监护人团聚或被收养。
- 与受到身体、性和心理上的虐待相比，孩子更可能因为被忽视而被寄养。

寄养：作为政府对儿童出生家庭内部问题的干预，将受虐儿童安置于另一个家庭进行临时照顾；在安排好永久的收养家庭之前，寄养家庭可以被用作一个临时安置所。

对孩子来说，在寄养系统中生活是一段痛苦的情感创伤经历。据统计，某地有30%～80%的寄养儿童表现出情感和行为问题。有的是由于他们进入寄养家庭之前的经历造成的，有的则是由于寄养过程的经历造成的。在寄养的前三个月，很多儿童表现出抑郁、攻击性、孤僻等迹象。寄养儿童经常被迫换学校，在教育方面处于危险之中。结果很多青少年离开寄养家庭，最终坐牢或依赖公共援助。

孩子被从矛盾重重或混乱的居家照护中带离，转而被安置于寄养系统是一种更好的选择吗？近期一项研究运用先进的应用经济学原理，分析展示了孩子们面临的两种选择——待在家里或被安置于寄养家庭——结果显示，与家人在一起的孩子普遍生活得更好。经济学家约瑟夫·道尔（Joseph Doyle）利用随机化分组设计展开调查，调查结果表明，处于寄养安置边缘的孩子如果待在家中，在就业、违法犯罪和成为少年母亲方面会有更好的结果。

• 待在家中的青少年，仅有14%至少被拘一次，寄养家庭中这一数字达到44%。

• 待在家中的青少年，只有33%会成为少年母亲，寄养家庭中这一数字达到56%。

• 待在家中的青少年，至少有33%在将来工作不少于三个月，寄养家庭中这一数字仅为20%。

鉴于今天寄养家庭中孩子的数量，这项结果意义重大。道尔的研究表明，保持家庭的完整会产生很好的结果，因此，更大部分的社会福利基金应该用于家庭维护上。

法庭上的被虐儿童

与虐待案有关的其中一个最重要的问题是儿童在庭审时必须经受的创伤。孩子们会困惑、恐惧并有可能会改变他们的证词。有关孩子身体和性虐待报告的准确性存在很多争论，这会导致陪审团陷入僵局。检察官和专家被指控误导或诱导孩子做出有罪证词。在加利福尼亚州的"麦克马丁日托案"这一起最为臭名昭著的案件中，孩子说他们不仅遭到性虐待，而且还被强迫参加诡异的撒旦仪式。在此期间，麦克马丁还残害动物，并强迫孩子在隐蔽的地下通道触摸尸体。在两次审判以僵局告终之后，检察官决定不再推进案件。一些陪审团成员在宣判结束后接受采访时说，尽管他们认为孩子受过虐待，但检察官的一些讯问技巧具有非常强的提示性以至于他们无法识别到底发生了什么。

各州司法部门已经启动法律程序让孩子的创伤最小化,很多州已经颁布法律,允许法庭采信在初步听证或正式处置中儿童证人的陈述或讯问录像。录像证词可以使儿童证人免受出庭做证时经受的创伤。允许采信录像证词的州通常会设定一些限制。如果采用录像证词,有些州会禁止政府传唤儿童出庭做证;有的州规定,在采用录像证词之前,须提供儿童证人因该案件对其造成的创伤使其无法出庭做证的医学证明。有的州规定,在播放录像证词时被告应该在场;也有一些州规定,儿童证人不能面见被告或聆听被告的陈述。

现在,大多数州允许儿童证人的证词通过闭路电视进行播放。儿童证人可以面见法官和律师,庭审各方也可以对孩子进行观察。闭路电视证词的标准有所不同。像新罕布什尔等一些州规定,任何低于12岁的儿童证人无须出庭做证。另有一些州要求心理健康专家对儿童证人进行独立检查以确定是否有采用闭路电视证词的"迫切需要"。

除了以上新颖的做证方法,在性虐待案件中,儿童可以使用符合解剖学标准的玩偶娃娃来展示他们无法用语言描述的事实。1990年的《儿童虐待受害者权利法案》允许儿童在联邦法院做证时使用这样的玩偶娃娃;至少8个州通过了类似的立法。同样,一些州放宽了他们的证据规则,接受儿童在法庭之外的陈述,可以把儿童对社会工作者、教师或警察所做的陈述用作证据(这些陈述会被当作传闻证据)。如果儿童不出庭做证,通常需要有证据支持这些陈述。

传闻证据:由一个人在法庭外所做的陈述,并且该陈述由他人在法庭重新叙述;除了涉及虐待儿童案件中儿童对社会工作者、教师或警察所做的陈述可能被允许外,该等陈述一般不能用作证据。

性虐待案件的频繁发生已经给司法系统造成了新的麻烦。指控通常与婚姻纠纷有关。孩子们在监护权争夺战中被当作棋子的担忧越来越大,一点点性虐待的迹象就足以影响离婚诉讼的结果。司法系统必须提高鉴别技能,在得到证据的同时,不给孩子的心灵造成终生的伤害。

法律争论点 在最高法院采用非传统方法对孩子提供证据的权利进行测试之前，已经有很多这样的案例。在两个问题上争论特别突出：一是医生和心理健康专家是否能够证实儿童向他们做出的陈述，尤其当儿童不能出庭做证时。二是儿童在法庭上的做证方式。

在1992年的一起案件中，即怀特诉伊利诺伊州案（White v. Illinois），最高法院裁决，州检察官在庭审时不需要让年幼的受害者到场，也不需要解释他们为什么无法出庭做证。怀特提供了该案中受害者儿童向保姆、妈妈、医生、护士和一名警官就性侵犯案中所指认袭击者的描述。检察官曾两次试图让这名儿童出庭做证，但这个四岁的孩子因情感障碍均未到场，不能出庭做证。案件结果只能依赖于5位目击者的证词。

> 怀特诉伊利诺伊州案：最高法院裁决，州检察官在庭审时不需要让年幼的受害者到场，也无须解释他们为什么无法出庭做证。

通过其他人就儿童的证词进行做证，怀特案不强制要求检察官让儿童受害者出庭做证。因为儿童受害者出庭做证会受到干扰或者受害者太小不懂法律程序，这为对该类案件中的虐童者提起诉讼提供了便利。法庭指出，受害者在医疗检查时向医生做出的陈述或受害者情绪低落时做出的陈述比经过仔细回想后所做的陈述更有分量。法庭规定，这些陈述可以在庭审时进行重述，因为孩子当时做出这些陈述的情景不可能通过让孩子出庭做证就能复制出来。

庭中陈述 受到性侵或身体虐待的孩子通常不能很好地做证，但他们的证据可能非常关键。在1998年的一起案件中，即科伊诉劳恩案（Coy v. Lown），最高法院在保护出庭的儿童证人方面设定了限制条件。在这起性侵案中，放置一个单向玻璃屏，这样受害儿童看不到被告人（被告能看到目击证人）。爱荷华州法律规定，如果儿童在庭审过程中会受到创伤，允许使用这种防护屏。法庭规定，除非儿童证人需要特殊保护，否则就按宪法第六修正案中规定的那样被告与原告当面对质。大法官桑德拉·奥康纳对此持相反观点，她指出，如果法庭认为有必要，那么让孩子通过闭路电视或录像做证就是合适的。

大法官奥康纳的观点在马里兰州诉克雷格案（Maryland v. Craig）中成为律法。在该案中，一家托儿所经营者因对一名6岁儿童进行性虐待而被定罪；在庭审中，法庭采用了单向闭路电视的举证方式。然而，该裁决被马里兰州上诉法院推翻，理由是以儿童现身庭审会造成太多精神创伤为由而采用该种庭审程序不足以证明儿童仅能以该种方式做证。在上诉中，法院做出裁决，马里兰州允许采用闭路电视举证的法令是充分的，因为若强制该受害者儿童出庭做证会令其承受痛苦。法庭指出，闭路电视可以等同于法庭内举证，并且不会妨碍被告与证人对质的权利。

马里兰州诉克雷格案：州法令关于采用闭路电视举证的规定适用于虐待儿童案件，因为若强制该受害儿童出庭做证会令其承受痛苦。闭路电视可以等同于法庭内举证，并且不会妨碍被告与证人对质的权利。

虐待和忽视儿童案的处置结果

在儿童虐待和忽视案件中，人们对于选择何种干预方式有用存在非常大的争议。如今，社会服务机构尽量不让孩子离开家，并采用各种方法控制虐待关系。在一些情节严重的案件中，政府会让孩子离开父母，并将他们安置在庇护所或寄养家庭中。将孩子安置于寄养家庭是一种暂时的举措，但孩子往往要在寄养家庭中待上三年或更长的时间。

最终，法院有权终止父母监护孩子的权利，但由于破坏家庭单位的影响较为深远，所以只有在一些非常严重的案件中，法院才会做出这样的判决。"司法迟疑"在一起弗吉尼亚上诉案中得到了阐释，案中的祖父母针对父亲对孩子不合适的监管提出质疑。尽管这位不合格的父亲有酗酒史，还因杀死孩子的母亲而等待判决，最终，法院认为，这位父亲已洗心革面，并给予他对孩子的监护权。

尽管存在上述情况，但法院一直致力于改善儿童保护系统。司法部已加快案件审理进程，制定不让儿童证人感到害怕的庭审程序，配合社会服务部和立法机构的调查，鉴于保护的需求，在诉讼中为孩子指定辩护律师和监护人。

预防虐待儿童

儿童保护系统应作为最后的手段，解决虐待问题的关键是通过早期预防。在预防虐待儿童方面已经有很多成功的范例。首先要识别有虐待风险的儿童以便采取有针对性的干预措施。研究者发现，五大因素——儿童年龄、种族、贫穷、父母涉毒和单亲父母——始终与虐待有关。这些因素以复杂的方式相互作用，同时具有这五大因素的儿童比只具备其中一个因素的儿童面临更高的风险。一旦确定上述因素，可尝试以下几种策略。

• 社区干预。有些项目专注于采用社区方案来解决虐待问题。例如，"3P-积极育儿项目"就十分成功。该项目包含几个不同层次的干预：面向整个社区的基于媒体的干预活动，针对逐渐变小的家庭的强化治疗和个体家庭治疗。

• 家访项目。在这些基于家庭的干预中，受过培训的专业人员到家中进行家访，约见孩子的父母，按照标准的项目程序进行管理，根据儿童遭受虐待的严重程度，数月或者数年进行一次或多次家访。有些家访项目在与儿童虐待风险相关的家庭生活方面表现出积极的效果。

• 帮助吸毒或酗酒的家人。有些项目要求对毒品成瘾的虐待型父母参加为期几个月的戒毒治疗，并让他们在最长18个月内展示在所有问题方面的进展，包括吸毒。只有他们在任何方面都没有取得实质性进展时，才会将孩子从家中带离并安置于亲戚或收养家庭中。

• 性虐待教育。目前，学校、宗教团体和青少年组织正在运行一些项目，这些项目教导处于潜在虐待环境中的孩子应该怎么做，如何制止潜在的罪犯以及怎样寻求帮助。这些项目也教孩子在受到侵害时不要自责，这是旨在避免虐待通常引发的情绪问题的一种预防策略。我们有理由相信，这些项目在诸如虐待发生后增加披露和减少孩子自责等方面有积极的效果。

虐待、忽视和犯罪

大量研究表明，成为虐待的目标与随后的犯罪事件及暴力有关（见附表4.1）。孩子受到体罚的次数越多越严酷，他们越有可能在日后参与反社会行为。研究表明，被忽视的孩子在因为青少年时期吸毒和酗酒闹事而被逮捕方面比不被忽视的孩子面临更大的风险。虐待给孩子造成的影响是长期的：人生早期的被虐待经历为青春期后期乃至成年后的暴力和反社会行为奠定了基础。遭受过虐待的儿童在长大成人后很可能自己也会成为施虐者。

附表4.1　儿童虐待和忽视的后果

在美国，14%的监狱男性服刑人员在儿时经历过虐待。
36%的监狱女性服刑人员在儿时经历过虐待。
那些经历过虐待和忽视的儿童在未成年时期被逮捕的可能性为59%，成年后被逮捕的可能性为28%，成年后从事暴力犯罪的可能性为30%。
在戒毒治疗的人中有多达2/3的人报告说儿时曾被虐待或忽视。
被虐待的儿童中，有25%的可能性在青少年时期怀孕。
被虐待的青少年不太可能进行安全性行为，这使他们面临更大的性传播疾病风险。
大约30%被虐待和忽视的儿童将来会虐待他们自己的孩子，继续这种可怕的虐待循环。
在儿童时期遭受虐待的21岁青少年80%至少存在一种心理障碍。
每天有5个以上的孩子因为遭受虐待而死亡。
大约80%死于虐待的儿童是在4岁以下。

已知未成年罪犯的临床病史数据为虐待和违法犯罪之间的关系提供了支持。这些临床病史证实，70%～80%的未成年罪犯有被虐待经历，并且很多报告称受到过严重伤害，包括擦伤、划伤、骨折，以及因受到父母或监护人的击打而失去意识等。

另一种方法是使用调查数据。珍妮特·库里和埃达尔·泰金利用高度复杂的统计学方法对一项针对青少年的大型全国性调查的数据进行了评估，他们发现，虐待会使儿童参与诸多违法犯罪的可能性翻倍。他们还发现了虐待与犯罪之间联系的不同模式。与中上层社会的儿童相比，下层社会的儿童更可能受到虐待，并因虐待而遭受更大的伤害；受虐男童比女童犯罪的风险更大；与遭受身体虐待的儿童相比，遭受性虐待的儿童更可能参与违法犯罪和物质滥用行为；遭受虐待的次数越多越严重，儿童日后参与犯罪的可能性也越大。具有讽刺意味的是，在引起儿童保护机构关注的案件中，其涉案儿童更有可能违反法律。政府干预在降低虐待与违法犯罪之间的联系方面似乎影响不大。

最近，凯西·韦丹对在美国中西部、罗切斯特（纽约州）、梅克伦堡（北卡罗来纳州）和西北部所做的四项调查研究结果进行了综述，他得出结论，尽管存在地理区域、时间周期、青少年年龄、虐待儿童的定义和评估方法方面的差异，有充分证据表明，儿童受虐待与其日后的违法犯罪是有关系的。此外，调查结果表明，童年时期遭受暴力使儿童在以后生活中成为暴力罪犯的风险增大。这些儿童出现心理问题和自杀企图的风险更大，女童有更加严重的酗酒问题，就业率低，认知和智力功能下降。

虐待与犯罪有没有必然的联系？

尽管韦丹的综述十分有说服力，但仍有很多虐待与违法犯罪之间关系的问题需要解决。即便发现虐待和违法犯罪之间存在这样的联系，也未必说明大多数被虐待儿童会成为罪犯。并且很多少年犯来自那些看似模范的家庭。尽管很多研究发现虐待与违法犯罪之间有关联，但也有人认为这个关联没有意义或存在矛盾（例如，适用于女孩而不适用于男孩）。韦丹自己也发现，大多数被虐待和未被虐待儿童都不会参与反社会行为。

除了在说明虐待与违法犯罪之间的清晰关系方面存在困难以外，在评估两者孰先孰后方面也十分困难：是早期的虐待导致后来的违法犯罪？还是反社会儿童受到了严酷父母的体罚和虐待的影响？也可能存在第三种解释：诸如环境剥夺等一些外部因素也可能导致虐待和违法犯罪行为。也就是说，生活在下层社会的儿童更可能遭受虐待和参与违法犯罪行为。环境剥夺可能导致虐待和违法犯罪。

研究也表明，遭受虐待的时机和程度也可能对虐待的结果产生影响。与长期遭受虐待并持续至青春期后期的儿童相比，仅在童年初期受到虐待的儿童不太可能长期从事犯罪行为。持续遭受虐待也使受害儿童很少有机会来应对或处理他们正在经受的虐待问题。总之，尽管证据显示虐待与日后的违法犯罪行为之间存在明确的联系，但这一联系的真正本质还有待确定。

家庭与控制违法的政策

由于人们认为家庭在导致青少年犯罪方面扮演如此重要的角色，所以改善家庭功能可以有助于预防违法犯罪。咨询顾问与反社会青少年家人的合作通常是法庭指定的一种治疗策略。当儿童表现出的行为被怀疑与家庭问题有关的时候，例如儿童被虐待与忽视，家庭咨询与治疗几乎都被强制执行。一些地区的司法部门已经将家庭咨询服务融入了未成年人法庭。

在没有其他替代选择时，我们应该重视基于改善家庭关系的犯罪预防方法。例如，非专业的志愿者对那些有可能退学、学业失败和有其他社会问题的青少年进行辅导的项目。他们以一种支持并且不做评判的方式对青少年进行指导，同时还充当他们的行为榜样。其中最成功的一个项目是"量子机会计划"（QQP），该计划围绕提供以下三个"量子机会"进行设计。

• 教育活动（同龄人辅导、基于计算机的指导和作业辅导）

- 服务活动（自愿参加社区项目）
- 拓展活动（聚焦于生活和家庭技能、大学和职业规划的学校课程）

循证未成年人司法干预：家庭设计者

家庭设计者是一种居家式的加强型家庭维护服务（IFPS）项目，该项目为有从寄养家庭、团体或寄托治疗、精神病院或未成年人教养所回归或面临被安置于这些地方的孩子（新生儿至17岁）的家庭提供家庭重整方案。家庭设计者项目旨在提高父母技能、父母能力、家庭互动、孩子的行为及家庭安全，其目标在于通过强力的现场干预来阻止孩子不必要的家外安置，并传授家庭新的解决问题的技巧来提升家庭的功能。

家庭设计者项目的治疗专家与那些涉及儿童福利、未成年人司法与心理健康系统的青少年和家庭合作。对于那些与儿童保护服务体系相关的高风险家庭，该项目的目标是消除儿童遭受伤害的风险，而不是转移这些儿童。治疗专家与家庭合作，教授他们新的技能，帮助他们为孩子做出更好的选择，同时确保儿童的安全。此外，家庭设计者与青少年及其家庭共同处理那些引发犯罪的问题，同时允许青少年继续留在社区。项目人员确保孩子按时上课，遵守宵禁命令，遵从法庭指令，学习愤怒管理及冲突解决技巧以避免陷入更多的麻烦。通过提供危机干预和技能培训、使家人参与青少年的治疗和扩大连续护理等方式帮助青少年避免在精神病院住院治疗或因心理健康相关问题接受寄托治疗造成的创伤和污名。

家庭设计者项目的主要干预举措是吸引并鼓励家庭成员的参与，对优势和问题进行整体的行为评估，以结果为导向确立目标，采用循证认知行为干预方法，教授技能以促进行为的改变，增加和开发可以持续提供的支持和资源。

其核心项目策略为：

- 危急时刻的干预。当家庭处于危机时，家庭设计者项目的治疗专家与家庭共同面对。24小时之内，这些家庭会被转介至该项目。
- 可达性。治疗专家在家或社区（比如，学校）向家庭提供服务，选择家庭合适的时间，包括晚上、周末或者假期。治疗专家一天24小时每周7天均可提供危险干预。这种可达性为对潜在的危险情况进行密切监视成为可能。

• 灵活性。干预策略和方法被调整以满足每个家庭的需求、价值观和生活方式。在家庭需要时参与，随时随地地提供服务。治疗专家也提供许多各种不同的服务，比如帮助家庭满足基本的食物、衣服和住所方面的需求，使用公共交通工具，做预算，并在需要时对社会服务系统进行维护。

• 有限的时间与较少的工作量。家庭接受4～6周的密集干预，相当于两期"强化训练课程"。治疗专家通常一次同时为两个家庭服务，服务时长为80～100小时，平均与每个家庭面对面接触达45小时。

• 优势为本。治疗专家帮助客户对自身的目标、优势和价值进行识别和划分优先顺序，并帮助他们加强和利用优势和资源以完成他们的目标。

• 生态/整体评估和个性化治疗计划。对家庭优势、问题、服务/治疗的障碍、以结果为导向的目标及治疗计划等方面的评估与每个家庭合作完成。

• 基于研究的治疗实践。治疗专家采用循证治疗实践，包括动机性访谈、家长行为培训、认知行为治疗策略和复发的预防等。治疗专家教授家庭成员各种技能，包括儿童行为管理、有效的原则、积极的行为支持、沟通技巧、解决问题的能力、抵抗同龄人压力、情绪管理能力、安全规划以及日常生活常规的建立等。

• 支持体系和资源建设。治疗专家帮助家庭评估他们的正式和非正式支持体系，增加和开发可以持续提供的支持和资源，以维持和促进改变。

系统研究表明，该项目可以成为一个颇具效益的干预方法。一项对该项目的成本效益分析发现，每投入家庭设计者项目1美元，每位项目参与者从中获得的效益为2.54美元。该结果表明，投资该项目实际上就是在省钱。

批判性思维：

像家庭设计者这样的项目在国家最混乱的地方能起作用吗？像这样的干预项目能克服社区功能障碍造成的影响吗？这对社会问题是否是个权宜之计呢？

针对在这三个方面开展的活动，学校以现金和大学奖学金的形式给予学生奖励。这些奖励为学生完成学业及未来的学术和社会成就提供了短期动力。此外，工作人员也会因青少年积极地参与项目而获得奖金。另一个有效的项目是"家庭设计者"，这在本章特色栏目《循证未成年司法干预》中进行了探讨。

使家庭融入犯罪预防中的另一个方法是在问题出现之前将其解决掉。针对高危青少年的早期儿童犯罪预防项目能够减轻与犯罪相关的一些症状。经过培训的护士和社会服务人员频繁地做家访有助于减少儿童虐待或其他对婴幼儿的伤害。有证据表明，早期干预最有效，干预越晚，改正过程就会越难。

总结

1. 熟悉家庭关系与青少年违法犯罪之间的关系

家庭功能障碍能引发长期的社会问题，这一点是毫无疑问的。

父母与孩子间的相互影响为孩子习得或抑制反社会行为模式提供了机遇。

感到缺乏父母温暖与支持的人在他们以后的生活中更可能参与反社会行为。

对于住在犯罪高发区域的儿童来讲，良好的父母教育能够减少其违法犯罪行为的发生。

2. 用图表表示美国家庭正在发生的变化

有迹象显示，核心家庭正在逐渐分解。

所谓的传统家庭是由一个男性养家者和一个关心家庭的女性构成，这已经成为历史。

今天的孩子生活在大量的家庭生活安排之中。

在过去的10年中，尽管青少年怀孕数量有了急剧下降，但是大多数生孩子的未婚女性都是青少年。

3. 理解家庭破裂与违法犯罪行为之间的复杂联系

大约有一半的婚姻以离婚告终。

研究显示，婚姻安全的父母所生的孩子具有安全感和独立性。

与完整家庭的孩子相比，那些经受家庭破裂的孩子更易出现行为问题及多动症。

越来越多的人认为，家庭破裂具有创伤性，更有可能对与青少年的不良行为有关的因素产生直接影响。

离婚可能会通过其对父母不良行为产生的影响来影响孩子的不良行为。

尽管家庭破裂与违法犯罪有关，但是大多数父母离婚或离异的孩子仍生活快乐且富有成效。

4. 理解为什么与和谐的家庭相比，处于矛盾之中的家庭会出现更多的犯罪

在研究文献中，父母冲突与犯罪的关系得到了很好的建立。

在不和谐家庭成长起来的孩子经常出现违法犯罪行为，他们从小就知道，攻击性行为是会有回应的。

那些容易产生矛盾的孩子可能会加剧家庭的不稳定。

5. 比较和对照良好的家庭教育与糟糕的家庭教育对违法犯罪的影响

与那些支持且能有效控制他们孩子的父母相比，缺乏适当养育技能的父母所抚养的孩子面临更大的危险。

那些难以控制的青少年的父母是反复无常的规则行为制定者。

那些受到父母抑制且拒绝在重要事情上与父母讨论的孩子更有可能参与不正常的活动。

如果父母双方或至少一方能够提供父母治疗，或提供能够在孩子表现自身个性及规范自身行为的同时，使孩子与家庭融合在一起的环境，违法犯罪行为就会减少。

6. 讨论异常父母是否会影响一个孩子的行为选择

大量研究发现，父母的越轨行为对犯罪行为有巨大的影响。

有相当数量的违法青年都有犯罪的父亲。

校园欺凌行为可能发生在代与代之间及代内。

父母的越轨行为与孩子品行不端之间的关系可能是遗传的。

与非毒品滥用的父母相比，滥用毒品的父母所生养的孩子更有可能涉及滥用毒品及违法犯罪。

父母出现越轨行为与儿童犯罪之间的关系可能受到父母养育能力的影响，也可受到借鉴不良价值观的影响，或者与标签及污名有关。

7. 了解兄弟姐妹关系对违法犯罪的影响

有证据表明，兄弟姐妹可以影响彼此的行为。

在同一环境中生存的兄弟姐妹受到相似社会及经济因素的影响，他们的行为相似也是不足为奇的。

如果越轨行为是由基因遗传决定的，那么引起兄弟姐妹中一个人参与犯罪的特征，也为他的兄弟或姐妹所共有。

越轨的兄弟姐妹会变得更加亲密，因为他们拥有共同利益。这种关系可能是由人际互动引起的，年轻的兄弟姐妹模仿年长的兄弟姐妹。

8. 讨论虐待儿童的本质及外延

父母的虐待和忽视不是现代才有的现象。虐待儿童的现象贯穿整个人类历史。

虐待儿童包括忽视，也包括身体伤害及性虐待。

身体伤害包括摔打、射击、穿刺、灼烧、淹溺、使之窒息及刺伤。

躯体忽视是由父母不能为他们的孩子提供充足的食物、住所或医疗保健造成的。

精神虐待表现为对孩子不断地批评和拒绝。

精神虐待包括对孩子的情绪发展培育不当及疏忽孩子的情绪发展。

遗弃是指父母将孩子放置于父母—孩子关系切断边缘的情况。

性虐待是指父母、其他家庭成员、朋友或法定监护人通过强奸、乱伦及骚扰剥削儿童。

每年约有300万例虐待儿童及儿童照看不良的申诉，其中牵涉600万名被移送至保护服务机构的儿童。

9. 列出虐待儿童的假定原因

发生虐待现象的家庭经受着严重的压力。

滥用药物与虐待儿童有关。

受虐的父母自身趋于虐待他们自己的孩子。

家里出现无关的成年人会增加虐待发生的危险。

受到孤立及疏远的家人趋于具有虐待倾向。

具有虐待倾向的父母，其行为可追溯到童年时所经历的消极体验——身体伤害、情感忽视和乱伦。

10. 熟悉儿童保护系统及儿童保护系统过程的阶段

如果一个儿童受到的呵护低于合理标准，各州就会采取行动将孩子从家中接走，将他安置在安全的环境之中。

自19世纪末开始，儿童保护机构一直在处理虐待儿童及儿童照看不良问题。

《儿童虐待与治疗法案》已成为推动各州完善儿童保护体系的法律框架。

所有的州都以立法的形式要求人们告发他们所怀疑的虐待和忽视儿童案件。

一旦向儿童保护机构作了告发，就应有一个内部工作人员对案例进行筛查，然后移交至个案调查工作者。

在法院做裁决时，他们需要依据三个方面：父母的角色、保护儿童及州的责任。

视点

你是县级社会服务机构的一名调查人员。你收到一则由一所中学首席指导顾问移送的案例。案例是关于一位名为埃米莉（Emily）的年轻女孩一直以一种茫然且倦怠的状态出现在学校的情况。她在课堂上很难集中注意力，看起来孤僻且沉默寡言。这个13岁的女孩旷课次数已超过正常标准，并经常上课迟到。上周，她看起来昏昏欲睡，她的班主任将她送到校医务室。经过身体检查发现，她营养不良且身体状况不佳。在她的身体上还发现了只有严重的殴打才会有的瘀伤证据。埃米莉告诉护士，由于她在学校成绩不好且在家不能做家务而受到她父母的惩罚。当她的父母接到电话，来校与校长及辅导员会面时，女孩的父母声称他们是宗教团体的成员，认为孩子应为她的过错而接受惩罚。埃米莉的饮食受到限制，也受到了父母的鞭笞以矫正她的不良行为。当辅导员问他们是否愿意采取家庭治疗时，他们暴怒，并要辅导员"管好自己的事情"。埃米莉的父母说，这是不幸的一天，这一天"虔诚的美国公民不能按照他们的宗教信仰来抚养自己的孩子"。由于女孩受到的惩罚没有危及生命，因此判断女孩没有直接的危险。

之后，这个案例被移送至你的办公室。当你去女孩家里见她的父母时，他们拒绝对其行为做出任何改变，声称他们没有错，你所说的都是社会给出的错误解读。你所建议的"松弛的"纪律会把孩子引上毒品和色情之路，还会产生其他的青少年问题。

• 你是否会得到一则法庭判令，将埃米莉带离她的家，将她安置在寄养家庭，并要求埃米莉的父母接受心理咨询？

• 你是否会将该案例移交至地方检察官办公室，这样地方检察院就可以依照《国家儿童保护法案》对埃米莉的父母展开刑事诉讼？

• 你是否会采取进一步的行动，认为埃米莉的父母按照自己认为合适的方式管教孩子是不对的？

• 你是否会与埃米莉进行交谈，看看她想要如何解决她所面临的问题？

第 5 章　　　　　　　　　　　　　　　　　　CHAPTER 5

同龄人与犯罪： 未成年人帮派和群组

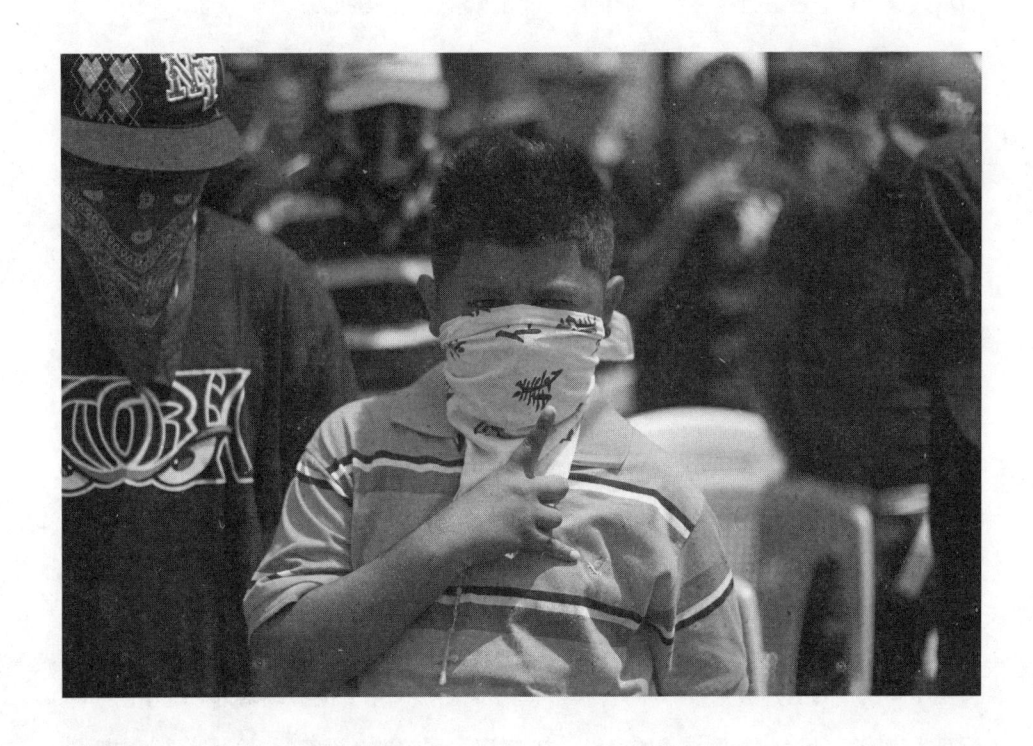

2013年，MS-13（中美洲各国前游击队员发起的一个帮会组织）的帮会成员埃里韦托·马丁内斯（Heriberto Martinez，别名"拳击手"）和卡洛斯·奥尔特加（Carlos Ortega，别名"沉默者"）在纽约被以谋杀、用危险性武器伤害、非法携带枪械及共谋罪等罪名进行了宣判。他们所犯下的众多罪行包括以下几个方面：

• 马丁内斯被判以行刑方式杀害了一名19岁的女性瓦妮莎·阿桂塔（Vanessa Argueta），并在同案中枪杀了她年仅两岁的儿子迭戈·托雷斯（Diego Torres）。马丁内斯是MS-13科罗纳多派系（Coronados Clique）的头目，他指使手下谋杀了阿桂塔，并在案发后帮助其他三名共犯逃脱纽约警方的逮捕，逃往萨尔瓦多共和国（El Salvador）。阿桂塔被射中了头部和胸部，托雷斯的头部被连射两枪。

• 奥尔特加被以谋杀大卫·桑德勒（David Sandler）及谋杀亚伦·加兰（Aaron Galan）未遂的罪名进行了宣判。MS-13帮认为桑德勒是其死对头拉丁国王街头匪帮的成员，因此奥尔特加及其MS-13帮同伙以购买大麻为由引诱桑德勒到一地点见面。等桑德勒一到，奥尔特加用枪近距离击中其脸部，将其杀害。奥尔特加也朝当时同桑德勒在一起的加兰的脸部开了枪，不过加兰奇迹般地活了下来。

• 马丁内斯还被判以行刑方式杀害了一名名为内斯托尔·莫雷诺（Nestor Moreno）的保安人员。一开始，马丁内斯及其他几个MS-13团伙成员似乎与莫雷诺发生了争执，随后升级为肢体冲突，其间马丁内斯被喷射了胡椒喷雾剂。马丁内斯向受害人表明其MS-13帮派成员的身份，并告知他，"这事儿没完"。随后，马丁内斯伙同其他四名共犯返回，对受害人进行威胁，并近距离朝莫雷诺的头部开枪。本案中，马丁内斯使用的是一把半自动手枪，与杀害阿桂塔及其儿子的枪支一样。

• 马丁内斯和奥尔特加两人均被判在纽约的远洛克威地区（Far Rockaway, New York）谋杀了马里奥·阿尔贝托·坎顿·基哈达（Mario Alberto Canton Quijada）。基哈达也是MS-13团伙成员，他被杀的原因是不愿意为MS-13团伙"卖力工作"或攻击敌对帮派的成员。基哈达被以攻击敌对帮派成员的借口引诱至一偏僻地点，等周围没有其他人时，MS-13团伙成员试图用其他谋杀案中用过的那支半自动手枪向其头部射击。然而，枪卡壳了，随后马丁内斯、奥尔特加及其他MS-13团伙成员便用砍刀袭击了基哈达，最终将其砍死。

尽管有些帮派仅仅是由一些组织松散的社区青年组成，而像MS-13这样的帮派则有成千上万的成员散布在美国各地及国外。最新数据表明，除在美国本土拥有大约10000名成员外，据估计，MS-13帮派在萨尔瓦多共和国、洪都拉斯（Honduras）和危地马拉（Guatemala）还有近60000名成员。有些帮派在大城市、郊区城镇甚至农村地区都设有分会。像MS-13这样的帮派势力遍布整个国家，制造了美国各地大量的犯罪和暴力案件。整个国家内陆城市大部分的毒品分销均由帮派控制；每年因帮派暴力致死的人数超过1000人。

帮派控制是一个棘手的难题。很多帮派在市中心区域比较活跃，因为在这些区域处于下层社会的青少年很少能得到传统意义上的机会，而他们又对那些不能真正为他们带来经济希望的帮助持抵制态度。因此，尽管加入帮派有可能会被逮捕、起诉甚至监禁，新一批成员随时会准备加入，为帮派注入新的血液。那些已经入狱的帮派成员也知道，等到出狱，他们以前的帮派也非常希望能够重新吸纳他们重操旧业。针对这种情况，已经有政客大声疾呼，要加大对这些"小怪物们"的惩罚力度，以拯救那些"堕落的天使"或是无辜的受害青少年。尽管这些反帮派的活动似乎发挥了一定的作用，但帮派成员的数量却一直呈稳定增长的态势，据估计，目前已有750000人左右。

在这一章，我们首先就同伴关系这一话题展开讨论以展现其是如何影响犯罪行为的。很多青少年的不良行为是与群组和小圈子的同龄人一起进行的，这些群组可能逐渐演变成一些违反法律的青少年群组和帮派。由于这种联系及美国帮派活动的严峻性，我们将注意力转向违法帮派的定义、性质和结构及为控制其犯罪活动所做的努力。

青少年的同伴关系

尽管在孩子的早期，对孩子的影响和关心主要来自父母，但在8～14岁这个年龄段，孩子会融入一个稳定的同龄人群组，并且随着孩子们进入青春期，他们之间各种友谊的数量和种类也会随之增加。因此，比起父母，身边的朋友很快就会在决策方面开始发挥更大的影响力。

进入青春期以后，孩子会形成一些友谊的二人组，这是一个拥有单一"好朋友"的伙伴关系体，之后会演变成小团体，即共同参加活动和分享一些私密信息的小群组。我们也可以将这些组合归于群体，也就是组织松散的儿童群组，他们在诸如运动、信仰或爱好等方面具有共同的兴趣。亲密的朋友在社会发展方面扮演了一个非常重要的角色，但青少年也深受这个广阔的朋友圈子的影响。某种程度上来说，青少年的自我形象是基于其在社会世界中的定位的感知而形成的。青少年不仅会受到他们亲密朋友的影响，而且也会模仿那些他们并不十分熟悉或者与他们没什么联系的人的一些行为，前提是这些行为能够给他们的临时群组留下深刻的印象。在青春期中期，青少年会尽力争取同龄人的认可，并且争取打动他们亲密的朋友。

> 小团体：能共享切身体会和私密信息的小的朋友群组。
> 群体：兴趣相同、组织松散的群组。

在青春期末期，同龄人的接纳会继续对社会化产生重要的影响。步入青少年时期的他们声称，在心情不好的时候，他们的朋友会给予他们情感上的支持，他们也会向同龄人吐露自己内心的感受，而且也不用担心自己的私密信息被泄露出去。与好朋友之间具有负面的交互作用，像这样糟糕的同伴关系已经被证实是与高度社交焦虑相关，相反，与社会地位显耀的同龄人群保持密切的联系能预防抑郁及其他消极的心理症状。有些青少年可能会选择那些与他们有相似品位、担忧和焦虑的人做朋友。他们会相互给予彼此情感上的支持与慰藉。女孩或许会选择与自身具有相似身体形象的同龄人做朋友，她们会一起进行节食、减肥等这些对其身心可能造成伤害的活动。

受欢迎的青少年在学校学业优秀，在社交方面也比较精明。与那些不受欢迎的青少年相比，拥有更多朋友并融入各种同龄人群组的青少年违法犯罪的概率要小得多。

相反，受到同龄朋友排斥的青少年往往更可能表现出攻击性行为，并以争吵或侵犯他人利益的方式扰乱群组活动。青少年选择朋友的标准是他们是否具有相似的行为和价值观，一旦他们成为朋友，他们之间的这种相似度也会随之增加；而当他们之间的友谊瓦解，这种相似度就会相应下降。在双方友谊稳定的情况下，广受欢迎的一方会对接受度较低的另一方产生相对较大的影响。如果更受欢迎的一方参与违法犯罪和有饮酒行为，另外相对不受欢迎的"追随者"会很快步其后尘。

显而易见，无论男孩还是女孩，对其生命历程中的社交和情感层面的发展而言，童年时期的同伴关系都是一个非常重要的因素。那些在儿时对同伴有攻击性行为的女孩在以后与她们的恋人之间往往矛盾重重。那些在儿时极具攻击性并因此受到同龄人排斥的男孩，在从青春期步入成年初期之后，更有可能从事违法犯罪行为。

在长期行为的养成方面，同伴影响或许比父母的培育更加重要。同龄朋友之间相互引导，并且帮助彼此学会分享与合作，学会应付攻击性冲动，学会讨论那些他们在家里从来都不敢提的情感。青少年会将自己与同龄朋友的经历进行比较，然后发现别人也有与自己类似的担忧和问题。事实上，有证据表明，同龄朋友在引导青少年养成不良的生活方式方面要比父母的影响大得多。即便是出生在诸如单亲少女妈妈之类高危家庭的青少年，如果他们的朋友是亲社会的，并且远离毒品和犯罪行为，那么他们也能远离违法犯罪。相反，消极的同伴影响会抵消母亲对不良行为监管和控制的积极影响。

同伴关系与犯罪

整天与行为不端的朋友混在一起，脱离父母的监管，并对这些行为不端的同龄人心生羡慕，将其作为模仿的对象，这样的青少年最有可能参与反社会的行为。

研究表明，同龄人群组关系与违法犯罪行为有着密切的联系，违法犯罪行为常常是以较小群组的形式进行的，很少单独作案，这一过程被称为共同犯罪。很多青少年在其朋友的拉拢下，参与诸如吸食大麻等不良行为，而他的朋友支持不良行为的态度又进一步使这些青少年继续参与反社会或违法的行为。在一个被称为变异性培训的过程中，亲密的朋友通过谈话和互动的方式强化了不良行为。他们彼此谈论他们做过什么，诸如吸毒或做爱，并且拿这些事情开玩笑。他们的玩世不恭及对这类事情的支持引发了更多违背社会规范事情的发生。对不良行为持积极态度并加强此类行为的青少年越多，他们的朋友就越有可能长期从事反社会的行为。

变异性培训：亲密朋友通过谈话和互动的方式强化不良行为选择的一个过程。

在所有的文化中，同伴关系与包括吸毒、违法犯罪等在内的青少年的行为选择均有关系。

有些青少年比其他人更容易受到朋友的影响。例如，有些早熟的男孩，他们在较早的时候步入青春期，他们很有可能与行为不端的朋友建立密切的联系，并受到同辈压力的影响。

早些时候的青少年与行为不端的同龄人建立关系,他们之间的关系越亲密,他们就越可能从事违法行为。

浪漫爱情 你可能记得,特拉维斯·赫希(Travis Hirschi)在其社会键(社会联系)理论中提出,犯罪的青少年是没有朋友的孤家寡人。那他们又是如何拥有恋人的呢?佩吉·焦尔达诺(Peggy Giordano)和她的合伙人对违法犯罪者的浪漫生活进行了调查。令她们惊讶的是,她们发现,这些犯罪的青少年声称与他们的恋人有着更为频繁的接触。然而,正如赫希预测的那样,焦尔达诺发现,与那些没有犯罪的青少年相比,犯罪的青少年与他们的恋人之间有着更多言语上的争吵。

这是否意味着犯罪的青少年作为恋人就是失败者呢?未必如此。社会学家比尔·麦卡锡(Bill McCarthy)和特丽莎·凯西(Teresa Casey)以青少年为样本调查了爱情、性爱与犯罪之间的关系。在调查中,他们发现,青少年爱情带来的亲密感可能为青少年和父母关系的弱化及对成人的依恋填补了一个重要的空白,并且这或许可能阻止大量包括涉及违法犯罪等消极后果的产生。相反,没有任何爱的承诺的青春期性行为会增加引发犯罪行为的可能性,这与没有爱的情侣关系引发的压力有关。麦卡锡和凯西发现,浪漫爱情实际上对违法犯罪有制止作用,这种情感会鼓励那些有犯罪历史的青少年减少从事违法犯罪行为。他们推测,浪漫爱情通过加强社会键(社会联系)的方式阻止了犯罪行为的发生。相比之下,性爱与犯罪之间的关系在缺乏爱情的情侣关系中得到了强化。那些与没有爱情或浪漫的异性发生性行为的青少年很可能愿意参与其他危险的或自我放纵的行为,包括犯罪、吸毒等。

同伴关系的影响

拥有反社会的同龄朋友就会导致犯罪吗?换句话说,违法犯罪者就是以前寻求志趣相投的同伴的那些反社会的青少年吗？虽然违法犯罪有可能是同伴影响的产物，但这种联系也有可能是错误的，或许是其他因素导致违法犯罪的产生。下面列举了一些观点，为同龄人与犯罪之间的联系提供了一些另类的解释。

• 同伴关系受制于错误的观念。青少年有可能高估了他们朋友的不良行为。正是由于这样一种错误的观点，而非实际上的朋友行为，影响他们做出违法犯罪行为的选择。青少年会这样认为："我所有的朋友都酗酒、吸毒和有性行为，所以我最好也这样，否则我就不能融入这个群组。"然而，他们的观点是错误的；他们这是基于错误的信念行事。如此一来，我们可以看出，是观点而非实际的同龄朋友行为影响着青少年做出违法犯罪的选择。

• 同伴关系受制于选择相似的朋友。反社会的青少年会寻求志趣相投的朋友，行为不端的同龄朋友会维持和放大他们的犯罪生涯。行为不端的同龄人不会直接使儿童变坏，但他们会大大增强使一个问题儿童进一步从事反社会行为的可能性。随着青少年的成长，反社会的朋友会帮助他们保持这种犯罪生涯，阻止他们因年龄增长而产生不想犯罪的念头。

• 问题青少年之所以选择违法同龄朋友，是基于需要而非欲望。违法青少年来自苦恼缠身的家庭，存在情感上的问题，在学校学业成绩较差。这些社会因素才是导致他们从事违法行为的真正原因，而不是同伴关系的影响。为什么违法青少年都结交违法的朋友呢？他们所背负的社会包袱使他们无法与传统的同龄人发展关系。因为他们性格冲动，为了贩卖毒品和从事犯罪行为，他们或许就会结交与他们性情相似的朋友。

• 标签和污名抑制了同伴交往。在青少年早期表现出情感或行为问题的儿童会被其他儿童贴上"奇怪"或"怪异"的标签，这些标签会一直延伸到青少年中期。污名会导致疏远、感情隔离和孤独。被疏远的儿童极易感到抑郁和心理上的缺失，这些在将来可能引发其反社会行为和吸食毒品。这些被列为"局外人"的儿童会选择违法青少年作为他们的朋友，而这些朋友会对他们的行为产生重要的影响。例如，吸烟的儿童会选择其他吸烟的儿童作为他们的朋友；与吸烟者混在一起会加剧他们的吸烟行为。

真的是人以群分吗？ 毫无疑问，同伴关系的影响与违法犯罪之间具有复杂的联系。虽然乍一看似乎很多涉嫌犯罪的青少年会选择志趣相投的朋友，但很多也会与那些自身没有违法行为的儿童打成一片。基于这种情况，人们会问："真的是物以类聚，人以群分吗？"

违法犯罪的朋友实际上可能会为你带来一些社会效益：他们能在青少年群体中提高你的社会地位和名气。没有人愿意被视为一个书呆子或是不会社交的人。青少年或许担心，如果他们刻意避开违规的行为，他们在社交上会被孤立。酗酒、吸食大麻和聚会是青少年世界的行为准则，而避开这些事情的人会被轻视，而非仰慕。

到了九年级，属于派系群组成员的青少年在社会资本方面有了积聚，而并非丢失。融入聚会这个亚文化群体有一定的短期成本，例如成绩下滑或退学，但从长远看，这为青少年积累了社会资本和提高了在同龄人群组中的受欢迎程度。因此，尽管有些青少年确实结交了违法犯罪的朋友，但他们这么做的目的可能就是为了得到青睐，而不是真要融入一种违法的生活方式。

少年帮

青少年步入青春期之后，往往倾向于形成自己的小团体，这些小团体可以为他们提供帮助、建立信心、给予保护和指明方向。在有些情况下，这样的同龄人群组为反社会行为提供了社会和情感基础。当出现这种情况时，小团体就转变成了一个帮派。

帮派的神秘色彩非常强烈，以至于仅仅提及"帮派"这个词，人们的脑海中就会映现出这样的画面：大批身穿黑衣的青少年成群结队地在街上四处游荡，这些团伙冠以诸如MS-13、拉丁王（Latin King）、瘸子帮（Crips）、赤血帮（Bloods）等各种各样的名称。少年帮成员的形象频繁地出现在电影、电视剧、小说甚至百老汇的音乐剧中［例如《西区故事》、《格雷斯》（Grease）等］，很快为人们所熟知。

由于少年帮涉嫌从事暴力犯罪行为和毒品交易活动，所以近期成为许多研究领域和政府打击犯罪集团行动的目标也就不足为奇了。人们已经尝试过很多重要的方法以对帮派的规模、地点、组成及活动进行评估。

什么是帮派？

帮派是指从事违法犯罪行为的青少年群组。然而，帮派的违法犯罪行为却不同于群组的违法犯罪行为。前者包含长期存在的机构，这些机构具有清晰的组织结构，包括公认的头目、劳动分工、帮规、仪式和财产等，而后者不过是一群人为了某一次犯罪行动或暴力行为而临时组建的一个短期的联盟。

帮派：集体参与违法犯罪行为的青少年群组。

犯罪聚焦：是鸟还是羽毛？

具有讽刺意味的是，即便主流观点认为，青少年的违法犯罪行为会受到年长或经验更丰富同伴的强烈影响，大部分基于学校、社区活动中心和未成年人司法系统的机构治疗项目仍然将不良同伴归拢在一起，并将他们与传统遵纪守法的青少年隔离开。在其重要的著作《青少年项目中的不良同伴影响：问题与对策》（Deviant Peer Influences in Programs for Youth：Problems and Solutions）中，肯尼思·道奇、詹妮弗·兰斯福德和托马斯·狄逊发现，公共政策往往是基于这样一种目的，即将不良青少年从主流青少年群体中移除，并将他们隔离，然而，这种目的是错误的。

这种关闭政策发生在很多不同的层面。学校将具有品行问题的孩子进行特殊教育以诊断他们是否受到"严重情绪困扰"（seriously emotionally disturbed）或具有"行为或情绪障碍"（behaviorally or emotionally handicapped）。一旦进入这样的群组，学生就几乎一整天都要待在独立的教室中。这种聚集的后果不仅可能使这些学生受到不良同伴的影响，还使其丧失了受到适应社会的同伴的积极影响的机会。数项研究表明，相比他们的同龄人，受到特殊教育处置的学生更可能遭到质疑和排斥，并且特殊教育实际上可能会增加他们的问题行为。

在未成年人司法系统中，问题孩子也同样被归拢到一起。青少年违法者被置于诸如临时拘留所、少年犯教养所、少年感化院、监狱、少年犯训练营及仅关押其他犯罪青少年的荒野营地等一些地方。在所有这些地方，青少年主要与其他一些不良少年在有限成人监管的情况下互相影响。

即便是旨在避免高危青少年流落街头的社区项目，其结构也非常简单，仅提供有限的成人监管，只是为这些青少年提供了一个休闲的地方而已。将众多的高危青少年聚集在一起，这些项目可能增加了他们的行为问题，当然这属于无心之举。

总而言之，尽管许多专家坚信，"物以类聚，人以群分"，品行不良的人会聚在一起，但是一直以来，学校、社区和司法体系政策都将高危青少年隔离，将他们归拢在一起，因此放大了同伴影响的负面效应。

批判性思维：
如果将问题青少年放在一起会引发问题，那么有可供选择的解决方案吗？这是一个难以逾越的问题吗？

犯罪专家在"帮派"的准确定义上经常出现分歧。这个术语有时被广泛地用于形容任何聚在一起从事违法犯罪行为的青少年群体。然而，警察部门通常用这个词来指那些占据并防卫自己的领地或地盘的有着较强凝聚力的群组。

学术专家们也给出了各种各样的定义（见附表5.1）。帮派的概念中有两个核心要素：首先它是一个间质群组，即栖居于社会架构缝隙中的违法犯罪群组；其次是它保持了标准的群组发展过程，例如招募新成员、确立目标、分配任务和发展现状等。

间质群组：栖居于社会架构缝隙中的违法犯罪群组，他们保持了标准的群组实践过程，例如确立目标、招募新成员、发展现状、分配任务等。

附表5.1 几种少年帮的定义

弗雷德里克·思拉舍（Frederick Thrasher）
少年帮是一个最初自发形成的间质群组，之后在冲突中融为一体。该群组的特征主要为以下几种类型的行为：面对面接触、磨合、单位的空间移动、冲突和策划。这种集体行为的结果就是传统的形成、欠考虑的内部结构、团队精神、团结、士气、群体感知和依附于当地地域。

马尔科姆·克莱因（Malcolm Klein）
少年帮是任何可表征的青少年群组。这些青少年具有以下三个方面的特征：（1）通常被其社区内的其他人视为一个独特的集合群体；（2）他们自身也视为一个可表征的群组，几乎总是拥有一个群组名称；（3）长期参与大量的违法犯罪案件以唤起社区居民与/或执法机构持续的负面响应。

沃尔特·米勒（Walter Miller）
这是一个同龄人自发组成的组织，因为共同利益而结合，有着清晰的领导阶层和发展良好的权力线及其他组织特征，他们一致行动以实现某一特定目的或多个目的，通常包括从事非法活动和控制某一特定区域、设施或者某种类型的企业。

G.戴维·柯里（G. David Curry）和欧文·斯珀格尔（Irving Spergel）
少年帮是包含违法未成年人和成年人的群组，组织复杂，尽管有时有些松散，有时又显得很有凝聚力，但具有确定的领导和成员规则。这一帮派在涉及相互支持、与其他帮派的冲突及地盘、色彩、符号、标志等传统的规范和价值观框架内也从事各种犯罪活动（相当数量的是暴力案件）。帮派的隶属组织或许会恭顺地致力于各种诸如贩毒、帮派斗殴或入室盗窃等违法或犯罪行为。

詹姆斯·肖特（James Short）
少年帮是青少年的群组，其成员在一段时间内定期会面，其基础为群组确定的会员标准和组织特征。最通俗的解释是，帮派没有成年人的监督，是在一定时间内展现持续性的自主群组。

（美国司法部）国家反集团犯罪中心（National Gang Center）
青少年帮派通常被认为是一个自发形成的同伴组织，具有以下特征：
该群组成员为三个或以上，一般年龄在12～24岁；
成员共享一个身份，通常与一个名称相关，并常常涉及其他标志；
成员自身及外界均视其为一个帮派；
该群组有一些永恒不变的特性，并体现了一定程度的组织水平；
该群组从事高水平的犯罪活动。

（美国）联邦调查局（FBI）
帮派是形成于街头的犯罪组织，其势力范围涵盖美国全境。街区帮派或当地的街头匪帮受制于特定的街区和管辖范围，他们常常效仿更强大的美国性帮派。对许多街区帮派而言，他们的主要目的在于毒品的分销。

马尔科姆·克莱因（Malcom Klein）提出，在所有这些帮派的定义中，有两个因素尤为引人注目。

1. 帮派成员对自己的帮派身份拥有自我认同感，并且使用独特的行话、着装、标记、颜色、涂鸦和称呼。帮派成员们把他们和社区分隔开，在别人眼中，他们就是一个独立的实体。一旦他们被贴上"帮派"的标签，成员们最终会接受他们的身份，并引以为傲。

2. 他们会投身于犯罪活动，尽管绝大多数的帮派成员大部分时间从事的也都是非犯罪行为。

帮派是怎样发展起来的？

少年帮派有时会被认为是美国独有的一大特色，然而，其实在其他国家同样也有关于帮派的报道，而且帮派本身也不是什么新鲜事物。早在17世纪，伦敦就曾经被一些有组织的帮派划分过地盘，他们自称为赫克托尔帮（Hectors）、号角帮（Bugles）、亡命少年帮（Dead Boys）及其他一些花哨的名字。17世纪到18世纪，英国的帮派成员系着彰显自己帮派特色的腰带，佩戴带有毒蛇、动物、星星等此类标记的胸针。有关美国少年帮的第一次记载是在18世纪80年代，那时监狱改革者们注意到少年帮的存在，少年帮成员整天游荡在费城的街头。到了19世纪20年代，纽约的鲍威利区（Bowery）和五街顶区（Five Points district）、波士顿的北角区（North End）和希尔堡（Fort Hill）、费城远郊的索斯沃区（Southwark）和摩亚门森区（Moyamensing sections）成了少年帮的活动场所。这些帮派也拥有花哨的名称，如蟑螂护卫队（the Roach Guards）、奇切斯特帮（Chichesters）、丑陋塞子（the Plug Uglies）、亡命之徒（the Dead Rabbits）等。

20世纪20年代，弗雷德里克·思拉舍（Frederick Thrasher）通过对位于芝加哥的1300多个少年帮的分析首先开始了对现代帮派的研究。他发现，影响这个城市社会结构的社会、经济和生态过程在正常的社会架构中创造了一些裂缝，例如弱化的家庭管教、贫穷和社会的解组等，他将这些缝隙称为间质区域。根据思拉舍的研究，由少年组成的群组最初是为了满足自身好玩、娱乐和冒险等需求，而这些活动有时会造成违法犯罪行为。而在贫困地区，少年群组和成人权威之间发生冲突的可能性要大得多。如果任由这种冲突继续发展，这些群组就会变得更为稳固，他们也就会主要从事违法犯罪活动，如此一来，这些群组就逐渐演变成了帮派。

根据思拉舍的观点，成年人社会没能满足处于下层社会少年们的需求，而帮派却能够通过提供刺激、乐趣和机会来为他们解决这个问题。帮派并非问题少年的庇护所，而是下层社会正常男孩可以选择的一种生活方式。思拉舍的研究产生了重要的影响。最近对犯罪团伙行为的研究也将帮派视为下层社会男孩们为取得进步、机会及保护自身和攻击对手的一种方式。

20世纪50年代和60年代的帮派　20世纪50年代和60年代早期，帮派和帮派暴力带来的威胁席卷了整个公众意识。几乎每周，各大主流城市报纸都要对帮派间彼此争斗的暴力故事或对帮派各种头目及各种诸如埃及王、黑手党家族恶霸王（Vice Lords）、黑石流浪者（Blackstone Rangers）等花里胡哨的名称进行报道。社会服务和执法机构将主要的精力用于修复或是毁灭帮派。诸如《孽海狂涛》（*The Wild Ones*）、《黑板丛林》（*Blackboard jungle*）之类以帮派为题材的电影被创作出来，甚至百老汇的经典音乐剧《西区故事》（*West Side Story*）也赋予了暴力帮派传奇的色彩。

马尔科姆·克莱因（Malcolm Klein）在其1967年出版的经典著作《基于情境的未成年人帮派》（*Juvenile Gangs in Context*）一书中对有关帮派的现有知识进行了总结。他得出结论，帮派成员身份是作为个体的男孩用以满足其人生发展历程中某些个人需求的一种方式，这些青少年深陷情绪混乱，这是青春期和成年之间一个常见的现象。在这种情况下，形成帮派的自然倾向就得到了强化，他们认为，帮派就是高不可攀的中产阶层报酬的一个替代品。

成为帮派成员的经历将会主导青少年的观念、价值观、期望和行为。最终，帮派得到了自我强化：相比其他任何地方，身处帮派会因为从事一些违法犯罪行为而得到肯定和报酬，而不是反面的制裁。而且，帮派竭力追求内聚力，而"外部世界"的负面效应被解读为对凝聚力的威胁，因而这对帮派行为合法化起关键作用的价值观提供了次级强化作用。

到了20世纪60年代中期，帮派威胁似乎消失。有些专家将帮派活动减少的第一种解释归因于成功的帮派控制计划。他们认为，帮派之所以被根除，是因为警察控制小组渗透帮派，逮捕了帮派头目，并且反复袭击帮派成员。相比没有帮派背景的青少年，身处帮派的男孩更可能受到未成年人司法体系的处罚，并遭受更严厉的判决。帮派活动减少的第二种解释是20世纪60年代期间形成的政治意识的增强。许多帮派头目参与到民族自尊、公民权利和反战组织相关的社会和政治活动中。此外，很多帮派成员被招募进来。帮派活动减少的第三种解释是，许多帮派成员参与吸食海洛因及其他毒品，这大大减弱了他们基于群组的犯罪活动。

帮派重新浮出水面 帮派活动的复兴始于20世纪70年代早期。在1971年春天，冠以诸如"野人头骨"（Savage Skulls）、"黑色刺客"（Black Assassins）之类的名称，帮派开始在纽约南布朗克斯街区（South Bronx neighborhoods）形成，并迅速蔓延至这个城市的其他地方。到1975年，经警方证实的帮派已达275个，成员达11000人。

帮派活动也出现在其他一些主要城市，如芝加哥和洛杉矶。1969年，两名叫雷蒙德·华盛顿（Raymond Washington）和斯坦利·托奇·威廉姆斯（Stanley Tookie Williams）的青少年在洛杉矶共同创办了"瘸子帮"（Crips）。最初他们称为"童床帮"（Baby Avenues），之后改为"街头瘸子帮"（Avenue Crips）。据传言，这一帮派的名称之所以最终被改为"瘸子帮"，是因为它的一些成员喜欢用手杖袭击受害者；当然这原本只是报纸上关于帮派文章的一个简单的拼写错误的说法也不无可能。

随着"瘸子帮"势力的增长，其他一些敌对帮派对其日益增长的主导地位感到担忧。到1971年末，"洛杉矶边缘"（L.A.Brims）、"皮鲁街男孩"（Piru Street Boys）、"大主教"（the Bishops）、"雅典游乐场男孩"（Athens Park Boys）及其他帮派的成员聚在一起讨论如何应对"瘸子帮"的威胁。最终，这些黑帮合并，取名为"赤血帮"，他们头戴红头巾，把狂殴受害者直至流血视为加入帮会的权利。最终，这两个帮派均派出代表在偏远的地区组织成立分会或是接管现有的帮派。

帮派为何会复出？ 帮派活动肆起的原因之一可能是从事毒品的销售。早期的帮派依靠忠诚于集体的观念来恐吓成员，但现代帮派成员则为毒品的利润而驱动。在一些地区，帮派取代了有组织犯罪团伙成为可卡因和"快克"（一种毒品，全名可卡因快克，又名克勒克，其纯度达70%～90%，为可卡因的精制品，加热时会发出特殊的噼啪响声）的主要供应商。诸如棍子、刀子及自制枪支也被自动武器替代。

帮派的形成也是经济和社会混乱的自然结果，尤其当经济从一个相对高薪的制造工业转型为一个低收入的服务经济。一些美国城市需要一个庞大的人口基数来满足他们制造工厂的运转，而随着这些工厂的倒闭，这些城市现在面临巨大的经济压力。正是在这个不安分的经济环境下，帮派活跃起来，而成功成年模范人士和稳定家庭的影响也随之下降。在不习惯违法犯罪群组的地区，帮派的存在对社区生活产生了毁灭性的影响。

然而，就在社会混乱发生的同时，媒体却对帮派的形象"一见倾心"，于是帮派不断出现在电影和音乐视频中。帮派说唱也成为一个美国全国性的现象。由于帮派文化通过大众媒体的不断扩散，帮派男孩在其中又以成功英雄的形象出现，如此一来，城市孩子可能会感受到这些帮派和违法同龄人群组的诱惑，并且这种诱惑让他们无法抗拒。

网络犯罪：网上帮派

帮派发声的方式已经步入网络时代，帮派成员经常利用手机和互联网来进行交流和宣传他们的非法活动。街头匪帮通常利用具有传送语音和文本信息功能的手机进行毒品交易和事先安排交易地点。街头匪帮成员使用预付费手机，在完成毒品贩卖活动后，随即扔掉。诸如社交网站、加密电子邮件、网络电话、即时通信等基于网络的通信方法经常被匪帮成员用于成员内部及与毒品交易客户的沟通。帮派成员利用"我的空间"（MySpace）、视频网站（YouTube）、脸书（Facebook）及个人网页等社交网站进行沟通及鼓吹他们的帮派及相关活动。下面基于两个案例进行说明。

- 弗吉尼亚州汉普顿市的瘸子帮成员利用网络恐吓敌对帮派成员，并运营网站以招募新成员。一名15岁的瘸子帮成员因持枪击中一名敌对帮派成员的腿部被逮捕。另外，他被指控通过该帮派的社交网站招募新成员。

- 位于加利福尼亚州欧申赛德市的帮派利用其网站招募新成员和探索新的势力范围。帮派成员亮出自己的帮派标志，身着色彩统一的服装，并拍照或拍成视频发布在网上。有时，敌对者会在对方的网络论坛中与其对骂。

斯科特·德克尔（Scott Decker）与戴维·皮鲁兹（David Pyrooz）对帮派成员、前帮派成员及非帮派成员做了一项调查，旨在衡量他们网上犯罪活动的参与度，并询问他们在过去的6个月中在8种网络犯罪形式的参与情况。这8种网络犯罪为：

- 通过非法途径下载电影、音乐或软件；
- 通过网络售卖盗窃赃物；
- 通过网络贩卖毒品；
- 网络骚扰；
- 为网络攻击提供协助；

- 网上搜索抢劫或偷盗的目标；
- 上传不良视频至网络（尤其斗殴视频）；
- 在线交流引发的街头斗殴。

据调查，参与过大部分犯罪类型的帮派成员的比例相当高。三个群体的差异主要在于非法下载、网上上传不良视频（通常为斗殴和帮派活动视频）及在线活动引发的街头斗殴三个方面。此外，这两位学者还对这三个群体从事网络犯罪的流行程度从整体上做对比，他们发现，在最近6个月中，43%的当前帮派成员从事了网络犯罪，而前帮派成员和非帮派成员从事网络犯罪的比例不到1/3。

通过调查，德克尔和皮鲁兹得出结论，在过去的10年中，互联网的使用已经渗透到新的群组，创造了新的活动，并改变了旧的行为方式。帮派也成了这些变化中的一部分。他们发现，无论是帮派成员还是非帮派成员，互联网的使用都非常普遍。两个群体的成员都使用互联网进行在线购物、观看YouTube网站上的视频及使用像脸书之类的社交网站。在对帮派成员、非帮派成员和前帮派成员三个群体的对比中，可以很清楚地发现，帮派成员身份对犯罪的影响同样也适用于网络犯罪活动。在前述的所有8种犯罪类型中，帮派成员从事犯罪的比例均高于其他两个群体。此外，帮派成员在这些犯罪类型的全员参与率明显高于其他两个群体，几乎达到后者的两倍之多。

批判性思维：

最近传出政府监控包括网络在内的电子通信。鉴于帮派为加强他们的犯罪活动而对网络空间的扩大使用，你认为政府这样的监管合理吗？

案件简介：路易斯案

路易斯是一名年仅16岁的拉丁美洲血统的男孩，他证实自己加入了帮派。因在一次聚会中与一名敌对帮派成员进行斗殴，他被指控犯有证据翔实的殴打罪和拒捕罪。此前，路易斯有过逃学的历史及数次偷窃、肆意破坏、未成年人酗酒、违反宵禁命令等犯罪记录。他每天都吸食大麻，逃避上学，除了体育之外，其他学科取得的成绩寥寥无几。除此之外，路易斯在愤怒情绪管控方面也表现出严重的问题，被视为社区的一个威胁。

路易斯家人对他的行为是支持的，但也有些担忧。他母亲很大程度上介入了他的生活，在没有得到孩子父亲任何帮助或投入的情况下，她独自一人尽全力抚养4个孩子长大成人。而路易斯在很小的时候就以"家里的男人"形象自居。在他们的家庭文化中，路易斯作为家里年龄最大的男性有责任照顾他的母亲和年纪较小的兄弟姐妹。他在11岁左右时就已经加入了一个帮派，希望这样能为他的家人提供额外的保护。尽管路易斯家人和未成年人法庭对其有众多的担忧，在其被逮捕之后直到下一次未成年人法庭诉讼开始还是允许其返回家中。他被实施了电子监控和集中家庭监控。

路易斯第一次出现在诉讼听证会上时处于醉酒状态，并表现出攻击性行为。他的家人担心他正在吸毒并酗酒，因此提出他需要进行治疗的请求，但是检察官并没有同意，而是向法院提出申请，直接将其送至一个未成年人教养所。眼看第二次听证会即将到来，路易斯参加了一次酒精和药物评估，建议将其送至一个休养所纠正他的吸毒、酗酒、愤怒情绪管控及参与帮派等问题。在两次审判程序的等候期间，他参与了一项集中监控项目，他需要接受个体咨询、小组治疗、对其下落及学校活动的密集监控、家庭与个体危机干预及有关其选择方面重要的重新定向。他也被推荐换一所学校学习，这样他获得成功的概率会更大一些。路易斯的母亲对这些服务项目满怀希望，认为这能帮助路易斯开始全新的生活。

在处置性审理时，就最适合路易斯的方案曾存在不同意见，因此又有了一次答辩式听证会。检察官再次提出将其直接送入未成年人教养所，而辩护律师提出，路易斯需要进行酒精和药物治疗及其他服务项目，应将其送入已经同意接收他的一家住院治疗机构。路易斯的缓刑监督官和家人都主张送其治疗，而不是直接送进教养所。有了这些额外服务项目和支持，路易斯在社区中的表现相比以前要好很多。法官听取了双方所有的证词，对路易斯在未成年人法庭上的表现记录及社区安全表达了关注。同时，希望给路易斯一个成功戒毒的机会。最终，法官做出将路易斯送入未成年人教养所的决议，但是对这一决议"延迟"执行，允许路易斯先接受治疗。"延迟"执行决议意味着，如果路易斯脱离治疗机构或者终止这一项目，他就会自动被送往未成年人教养所；而如果成功完成治疗，他很有可能回归社区，并享有其所需要的支持和服务。在任何时候，如果路易斯决定在善后监管方面对社区采取不配合的态度，或者如果他有任何进一步的违法犯罪行为，他也会立即被送往未成年人教养所。路易斯及其家人似乎明白这一状况的严肃性，路易斯也同意接受治疗。

　　路易斯开始了自愿90天酒精与药物治疗项目，开始克服其在节制、愤怒情绪管控、参与帮派、犯罪思维等方面的问题。路易斯的母亲会定期来看望他，并参加家庭会谈，尽管这对她而言在时间上很难协调，因为她还有自己的工作，还要照看家里的其他孩子。相关专业人士在这方面提供了很大帮助，如协调人员照顾孩子、在交通上提供便利等，最终使她得以定期与路易斯见面。路易斯刚开始对治疗有抵触情绪，并且很难适应治疗机构的规则。他的母亲和整个治疗团队人员都鼓励他继续配合治疗，并专注于一个美好的未来，他们还提醒他法院那份"延迟"执行的关于送其去未成年人教养所的决议。最终，路易斯决定参与治疗，并完成了这一持续90天的治疗项目。

　　全体专业人员、路易斯和他的母亲共同制订了一个出院后的康复计划，该计划最初包括正在进行的药物咨询与支持、个体咨询、集中监管监控、小组支持、重新安置学校等方面。在重新安置的学校里，路易斯参与了一个项目，该项目为问题青少年提供帮助贫困家庭建造房屋的体验。路易斯获得了宝贵的工作技能，并开始专注于一些积极的活动。鉴于路易斯之前的帮派背景，路易斯在学业方面仍很吃力；然而，基于做出的正确选择，他明显地降低了被警察约谈的次数，并在青少年阶段再也没有被逮捕过。在完成治疗后，路易斯继续待在家中与他的母亲和兄弟姐妹一起生活，并最终从未成年人法庭判决的服务项目中解脱出来。到路易斯18岁生日未成年人法庭宣布结案时，这一"延迟"执行的决议也被撤销。

批判性思维：

　　1. 很多青少年没有路易斯这么幸运，他们得不到外人的帮助，会继续长时间地身陷帮派之中。鉴于全球经济的发展，你认为有什么方法能使青少年脱离帮派？有没有可供青少年选择的其他去处？降低参军入伍条件是否可行？你可能记得，劳布

(Laub)和桑普森(Sampson)提出的年龄序列理论(age-graded theory)认为,军旅生涯能帮助人们与以往的犯罪"一刀两断"。

2. 路易斯的母亲很大程度上介入了路易斯的生活。她说,在没有得到孩子父亲任何帮助或投入的情况下,她独自一人尽其全力抚养4个孩子长大成人。这种家庭状况对路易斯决定加入帮派来说是否是一个关键的因素?我们能为身处这种境地的孩子做些什么?

犯罪与暴力

无论何种类型的帮派,其成员通常会比任何其他社会环境下的青少年犯下更多的罪行。帮派成员比非帮派成员更有可能犯罪,并且青少年在帮派中陷得越深,他们就越有可能从事犯罪行为,并被记录在案,被送上未成年人法庭。帮派成员身份与犯罪之间的关系可以追溯至中学时代。

虽然帮派成员身份与违法犯罪之间的联系是毋庸置疑的,但对这种关系实际上存在以下三种不同的解释。

- 选择假说:有犯罪和暴力行为历史的少年加入帮派,一旦他们成为帮派成员,他们就会重操旧业,继续从事犯罪行为。
- 助长假说:帮派成员身份会助长孩子们的不良行为,因为它为反社会活动提供了结构和群组层面的支持。
- 强化假说:选择和助长是相互作用的,这增加了犯罪的可能性。

帮派犯罪有很多模式。虽然人们普遍认为帮派专门从事毒品交易,但是主要从事毒品引进和分销的往往是成年人,而不是帮派中的青少年。成为帮派成员也不意味着会提高毒品的个人用量,加入帮派之前就吸毒的少年在加入帮派之后仍会继续吸毒,但是帮派并不一定会怂恿他们吸毒成瘾。尽管帮派里的青少年可能会是毒贩子,但他们自身不一定就是毒品吸食者。虽然帮派不怂恿吸毒,但帮派成员吸毒现象仍然相当普遍。杰弗里·亨特(Geoffrey

Hunt）和他的同伴发现，在他们调查的女性帮派成员中，吸食多种毒品的占82%，她们吸食诸如可卡因、快克、迷幻药（LSD）、五氯酚（PCP）、冰毒、海洛因、强力胶/吸入剂、摇头丸（MDMA）和甲喹酮等毒品。

其他一些帮派也从事各种各样的犯罪活动，包括重罪行凶、贩毒等。帮派成员普遍涉嫌参与诸如盗窃偷窃罪、严重伤害罪、入室行窃罪等犯罪行为，其中很大一部分是为帮派盈利而从事的一些低级的街头毒品兜售行为。

孩子们在加入帮派之后所从事的犯罪活动会增加吗？或者帮派会招募那些已经是高频率犯罪之人吗？来自罗切斯特青年发展研究（RYDS）的数据显示，一项关于纽约北部的1000个青少年的纵向研究为帮派—犯罪关联理论提供了支持。虽然在样本中只有30%的青少年为帮派成员，但他们所从事的犯罪行为却占了所有犯罪行为的65%。罗切斯特青年发展研究数据显示，帮派成员所犯的罪行占所有严重犯罪的86%，酗酒占63%，吸毒占61%。帮派成员的犯罪活动逐渐增加。罗切斯特青年发展研究表明，66%的慢性暴力罪犯都是帮派成员。

帮派暴力 研究表明，相比非帮派成员，帮派分子更加暴力。克里斯·梅尔德（Chris Melde）和芬恩-奥格·埃斯本森（Finn-Aage Esbensen）发现，活跃的帮派分子在暴力行为方面有了显著的增加。在离开帮派之后，他们从事暴力活动的倾向也随之明显下降，同那些从没参与帮派的孩子们没什么区别。之所以出现这种情况，一个原因是，与那些非帮派成员相比，加入帮派的少年往往更可能携带武器。索恩伯里（Thornberry）和他的同伴发现，纽约州罗切斯特市年轻的帮派成员中可能携带手枪的人数为非帮派未成年罪犯的10倍左右，并且持枪行凶的帮派分子所犯的罪行比非帮派成员多10倍以上。理查德·斯帕诺（Richard Spano）和约翰·博兰（John Bolland）收集了亚拉巴马州莫比尔市帮派少年的数据，他们发现，帮派分子由于长期接触暴力，并自身也从事暴力行为，这使其与从未接触暴力或亲自参与暴力行为的少年相比，增加了665%持有枪支的可能性。

如此一来，青少年帮派是造成大量杀人案件的原因之一就不足为奇了。在一些大都市，与帮派相关的杀人案件的数量2009—2010年增长了13%，而与此同时，美国的杀人案件总数量却急剧下降。在芝加哥和洛杉矶发生的700多起杀人案件中，有一半以上与帮派相关。

研究表明，帮派暴力具有冲动性，因此其往往是在短时间内爆发，通常是为了维护帮派及帮派成员的名誉。一旦威胁解除，暴力程度可能就会减弱，但会保持在高于之前的水平。帮派杀人的高峰往往对应于一系列不断升级的对抗事件，通常与抢夺帮派地盘或是毒品市场相关。最危险的区域是那些有争议的边界区域，在这些地方，一个毒品热点地区与一个地盘热点地区相互交错。也有掠夺模式，敌对帮派成员到对方的地盘搜寻目标受害者。

暴力是帮派形成和帮派生活的一个核心事实。帮派成员感受到其他帮派的威胁，并警惕对方对其地盘的侵占。帮派设法招募那些已经持有枪支的青少年入帮，这并不奇怪；新成员也往往可能提高持有枪支的比率。这样一来，与非帮派成员相比，帮派成员在早年死亡的概率会大很多。

复仇、荣誉、勇气和声望 虽然人们认为很多男孩在加入帮派前就有暴力倾向，但研究显示，一旦入帮，他们的暴力行为会迅速升级；而离开帮派后又会明显减弱。最近，帮派谋杀研究专家安德鲁·帕帕克里斯托司（Andrew Papachristos）认可文化价值观与暴力行为之间存在关联的观点。他发现，帮派成员杀人并非因为他们家境贫寒、年少无知或是居住在社会环境低劣的社区，而是因为他们所处的文化环境，这些文化价值促使他们进行暴力反击。当帮派成员杀掉一个敌手，帮派为了维护他们的社会地位和威信，展现他们的团结性，就会对这种谋杀行为做出回应，最终导致杀人这种方式蔓延至整个帮派。人们对帮派一再容忍，这种文化价值观将超级男子汉气概和使用暴力手段维护声誉与荣耀联系在一起。由于帮派聚集区缺乏正式的社会管理（警察），所以暴力行为不断被宽恕，甚至升级为一种可以接受的社会控制形式。帮派对于遵守文化价值观和保护帮派代表的需要远比个人想法与感受更为重要。

帮派暴力行为的这些动机已经得到犯罪学家司考特·德克尔（Scott Decker）的证实。他采访过一些帮派成员，他们告诉他，暴力行为是同龄人群组转变为帮派的关键。当被问及将同龄人群组转变为帮派的原因时，其中一个成员回答道，"帮派的暴力行为远多于群组。在帮派里，大家可以整日打打杀杀。"

入帮时，成员大多会被逼参加暴力仪式以证明其忠诚度。每当外敌袭击他们或侵占他们的领地或地盘，帮派成员就会与之争斗。对于这些被指控损害他们利益或与他们有个人争端的敌人，帮派成员会直接用暴力手段打压他们。不仅如此，当帮派成员进入某些"禁区"，或在暴力泛滥的地方沾上是非，他们也会用暴力解决。当女帮派成员感觉到敌对帮派成员试图勾引其男友时，她们也会参与厮打。为了弄清纽约女帮派成员的生存和生活方式，基尼·赛克斯（Gini Sykes）花费了两年时间。其中一个叫泰妮（Tiny）的女孩为她讲述了自己的凶猛是如何弥补自己身材弱小的缺点的。

> 泰妮（Tiny）冷冷地盯着我，那种眼神足以抹掉脑海里任何天真可爱的印象。"来，我们娇小的乖宝宝，让我们来看看你有什么瑕疵。"说着，她的目光开始顺着我的脸颊游移。"看看你的脸蛋儿、喉咙、眼睛，看来我们可以把你弄成一个瞎子。我并不在乎你的块儿头是否比我大，我都将尽力杀掉你，你知道的，我脾气比较坏……"
>
> 泰妮还跟我讲了她是如何还击与她男友有染的敌方女帮派成员的，"她一边哭一边哀求，但是没办法，她已经在所有人面前对我不敬。我们开始厮打，紧接着她吐出一个刀片。"泰妮耸耸肩，"这令我防不胜防，因为你无法判断敌人是什么时候在她们的嘴里藏一个刀片的。"

第 5 章　同龄人与犯罪：未成年人帮派和群组

　　在被割伤后，泰妮异常愤怒，开始防御起来，并且……狂乱地捂着伤口，鲜血从她的手指间渗出。出于自我保护，她猛地抓住那女孩的脖颈，不断将她的头部往混凝土墙上撞击，直到同伴伊莎贝尔（Isabel）听到警报声，拉起她往外跑去。在整个过程中，那名敌对女孩十一次划伤了泰妮的脸。

　　帮派成员对于任何质疑他们荣誉的行为都非常敏感。一旦他们察觉自己受辱，就一定会让对方还清这笔"账"，否则他们会感觉失了脸面。警方对于帮派争端的压制只能延迟他们的报复行为，而不能根除。这些报复方式要么是殴打，要么是飞车枪击。这些肆意的报复行为随处可见，以至于医生将他们视作威胁健康的第一大杀手——在帮派集中的城市，帮派间的打击报复已经成为造成青少年和儿童受伤及死亡的主要原因。

　　帮派的内部纪律也是靠暴力来维系的。如果下属违纪，比如私自吸食用来贩卖的毒品，其他帮派成员就会对其进行纪律惩戒。

　　另一种比较常见的帮派犯罪行为就是敲诈勒索，帮派美其名曰"地盘保护税"，即逼迫人们缴纳保护费，让他们免受社区危险青少年的骚扰。最后一种是声望犯罪，即帮派成员为了在帮派中获得声望，故意偷盗或袭击别人。这些犯罪行为要么是入帮仪式的一部分，要么是为了打响名号，还有可能是为了树立责任心或是成为领袖；除此之外，他们还通过这些犯罪行为让自己在内部权力斗争中处于领导地位或者以此来回应敌方的挑衅。

　　声望犯罪：偷窃或攻击某人以在街区内获得威望，往往是帮派入会仪式的一个环节。

　　有组织犯罪与帮派　在公众眼中，帮派与飞车枪击等暴力行为是密不可分的，有些人甚至将帮派等同于诸如大规模毒品交易之类的有组织犯罪。毫无疑问的是，在一些城市的特定社区中，少年帮确实活跃于毒品交易。然而，对于少年帮、毒品交易及暴力之间关系的老一套思想往往有些言过其实了。少年帮研究专家马尔科姆·克莱因发现，少年帮是有别于有组织犯罪团伙的。为证实此观点，他提出，有组织犯罪团伙通常具有强有力的领导和严格的行为标准以躲避严酷的制裁，并且，其对于成员在专业技术和经验方面的苛刻条件使其可以积累并合理投资其在非法活动中的收益。他们可以安全地输入毒品，并将相关收益漂白。相反，克莱因的研究表明，大多数街头帮派的情况与此大相径庭。他们组织松散，没有确定的领导、成员及对忠诚的标准，也没有正式的成员职位。因此，只有极少数的少年帮才能达到有组织犯罪团伙的标准。少年帮主要通过街头兜售方式从事毒品交易，而不是通过大规模的毒品输入、销售或大型活动。这些大型活动由成人贩毒集团、商业财团、传统的毒品输入商或其他犯罪组织所控制。然而，尽管少年帮不符合有组织犯罪团伙的标准，但他们仍可整体参与现有的、以成人为基础的分销系统。某地与毒品相关的暴力行为的出现主要源自毒品的使用、帮派成员个体的毒品交易及帮派成员在成年犯罪毒品分销网络中的参与，而不是少年帮这个整体在非法毒品交易中的参与。

青少年为什么加入帮派？

尽管帮派兴盛于市中心的平民区，但这并不能说明帮派仅是下层社会的产物。许多来自下层社会的青少年并没有加入帮派，反而那些中产阶层的青少年会加入在城郊活动的"光头帮"。下面，让我们一起来了解可能引起帮派犯罪的因素。

人类学观点

20世纪50年代，赫伯特·布洛克（Herbert Block）与亚瑟（Arthur Nidederhoffer）认为，帮派引起了青少年对组建部落这种人类祖先赖以生存模式的向往。他们发现，帮派的成立过程确实与某些部落文化中的成年礼很相似；帮派仪式帮助青少年搭起了从童年时代通往成年时代的桥梁。例如，刺青和其他识别标记就是帮派文化中不可或缺的部分。帮派成立仪式与太平洋岛屿文化中的那些青年的行为非常相像。许多帮派在吸收新成员时，都会通过欺辱"新人"来确保他们的"忠心"，这种行为与部落仪式很相似。在部落社会时代，加入帮派就意味着童年时代宣告结束。同样，来自城市下层的青少年也渴望加入帮派"开始真正的生活"。加入帮派，"意味着青少年放弃了他的孩童生活，转而选择了一种新的生活方式"。帮派的名称预示着一种"图腾祖先"，因为他们通常是有象征意义的（如"眼镜蛇""美洲虎""国王"等）。

帮派预防和干预调查研究显示，有2/3的帮派成员曾透露，在其帮派中，有些成员的父母也是帮派的活跃分子。这些数据表明，加入帮派是一种代代相传的惯例。詹姆斯·迭戈·比希尔（James Diego Vigil）曾把加入帮派（包括打架）描述成男孩准备离开母权家庭（母亲主导的家庭）的一种行为；这种行为也会让人回想起部落建立仪式。这些仪式也成了帮派活动中的重要部分。打手势和涂鸦这两种做法都有着一股部落"风情"。帮派成员都会起一个能彰显他们个性或身体特征的绰号：情绪相对反复无常的会叫"疯狂""疯子"或"神经病"，戴眼镜的被称为"教授"。

社会解组理论/社会文化论观点

社会学家普遍认为，来自市中心平民区的破坏性社会文化力量是帮派形成的主要原因。思拉舍（Thrasher）对这一概念做了介绍，并且在理查德·克洛沃德（Richard Cloward）与劳埃德·奥林（Loyd Ohlin）合著的经典著作以及阿尔伯特·科恩（Albert Cohen）的经典著作中都有相关论述。欧文·斯珀格尔（Irving Spergel）的研究《莱克特维尔、贫民窟与汉堡》（*Racketville, Slumtown, Haulburg*）发现，像贫民窟这样收入最低、人口却最多的区域拥有的暴力帮派的数量最多。从斯珀格尔的研究来看，帮派给社会底层的青少年提供了一条获得社会地位的途径。20世纪60年代后期到70年代，马尔科姆·克莱因的研究也发现，典型的帮派成员大都来自贫困且不健全的家庭，他们缺乏良好的行为榜样。

社会解组理论或社会文化论观点至今仍保持着突出的地位。希尔在《地方帮派》（*Barrio Gangs*）一书中讲到，贫困和少数派的社会地位是促使人们加入帮派的原因。选择加入帮派的人往往是那些在社区和家庭中被边缘化的人。希尔发现，居住在郊外的居民承受着心理上的、经济上的及来自社会的压力。帮派成员的身上通常存在不止一个以上所述的问题，这让他们经受着"多重边缘性"的折磨。因此，生活在郊区的青少年为了寻找一种归属感而加入帮派。

总的来说，社会文化论观点认为，帮派是社会底层生活的一种自然反应，是那些处于社会底层的无法通过合法途径实现抱负的男孩儿追求社会地位的一种媒介。加入帮派的青少年或许有着传统的理想，但他们不愿、也无法通过传统的途径去实现他们的目标。帮派中不仅有这样的青少年——与行为不良的同龄人为伍，去弥补父母的暴力与失职。帮派也有从各种不同类型的家庭中招募的新成员。因此，帮派是问题少年的集合地，比起传统机构，这些青少年主要是在街头巷尾被社会化的人。

文化失范理论/文化异化理论观点

根据这一理论，无论在文化层面，还是在个体层面，导致文化失范或文化异化的条件推动了帮派的形成。在文化层面上，在社会、经济和文化动荡时期，青少年被怂恿加入帮派。外来移民或移居国外、人口激增或骤减、不同种族或民族群组甚至是同一种族或民族群组的不同分支或不同时代的入侵都能造成社区的四分五裂，从而引发帮派问题。

在历史上，1917年的俄国革命和随后20世纪90年代早期的苏联解体催生了当地帮派的出现。德国右翼青年团体的兴盛与东、西德统一有关。德国"光头帮"的出现则是土耳其与北非移民之间问题的产物。在美国，帮派出现在因急速变化而动荡的地区。在如今的伊拉克，帮派和民兵组织可能就是社会剧变的产物。

在个体层面上，帮派吸引着游离于社会主流之外的青少年。比起没受过侮辱的孩子，那些犯过法和受过未成年人刑法处罚的青少年更有可能加入帮派，并且加入帮派也会让他们离违法犯罪更近一步，这一点并不奇怪。

心理学理论观点

一些人认为，帮派就是那些在生活中饱经磨难的青少年的"发泄口"。例如，李威斯·亚伯朗斯基（Lewis Yablonsky）发现，暴力团伙在招募新人时，会瞄准那些生活在特困地区的反社会青年。亚伯朗斯基认为，反社会青年好像没有被培养出人类情感、对他人的同情心或是责任感。

马尔科姆·克莱因在分析洛杉矶帮派时也发现，许多帮派成员有着各种各样的个体缺陷，包括较低水平的自我概念、社交能力不足、糟糕的冲动控制能力、有限的生活技能等。在对罗切斯特市的青少年所做的进一步调查中，特伦斯·索恩伯里（Terence Thornberry）和他的同事们发现，帮派成员遭受着多重的社会问题，包括很早就有违法犯罪、暴力及吸毒行为、家庭功能不健全、缺乏教育、与行为不良的同龄人为伍等。

理性选择理论观点

一些青少年或许是经过理性的思考后才加入帮派的。下层社会的青少年会把加入帮派当作获取财物与享受服务的一种途径，不管是通过盗窃、勒索等直接手段，还是通过诸如毒品交易、买卖武器等间接手段。在这种情况下，加入帮派就可以被看成是一种"就业选择"。默瑟·沙利文（Mercer Sullivan）在研究布鲁克林帮派时发现，帮派中的成员都很善于通过犯罪方式"赚钱"。虽然他们这种行为远非主流经济，但他们却把犯罪赚钱当作一种"过日子"的方法，这也体现了他们"打破体制"的自豪感。从这个角度来看，在加入帮派之前，这些男孩就接触了犯罪活动，也就是说，他们把加入帮派当作提高自身违法"能力"的一种途径。

帮派身份并不是违法犯罪的必要条件。费利克斯·帕迪拉（Felix Padilla）在研究一个位于芝加哥的名为钻石帮（Diamonds）的拉丁帮派时发现了这一点。加入帮派的决定是在对合法机会进行评估之后做出的。钻石帮成员都是集体决策，任何单干的个人都会受到惩罚。该帮派维系着清晰的结构，实施与那些合法企业相似的功能，包括招聘员工、企业融资等。

帮派经历中的很大一部分是吸毒，吸毒者加入帮派的目的可能就是为了增加毒品的供应，并方便自己更容易得到毒品。特伦斯·索恩伯里及罗切斯特青年发展研究的同事们发现，青少年在加入帮派之前，他们的吸毒和犯罪率并不比那些非帮派成员高。而当他们加入帮派之后，他们的犯罪和吸毒率会提高，只有当他们脱离帮派时才会下降。索恩伯利得出结论，帮派会助长犯罪行为，而不会为那些心理失常或已经频频犯罪的青少年提供一个安乐窝。这一研究很重要，因为它为人生历程模型提供了支持，人一生中发生的类似加入帮派之类的事情会对犯罪行为和吸毒有重大的影响。

人身安全 根据斯珀格尔（Spergel）的观点，一些青少年选择加入帮派是出于对自身安全的一种"合理推算"。新进入一个社区的青少年可能会认为，如果他们一直与帮派不沾边儿，他们就会被骚扰或攻击。女孩加入帮派也是为了寻求保护。虽然她们可能会被团伙里的男性成员欺压，但是她们这样能免受附近非帮派男性的攻击。

加入帮派的动机或许源自不同种族或民族之间的竞争；居住在一个不同种族或民族群体占主导地位的地方的青少年，可能会认同加入帮派是一种寻求保护的方式。具有讽刺意味的是，相比非帮派成员，帮派成员往往更可能受到攻击。

乐趣和支持 一些青少年加入帮派纯粹就是想找乐趣。他们喜欢和一些与自己志趣相投的人混在一起，想要参与一些刺激的经历。有证据表明，青少年从同龄人那里学到支持团伙的态度，而这种态度则指引他们加入帮派。

有些专家认为，青少年加入帮派是为了获得一种家庭般的氛围。很多帮派成员提到，他们与父母的接触甚少，而他们的父母也大都失业或有吸毒的问题。那些家庭关系紧张的帮派成员也最有可能涉嫌频繁地参与严重的犯罪活动。换言之，青少年加入帮派是想弥补家庭生活经历的缺失。

"暴徒"式的生活方式 有些青少年融入帮派生活，是想强化他们已经选择的"暴徒"式的生活方式。他们之所以选择加入帮派，是因为它颂扬不良行为、犯罪及他们所信奉的价值观。这种暴徒式的生活方式又源自哪里呢？在某些情况下，孩子们看到附近的年长男孩行为粗暴却备受尊敬。有时候暴徒式风格模仿媒体大佬的服饰、趾高气扬的行事方式及说话口气等，像雅典电影《疤面人》中的托尼·蒙塔纳（Tony Montana）。故事以20世纪80年代的迈阿密为背景，这部电影的主角托尼·蒙塔纳［艾尔·帕西诺（Al Pacino）饰演］是一个铁石心肠的古巴移民，他凭借着他的街头智慧、韧性及无情的暴力接管了毒品帝国，在他屈服于贪婪和自己的心理恶魔之前，变得非常富有和强大。托尼对美国系统运转方式的分析体现了暴徒的生活方式。

在这个国家，你必须首先要学会赚钱。当你有了钱，你就会得到权力。当你得到了权力，你就会拥有女人。

帮派里的青少年男孩信奉电影里黑帮老大的生活方式和宿命论。他们使劲儿准备与敌对帮派成员和警察拼个你死我活。在这个犯罪横行的世界，帮派少年制定自己的游戏规则，做自己想做之事，不计后果地得到他们想要的东西。在这样的一种生活方式下，他们强求别人的尊重和认同，认为权力决定一切。暴徒们享受用暴力去报复他们的敌人或者展示他们的犯罪本领。像托尼·蒙塔纳这些人，他们的勇猛备受羡慕，并获得了尊重和经济收益。正如医生、律师或者警察认同他们的职业，并从职业需求和成功中收获自我价值。对许多选择加入帮派的青少年而言，自尊依赖于他们的暴徒行径。

这些青少年为什么加入帮派的观点在表5.1中进行了总结。

表5.1　概念摘要

	帮派形成的观点	
观点	前提条件	证据迹象
人类学观点	帮派迎合了青少年的族群意识	使用图腾、符号、密语和标志等
社会文化论观点	帮派之所以形成，是由于秩序混乱市中心区域帮派的存在	市中心区域破坏性社会文化力量集中
文化失范理论/文化异化理论观点	被疏远的青少年会加入帮派，社会道德的沦丧促使青少年从事犯罪行为	帮派活动回升
心理学理论观点	人格有问题的青少年成立帮派，并成为反社会的破坏性行首领	以暴力形式呈增加的趋势
理性选择理论观点	青少年加入帮派的目的是寻求保护、寻找乐趣、生存，并改善他们的生活	帮派成员彼此保护

离开帮派

虽然人们对青少年为什么加入帮派进行了很多的思考，而他们为什么离开帮派的原因就鲜为人知了。大部分人真的是在相对较短的时间里就脱离了帮派。在这方面，尽管盛行诸如"忠以血，叛以血"的说法，大多数帮派青少年会在帮派待一年甚至更少的时间。虽然青少年在帮派里待更长时间是大势所趋，但是这会导致帮派成员的老龄化，对大多数成员来说，参与帮派则是一个短期行为。

脱离帮派有两种不同的模式。

第一种模式是有些帮派成员选择突然离开帮派。突然终止帮派活动的原因之一也许是与帮派的长期暴力有关系。越多的青少年拉帮结派，他们就越有可能成为犯罪的受害者。

第二种模式是生活方式的改变促成的缓慢地、循序渐进地离开。有的成员离开帮派因为他要结婚了，并且想要花更多的时间在家庭和工作上。他们不会突然离开，而会是一个缓慢、成熟的过程，他们会慢慢地从帮派活动转向常规的活动。

不管选择哪种方式，离开帮派都会减少违法犯罪、暴力与被害。然而，并不是所有成员都能离开帮派，有些人似乎已经深陷其中。但是那些离开的肯定会大大降低他们的被害风险。

控制帮派活动

帮派组织的存在使社区居民们的恐惧与日俱增。在帮派横行的社区中，人们最害怕这些团伙的威胁恐吓、肆意破坏、胡乱涂鸦和吸食毒品等行为。在加利福尼亚州奥兰治县进行的一个调查发现，对居住在帮派横行的低收入街区的人们而言，他们每天都经历着对犯罪和帮派组织的恐惧。这甚至还产生了溢出效应，即使这些帮派组织不会立即威胁到人们的安全或者并非长期待在这个社区，人们对帮派组织和帮派暴力的恐惧也会一直存在。在帮派组织最集中的地区，威胁恐吓其他青少年、成年人及店铺老板的事情并不少见，对目击者或潜在目击者的威胁则尤为严重，因为这样可以避免他们被告上法庭。

相关未成年人

杰森：增强家庭关系的纽带

有时，如果青少年能得到合适的干预和治疗，他们是能脱离帮派的。杰森就是这方面的一个很好的例子。杰森，一名18岁的帮派成员，在其15岁时因为被判未成年人缓刑而移送帮派干预机构。在两年的时间里，他与帮派干预工作人员的接触并不频繁，相反，倒是经常进出未成年人司法机构，并且还得忍受其父母药物成瘾的煎熬。最终，杰森搬到了其女朋友家中居住，而他女朋友的父母也获得了其监护人的身份。他的女朋友怀孕，并生下一个儿子。杰森成功地完成了其未成年人缓刑期，但由于读写能力较弱而找不到工作。

杰森的主要目标是在交通运输行业找到一份工作，这样他就可以照顾他的儿子和女朋友。他也希望能修复与其父母之间的关系，他们也在努力解决他们的药物成瘾问题。帮派干预工作者为杰森与一个当地项目取得了联系，该项目帮助他拿到必要的证明文件，他还报名参加了一个在线高中文凭项目以解决他的读写能力欠缺问题，并获得了普通同等学力证书。帮派干预工作者还帮助杰森获得了家庭咨询服务，这样他就可以开始修复与其父母的关系，并为自己当好一个父亲积累更加有效的技能。

在与其干预专家一次次的会面期间，杰森分享了他内心最大的担忧是他的儿子将来会问及他的帮派文身。在其干预专家的帮助下，他报名参加了一个文身移除项目。在移除文身的过程中，干预专家得到消息，杰森隶属的帮派因其脱离组织而欲报复他，于是，干预专家又为杰森向帮派解释，他现在正专注于照顾自己的家，实现他的事业目标。此外，干预专家还为杰森制订了一个计划以避免杰森今后会与帮派产生任何交集。杰森成功地完成了高中文凭课程的学习，收到了其作为运输工人的文凭证明，并获得了一个初级职位。

目前，他已参加工作，并能照顾他的儿子和女朋友。

批判性思维：

自由论者主张，政府不应该介入人们的生活，并且应缩减政府参与的社会服务项目。类似杰森这样的事例能否使你信服,人们需要政府伸出援助之手,并且政府有提供帮助的义务呢?

由于目前帮派组织已经成为一个美国全国性的威胁,因此国家已经开始采取联合行动来控制帮派活动。事实上,联邦政府已经成立了一个国家反集团犯罪情报中心来收集犯罪团伙的信息以协调预防犯罪的行动(见附表5.2)。

附表5.2 国家反集团犯罪情报中心

为抑制帮派及其相关犯罪活动的发展,美国联邦调查局于2005年在国会的授意下成立了国家反集团犯罪情报中心(NGIC)。国家反集团犯罪情报中心整合联邦政府、州和当地执法机构三个层面在对美国产生重大威胁的帮派的发展、迁徙、犯罪活动及联系方面的情报。该中心通过及时分享准确信息和提供对情报的战略/战术分析的方式向执法机构提供支持。国家反集团犯罪情报中心位于华盛顿特区郊区,工作人员来自许多合作机构,并得到这些机构的支持,这些机构包括:美国烟酒枪炮及爆裂物管理局(ATF)、监狱管理局(BOP)、司法部(DOJ)、国土安全部(DHS)、美国海关和边境保护署(CBP)、禁毒署(DEA)、联邦调查局(FBI)、移民和海关执法局(ICE)、国家毒品情报中心(NDIC)和联邦执法官署(USMS)。

上述每个组成机构的数据库均可供国家反集团犯罪情报中心使用,像其他帮派相关的数据库一样,允许集中访问其中的信息。此外,国家反集团犯罪情报中心还为调查提供行动和分析支持。基于这些资源,他们确认了那些对社区具有最大危险的帮派,并借助于这些联合调查资源、统一的联邦法令、情报及用于对付有组织犯罪的调查手段应对这些帮派。

国家反集团犯罪情报中心专注于那些活跃于美国范围的帮派,这些帮派展现了系列、公共标识符与共同目标之间的犯罪相通性。因为很多暴力团伙并非处于一个国家层面的高度,所以国家反集团犯罪情报中心也会聚焦一些区域性帮派。国家反集团犯罪情报中心对情报进行评估、制作情报公报、联合机构情报及其他不标准的情报数据。

政府已经尝试过很多措施,其中一些措施借助有效的执法机关的帮助,依靠严厉的法律制裁来控制或遏制帮派活动。另一种措施包含为帮派成员提供专门为其设计的社会服务。

法律控制

许多州已经制定了专门用于控制帮派活动的法律。其中一种措施是增强对帮派行为的处罚力度，例如驾车枪击，这是一种帮派间非常盛行的报复方式。许多州已经通过了立法以加大对这类行为的处罚，并且增加制裁以防再次发生（例如，撤销驾车人的驾驶执照）。亚利桑那州的驾车枪击法律在附表5.3中进行了陈述。

附表5.3　美国亚利桑那州飞车枪击法规

1. 一人在机动车内故意掏出武器在机动车行进中向他人、另一辆有人的机动车或有人的建筑物开枪射击。
2. 使用机动车违反本条规定，将依据本法规第39章之规定予以没收该机动车。
3. 尽管依据第28标题项下第4章之规定，法官应命令被定罪之人向其交出驾驶证件，并且在交出该驾驶证件之后，应立即使该证件作废或对其进行销毁，并将定罪通知单转寄交通部，命令其取消该被定罪之人一年以上五年以下的驾驶资格。一旦收到该定罪通知单和命令，交通部必须依据法官的判决在规定的时间内取消被定罪之人的驾驶资格。
4. 飞车枪击是二级重罪。

其他行政辖区也已经将招募帮派成员、参与有组织的帮派活动及以实施帮派活动为目的四处游荡确定为犯罪行为。一些城市甚至已经制定和通过了反涂鸦法规来遏制帮派信息和威胁的扩散。附表5.4展示了丹佛市的反涂鸦法规。

附表5.4　科罗拉多州丹佛市反涂鸦法规

第34条第66款：禁止未成年人持有涂鸦材料
1. 任何不满18周岁的人持有灌装喷漆材料、宽尖标记笔、玻璃切割工具或者玻璃雕刻工具都是非法的。
2. 宽尖标记笔是一种笔尖宽度超过1/4英寸（约6毫米）的记号笔。
3. 拥有上述材料的人在下列地方或情况下面临指控时构成积极抗辩：
　　3.1　在自己家中；
　　3.2　在工作地点；
　　3.3　得到房产的主人、居住者或对该房产拥有合法控制权的人允许在该房产里拥有上述材料。

法律禁令　民间帮派禁令（CGI）是法院在一起民事案件中颁布的针对街头帮派及其成员在某一规定的安全区内禁止某种行为的一种预防性或永久性的法院命令，这些行为可能包括在公共场合非法聚集或非法入侵和违反宵禁命令等。其目的是减少此类行为及帮派活动对公共利益所造成的妨害。公共妨害是指以不合理的手段干扰他人安定的生活及对整个社区造成影响的活动。民间帮派禁令有效防止了根基较深、跨越几代并有固定活动区域的街头帮派在其活动区域公然从事犯罪和妨害公共利益的行为。

此禁令的目的是在帮派活动升级为暴力之前将其挫败。一些诸如得克萨斯州沃思堡市、加利福尼亚州旧金山市等行政辖区已经对帮派组织及其成员提起诉讼，要求法院颁布禁令，禁止他们在街头角落、车内或其他特殊区域非法聚集游荡。这些禁令能够阻止帮派组织成员彼此联系、携带武器、持有毒品、谋划犯罪及在安全区内展示帮派标志。安全区指的是帮派成员嫌疑人居住和帮派活动最猖獗的地区。有些禁令对帮派组织成员设定了宵禁令，即使他们已经到了可以合法饮酒的年龄，也禁止他们在公共区域饮酒。

违反禁令者将面临轻罪指控和被处以最高一年的监禁。在一些情况下，这些禁令甚至不允许帮派组织成员与开车路过的行人交谈，也不允许他们携带喷漆。一些拥护自由论的组织认为，这些限制措施太过分了，违背了人权。

一些受理上诉的法院已经对帮派禁令的范围进行了限定。在一起2001年发生的居民诉恩格尔布雷希特（People v. Englebrecht）的案件中，加州上诉法院做出裁决，在对某个人适用帮派禁令以限制其日常活动的权利时，检察官必须首先提供清楚且有说服力的证据证明此人属于帮派组织的成员。这起案件中，26岁的当事人大卫·恩格尔布雷希特（David Englebrecht）是三个孩子的父亲。尽管他不是帮派组织成员，他依然被要求遵从专门针对当地帮派的民间禁令。在这一禁令的约束下，恩格尔布雷希特不可以制造很大的噪声，不能吹口哨，不能穿某些被限制的衣服，不能说某些不被允许的话或者做某些手势，不能与其他自称为帮派成员的人在加利福尼亚州欧申赛德市方圆一英里（约1.6公里）左右的范围内一起出现在公共场合。尽管认识到该案件违背了事实（恩格尔布雷希特并非帮派组织成员），法庭还是宣布了裁决，相对于被错误地或武断地遭受法院对其日常生活造成的限制而言，所有非帮派组织的人更需要受到保护。

如果成功的话，这些禁令将赋予警方法律依据来阻止和审讯经常携带毒品和武器的帮派组织成员。当颁布民间帮派禁令后，有过涉及枪支、毒品及恐吓他人等重罪记录的帮派成员将不能与其他帮派成员在公共区域内聚在一起。此外，他们也要遵守民间帮派禁令的其他规定，倘若违反则会受到轻罪指控。民间帮派禁令的颁布使帮派犯罪和公共妨害有所减少，同时也为居住和工作在那些犯罪频发街区的人们提供了更好的生活质量。

执法推进

随着帮派从城中心扩散到外环、市郊，甚至是农村，警方已经组建了专门的帮派控制小组予以应对。调查发现，如果帮派成员害怕被拘捕和受到惩罚，他们可能会像任何其他罪犯一样被震慑住，因此警方应尽力提高震慑程度。了解这一点，警方更可能会逮捕一些已知的帮派成员，而不只是一些行为不端的青少年。

帮派控制有三种基本形式：

• 青年服务项目：在该项目中，通常来自青少年小组的传统的警务人员负责帮派控制工作。

• 帮派信息收集小组：该部门包含一名或多名通常来自青少年或侦查小组的警官，专门负责帮派控制工作。

• 反黑组：该部门是专门为处理帮派问题而成立的。该部门中有一名或多名警官专门负责帮派控制工作。

在美国超过一半的大城市中，大约1/4有帮派问题需要处理的执法机构都设有一个打击帮派的反黑组。根据美国国家帮派中心的数据，美国各地长期存在帮派问题和/或有较多帮派成员备案的执法机构更有可能设立打击帮派的反黑组。有些反黑组会以情报收集、积极严格的执法和打击帮派行动等方式开展活动。反黑组试图将帮派头目逮捕、起诉、定罪并关进监狱。芝加哥警察局的反黑组持续收集帮派情报，并对400名警官进行培训，教他们如何处理帮派问题。如果青少年被逮捕，警察在确认街头帮派成员后，会将他们的名字输入计算机数据库以便日后提供给反黑组。

帮派清扫　很多大的警察局保留反黑组，让它们进行帮派团伙的清扫活动。在这种执法活动中，大批警察带着逮捕令和搜查令进入社区，尽可能多地逮捕帮派成员。每个部门都有自己的一套清扫惯犯的方法。在拉斯维加斯，反黑组警官被分成几队，每一队都配有警车。一队警官会在帮派团伙经常出没和进行毒品交易的街道巡逻。另外两队开着警车在犯罪团伙经常出没的街道巡逻，与领队车保持同步。第四队警车依旧在街道的另一端，在视线之外缓慢地巡逻，慢慢向其他三队警车靠拢。这一策略的目的是将帮派成员赶向目标区域的中心，如此一来，疑犯想逃跑，警方追捕起来也会更容易。

帮派清扫：一种执法手段，在行动中大批警察带着逮捕令和搜查令进入一个街区，尽可能多地逮捕帮派成员。

警方干预策略　其他部门会采取一种以治疗为导向的方法。例如，俄亥俄州亚克朗市通过实施强制性宵禁制度进行帮派干预。一小部分反黑组警察会被派到高犯罪率及帮派横行的社区进行清扫活动，将那些有可能会加入帮派团伙和受到帮派暴力或伤害的青少年带离街头。当青少年因为违反宵禁法令而被逮捕时，他们会被送到一个名为奥利安娜的改造中心。在那里，青少年会接受专业的心理咨询，工作人员会就如何远离街头帮派团伙向这些未成年人提出建议。父母或监护人被通知去接回孩子，他们一到改造中心，就会拿到一些教育材料以便帮助孩子不要陷入帮派。之后，反黑组警官给涉嫌加入帮派的青少年的父母或监护人打跟进电话，并进一步落实奥利安娜改造中心提供的教育材料的内容。警察的目标地点取决于帮派团伙的活动地点、帮派团伙涉嫌斗殴的地点及帮派成员用来毒品走私和交易的地点。

社区警务策略　一些社区采用社区警务策略打击帮派团伙的活动，警官被派到社区维持社区的安宁。例如，波士顿市的打击青少年暴力小组（YVSF）就是波士顿市所采取的打击青少年帮派暴力的主要执法策略之一。这一小组是一个多部门协调合作的特别小组，包含45—50名波士顿全职警官及其他一些来自马萨诸塞州警局、美国财政部下属的美国烟酒枪炮及爆裂物管理局、附近辖区警察局、马萨诸塞州负责青少年改造、缓刑、假释等事宜的青少年服务中心（未成年人矫治中心）的工作人员及其他一些适当的机构人员。它与马萨诸塞州萨福克县地区检察官办公室与州司法部长办公室紧密合作，并参与了由美国当地检察官领导的司法部的反暴力犯罪法案倡议（AVCI）活动。这个小组负责调查青少年犯罪、逮捕相关人员和净化社会环境。经过联邦、州及地方三个层面的合作，大量吸毒窝点已经被捣毁关闭。之前的一些毒品交易地点已经被翻新，成为低收入老年人的住所。

另一个项目是"夜灯行动"，将打击青少年暴力小组与相关的牧师、外围的青少年工作人员及社会服务专业人士联合在一起，通过定期的家庭走访来预防青少年缓刑犯的暴力行为。夜灯行动中，一名试用期警官和两名正式警官为一组，在晚上7点至午夜这个非常规时间段对高危青少年缓刑犯的家庭、学校及工作地点进行突然走访。

波士顿市另外一个旨在减少帮派团伙的项目是"停火行动"，这是一个问题导向型的警方措施，将警察的注意力集中在那些经常发生帮派团伙活动和枪支暴力的特定场所。

社区层面项目

19世纪末，基督教青年会的社会工作者与芝加哥黑帮的青少年在一起工作。20世纪50年代，独立街工项目在帮派活动集中的几大重点中心区域兴起。社会工作者走进社区，与帮派在他们自己的地盘上一起工作。他们不仅参加帮派运动，还试图了解帮派成员的数量，目的就是为了担当这些青少年的保护者，为他们树立榜样，并解决他们面临的个人问题。

> **独立的街道工作者**：深入社区并与未成年犯罪团伙建立密切联系的社会工作者，他们的目的是帮助未成年违法犯罪者修正行为以符合传统的行为规范，帮助帮派成员获得工作和接受教育。

19世纪50年代到60年代，独立街工项目曾被誉为帮派抑制活动。尽管一些批评家声称，这项活动将那些犯罪群组变成了合法的邻里组织，但也有人认为这些街工们令帮派更加团结，因此新成员也纷纷涌入帮派。

当今社会，已经有为数不少类似的社区层面项目来压制帮派活动。有些地方利用晚间开放的娱乐场所监督帮派运动。在另外一些地方，全市的协调小组也会帮忙协调帮派抑制工作。在洛杉矶县，"帮派替代预防计划"（GAPP）还为那些即将扎根黑帮的青少年提供各种服务，包括个人咨询和团体咨询，针对青少年及其家长的二元文化和双语服务，另外还有一些特殊项目，例如学校讲座、警校联络、娱乐活动、为家长提供咨询和帮助的街工项目及其他一些服务。加利福尼亚州斯托克顿市警察局发起了一项名为"和平卫士行动"的帮派干预活动。这项活动的工作人员正是以前的帮派成员，他们走上街头，为想要离开帮派的孩子提供帮助。活动还包括每月举办一次的论坛活动，帮派成员能够从论坛获得现有项目的信息，同时也让其明白他们一直处于警方的监控之下。和平卫士行动自实施以来，涉及帮派的谋杀案件数量有了明显下降，同时这些街头工作人员也能与那些不愿接触穿制服的警察的青少年建立联系，这项活动因此获得盛赞。

此外，控制帮派活动的另一举措是将学校也融入项目中。有些学校邀请执法人员来到学校为学生们做讲座，讲解加入帮派的危害，教给他们抵制帮派的一些技巧。另外一些人则为这些学生的父母提供资源，帮助他们阻止孩子入帮，或将已入帮的孩子拉出来。

斯珀格尔模式　社会学家欧文·斯珀格尔是帮派研究方面的权威专家，也是斯珀格尔模式的开发者。该模式旨在帮助社区整治那些与帮派有瓜葛的年轻人，这已成为美国反帮派工作的基础。斯珀格尔的帮派预防模式已经被未成年人司法与犯罪预防办公室采用，并命名为"帮派抑制计划"。这项计划斥资数百万美元，通过一系列基于研究的干预措施来遏制那些促使未成年人犯罪和帮派活动的个人、家庭及社区因素，以减少目标社区内的团伙犯罪行为。该计划得到了地方政府、州政府及联邦政府的关注与支持。他们为这项计划提供资源以支持那些在预防、干预和镇压帮派活动方面做出卓越贡献的社区合作运动。这项计划所采用的举措全部经过认真测试，在控制帮派方面卓有成效。

评估帮派控制的方法

由于帮派活动在有些地方蔓延，警察将这样的帮派视为有组织的犯罪集团，并作为传统的有组织犯罪团伙来处理。这么做以便达成下列目的：

1. 通过刑事诉讼、重金收买及证人保护计划来发展线人；
2. 很大程度上依赖电子监控及长期的秘密侦查；
3. 制定专项法规，这些法规使犯有密谋罪、敲诈罪及加入犯罪集团的犯罪分子不得不承担刑事责任。

有时候，像此类激进的警察战术可能确实有效，但这些警察稍有不慎就会过犹不及，失去社区的支持。就洛杉矶警察局反街头暴力部门（CRASH）的反黑小组来说，这个小组成员在顶峰时有200名正式警官。他们组织过非常激进且咄咄逼人的反黑行动，其中就包括铁锤行动。在这次行动中，反黑小组踏遍洛杉矶罪犯最为集中的社区，即使黑帮成员有轻微的违规行为，比如穿花衣服、亮闪动牌、乱穿马路、违反宵禁命令等，他们也会将其逮捕。这个反黑小组每年抓捕帮派成员高达25000人次，大大减少了黑帮活动的发生，但问题也随之而来：小组成员滋生出一种好斗心理，整个洛杉矶警察局反街头暴力部门开始抵制监督，并公然蔑视政策和程序。这一亚文化群体最终引发堡垒丑闻，即洛杉矶警局反街头暴力部门的堡垒小组被指参与核心层面的犯罪活动。这些警官承认他们曾殴打帮派成员，并歪曲事实以莫须有的罪名控告他们。正因如此，这个反黑小组从一开始的警员齐备，被誉为反黑执法的楷模，跌至关门停工，历时约10年，主要原因是腐败堕落、滥用武力及侵犯民权；洛杉矶市政府花费了整整7000万美元处理与堡垒丑闻有关的诉讼案。这则丑闻已经被当成警世寓言来警示那些试图从事帮派控制活动的警察部门。即便如此，反黑工作中存在的民族倾向仍然是一大威胁。近期研究显示，相比于其他种族和族裔群体，警察更倾向于逮捕非洲裔美国黑帮成员。

极具讽刺意味的是，这些粗暴的镇压战术非但没能减少暴力，反而增强了帮派的凝聚力，一些本打算离开帮派的孩子也因此留在帮派。更令人难以接受的是，那段时间芝加哥警察对帮派的打压和监禁竟然令帮派暴力居高不下。从达拉斯、底特律和圣路易斯市反馈的结果来看，这些镇压手段并未对目标社区产生任何积极影响。事实上，多数进入帮派的青少年会在一年内离开，但这些执法行为有时会把矛头瞄准前帮派成员离开帮派之前参与过的违法活动。而对于参加过帮派活动或仅仅看起来像帮派成员的年轻人，警察也会劝阻企业老板为他们提供工作。

由于帮派仅能代表犯罪中的一小部分，而像这样极具激进性的镇压手段只会失去当地居民的支持，使这帮年轻人进入刑事司法系统，从而使情况变得更为糟糕。通常情况下，种族少数派的青少年是反黑行动的目标，这种镇压手段不禁让人觉得警察是针对少数族裔青少年。

与镇压手段相比，采取治疗优化整治策略的城市进展良好。纽约市就摒弃了洛杉矶市采取的激进手段，即使是在帮派犯罪骤升的情况下也没有采用。因此，纽约市的帮派暴力远远少于洛杉矶。帮派暴力严重的时候，纽约市建立了一套新体系，这套体系包括训练有素的街工和帮派干预项目，以有效的社会工作为基础，并且不受执法部门支配。帮派研究专家发现，截至20世纪80年代，纽约市的重度街头暴力已经逐渐消失，犯罪率创历史新低。

社会改革遇阻 除了社区镇压手段，社会和经济解决方案也同样富有挑战性。专家认为，要想减少帮派问题，需要成千上万的高薪工作职位。然而，这一解决方案似乎并不实际。未接受良好教育的帮派少年能够胜任的工作大多被移往海外，高薪制造业的工作机会尤其难得。想让一个过去5年来一直待在"瘸子帮"的帮派成员获得一份合法的工作似乎不太可能。他们在犯罪集团待得越久，找到好工作的概率就越小。让帮派成员一下子转变成拿高薪的专职人员似乎比登天还难。不过正如《循证未成年人司法》这个栏目讨论的那样，像"消除暴力"这样的项目就是一个成功的基于社区的帮派控制案例。

虽然社会解决方案对帮派问题似乎不太奏效，但证据表明，拉帮结伙是一个社会生态现象，所以必须当作社会问题来处理。如果在年轻人所居住的地方，现有机构满足不了他们的需要，他们就会趁帮派招募新成员时加入其中。社会问题自然要采用社会解决方案。减少帮派犯罪，关键在于改善青少年的生活。方案越有效，就会节省更多资金给那些亟待政府救济的人，比如老年人。司法政策研究院的一份国家报告提出了以下几条整改建议。

• 多用循证实践遏制青少年犯罪活动。政策制定者应该多多利用证据来介入犯罪行为，而非一味投入大量资金和无效的反黑手段来打压他们。科学证明，这对减少青少年罪犯大有裨益。

• 加强对前帮派成员的教育，为他们提供工作，改善其社区环境，降低他们重新融入社会的门槛。帮派研究人员认为，工作和家庭结构能够吸引青少年离开帮派。给他们一个积极进取的机会有助于改善公共安全，而不是像那些行之无效的政策那样，只会将他们锁在帮派中或加强他们对帮派的依赖。

• 把资源用到那些着实有效的安全措施上，而非浪费在冗杂拖沓的反黑行动上。黑帮禁令、帮派清扫及各种各样无效的反黑措施只会加强社区的负面形象，与青少年发展背道而驰。司法政策研究所认为，警方应停止那些加重青少年暴力的行动措施，并将资金运用于有效的安保措施上。

循证未成年人司法干预：消除暴力

经证明，消除暴力（以前称为停火协议）计划在预防和减少帮派暴力方面是一种在社区层面广泛采用的有效方法。在公共卫生模式的支撑下，该计划将暴力当作一种传染性疾病，尝试中断其下一次活动、下一次传播及下一次暴力行为。消除暴力计划瞄准一个小的目标群体：在不久的将来具有较高概率成为"枪手或被射杀对象"的社区成员。该模式通过三管齐下的途径来预防暴力。

- 发现与阻断。消除暴力是一个数据驱动模型。数据信息和关于街区的知识有助于确定我们应该专注于什么，如何集中资源及从何处下手对暴力进行干预。这些数据帮助我们确定受到最大影响的社区，并提供勾勒那些面临最大暴力风险的个体。

- 行为改变。消除暴力计划是在紧要关头介入，调解个体与群体之间的争端，阻止暴力事件的发生。该计划推广工作人员咨询客户，并为他们介绍各种服务项目；阻止暴力行为的工作者在街头发现目标群体的成员，调停帮派之间的冲突，尽力在一次暴力事件发生后阻止报复性暴力的循环发生。对从业人员的核心培训直接与他们的工作相关，并专注于冲突调解与反应对策。

- 改变社区规范。消除暴力计划旨在通过使用公共教育、社区建设活动、动机性访谈等方式改变人们对社区乃至整个社会层面最具风险的暴力的思维方式。对受到不对称影响的社区而言，暴力已经成为一种人们所接受甚至有些期待的解决冲突的合适方式。在街头暴力这一层面，消除暴力为那些以其他方式解决冲突并极有可能发生争执的人提供了方法。

对消除暴力计划的评估

对消除暴力计划进行的多点位评估显示，在帮派杀人模式方面发生了显著的变化

（例如，帮派涉嫌杀人及报复性谋杀的案件越来越少），这可以归因于这一计划的实施，然而，还没有任何单个地域在所有的结果测量目标方面均有所改善。

对巴尔的摩市的安全街道项目（该项目从2007年一直持续到2010年12月）的评估是对消除暴力计划衍生项目的第一次严格意义上的评估。安全街道项目推广工作人员共对276起事件进行了调停。"安全街道项目在巴尔的摩市四个暴力程度高的社区得到了全面的实施，吸引了成百上千高危青少年的参与，并调解了200多起有可能升级为枪击事件的争端。该项目的发起与一个受干预社区进行的两轮调查相关。调查结果显示，人们对于使用枪支解决不满的接受度越来越低。项目参与者从与项目推广工作人员的联系中在各个方面均受益匪浅，这些都可能保护他们不再陷入犯罪活动之中。因为枪支暴力造成的社会损失如此之大，社会成本如此之高，因此在公共和私人资源稀缺的情况下，防止枪支暴力应为重中之重。在减少枪支暴力和改变暴力环境下的社会规范方面，消除暴力计划模式是一种非常有前途的策略"。

批判性思维：

消除暴力旨在通过使用公共教育、社区建设活动、动机性访谈及其他更多的方式来改变社区层面的暴力文化。你认为像治疗计划这样的外部力量能改变已经发展多年的街头文化吗？我们还可以做些什么来减少社区层面的暴力犯罪行为？

总结

1. 熟悉同龄人对犯罪的影响

在青春期，朋友开始在决策方面产生比父母更大的影响；

在青春期中期，青少年力求得到同龄人的认可，并给他们最亲密的朋友留下深刻的印象；

同龄人的肯定对社会化具有重大影响；

童年时期的同伴关系对伴随他们整个人生的社交与情感上的发展具有重要的促进作用；

自称欠缺同伴关系或同伴关系紧张的青少年往往更可能有违法犯罪行为。

2. 概述浪漫爱情如何影响犯罪

青少年犯罪者报告说与他们的亲密伴侣有着频繁的接触；

青少年犯罪者与他们伴侣打架的次数也更多，言语冲突的程度也更高；

没有任何爱的承诺的青春期性行为会增加引发犯罪行为的可能性，这与没有爱的情侣关系引发的压力有关；

浪漫爱情实际上对违法犯罪有制止作用，这种情感会鼓励那些有犯罪历史的青少年减少从事违法犯罪行为。

3. 了解描述帮派的各种定义

帮派是参与违法犯罪行为的青少年的群组；

帮派是一个间质群组，这个群组的成员在社会的夹缝中生存；

帮派成员对其帮派的地位有清楚的自我认识，并使用专门的行话，具有统一的衣着、标志、色彩、涂鸦和名称；

即便大部分犯罪团伙成员大量的时间从事的都是非犯罪行为，但是帮派成员会承诺从事犯罪活动。

4. 讨论帮派的历史

17世纪，伦敦受到自称为赫克托尔帮（Hectors）、号角帮（Bugles）、亡命少年帮（Dead Boys）及其他五花八门名称的有组织的犯罪团伙的恐吓；

20世纪20年代，弗雷德里克·思拉舍通过对芝加哥市1300多个青少年群组的分析发起了对现代帮派的研究；

根据思拉舍所说，帮派之所以产生，是因为社会没能满足处于下层社会的青少年的需求；

20世纪50年代和60年代早期，帮派威胁和帮派暴力严重地冲击了大众意识；

20世纪70年代早期，对帮派活动的兴趣重新浮出水面；

帮派活动增长的原因之一可能是从事违禁药物或毒品的销售。

5. 分析有关帮派形成的各种理论

人类学观点认为，帮派勾起了青少年对组建部落这种人类祖先赖以生存的模式的

向往。打手势和涂鸦这两种做法都有着一股部落"风情";

社会学家普遍认为,来自市中心平民区的破坏性社会文化力量是帮派形成的主要原因;

一些人认为,帮派就是那些在生活中饱经磨难的青少年的"发泄口";

一些青少年或许是经过理性的思考后才加入帮派的;

一些青少年加入帮派纯粹就是想寻找乐趣。

6. 描述当今社会在使用的帮派控制方法的各种形式

许多州已经制定了专门用于控制帮派活动的法律;

其中一种措施是增强对典型的帮派行为的处罚力度;

一些行政辖区已经对帮派组织及其成员提起诉讼,要求法院颁布禁令,禁止他们在街头角落、车内或其他特殊区域非法聚集游荡;

在美国超过一半的大城市,大约1/4有帮派问题需要处理的执法机构都设有一个打击帮派的反黑组;

帮派清扫是一种执法手段,在行动中大批警察带着搜查令和逮捕令进入一个街区,尽可能多地逮捕帮派成员;

另一个方法就是为前帮派成员提供工作、心理咨询、教育及社交机会。

视点

毕业之后,你在一个地方帮派预防计划中担任职位。一天,直接对总统负责的国家帮派工作组的负责人向你发出邀请。该工作组成立以来一直通过包括美国联邦调查局、卫生与公共服务部等在内的各个联邦政府机构广泛搜集关于帮派的信息,旨在为地方政府提供一个打击帮派的总体规划。该小组负责人指出,帮派问题是一个大问题,而且愈演愈烈。美国范围内存在数以千计的帮派,他们的成员具有数十万之众。他说,政府消息人士指出,在过去的20年中,帮派成员数量有了显著的增长。迄今为止,无论是在州层面还是国家层面,政府都还没能采取任何措施以遏制有组织犯罪的这股不断增长的势头。国家帮派工作组希望你能加入这个团队,并为州和地方政府提供一个帮派活动控制模型。这一模型如果施行，会为减少帮派成员和活动提供一种低成本的方法。

你是否会建议警方成立反黑组，运用实战中形成的战术策略打击有组织犯罪集团？

你是否会建议重新开发那些帮派活动猖獗、安全形势恶化的街区？

你会尝试教育孩子加入帮派的危害吗？

你会建议开发一套治疗方案来帮助帮派成员吗？

你是否会告诉该工作组负责人，帮派有史以来一直存在，并且政府在减少帮派成员方面很可能无能为力？

第 6 章　　　　　　　　　　　　　　　　　　CHAPTER 6

学校与犯罪

你可能还记得发生在2013年的那一起案子。切尔西·钱尼（Chelsea Chaney），一名佐治亚州某中学的前学生，对其学校提起了诉讼，声称一名学校管理人员在她不知情或未经允许的情况下，在一次专题讨论会上对数以百计的当地家长及学生展示了她穿比基尼泳装的图片，以强调社交媒体的危害。在她17岁的一次家庭旅行时，钱尼站在说唱歌手史诺普·道格（snoop dogg）的一个纸板剪贴画旁边摆了个造型拍下了这张照片。钱尼将她的这张照片发布在她的脸书社交网页上，她以为只有她的"脸书好友"才能看到这张图片。斯塔尔米尔高中（Starr Mill High School）举办这场专题讨论会时，钱尼恰好是这所学校的一名学生，并且还是未成年人，这张照片配有这样的文字："一旦存在，就会永驻。"她的名字也赫然出现在照片上。钱尼后来告诉媒体："我当时非常尴尬，也很恐惧。我从来没有想过这样的事情会发生在我身上。"据学校官员所说，他们未能获得——或者显然甚至连尝试获得钱尼或其父母的允许都没有。一名学校官员后来虽然以书面形式向她道歉，解释说这张图片是"随机选择的"，但道歉并没有让钱尼或其家人感到满意。正如他们的律师对媒体所言："他们以为，无论什么，但凡发布在'脸书'上，就赋予了他们剽窃及对其全权处理的许可。他们这么做无论在伦理上还是道德上都是不对的，在法律上也是绝对错误的。"钱尼方面在诉讼中主张，学校以这种方式使用钱尼的照片，无疑是公然将这一未成年人贴上了"纵欲和酗酒的标签（或者以现在通俗的话来说就是一个酗酒荡妇），她应该对自己的网络发帖要多加小心"。

切尔西·钱尼案阐明了教育体系所面临的很多严重社会问题中的一些方面。学校官员所做的日常决策必须要平衡学校的安全需要和学生的隐私权。他们渴望创建纪律，并防止学校犯罪，在这些方面他们或许行事有些鲁莽，因为在他们选择投身教育事业时，或许对这些方面并没有思考太多！钱尼案表明，学校官员在试图控制那些依赖网络进行交流的学生时或许有些不知所措。跨越界限可能使学校官员处于尴尬的境地，还要付出金钱的代价，并削弱其在家长和学生眼中的可信度。

由于人们发现学校环境对学生的情感状况和未来成就均有重要的影响，所以这些问题比原本想的要更为重要。有些研究成果表明，学校环境的影响可能比家庭环境的影响更大。因为青春期很长的一段时间是在学校里度过的，所以犯罪行为和教室里发生的各种事情之间存在某种联系就似乎合乎情理了。虽然学生在学校的经历如此重要，但国家的教育体系在最近几年曝光了种种丑闻和问题，从校园枪击案到教育失败，从预算削减到令人极为尴尬地披露教师与未成年人发生性关系并因此被判处长期监禁。

大量研究已经证实，违法犯罪与学业成绩息息相关。专家得出结论，很多违法犯罪的潜在问题及其预防和控制与学校经历的性质和质量是密切相关的。尽管观点各异，但大多数理论家均在这方面达成共识，即与教育体系相关的问题是造成未成年人犯罪率相对较高的部分原因。

在本章中，我们首先会探究教育成就与违法犯罪是如何发生关联的，并且学校经历中的哪些因素会促成犯罪行为。其次，我们会转向校园环境下的违法犯罪，如肆意破坏、偷窃、暴力等。最后，我们会着眼于学校层面为预防违法犯罪所做的各种努力。

社会化程度与状态

教育经历的另一重要方面是，孩子们能与他们的同龄人共度校园时光，并且他们大部分的课后活动也是和同学待在一起。年轻人越来越依赖同学，而对成年人的角色典范越来越不感兴趣。同伴文化的标准往往与成人社会格格不入，一种独特社会系统下的伪文化随之形成。这样的一种社会环境可能不会将守法行为奉为他们的价值观。沉浸在这一青年文化中的孩子们远比成年人更加崇尚勇敢、反抗和玩乐。

学校已经成为经济和社会地位的首要决定因素。在这个科技时代，要想拥有一份"成功"的工作，教育是关键。父母再也不能仅仅通过社会阶层划分来确保孩子的地位了。教育成就作为经济成功的决定因素，就算仍没有经济成功重要，也已经变得与其同等重要。这种对教育价值的重视是由父母、媒体和学校共同培养起来的。无论来自什么样的社会或经济背景，大多数孩子从小就相信教育是成功的关键。然而，许多青少年学业成绩却达不到合格标准。无论这个失败是以哪种方式来衡量的——测试成绩？不能升级？或是辍学？失学的发生率仍然是美国社会的一个主要问题。

学校本身已经成为推动社会变革和发展的引擎。学校废除种族隔离的努力预示了一个种族关系改善的新时代的到来，从长远来看，这可能有助于降低犯罪率。在班级同学大部分都是白人的州接受教育的非洲裔美国青少年在成年以后面临的监禁率会大大降低。种族包容在学校发挥的建设性作用随着时间的推移已经变得越发明显，这说明继续推行教育融合势在必行。

教育的问题和议题

美国对一些发人深省的教育新闻有了清醒的认知。中国首次参与国际标准化测试课程，该课程被称为国际学生评估项目（PISA），由经济合作与发展组织主办，该组织位于巴黎，参与该课程的国家包括世界上主要的工业强国。

上海的5000余名15岁的学生参加了国际学生评估项目在数学、阅读和科学方面的测试。结果令人大吃一惊：中国学生的分数超过了其他数十个国家的学生，包括美国。参加测试的学生并非为了让中国享誉全球而精心挑选的精英学生，他们实际上只是上海各种学生的典型代表。

更令人不安的是，美国在大多数学科上排在第23位或第24位。国际学生评估项目测试分值有一个数值范围，平均分为500。参与国2/3的学生得分在400～600分之间。在数学测试中，上海学生平均分为600分，新加坡为562分，德国为513分，而美国为487分。在阅读测试中，上海学生平均分为556分，排在第一位，韩国学生以539分位居第二名，而美国学生仅为500分，位居第十七名。在科学测试方面，上海学生平均得分575分，领先第二名芬兰554分的成绩21分，而美国得分仅为502分，排在第23位，与波兰并列。

这些结果反映了中国人对教育的尊崇。中国的文化体制强调师资培训以及鼓励学生花更多时间在学习上，而非像体育这样的课外活动。与美国学生相比，中国学生用在体育、音乐及其他与学术核心科目无关的活动上花费的时间要少得多。同时，近年来，教师在中国已经成为一种备受尊重的职业，并且教师工资也相应地有所上升。在上海，政府已经实施了重要的课程改革，教育工作者在教育实验探索方面有了更大的自由度。相比之下，美国的预算削减已经导致教师裁员和特殊项目的减少。当学生们看到一个球员签下2500万美元的年度合同，而年薪仅为25000美元的教师要求适当地加薪则被认为贪得无厌时，让他们相信教育的价值所在是很困难的。

尽管在这些测试上美国落后于其他国家，但是事实上，在过去的十年里，美国在阅读、数学和科学成就方面也取得了一些进步。例如，如图6.1所示，当今相当数量的四年级学生比1990年的四年级学生更加精通数学，并且水平呈现不断提高的趋势。

虽然这些研究发现令人备受鼓舞，但是仍然存在一些重大的问题：在这期间，阅读成绩并没有显著改善，种族和伦理差异在阅读和数学成绩上的影响经证明难以去除。

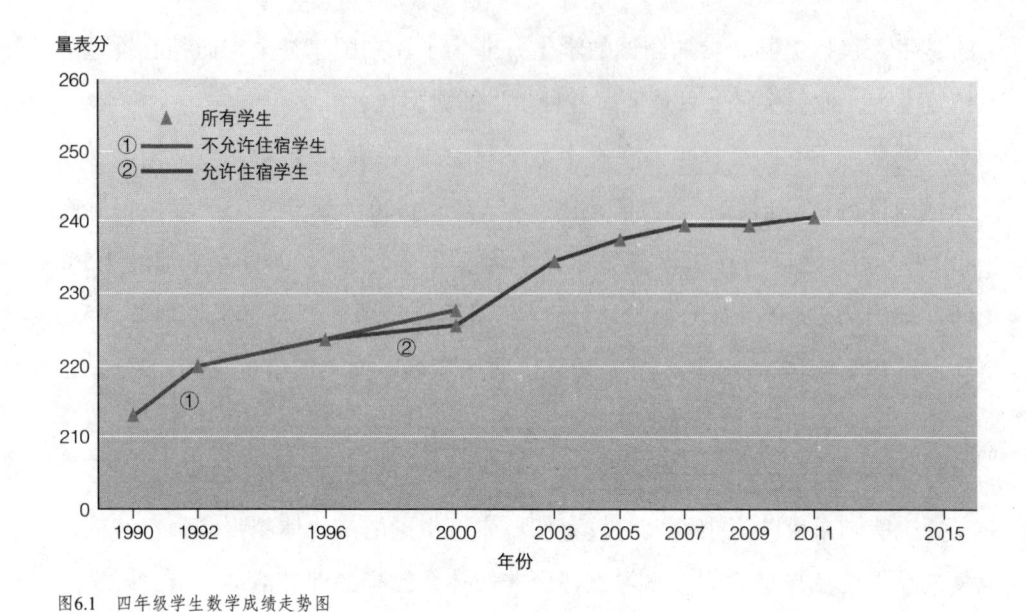

图6.1　四年级学生数学成绩走势图

经济上的不足与教育成果

并非所有美国学生均远落后于国际学生。遗憾的是，贫困儿童入学时在知识储备和人们普遍认为最基础级别的社交能力表现方面要落后于经济条件好的同龄人。他们在阅读和数学能力、亲社会行为、行为问题及学习准备方面还存在巨大差距。许多孩子对印刷和写作的基本规则尚不熟悉（例如，英语阅读应遵循从左往右、从上至下，或者一个故事在何处结束等）；在母亲的受教育程度仅为高中及以下的人群中，她们的孩子大约有1/3存在教育上的不足，相比之下，那些拥有大学甚至更高学历的母亲，她们的孩子中存在教育不足问题的比例仅为8%。许多贫困家庭的孩子在核心学科上未能达到同年级水平。因此，他们面临更高的特殊教育处置和留级比率。

少数民族学生　虽然少数民族学生在过去几十年里在很多教育指标上已经取得了进步，但与欧洲裔美国学生相比他们仍然面临更大的困难。民权资料收集（CRDC）进行的一项涉及美国72000多所学校的调查的最新数据涵盖了一系列的问题，包括大学和职业准备、纪律、学校财务及学生保持率等。最近发现了如下这些差异。

- 学英语的学生（ELL）占民权资料收集所涉及高中注册学生的6%，但却占了留级学生的12%。
- 只有29%的少数民族学校开设微积分课程，相比之下，在册黑人和拉美裔学生最低的学校开设微积分课程的比例为55%。
- 少数民族学校的教师年薪比同一地区少数民族学生比例最低学校的教师要少2251美元。
- 尽管黑人和拉丁裔学生占此次调查学生总数中的44%，但他们参与资优课程的比例仅为26%。
- 该数据也表明，有很多黑人和拉丁裔学生的学校往往可能配备经验相对缺乏和低收入的老师。通常来说，少数民族学校的教师每年的工资比其他地方的同事要少。

少数民族学生教育成绩滞后的原因之一是他们比欧洲裔美国人更有可能面临学校纪律处分，这一事实与包括辍学和犯罪在内的各种社会问题有关，并且这可能也是造成所谓的"学校监狱链"的部分原因。《犯罪聚焦》栏目相当详细地探讨了这一问题。

犯罪聚焦：学校纪律、在校机会和弱势未成年人

在2012年3月，美国教育部发布了一份包含一项国家调查数据的报告，这项国家调查涵盖了72000多所学校，占美国公立学校85%的学生，该报告表明，公立学校的少数民族学生，尤其是男生，相比其他学生要面临更严厉的纪律约束。1/5的非洲裔美国男生以及多于1/10的非洲裔美国女生受到过停课的处罚，并且总体而言，黑人学生被停课或开除的概率为白人学生的3.5倍左右。非洲裔美国学生，尤其是男生，与同龄人相比，往往更容易被停课或开除。非洲裔学生占了样本学生的18%，而35%的学生被停课一次，39%的学生被开除；超过70%在学校被逮捕或被交付执法机构的学生为拉丁裔或非洲裔学生。非洲裔与拉丁裔学生，尤其是那些残疾学生，也遭受严重的隔离与限制。残疾学生占这一学生群体的12%，而其中70%遭受身体约束。非洲裔残疾学生占了总数的21%，而其中44%的非洲裔残疾学生遭受诸如被捆绑之类的机械束缚。拉丁裔白人占非残疾学生总数的21%，他们占被隔离的非残疾学生的42%。很多美国的主要地区对不同种族的学生有着非常不同的处罚比率。例如，在洛杉矶，非洲裔学生占注册学生总数的9%，但占被停课学生总数的26%；在芝加哥，他们占学生总数的45%，但占被停课学生总数的76%。

在现代社会，任何形式的制度上的种族差异都是让人难以忍受的，而美国教育部披露的这些差异仍然存在，这恰恰表明美国的学校体系面临一个非常重大的问题。

批判性思维：

鉴于纪律惩罚实施的严重不对称性，您会倡导在学校采用同行评议机制，并允许学生参与到决策过程吗？如果不这样的话，原因是什么？

辍学

学校里每天都有成千上万的年轻人旷课；其中很多人为无故旷课，被视为逃学。一些大城市的报告中提到，在某些特定的日子，数以千计的学生会无故旷课。逃学会导致失学和辍学。

> 逃学：未经允许不去上课。
> 辍学：在完成规定教育计划之前离开学校。

中学阶段辍学会在经济和个人层面产生长期而严重的后果。比起受过更好教育的同龄人，辍学者往往不太可能找到好工作，而且他们经常面临相当高的失业率。

辍学者也面临着一些个人问题。据说他们比那些完成了中学学业的成年人的健康状况更糟糕一些。在美国监狱的在押人员和死囚犯中，辍学者占了相当高的比例。在16岁到24岁的辍学者中，其监禁率比同一年龄阶段的大学生高了63倍。虽然入狱与提前离开中学（辍学）的决定没有直接的联系，但是辍学者暴露在许多社会经济压力之下，而这些往往与犯罪相关。中学辍学者对社会的税收贡献较低，对医疗补助、医疗保险和社会福利的依赖程度过高，并且具有更高的犯罪率，其一生就无形为社会经济增加了数十万美元的成本。

在一些被戏称为"辍学工厂"的中学（大部分位于市中心的平民区），学生毕业率为40%甚至更低。在美国，仍然有超过1700所类似"辍学工厂"的学校。尽管这些学校仅占美国所有公立中学的一小部分，但是每年这些学校的辍学人数占了美国所有中学辍学人数的一半左右。

辍学工厂：毕业生人数占九年级学生总数的60%或以下的中学。

尽管受到全国关注，但这些学校的辍学率一直居高不下，并且改进方案一直迟迟没有出台。当然，也有一些成功的例子：在过去的十年里，在一些城市，如芝加哥和纽约，"辍学工厂"中学的数量实际上已经下降了。状态辍学率也有所下降，状态辍学率是指某一未在学校注册并没有获得高中毕业文凭（毕业证或同等学力，如普通教育发展证书）的年龄群组的比例。根据这一标准，16岁至24岁辍学并没有拿到高中毕业文凭的学生略低于10%，相比40年前高达15%不能完成高中学业的比例，这是一个显著的下降。自1972年以来，白人、黑人和拉丁裔学生的状态辍学率均有所下降，比例最低的是白人学生，最高的是拉丁裔学生。

状态辍学率：某一未在学校注册并没有获得高中毕业证或同等学力的年龄群组的比例。

为什么孩子们会辍学？ 在调查中，大部分辍学者说他们之所以离开学校，要么是因为他们不喜欢上学，要么是因为他们想要找份工作。早熟的孩子参与吸毒或其他危险行为，他们可能会辍学以追求一种成人的生活方式。其他辍学因素包括学业成绩低、较差的解决问题的能力、自尊心不强、与老师相处困难、对学校不满以及相对于适用年级年龄太大等。有些辍学者无法与老师相处，被停课或被开除。几乎有一半的女生辍学者之所以离开学校是因为她们怀孕或已经生下孩子。

贫困和家庭功能失调增加了所有种族和族裔群体辍学的可能性。相比正常毕业的学生，辍学者往往更有可能生活在单亲家庭里，并且他们的父亲或母亲本身就是后进生。父母收入高的家庭的孩子比贫困的同龄人具有更大的可能性完成高中学业。每年，低收入家庭的学生辍学的可能性是高收入家庭学生的四倍以上。

一些青少年除了辍学别无选择。他们之所以被学校开除，或是因为注意力不集中，或是出勤率低得可怜。老师给他们贴上"麻烦制造者"的标签，学校管理人员用停课、转学及其他手段来"说服"他们离开学校。因为少数民族学生往往来自一些会干扰学校出勤率的环境，所以更容易被贴上"不守规则"的标签。基于种族的纪律惩罚可能会助长少数民族学生较高的辍学率。虽然在过去的三十年里，非洲裔美国学生的辍学率相比白人学生辍学率有了明显的下降，但是少数民族学生的辍学率仍高于白人学生。

舍曼·多恩（Sherman Dorn）在他极富思想的书《辍学之源》（*Creating the Dropout*）中表明，在20世纪，毕业率虽缓慢但稳步上升，区域、种族和民族差异对毕业率的影响下降。尽管如此，他认为，少数民族的辍学率相对较高是因为40多年前制定的惩戒政策，当时反对学校种族隔离的教育管理者采用了一种基于种族的停课和开除政策，该政策意在促使少数民族学生离开学校使之成为全是白人学生的高中。这一政策对当代学区仍然存在影响。多恩认为，辍学问题是教育机会的不平等所致，而并非学生个人的失败。未能高中毕业的黑人学生的比率相比白人学生仍然很高，这是因为教育系统仍然无法为少数民族学生提供他们所需的各种服务与支持。

辍学者离开学校后犯罪更多？ 传统观点认为，辍学者犯罪较多，并且辍学会导致孩子们进入一种不良的生活方式。毕竟，辍学者在美国监狱在押人员和死囚犯中也占了相当高的比例。尽管存在这样的观念，目前对辍学影响的研究是个大杂烩。虽然一些研究结果表明辍学会增大孩子参与犯罪的可能性，但其他尝试并没有发现一种辍学效应。

孩子辍学的原因可能会影响其随后的行为。那些因经济或社会原因（比如，他们有了孩子）而辍学的人比那些因为行为问题而辍学的人或许不太可能去犯罪。造成辍学的社会问题也可能激发社会行为。加里·斯威腾（Gary Sweeten）和他的同事们发现，那些真正早早离开学校的孩子们往往有长期失学和反社会行为的经历。斯威腾发现，导致辍学的终身社会问题也解释了学生辍学后参与犯罪活动的原因。

当然，并不是所有的孩子都会辍学，有些会克服困难，然后留在学校，如案情简介中的"席亚拉案"。

成绩与违法犯罪

无论辍学与否，在学校表现较差的学生都有产生违法犯罪行为的风险；长期学业不良的学生最有可能做出违法犯罪行为。事实上，研究人员发现，相比诸如经济层级、种族或民族背景、同龄群组关系等可变因素，学业失败是预示违法犯罪行为的一个更强的变量。通过对比不良青少年和正常青少年的学业成绩（包括标准化考试成绩、不及格率及其他学术检测），研究者发现，不良青少年往往存在学习方面的缺陷，这一情况可能导致他们退学并参与反社会行动。那些表示不喜欢上学并在学校表现不好的学生最有可能做出违法犯罪行为。与此相反，高危青少年，甚至那些曾经遭受虐待的青少年，他们在学校表现很好，往往也不会参与违法犯罪行为。

案情简介

席亚拉案

席亚拉（Ciara）与她的母亲和三个兄弟姐妹一起生活在纽约市东哈姆雷区。她的父亲对家庭一点儿也不关心，他们仅仅能勉强维持生计，主要依靠席亚拉的祖母看护孩子。从很小的时候，席亚拉在学校中，无论在行为方面还是学业方面都出现过问题。在阅读方面严重落后于年级水平，还经常挑衅她的老师及其他成年人，扰乱课堂秩序，席亚拉面临很大的辍学风险，甚至将来可能会从事违法犯罪行为。那些被她视为仅有的朋友的年长的问题青少年为她在行为上树立了一个坏的榜样，导致她产生了更多的问题。让她感到自信和开心的一个方面是在篮球场上，在那儿她可以展现出她的才智及对这一运动的热爱。

她的学校发起了一项必修的课后辅导项目，席亚拉开始参加一个叫"击鼓的力量"的项目，这是一个为青少年提供学习西非传统、非洲-古巴和非洲-巴西击鼓的技术和文化/历史意义的青少年领导训练项目。这一项目发起的目的在于使学生通过发现自律、团队合作、创新、责任及自尊的好处来建立自尊和自信心。作为一个拥有非洲裔血统的女孩，席亚拉被鼓的力量及非洲击鼓的节奏深深吸引住了。学习传统手鼓的过程需要自律、时间投入和实践训练，并能使学生认识到，他们通过运用自身的正能量及自主性可以实现他们的目标。

席亚拉在学习这一项目的过程中茁壮成长。尽管她仍然对学校教职工进行多次挑衅，并由于她的生活及社区环境还处于违法犯罪的风险之中，但她在这个"击鼓的力量"项目上展现出了很大的兴趣和动机，也取得了一些成功。她喜欢鼓和音乐，并且她与运作这一项目的青少年导师保持着联系。因为"击鼓的力量"这一项目是在学校进行的，这一项目的导师可以每天与席亚拉的老师和学校职工就她的进展情况进行沟通，他们也可以就一些对席亚拉持续的关注进行讨论。如此一来，当席亚拉出现问题或需对其进行教育时，通过这一项目就可以立即得到解决。不仅如此，这一项目的导师也与席亚拉的母亲保持着密切的联系。

参与"击鼓的力量"这一项目几年来，席亚拉与她的项目导师建立了很好的关系，而同样她的导师也给予她莫大的激励，对她的决定和选择产生了积极的影响。击鼓对席亚拉大有裨益，她对非洲音乐的兴趣不断增强，让她产生最大改变的莫过于她与导师之间的关系。她开始理解自己的行为及糟糕的选择是如何影响她的生活的。席亚拉认识到了自制及每天为自己设定优先事项的重要性。在看到所有这些事情给她带来的变化之后，她也开始对生活有了更加积极的目标。席亚拉的母亲与学校的联系也更加密切，在需要的时候也会与"击鼓的力量"项目的专家进行沟通。学校专家及"击鼓的力量"项目的支持对席亚拉的母亲大有帮助，一直以来她都是忙于自己的事而无暇顾及她的女儿，但现在她却能更好地鼓励自己的女儿走向成功。

批判性思维：

席亚拉最终从这一项目毕业了。她将继续学习，并期望在高中毕业后能进入大学学习。她已经脱离少年司法系统，并且能够在"击鼓的力量"项目导师的支持下在生活上做出重大的改变。这一事例能否证明这一项目是成功的呢？您能为席亚拉改善的状况给出其他解释吗？

学业失败和违法犯罪之间的联系常常体现在惯犯身上。相比高中毕业生，那些没有取得文凭就退学的人更有可能参与持续性犯罪。根据马文·沃尔夫冈（Marvin Wolfgang）基于费城的研究——《同届出生人口的违法犯罪》（*Delinquency in a Birth Cohort*），仅有9%的惯犯顺利从高中毕业，而没有违法犯罪行为的学生正常毕业的比例则高达74%。与没有违法犯罪行为的学生相比，惯犯在学校也受到过更多的纪律处分。

学业成绩和持续犯罪的关系得到了一系列调查的支持。调查表明，在被监禁的重罪犯中，接受了12年或以上教育的人的比例低于40%，而在普通人群中这个比例是80%左右。总而言之，在塑造青少年人生方向上，学校的经历是其中的一个重要因素。

学业失败和违法犯罪后的方向

虽然人们已经一致认可学业失败与违法犯罪之间存在一定的联系，但关于这一联系的性质与方向仍存在一些问题。具体而言，关于这一联系有三种不同的观点。

• **学业失败是造成违法犯罪行为的一个直接原因。** 孩子们在学业失败后不久会滋生挫败和被遗弃的感觉。他们认为，自己通过常规方法永远不会取得成功，于是就开始寻找志趣相投的伙伴一起参与反社会行为。学业失败激起了孩子对生命中重要人物的负面反应，包括老师、父母及将来的雇主。这些反应深化了他们的不满足感，并且在一些情况下会引发长期的违法犯罪行为。

• **学业失败导致的情感和心理问题是造成反社会行为的实际原因。** 学业失败会伤害自尊，而自尊受损正是违法犯罪的元凶。研究者通过测试学习能力、自尊等各种方式表明，学业较好的学生比学业较差的学生对自己持有更好的态度。研究发现，自尊心低可能会引发违法犯罪行为。这一联系由开始的学业失败引发自我意识消沉，从而导致违法犯罪行为。学校或许可以采取提升面临学业挑战的学生的自我形象的系列措施来减轻这种影响。

• **学业失败与违法犯罪存在一个共同的起因。** 二者均是由另一个相同的外界条件引发，例如生活在贫困地区或受到一个不良的家庭环境影响从而导致社会化。

学业失败与其他事件的关系

尽管在学业失败与违法犯罪的关系方面仍存在分歧，但是人们对于"教育经历导致违法犯罪行为"这一观点很少有争议。人们会把许多因素和学业失败联系起来，本章下一部分将详细阐述其中最主要的几点。

个人问题 有些孩子在入学时就存在一些个人问题。由于出身贫寒、社会经验不足等原因，一些孩子缺乏语言表达能力，而这种能力是教育成功的先决条件。也有些孩子生长在不健全家庭中，学习成绩不佳往往与这种混乱的家庭生活有关。

还有很多孩子患有心理障碍。这些学业失败并参与违法犯罪的青少年可能经受着抑郁及其他心理障碍的困扰，而这些与其学业失败和参与反社会活动有关。人格结构也可能是其中一个关键因素。缺乏自制力的孩子更有可能学业失败并参与违法犯罪活动。冲动的性格也会造成孩子学业失败和从事违法犯罪活动。

学业失败也可能与孩子存在学习障碍或阅读障碍有关，如果运用合适的资源，这些困难实际上是可以通过医治解决的。

社会阶层 在20世纪50年代，阿尔伯特·科恩（Albert Cohen）的研究显示，违法行为是出现在低工薪阶层家庭学生中的一种现象，他们缺乏各种配备以至于在中产阶层学生居多的学校中玩不转。科恩将此称为未能达到"中产阶层标杆"现象。杰克逊·托比（Jackson Toby）进一步强化了这一概念，他认为，下层社会的孩子在学校里的劣势（例如，缺乏语言表达能力）是由他们在社会结构中所处的地位决定的，而这些劣势助长了违法犯罪行为。下层社会孩子的辍学率高于平均值这一事实也证实了这些观点。

为什么下层社会的孩子可能在学校表现差？原因之一是他们的家庭经济状况迫使他们学习期间需要做兼职工作。在学习期间工作，这已经降低了对教育成绩的时间投入，同时也与更高层次的违法犯罪行为联系在一起。

分轨制度 大多数研究者将学业分轨制度（将学生依据其能力和学业水平进行编组）视为学生失学的原因，对非高等教育学校学生实行分轨如同毫无意义地将其置于被人遗忘的境地。研究表明，分轨制度下的非高等教育学校学生见证了更多的学业失败和成绩逐步恶化现象，他们很少参与课外活动，辍学倾向更为严重，并且参与更多的违法行为。

分轨制度：将学生依据其能力和学业水平进行编组。

有些学校的领导开始对低年级学生实行分轨制度。这些教育工作者把青少年分成不同的群组，并为这些群组取了一些无伤大雅的名字（如"特别充实计划"），但可能贴上了"学习能力不足"的标签。高中生可以根据能力在单一科目下进行分组。各班级按照学习能力从高到低依次为：高级班、提高班、普通班、基础班和补习班。一个学生的所有课程都被分到一个或两个等级中是很普遍的现象。

这些学校为学生贴上的标签对学生的影响随着时间的推移而逐渐加深。如果学生在学业上失败一次，那么他往往会失败第二次，以此类推。一次又一次的失败会使学生认为他们不适合学习甚至应该辍学。分轨制度的实行使部分学生对获得学业成功感到毫无希望，从而导致失去学习动力，这或许就助长了之后的违法犯罪行为。

疏离 学生与学校的疏离也被认为是学生失学和违法犯罪行为之间的某种联系（见表6.1）。那些表示既不喜欢上学也不在乎老师观点的学生更有可能做出违法行为。疏离可能是因为学生看不到他们在学校所学知识和现实之间的联系造成的。他们所接受的教育和现实世界之间的差距导致他们感觉学校的经历其实就是在浪费时间。

表6.1 学生与学校疏离的原因

学校规模 由于较小的学区被合并为跨司法管辖区的学区，学校的规模不断扩大。在1900年，美国有150000个学区，而如今只剩下大约16000个学区。规模较大的学校往往相对缺乏对学生的人文关怀，能找到有意义的活动和参与途径的学生相对较少。老师和其他学校工作人员没有机会处理学生在学习或行为问题上的早期迹象，因此也就无法阻止违法行为。

课程脱节 有些学生可能看不到他们在学校所学知识与现实的相关性或重要性。他们所接受的教育和现实世界之间的差距导致他们感觉学校的经历仅仅是在浪费时间。

（续表）

缺少回报　许多学生，尤其是那些来自低收入家庭的学生认为上学对他们的未来没有回报。由于认为通过教育这种合法渠道似乎对今后的人生毫无意义，对于那些无心上大学或在他们的职业生涯中不会直接用到高中所学知识的学生而言，因此非法活动这一选择就变得越来越有诱惑力。

对中上阶层的偏爱　在许多学校，对大学预备课程的重视和职业技术教育的次等地位让一些来自下层社会的学生产生了疏离感。此外，学校的教学方法和教学材料均反映了中产阶层的习惯、语言和风俗，而这些对贫困学生而言意义不大。

　　许多学生，尤其是那些来自低收入家庭的学生，认为上学没有回报。对他们而言，由于认为通过学习这种合法渠道对今后的人生似乎毫无意义，参与违法活动就变得越来越有诱惑力。许多学校非常重视开设大学预备课程，这就凸显了对中上阶层家庭学生的偏爱。此外，学校的教学方法和教学材料均反映了中产阶层的语言和风俗习惯，而这些对贫困学生而言意义不大。

　　与此相反，成功融入学校生活的孩子们也会发现，这种认同感可以帮助他们抵制学校中易诱发违法犯罪行为的因素（如反社会同龄人）。那些表示喜欢上学和参加学校活动的青少年不太可能参与违法犯罪活动。在那些公平对待学生且规章明确的学校，这种参与变得非常有益。如果学校能够制定一些降低学生与学校疏离感的方案，就可以降低犯罪率。

校园犯罪

　　在一项关于校园犯罪的开创性研究中，即《暴力校园与安全校园》（*Violent Schools-Safe Schools*）（发表于1977年），联邦政府发现，尽管青少年待在校园的时间仅占他们所有时间的25%，但涉及这一年龄群组的案件中，有40%的抢劫案和36%的人身攻击事件都发生在校园。

　　自从"安全校园"研究项目公布以来，校园犯罪一直都是学校里的一个重大问题。研究还表明，很大一部分的青少年犯罪和受害事件发生于上学日。大卫·索尔（David Soule）和他的同事在最近的研究中发现，青少年犯罪和受害事件在上学日达到顶峰，而吸毒则在周末期间达到高峰。尽管最严重的暴力犯罪发生于放学后，孩子们最有可能参与的诸如殴打、伤害等犯罪则多发生于校内。

校园犯罪的外延

国家教育统计中心最新的数据（2011）显示（见图6.2），在这一年有超过120万件的受害案发生在校园，其中包括648600起盗窃案和597500起暴力伤害案。校园犯罪的数量自2010年以来大幅度上升。年龄在12岁到18岁的在校学生中，总犯罪受害比率从2010年的3.5%上升至2011年的4.9%。如图6.2所示，尽管近期数据呈上升趋势，但现在无论是校内还是校外，校园犯罪的比率相比20年前还是大大降低了。

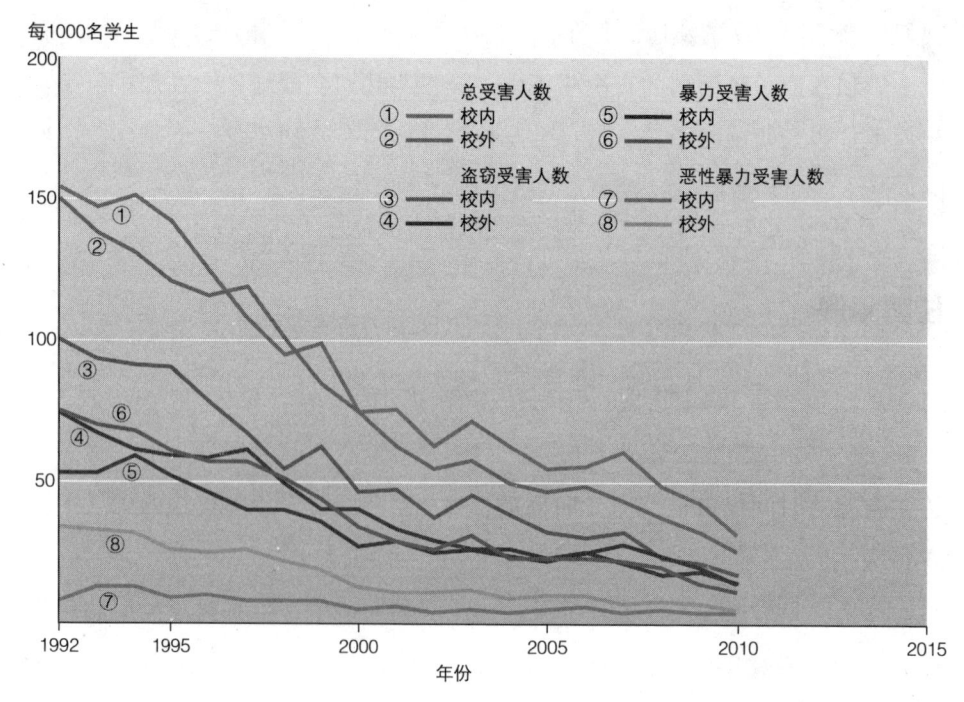

图6.2　12～18岁学生在不同犯罪受害类型和地点下千人中非致命犯罪受害人数

袭击老师　学生并不是学校内恐吓或暴力事件的唯一受害者。教师也遭受到学生和校园侵入者的恐吓及人身攻击。调查表明，大约7%的教师成为校园犯罪的受害者。然而，和学生受害一样，相比十年前，现在教师被袭击的事件也大大减少了。学校的地理位置和结构对教师受伤的可能性有重大影响。大城市公立学校的教师最为危险，农村地区私立学校的教师最为安全，男教师比女教师往往更容易受到攻击。

谁是校园犯罪的受害者？

校园犯罪不是随机事件，一些孩子之所以成为攻击目标与他们的个人身份和行为有关。玛丽·蒂莉（Marie Tillyer）和她的同事近期发现，那些喜欢冒险的孩子也许最有可能成为攻击目标。那些自曝有犯罪行为又混迹于不良同龄人之中的孩子更有可能成为受害者，相反，那些喜欢待在学校并和同龄人融在一块儿的孩子受到攻击的可能性较小，这似乎成了抵制校园暴力侵害的保护因素。蒂莉的研究显示，危险行为确实使学生增加了与有动机及能力的犯罪者的接触，并提高了受到暴力侵害的可能性。此外，冲动性也使暴力侵害的风险显著增加；冲动、缺乏自控力的孩子是校园犯罪最常见的目标。自控力低下的孩子由于其冲动行为或许会被犯罪者视为敌对者或尤为适合攻击的目标。

蒂莉的研究还发现，参与课外活动可能会增加受害风险，这一发现挑战了之前已被普遍接受的观点，即参与像运动之类的课外活动实际上于有助减少校园犯罪。蒂莉的研究成果得到了安东尼·佩格罗（Anthony Peguero）、安·玛丽·波普（Ann Marie Pop）和迪克西·古（Dixie Koo）的支持，他们发现，参与课外学习活动的学生之所以更有可能被选作暴力侵害的目标，是因为有动机及能力的犯罪者会认为，他们软弱无能且不堪一击。这些学生之所以会成为目标，是因为他们想要提升社会地位和经济地位，而这正是令那些不学无术的袭击者所反感的。

校园枪击案

备受瞩目的校园枪击案，如美国康涅狄格州约克镇大屠杀，唤起了人们对校园犯罪和暴力的关注。超过10%的学生承认经常携带武器到学校，也正因为如此，许多学生害怕校园枪支暴力事件的发生。

哪些孩子会带枪去学校呢？这些带枪的孩子中许多有过被虐待和欺凌的经历；很多人认为自己缺乏同龄人、父母和教师的支持。那些自身是受害者并与持枪同龄人为伍的孩子最有可能携带枪支去上学。一个不被社会接纳却又携带致命武器的问题少年会引发一触即发的局势。

枪击案的性质和外延　社会科学家目前正在对这些枪击案进行研究以确定这些事件发生的趋势和模式。研究表明，大多数枪击事件往往发生于教学日起始、午餐期间和放学后。通常，枪击案发生之前，会出现暗示暴力危险的气氛、威胁或其他行为。枪手也有可能会在枪击事件之前表现出某种形式的自杀行为或曝出被同辈欺凌过的事实。

谁是校园枪手？　美国特勤局和联邦调查局对校园枪击案和枪手都制作了数据图表。综合来看，他们发现大多数枪击既不是自发的，也不是一时的冲动。枪手通常会在枪击之前做好计划，一半以上的人会用至少两周的时间谋划这次枪击，并花两天的时间制订计划。

大多数校园枪手［如约克镇枪手亚当·兰扎（Adam Lanza）］是从自己的家里或亲戚处获得枪支。虽然受到感情的迫害，多数校园枪手都曾是来自良好社区和富足双亲家庭的中小学优等生，他们在校期间没有严重的问题。此外，枪手几乎全是男性白人。

像亚当·兰扎一样，在枪击案发生之前，这些校园枪手的精神创伤大都已为众人知晓，并且这些孩子因为他们怪异且令人不安的行为在枪击事件发生之前就已经引起了一些人（如学校官员、警察、同学等）的注意。有个学生将他的计划事先告诉了20多个朋友，其中包括杀害学生、安装炸弹等事情。3/4以上的枪击案件均包含事先的威胁，并且在超过一半的枪击事件中，攻击者将其计划告诉过不止一个人。有些人知道详细内情，而另一些人知道在某个特定的日期会发生一件"惊世骇俗的事情"。在不到1/4的枪击案件中，攻击者会对目标者进行直接威胁。

枪手的背景如此之多以至于无法获得那些身处危险中孩子的准确或有用的资料。有些人家庭完整，并与社区关系密切，有些人则在寄养家庭中长大，备受冷落，还有些人很受欢迎，朋友很多。毒品和酒精似乎很少卷入校园暴力事件中。

许多枪手有过极度抑郁或绝望的历史，因为他们曾经被人戏弄或欺凌。大约3/4的枪手要么扬言自杀，并做出自杀的姿态，要么在枪击事件之前试图自杀。在研究的案例中，有六名学生在枪击事件中自杀。最为常见的动机是报复。超过3/4的枪击者对攻击目标心存不满，无论是真实的还是想象的。多数情况下，枪击也是针对该目标的一次暴力行为。2/3以上的攻击者形容自己受到迫害，并且在超过3/4的案件中，攻击者难以面对重要关系的巨大变化或是诸如失去爱情或遭遇屈辱性失败等地位丧失的状态。不足为奇的是，大多数枪手都有使用枪支和其他武器的经历，并能从家中获得枪支。表6.2呈现了与校园暴力极端事件相关的一些重要因素。

表6.2 与校园暴力相关的因素

社交退缩　在某些情况下，这些孩子会出现逐渐并最终全面退出社交联系的情况。这一退缩往往是源于抑郁、被排斥、迫害、价值及自信缺失等情感。

过多地怀有孤立感与孤独感　研究表明，在有些情况下，孤立感和朋友缺失与孩子的暴力和攻击性行为有关。

（续表）

过多地怀有被排斥感　问题孩子往往孤立于心理健康的同龄人之外。一些具有攻击性的孩子受到非攻击性孩子的排斥，会寻求其他具有攻击性的孩子帮助，如此一来，进一步强化了他们的暴力倾向。

成为校园暴力的受害者　在社区、学校或家庭遭受过身体或性虐待等暴力行为的受害儿童有时存在对他们自身或他人实施暴力行为的危险。

感觉被戏弄和迫害　无论是在家还是在学校，一些青少年感到经常被戏弄、取笑、欺凌或成为唯一的嘲笑或羞辱对象，这些人可能会回避社交。

较低的学习兴趣与糟糕的学业表现　在一些情况下，例如当成绩稍逊的学生感到沮丧、没有价值、被指责和诋毁时，他们就会表现出宣泄和攻击性行为。

视频游戏　科隆比纳高中（Columbine High School）枪击案中的枪手迪伦·克莱伯德（Dylan Klebold）和埃里克·哈里斯（Eric Harris）的日记显示，他们沉溺于第一人称射击游戏。虽然人们对游戏的影响程度存在争议，但毫无疑问，暴力视频游戏会对弱势青少年产生不利影响。虽然玩这样的游戏并不意味着会导致杀人行为，但对于那些没有其他方式宣泄心理痛苦的敏感青少年而言，玩这样的游戏会火上浇油。

书面和图画形式的暴力表达　以书面和图画形式持续针对特定个人（如家庭成员、同龄人或其他成年人）过多地表现暴力，这可能暗示了情感问题和潜在暴力行为的存在。

失控的怒火　存在冲动性和习惯性打人、恐吓及欺凌行为，如果置之不理，可能以后会升级为更严重的行为。

纪律问题的历史　在学校和家里发生的习惯性行为和纪律问题均可能表明潜在的情感需求没有得到满足。

暴力和攻击行为的历史　一个有过攻击性或暴力行为的青少年，除非为其提供支持和心理咨询，否则可能会重复这些行为。同样，那些参与诸如欺凌、广义的侵犯及挑衅等外显行为和诸如盗窃、肆意破坏、说谎、欺骗及纵火等内隐行为的青少年也存在更为严重攻击性行为的危险。

仇恨团体成员　仇恨特殊群体并会迫害身体残疾或有健康问题的人往往被视为暴力的先兆。

吸毒和酗酒　除了不健康行为之外，吸毒和酗酒会降低人的自控能力，使儿童和青少年暴露在暴力之下，要么作为行凶者，要么作为受害者，要么两者兼而有之。

以不正当手段获取、持有和使用枪支　以不恰当手段持有或获取枪支的儿童和青少年面临暴力或其他情绪问题的危险增加。

严重的暴力威胁　最近美国各地发生事件清楚地表明，我们应该重视对自己或他人实施暴力行为的威胁。必须采取措施去理解这些威胁的性质以避免它们付诸实施。

校内欺凌

对校园枪手的关注集中于校内欺凌事件,因为多数情况下引发枪手做出致命枪击事件的正是其所遭受的情感迫害和骚扰。专家将儿童间的欺凌定义为一个或多个孩子对另一个孩子反复进行的负面行为。这些负面行为可能体现在肢体上或是语言上,例如打人、踢踹、戏弄或嘲笑,又或者他们会从事一些诸如操纵朋友关系或故意在活动中排挤他人等间接的行为。这一定义隐约体现了欺凌者和受害者之间真实或感知能力的不平衡。

> 欺凌:一个或多个孩子对另一个孩子反复进行的负面行为;这些行为可能是身体上的,也可能是言语上的。

美国数据表明,在2011年内,大约1/4的公立学校报告说学生之间每天或每周都会发生欺凌行为,并且几乎有1/10的学校报告说每天或每周会出现大范围的课堂秩序混乱现象。6%的12岁至18岁的学生经历过网络欺凌,大约3%的学生报告说遭受过短信骚扰,女孩可能遭受短信骚扰的概率是男孩的两倍。此外,作为在暴力报复方面并不为人所知的一个群组——男、女同性恋及双性恋的年轻人——在教育环境中受到骚扰的比例高达30%~50%也就不足为奇了。

欺凌的相关研究表明,欺凌的施暴者和受害者均存在短期和长期的后果。相比那些没有受到其他孩子骚扰的同龄人,经常遭受欺凌的学生存在更多的生理和心理问题,并且他们往往摆脱不了受害者的阴影。受到同龄人虐待的孩子可能不想待在学校,可能因此不能享受教育发展的好处和校园环境的益处。更严重的是,有证据表明,欺凌与自杀也有一定的关系。

欺凌很少是一锤子买卖,只发生一次。纵向研究发现,低年级欺凌的受害者声称,几年后又受到过欺凌。研究还表明,长期遭受欺凌的学生在成年后可能会更多地出现抑郁、自尊心差及其他包括精神分裂症在内的心理健康问题。

谁会成为欺凌者？ 在这个问题上众说纷纭。很多欺凌者自身往往也是受害者。童年时代受到欺凌是造成后来问题的一个关键危险因素。通过采集33所学校4400名六年级到十二年级学生的数据进行分析，萨米尔·辛度佳（Sameer Hinduja）和贾斯汀·帕钦（Justin Patchin）发现，欺凌者受到他们朋辈的行为和监管人士态度的影响；欺凌者认为，他们的朋友认可自己的行为，并且他们自己也参与欺凌行为。同时，欺凌者并不认为大人会因为他们的攻击性行为而惩罚他们。这项研究表明，如果大人对欺凌行凶者采取法律手段或强硬手段，而不是说一些诸如"男孩子嘛，难免要淘气"或"让他们自己解决"之类的话，欺凌是可以被制止的。

社会学家杰西·克莱因（Jessie Klein）在最近出版的一本书中提到，男孩欺凌他人的动机是要证明他们的男子气概。恐吓他人是再简单不过的方法。欺凌能使他们宣泄自己的不满和愤怒的男性情绪，而隐藏那些被他们视为软弱或女性化的诸如关爱或敏感的情感。就此而言，男孩和一些女孩通过展示攻击性和以不惜牺牲他人利益为代价彰显自己的权力，并以此来获得社会地位。有些欺凌是针对异性的。克莱因称，男孩知道，他们要维护自己的男子气概，不仅可以通过取悦女孩以博得她们的青睐，还可以在身体、心理和性上支配她们。"性别控管"的概念油然而生，这是一种遵照性别期望的压力。学生往往想加入"性别警察"的行列，根据他们所认为的不同性别应该具有的恰当表现去纠正自己和他人的行为、态度和穿着。通过参与性别控管，并且瞄准那些他们认为未能达到男子气概标准的学生，欺凌者最终得以提升自己的社会地位。

并非所有专家都赞同克莱因的观点。诺曼·怀特（Norman White）和罗尔夫·洛伯（Rolf Loeber）在研究中发现，欺凌者在从事校内欺凌之前就存在一段长期反社会行为的历史。欺凌者很少中止他们在学校门口的反社会行为，并且欺凌可能是造成后来暴力、犯罪等问题的一个关键的危险因素。欺凌者更可能携带武器进出学校，并且从事吸毒行为。除了威胁其他孩子，欺凌者从事诸如肆意破坏、打架斗殴、偷窃、酗酒、逃学等反社会行为及在成年早期有过一次被逮捕经历的概率是那些没有从事欺凌的同龄人的数倍。因此，欺凌是一种社会现象，是否是一个普通的心理不适问题仍然有待考究。

性别控管：遵照性别期望的压力。

欺凌行为能被制止吗？ 最近的研究表明，学生与心存不轨的欺凌者同在一个屋檐之下及学校的监管缺失与学生遭受欺凌受害的风险相关。因此，专家提出以下制止欺凌行为的措施：
- 提高学生的参与度；
- 塑造关爱学生的典范；
- 提供辅导方案；
- 为学生提供服务性学习的机会，以此作为学生提高学习投入的一种方法；
- 处理好从小学到中学这一艰难的过渡时期（从单一的课堂老师到较大学校随阶段和班级改变而改变的教师队伍）；
- 及早启动预防方案；
- 杜绝使用与当地条件不相符的预制课程。

显然，只有学校努力保护孩子免受具有攻击性同学的伤害，这样才能降低校内欺凌事件发生的概率。循证未成年人司法预防特色栏目综述了两个防欺凌项目的范式方案，这两种模式似乎有助于减轻校内欺凌这个问题。

校园犯罪的原因

造成校园暴力的原因是什么？有研究指出，或许可以从个人、学校和社区三个层面来探讨这些原因。

个人层面原因　那些长期缺乏父母关注、感到孤立和孤单的孩子也许最容易被疏离和从事吸毒行为，而学生酗酒和吸毒可能会提高暴力犯罪的比率。随着学生吸毒行为的增加，校园暴力发生率也会随之升高。另外，因为重度饮酒可降低人的认知能力、信息处理能力和对语言及非语言行为的处理和反应能力，故而可能使同学间的争吵迅速升级为彻底的武力对抗。

学校层面原因　如果一个学校有很多学习优良的学生、一个不吸毒的环境、严明的纪律及学生家长的积极配合，那么这个学校的学生将很少会有行为问题。相反，如果一个学校有大量学生存在情感和心理问题，那么这个学校的暴力犯罪率也一定很高。

青少年犯罪的另一大原因便是校风，即学校学习生活的质量及特性。如果一个学校大部分学生的阅读能力低于年级水平，有很多学生来自接受福利救济的家庭，并且该学校位于一个失业率、犯罪率和贫困人口比率高的社区，那么这个学校便面临青少年犯罪的风险。如果一个学校有清晰严明的纪律并严格实施，例如学生严重违反校规会被开除，这样的学校更可能让学生意识到，学校不能容忍品行不端的学生。

总体来看，研究人员发现，以下几个特征会促成学生在学校的暴力行为。

• 与规模较小的学校相比，暴力现象在规模较大的学校中更为盛行。在调查过的学校中，有89%的规模较大的学校承认一年内会发生一起或多起犯罪事件，而有类似情况的规模较小的学校只占38%。规模较大的学校有更多的学生，学校中的暴力行为也会更多，因此学校的犯罪事件也会更多。

• 城市中的学校比农村中的学校更容易出现犯罪行为及暴力行为。

• 学校建筑的实际条件可以影响学生的学习动机、态度和行为。如果学校建筑内的温度让人感到不舒适，污染严重，涂鸦现象严重，并且年久失修，那么这所学校发生打架斗殴及其他形式的暴力行为的概率会更高。物理学习环境影响学生的日常行为。

循证未成年人司法预防：有效的防欺凌项目

国外开发的许多项目均承诺预防欺凌。其中，当数奥维斯（Olweus）项目和基瓦（Kiva）项目最为著名。

奥维斯防欺凌项目

首个最为著名的旨在降低学龄儿童间欺凌行为的项目是由丹·奥维斯（Dan Olweus）于20世纪80年代早期在挪威和瑞典发起的。国内发生的几起严重受害的自杀事件最终促使挪威政府支持开发并实施一个用以处理校园学龄儿童间欺凌行为的综合项目。这一项目包含多个层面的干预。

• 学校层面的干预。对每所学校的欺凌问题进行调查，加强监管，召开全校大会，对教师进行岗位培训以提升学童和教职工对欺凌的认识。

• 班级层面的干预。建立防范欺凌行为的课堂规则，定期召开班会及家长会以讨论校内欺凌问题。

• 个人层面的干预。与学生进行座谈以确定欺凌者和受害者。

许多研究已经找到了在减少小学及初中范围内学生间欺凌及其他反社会行为方面卓有成效的项目。在一些研究中，经过两年的实施验证，无论是男孩还是女孩，欺凌行为均下降了一半。并且，这一项目实施越久，这些行为的变化就越显著。此外，学生在逃学、肆意破坏和偷窃方面的比例有了明显的下降，并且由于这一项目的实施，学校氛围相比以前变得更加积极向上。不足为奇的是，那些在实施这一项目更为全面的学校也收获了更为显著的校园风气的改变。

奥维斯防欺凌项目的核心要素经过调整，在其他一些国家也得到了推广应用，例如加拿大、英国及美国，并且产生了类似的效果：实施这一项目更为积极的学校在减少欺凌行为方面收获了更为明显的变化。玛丽亚·托菲（Maria Ttofi）及她的搭档最近对59项测试全球范围内防欺凌项目有效性的研究进行了分析。她们发现，尽管很多项目是成功的，但奥维斯防欺凌项目最为出色。

基瓦防欺凌项目

基瓦防欺凌项目诞生于芬兰,是一个基于学校的项目,其运用社会认知理论作为理解社会行为的理论框架。基瓦预测到,群组行为的变化可以通过减少欺凌者的奖励以减少欺凌行为的发生。

这一项目面向一年级、四年级和七年级的所有学生实行,是专门为芬兰国内的综合学校设计的,其目的在于减少校内欺凌和被害行为。这一项目的中心目标如下:

• 提升群组在维系欺凌方面所担任角色的认识;

• 增加对受害者的同情;

• 宣扬支持受害者的策略及支持学童运用这些策略的自我效能;

• 提高学童在受害时的应对技能。

这一项目是一个全校性的干预,即运用多个层面的方法来处理个人、班级及学校层面的因素。这一课程包含10堂课,教师面授20小时。学生在课堂内可参加讨论、小组合作及角色扮演等活动。他们也观看关于欺凌方面的视频短片。每堂课围绕一个主题设计,并根据这一主题讲解一条规则;在一堂课讲授完毕之后,整个班级将这一规则认定为班级规则。在年底,所有规则合在一起组成一份契约,班级内所有学生均必须签名。

该项目有一份指导手册,教师可据此决定在每个项目上分配多长时间。学校可以灵活决定在学年的哪个时候围绕这些主题开展活动。手册和课程根据学生的发展设定了不同的目标,分别有1~3年级、4~6年级和7~9年级版本。

基瓦防欺凌项目专门针对小学学生开发了一款防欺凌的电脑游戏,学生可以在上基瓦课程期间及在其课堂上玩;针对中学学生,基瓦防欺凌项目开发了一个被称作"基瓦街"("Kiwa Street")的虚拟学习环境;在基瓦街上,学生可以从"图书馆"获取关于欺凌的信息,或者可以前往"电影剧场"观看欺凌方面的小电影。

这一项目使学校和家长均积极地参与到项目中。在课间休息期间,向项目助手发放统一定制的特殊背心以增加他们的可视性,并提醒参与项目的学生:学校非常重视欺凌行为。在校园内张贴宣传防欺凌信息的各种材料。为学校制作了用以向教职工和家长介绍该项目的PPT（演示文稿），同时，家长会收到一份包含欺凌相关的信息及应对欺凌行为建议的指南。

除了预防欺凌的信息之外，该项目也成立了处理已确认欺凌事件的小组。这个小组会与课堂教师讨论已确认的欺凌事件。之后，一位或两位小组成员会与受害者和欺凌者进行一系列的约谈。

批判性思维：

校园内恃强凌弱的学生应该被开除吗？这样的举措是否会造成情况恶化呢？例如，被学校开除的校园欺凌者是否会把他们的攻击性行为由校园转移到社区呢？

社区层面原因　校园犯罪反映了周边区域中反社会行为的存在形式。相比位于安全区域的学校，位于高犯罪率区域的学校会发生更多的校园犯罪事件。那些声称在学校感到害怕的学生实际上在城市公园、街道或地铁上会更加担惊受怕。正是出于这种内在的恐惧，生活在高犯罪率区域的学生在上学路上可能会携带武器来自卫。

存在校园犯罪和吸毒的学校通常位于社会环境混乱的社区，学校很多学生的阅读能力低于年级水平，有很多学生来自接受福利救济的家庭，并且该学校所处地区的失业率及贫困人口比率较高。人口密度高且暂住人口多的地区的学校通常容易出现问题。相比之下，位于较稳定地区的学校有许多学习优良的学生、不吸毒的环境及学生家长的积极配合，因此学生也很少有不良行为问题。

社区影响可能破坏学校的稳定及校风。学校周边区域的贫困情况可以影响学生的社会性特征。与较富裕区域的学生相比，他们可能缺少学习准备和学习兴趣。在贫困地区，学校很难聘请并留住资深的教师，也很难为学生提供最新的教学设备及书籍。因为贫困社区计税基数较低，当想为存在学习问题的学生提供补习项目或为有天赋的学生安排提高计划时，会因为受到资金束缚而望洋兴叹。最终，学生家长及其他学生既没有时间也没有资源来参与校园活动及学校管理。这些因素或许最终会破坏校风及教育环境，从而导致校园犯罪和混乱。

是学校原因还是社区原因？ 究竟是社区暴力影响校园暴力还是校园暴力影响社区暴力？罗德·布伦森（Rod Brunson）和乔迪·米列尔（Jody Miller）调查发现，这两者实际上是互相影响的。他们曾采访过一群男学生，这些学生是密苏里州圣路易斯街道的城镇弱势群体。他们发现，大部分学生都曾以施暴者、受害者或目击者的身份置身于暴力行为之中。与校园里发生的诸如拳打、掌掴等暴力行为相比，枪击、持刀伤人等最为严重的暴力行为则多发生于社区。

布伦森和米列尔采访过的学生曾提到，暴力行为通常都是始于社区中无意识的冲突，继而转移到校园中。这些问题中的很大一部分都是以帮派为中心展开，这是一个对校园与社区暴力均有重大影响的因素。青少年的拉帮结派，甚至他们所在社区的名声都可能在校园中产生影响并引发冲突。这种紧张态势在学校里受到进一步的刺激，气氛会越来越紧张，最终在学校放学时双方便会诉诸暴力手段解决。尽管敌对的帮派成员可以在社区中避免碰面，但他们在学校里却又不能不待在一起，从这个意义上来说，学校经历放大了帮派冲突。由一次暴力事件或长期不和引起的帮派斗争会激起校园冲突。孩子们在学校感到百无聊赖，为寻求刺激，他们会四处搬弄是非，挑起冲突，并对冲突加以"放大"以实现打架斗殴的目的。一旦学生打架，旁观者便会怂恿打架者，并推动打架事件演变为一场全面的争斗。

总之，引发校园与社区暴力的因素通常是错综复杂的。学校使敌对的帮派成员及整个社区的学生聚在一起，他们并不会正常相处，反而会催生校园暴力。反之，一些在校园发生的冲突通常会被有意推迟到放学后再处理。如此一来，一些与学校相关的最为严重的暴力事件会在放学后在学校外面上演，但这些事件实际上是与学校环境和在学校发生的争端息息相关的。

减少校园犯罪

美国各地的学校都发起了一场旨在降低校园犯罪发生率的运动。几乎所有的州均制定了某种形式的无犯罪、无武器或安全校园区域的法规。大多数州都已规定，将学校交通及学校主办的一些活动纳入这些区域。此外，学校还与法院官员及缓刑官合作，共享信息，并对有犯罪前科的学生进行监控。学区正在制定危机预防及干预政策，并指导各个学校制订各自的安全校园计划。

有些学校针对学生活动制订了严格的控管方案，例如检查储物柜、防止学生校外就餐及实行校园巡查以监控吸毒行为等。根据一项国家调查，大部分学校已经采用了"零容忍政策"，即只要发生某些特定的犯罪行为，通常包括携带毒品、枪支、烟草及参与暴力行为等违法行为，该政策就会授权采取预定的惩罚措施。

零容忍政策：只要稍加违反学校法规或触犯刑法，就授权采取行动。

学校安保工作 几乎每所学校均试图通过访客签字来限制危险人物进入校园，大部分学校还会在午餐时间关闭校门。为保证教职工与学生的人身安全，学校使用了诸如监控摄像头、金属探测器及电子警戒线等呆板的安全装置防范校园入侵者，还聘用了流动安保人员。安保措施包含如下几个方面：

• 访问控制。大约1/3的学校配备有锁定门或监控门以实现对学校进出的控制管理。

• 关闭照明。有些学校管理人员在夜间关闭学校建筑内的照明设施。他们认为，灯火通明会使学校引人注目，从而吸引入侵者，而如果关闭照明设施，入侵者或许不屑闯入校园，甚至根本不会注意到学校的存在。

• 使用图像识别证件。许多学校要求教职工佩戴图像识别证件，也有一些学校要求学生也佩戴类似证件。

• 书包限制。有些学校要求学生使用透明书包或者直接禁止使用书包。

•随机抽检。有些学校使用金属探测器、犬等来进行随机抽查或大规模搜查以查找违禁品。

•使用监控摄像头。约有一半学校安装一个或多个监控摄像头对学校进行监控。

校园执法 一些学区甚至在学校安插便衣侦探。这些便衣侦探平时也上课，与学生融为一体，与毒品交易者接触，购买毒品并逮捕校园贩毒者。像纽约等一些城市在教育系统安排了数量不菲的不穿制服的警察。纽约市警察局学校安全处是纽约市乃至美国最大的执法机构之一，有大约5000名学校安全人员，这些学校安全人员被称为纽约市特殊巡警，他们有权在没有携带逮捕证的情况下执行逮捕，可以携带并使用手铐，甚至可以使用致命武力。他们也实施一些特别方案以减少校园犯罪。还有一种方法就是派遣一名警官担任驻校治安警察，在学校开展工作。本章节的《聚焦专业观点》栏目就描述了一位驻校治安警察的职业生涯。

聚焦专业观点：凯文·奎恩

凯文·奎恩（Kevin Quinn）在这所城市最大的一所中学内工作。他发现，一名驻校治安警察（School Resource Office）在孩子们的生活中扮演至关重要的角色。

他觉得这一工作最让其受益匪浅的是什么呢？那就是，看着孩子们逐渐成长、成年，然后毕业，不管孩子们意识到没有，他知道，在帮助他们实现这一目标的过程中他也发挥了些许作用。他见证了孩子们步入毕业阶段，在他看来，有些孩子本是无法正常从中学毕业的，甚至有些在以前他不得不对其进行逮捕。在毕业日，这些学生对其表示感谢，说正是那次逮捕让他们决定换个活法，改变自己的人生，这让他非常高兴。他也曾帮助一些学生摆脱受虐的恋爱关系。奎恩说，这一工作最为有趣的地方是，他能作为一个局内人看待这一教育体系。作为管理团队的一员并出席学校会议，这让他得以洞悉学校运行幕后的方方面面及学校管理者之所以做那些他们平常所做的事的原因。

尽管奎恩的工作并非例行常规，但也有些每天必须要做的任务。因为他是这所中学里唯一的警察，而整个校园占地80英亩（约0.32平方千米）以上，他需要负责处理任何需要执法人员干预的事件。小到校园里的小偷小摸行为，大到持有毒品及任何其他学生揭露的事件，这些都在他的职责范围之内。另外，他还协助学校管理层制订学校危机管理计划，并安排全年的应急反应训练。

奎恩认为，他最大的挑战在于使执法人员和教育专家携手以达成共同的目标。由于两个职业存在内在的差异，有时两者之间会产生冲突，但在考虑了所有情况之后，他们会尽力达成同样的目标。这也正是学校教职工在职业培训中要涵盖驻校治安警察与学校管理层关系这一方面内容的原因，这能确保教育者和驻校警察为了学校的利益能够相互合作。

整肃校风 一些批评者抱怨，即便这些安保措施有效，但仍会损伤教职工与学生的精神面貌。周密的安全措施也许可以减少校园犯罪及暴力事件的发生，但也只是将这些暴行移出校门转移至社区而已。同样，开除问题学生或使其停课只能让他们无所事事而游荡街头，因此说到底，降低学校的犯罪水平也许并不能降低青少年犯罪的总量。一个更为现实的方法是，在早期发现危险学生，并授以社会技能，而不是简单地以基于后果的惩罚来威胁他们。除控制学校内的帮派及毒品外，管理者应确保校规校纪的公平执行，并确保违反校规校纪者会受到惩处，这样可以实行多方面措施以提供一个更安全的校园环境。

改进校风的另一种方法是提高教育标准。研究者已经设计了一些方案以提高学校教职工及管理人员的水准，增强教育氛围，提高课程的相关度，并开设与法律相关的教育课堂。学校应鼓励旨在改进校风的举措。最近的研究初步发现，校风与青少年犯罪存在联系。学校如果倡导秩序性、组织性及与学生的亲密联系，那么校内骚乱与犯罪或许会下降。

采用社会方案 控制校园犯罪从根本上来说与社区及家庭环境有关。当社区发生诸如失业率升高、单亲家庭增多等变故，学校秩序混乱与社区犯罪的比率均会升高。只要社区问题得到解决，校园环境便可变得更加安全，例如，社区可以采取措施将入侵者拒于教学设施之外，给当地警方施加压力以制订社区安全方案，增设青少年惩教机构，加强校园安全方面的法律，并使父母为其孩子的行为承担更大的责任。因此，学校在控制校园犯罪时也必须利用社区资源。大部分学区将问题学生转送至校外的社会服务机构，包括吸毒学生的外院转诊，当然，大部分学区也会在校内开设毒品教育课程。

学校在预防犯罪中的角色

许多组织和团体呼吁对教育制度进行改革，以使其更能适应学生的需要。教育领导者现在意识到，孩子在学校承受着能引发一系列情感和社会问题的巨大压力。其中一个极端是渴求学业成功的压力，另一个极端则是学生在校园里所面临的犯罪和吸毒的压力。在一个帮派混混横行的环境恶化的学校中，很难想象学生能取得学业上的成功。

一种改善学校氛围和减少犯罪的方法是进行教育改革。布什政府教育政策的基础是颁布于2001年的"不让一个孩子掉队"的教育法案（公法第107-110条），简称"NCLB法案"。这一联邦法案批准旨在改善美国中小学风气的联邦项目增加对州、学区和学校的问责制度，并为家长在为孩子择校方面提供更多的灵活性。NCLB法案重视阅读能力的培养，依靠成果导向教育，并相信高期望值或设立目标会促使所有学生获得成功。"卓越竞争"（Race to the Top）计划是NCLB法案的一个补充，该计划是美国教育部颁布的旨在促使各州及地方对幼儿园到12年级的教育进行改革。该计划鼓励各州实施大规模改革，从而提高学生成绩，缩小成绩差距，提高毕业率和大学入学率。

校内预防犯罪项目

教育官员已经制订了许多旨在使学校能更有效地预防犯罪的方案。以下是一些被广泛推广的策略：

- 认知。提高学生对吸毒和犯罪的认识。
- 情感。改善学生的心理资产和自我形象，为他们提供抵制反社会行为的资源。
- 行为。训练学生抵制同辈压力的技巧。
- 环境。建立如搜查储物柜等能震慑问题学生的学校管理和惩戒方案。
- 治疗。对已经表现出问题的青少年进行教育救治。

更具体的建议包括设立特殊班级或学校，制订个性化方案以促进学生取得成功。在学生经历学业失败时，应尽力帮助学生以积极的态度面对并做出调整。

有人已经建议构建更个性化的师生关系。人们希望通过为青少年树立一个充满关爱和易于被接受的成人角色典范来加强对犯罪的控制。充当家庭和学校之间联络员的辅导员在有效防止犯罪方面或许也能发挥一定的作用。这些辅导员尽力确保家长和学校之间的合作，并为问题学生提供所需的服务。一些帮助家庭和学校掌握避免冲突技能的方案已被证明可有效降低校园暴力的发生，并有助于限制诸如停课、开除等惩戒措施的使用。

有人提议尝试将工作培训和经验与课堂教学结合起来，如此一来，可以让学生将教育视为与自己事业生涯相关的一个前奏。工作培训计划要注重公共服务，引导学生获得对社区的依附感。

因为3/4学龄儿童的母亲是有工作的，其中2/3是全职工作，所以人们对课后活动项目的需求越来越大。现在，课后活动项目主要有以下几种可供选择：幼儿中心、校内辅导项目、舞蹈团体、篮球联赛和活动俱乐部。州和联邦政府关于教育、公共安全、预防犯罪和儿童保育方面的预算为课后活动项目提供了一些资金。研究表明，年龄在5岁至9岁的幼儿及那些来自低收入社区的儿童从课后活动项目中获益最多，他们在学习习惯、与同龄人及成人相处的行为以及学校表现方面均有所改善。参加课后活动的青少年在学校取得了较高的成绩，其行为也相对保守，没有什么危险。当然，这些发现在解读时要小心谨慎，不能以偏概全。因为课后活动项目是自愿报名参加的，参与者也许是特定人群中更积极并最不可能参与反社会行为的青少年。

校内法律权利

教育官员所采取的举措经常遭到关心维护未成年人合法权利的法院的反对。美国最高法院试图在学生的公民自由与学校为打造校园安全环境而进行的管理之间寻求一个平衡。涉及的三个主要问题是隐私、校内的言论自由权和校规校纪。

个人隐私权

一个主要问题是关于学校官员在校内搜查学生及其所携带物品的权利。吸毒、盗窃、暴力威胁和殴打及发生于校内的种族冲突增加了对闹事者采取行动的必要性。学校管理人员会对学生就其非法活动进行询问，对学生的身体及其所携带物品进行搜查，并向警方报告可疑行为。

在1984年的新泽西州诉T.L.O.案中，最高法院澄清了一个棘手的问题：警察应当遵守的第四修正案中对不正当搜查和扣押的禁止性规定是否也适用于学校官员。

新泽西州诉T.L.O案：第四修正案在搜查和扣押方面的控制规定适用于学校官员和警察。

在这种情况下，法院认为，学生实际上是受到宪法保护而免受非法搜查的，但学校官员并不像执法人员一样受到同样限制条款的束缚。在学校外面，警察需要"合理的根据"才能进行搜查，但是教育工作者只要有合理理由认为学生已经违反法律或校规校纪，对学生的搜查就是合法的。在阐释这一区别时，法院认识到，学校官员需要保持一个对教育有利的环境和确保学生的安全。

限制搜查 学校官员对学生进行搜查应把握什么尺度？对于他们必须保持一个安全的学校环境的自由是否存在限制呢？法院在萨福德联合学区诉雷丁案中对这一问题进行了解释。该案件发生于2009年，当时这一案件登上了美国各大新闻媒体的头条。萨福德中学距离亚利桑那州图森市大约127英里，13岁的萨凡纳·雷丁（Savana Redding）是这所学校的一名八年级学生。2003年10月3日，她被该校的副校长带离教室进行询问。原因似乎是雷丁的一个同学被抓住持有处方强度的布洛芬［400毫克相当于两粒雅维（一种解热镇痛药）的剂量］，当问那位同学从何处得到这些药片时，她供出了没有任何纪律问题或吸毒历史的雷丁。

萨福德联合学区诉雷丁案：学校的搜查必须基于合理的依据，并要考虑案件的具体情况，不能过度侵犯他人隐私。

虽然雷丁声称她对那些药片一无所知，但她仍然受到学校一名护士和另一名女性雇员对其脱光身子的搜查，因为该校对所有处方药物采取零容忍政策（学生在没有得到事先书面许可的情况下不能持有该药品）。在搜身时，雷丁被强行脱得只剩内衣之后，她的胸罩和内裤被剥离她的身体，但并未发现药物。后来她告诉权威人士："那次脱光身子搜查是我最屈辱的一次经历，我一直低着头，所以她们看不到我就要哭出来了。"

在预审法庭裁定搜查合法后，雷丁转而寻求美国民权联盟的帮助，她的律师向第九巡回法院提起上诉。这次法官裁定，该搜查是给当事人造成了"精神创伤"，是非法的，同时指出，"常识告诉我们，仅仅因涉嫌持有布洛芬而命令一个13岁的女孩脱掉衣服，使她的乳房和髋部部分地暴露在外……这种做法极富侵犯性"。他进一步补充道,"学校管理者声称以保护学生为名进行的搜查却对他们声称要保护的人造成诸如精神创伤的悲剧性影响,而这一切都是为了找到处方强度药物布洛芬"。萨福德学区不服上诉法院的判决,将该案上诉到美国最高法院,抱怨对学生搜查的限制会对"保护学生安全(尤其是毒品和武器威胁)经常需要做出的快速及有效反应造成障碍"。2009年6月25日,最高法院认为,此次搜查确实侵犯了雷丁第四修正案的合法权利。大法官苏特(Souter)撰写了多数人的意见,法庭同意,学校官员用于肃清违禁品的搜查措施必须"与抽查目标合理相关,要考虑学生的年龄与性别及违规的性质,不能具有过度侵犯性"。在雷丁案中,学校官员在没有充分依据的情况下搜查了她的内衣。此外,约翰·保罗·史蒂文斯(John Paul Stevens)法官也同意,脱光身子搜查是违宪的,学校管理人员应该承担个人责任进行损害赔偿:"对一个13岁的孩子进行脱光身子搜查在多大程度上侵犯了宪法权利也根本不需要一个专门研究宪法的学者来做出结论。"(大多数法官裁决,学校官员无须承担个人责任,因为在萨福德案裁决之前,法律对此并未清晰界定,而约翰的观点正是对这一裁决的回应。)对此判决唯一持反对意见的法官是卡拉伦斯·托马斯(Clarence Thomas),他认为司法机构不应该干涉学校管理者出于学校安全考虑所做的决定。

限制审讯 除了搜查之外,最高法院在J.D.B.(本案中未成年上诉人名字的缩写)诉北卡罗来纳州案中还解决了在校内询问学生的问题。在该案中,警察在两处家庭闯入现场的附近看到本案上诉人,年仅13岁的七年级学生,J.D.B.时,使其停下来并对其进行了询问。五天后,警方在学校发现的属于J.D.B.的一个数码相机经过比对正是其中的一件失窃物品,一个调查员来到学校将J.D.B.从教室带到一个封闭的会议室。警察和学校管理人员就这一犯罪案件对他进行了至少30分钟的讯问,但他们事先既没有警告他有保持沉默的权利[没有给他发出米兰达(Miranda)式警告],也没有给他机会打电话给他的祖母（他的法定监护人），更没有告知他可以自由离开房间。在学校官员催促其说出事实真相，否则就有可能被送至少年管教所之后，他坦白了罪行。在他坦白后，调查人员才告诉他，他可以拒绝回答任何问题，并可以自由离开。在问他是否理解时，J.D.B.点点头，提供了进一步的细节，并写了一份文字证词。在后来向少年法庭提起上诉时，他的律师指出，J.D.B.在没有得到米兰达警告的情况下被拘禁审讯，因此他的证词是非自愿的。他被北卡罗来纳州上诉法院判定有罪，因为法院认为他被审讯时没有被拘留，因此判定米兰达规则并不适用于本案。然而，最高法院推翻了这一结论，指出在审讯时必须考虑到儿童的年龄。与成年人不同，一名未成年学生被从课堂上带走并在校内受到警察的审讯，可能会认为自己已经被拘留，从而被胁迫承认罪行。法院裁决，在确定嫌疑人向警方提供的证词是出于自愿还是非法诱导时，必须将嫌疑人的年龄考虑在内。

J.D.B.诉北卡罗来纳州案：在确定口供是否为自由给予及他们是否认为自己被拘留时，必须考虑到犯罪嫌疑人的年龄。

药物检测 另一个涉及隐私的重要问题是对学生的药物检测。1995年，最高法院通过了学校对学生运动员进行随机药物检测政策合法化的决议，扩大了学校的权力。最高法院对斑鸠菊学区47J诉阿克顿案（Vernonia School District 47J v. Acton）中的判决扩大了教育者为确保安全的学习环境方面的权力。之所以允许进行药物检测，是因为药物对公共安全和儿童获得良好和安全教育的权利构成了严重威胁。在随后的一个案件中，波塔瓦托米县第92独立学区教育委员会等诉伊尔斯等人案（Pottawatomic County et al. v. Earls et al.），法院将学校原本仅针对运动员学生的药物检测延伸至所有学生，认为这样的政策是进一步促进学区对预防和阻止学童吸毒的重要保证，并且不违反学生的隐私权或其他正当权利。法院给出结论，上述两案中执行违禁药物搜查政策的做法均不算是过度侵犯学生的隐私。根据该政策，教师检测员将在封闭的厕所外面等待学生提供样品，并且必须听到正常的排尿声音以防止篡改样本，确保准确的监护链。该政策规定，检测结果必须保存在与学生其他档案不同的机密文件中，并仅对"需要知情者"学校工作人员传达。此外，检测结果不交由任何执法机构处理，也不会导致纪律处分或其他任何与学业相关的后果。确切地说，药物检测不合格的唯一后果是限制学生参加课外活动的权利。

<small>波塔瓦托米县第92独立学区教育委员会等诉伊尔斯等人案：学校官员对学生以合理的方式进行的药物检测是学校管理层的一项合法权利。</small>

学生档案隐私 学生有权要求他们的档案保密。虽然州法律对未成年人法庭记录的信息披露进行了规定，1974年，一项名为"家庭教育权和隐私法（FERPA）"的联邦法律限制在未经家长同意的情况下泄露学生教育档案中的信息。该法案界定，教育档案包括所有记录、文件及照片，包含与教育机构在册学生相关的信息等其他材料。1994年，国会通过了《改善美国学校法》，允许教育机构在以下情况下可以披露教育档案：（1）州法律授权披露；（2）披露对象为少年司法机构；（3）披露涉及司法系统为学生提供预审服务的能力；（4）州或地方官员以书面形式证明接收信息的机构或个人已同意不向除另一少年司法系统机构以外的第三方披露。

言论自由权

美国宪法第一修正案保障公民的言论自由权。这种权利因其对学生产生的不同影响被分为两个类别：被动言论和主动言论。被动言论是一种与实际演说没有任何关系的表达形式，包括诸如佩戴臂章或者政治性抗议纽扣等。相比之下，主动言论包括实际说话或采取其他一些诸如拉横幅游行等实际行动。

<small>被动言论：一种受第一修正案保护的语言表达方式，该方式与实际演说没有任何关系，例如：佩戴标志或带有抗议性信息的纽扣或标记等。
主动言论：一种语言表达方式，包括演说或者采取其他一些诸如拉横幅游行等实际行动。</small>

最高法院关于学生被动言论权利最为重要的裁决是1969年的廷克诉得梅因独立社区学区案。该案件涉及学生佩戴黑色臂章抗议越南战争的权利。三个年龄分别为16、15和13岁的中学生因在学校佩戴上述臂章被停课。这项裁决极其重要，因为它承认学生在公立学校系统里的言论自由权。法官阿贝·福塔斯（Abe Fortas）在其主要观点中做出陈述，"青少年在校园里不能摆脱宪法赋予的权利"。廷克案确定了两件事：（1）美国宪法第一修正案赋予孩子在学校内的言论自由权；（2）孩子是否超出适当的言论范围取决于他/她是否妨碍了学校正常运转所依赖的校规校纪。

廷克诉得梅因独立社区学区案：若非扰乱了学校的正常运行，否则学生具有言论自由。

主动言论这一概念在1986年的贝瑟儿学区403号诉弗雷泽案中再次成为议题。该案支持学校对那些发表猥亵粗俗言论或使用不文明手势的学生实施停课或其他惩罚行为的权利。贝瑟儿学区的一名高中生马修·弗雷泽（Matthew Fraser）在为一个朋友竞选学生办公室岗位的拉票演讲中使用了带有性暗示的隐喻。他的陈述中包括了以下话语：

> 我知道他是一个坚挺的人，他的下半身很坚挺，他的上半身也很坚挺，他的品格也是坚挺的，但最……最重要的是，他对你们——贝瑟儿学区的全体学生——的信念是坚挺的。
>
> 杰夫·库尔曼（Jeff Kuhlman）是个铁骨铮铮的男人，他会提起自己的武器，直捣黄龙。他不会选择逃避，如有必要，他会勇往直前，一干到底。他一旦动手，就不会很快完事儿——他会用尽全力，向前不断推进，直至达到成功的彼岸。
>
> 杰夫会为了你们中的每一个人跨过极端深处，直至人生的巅峰。
>
> 所以，请为杰夫竞选A.S.B.副主席投上您宝贵的一票吧，为你们和我们最美好的学校，他永远都不会做作。

贝瑟儿学区403号诉弗雷泽案：学校有权控制破坏教育使命的粗俗及恶意言论。

法院认为，学校有权控制那些有损教育使命的猥亵粗俗言论。法院对弗雷泽染指"性"的言辞与廷克臂章的政治性做了区分。该法院做出裁决，弗雷泽演讲中遍布的影射"性"的内容妨碍了学校在全体学生中传播"文明社会秩序下共同价值观"的使命。

在1988年的黑泽尔伍德学区诉库尔迈耶案中，当法院做出校长可以审查学生出版物中的文章时，也就赋予了学校官员审查"主动言论"的权利。在该案中，学生写了自己怀孕和父母离婚的经历。大多数人认为，该案中的审查是合理的，因为学校主办的出版物、活动和作品均属于课程的一部分，因此是用来传授知识的。对诸如此类学校支持的活动的控制与学生自愿发起的行动是有区别的。在异议中，法官威廉·J.布伦南（William J. Brennan）指责学校官员支持"思想控制"。

黑泽尔伍德学区诉库尔迈耶案：学校官员有权审查"主动言论"——例如，控制学生出版物上文章的内容。

校外言论 除了校内言论，学生在其个人网页发布学校官员认为具有诽谤或中伤性的信息等校外活动中也会受到惩罚。那么学生在学校以外表达自己的思想方面有哪些权利呢？这要视情况而定。在被称为"抽大麻，为耶稣（Bong Hits For Jesus）案"的莫尔斯诉弗雷德里克案中，最高法院做出裁决，学校官员可以控制学生在校外事件中的言论。在2002年，约瑟夫·弗雷德里克（Joseph Frederick）在阿拉斯加州朱诺镇高中校外的一条公共人行道上展示了一条14英尺（约4.2米）长的纸质签字横幅，该横幅将吸食大麻与耶稣联系起来。学校校长将这条横幅没收，并对弗雷德里克进行停课处理。弗雷德里克将其学校诉讼至法院，他的案件一路辗转，最后被移交至最高法院。最高法院法官做出结论，弗雷德里克的自由言论权没有被侵犯，因为很容易就可以看出该横幅宣扬非法吸毒，另外，如果校长对此视为不见，没有任何作为，就会向学生传递强有力的信息，即学校容忍支持毒品的信息。然而，正如《网络犯罪》栏目所示，学校对校外言论的审查是有限的，在网络时代尤为如此。

> 莫尔斯诉弗雷德里克案：学校官员可以控制学生校外活动中的言论。

校内祷告权

涉及言论自由权的最具争议性的问题之一是校内祷告权。虽然一些有宗教信仰的学校管理者、父母及学生想在学校进行祷告或组织宗教集会，但其他人则认为，这样的宗教仪式违背了政教分离的原则，并违反了第一修正案关于反对建立一个国家认可的宗教的规定。发生于2000年的圣达非独立学区请愿者诉简多伊案澄清了这一问题。

> 圣达非独立学区请愿者诉简多伊案：校内足球比赛开始之前由学生引领进行祷告是不恰当的，并且违背了第一修正案中关于政教分离的规定。

1995年之前，圣达非高中学生会的牧师由一名学生担任，该职位由选举产生，在整个赛季的每次大学足球赛开始之前，这名学生都会通过公共广播系统发布一篇祷告。在联邦地区法院对这一仪式提出质疑之后，学区采用了一项不同的政策，该政策允许由学生在所有的主场比赛中发起并引领学生祷告，但并不做统一要求。地区法院出台了一条规定对该政策进行了修改，即仅允许无宗派和非传教式的祷告。然而，联邦上诉法院认为，即使做出如此修改，足球祷告政策也是无效的。因此，该决定被上诉至美国最高法院。最高法院做出裁决，由选举产生的学生引领祷告损害了少数派的观点。这一制度怂恿宗教的分歧，并对不愿意参加宗教仪式的学生构成威胁。

虽然圣达非案严重限制了公共活动中学校认可的祷告，但法院并没有完全排斥宗教在学校的角色。在2001年发生的好消息俱乐部诉米尔福德中心学校案（Good News Club v. Milford Central School，2001）中，最高法院做出裁决，要求地处纽约州北部的一个学区为小学生参加一个课外圣经俱乐部提供场地。法院认为，以该俱乐部具有宗教性质为由拒绝其使用学校场地违背了宪法第一修正案中的保障公民言论自由权的条款；该学校经常允许非宗教团体使用其场地。法院认为，因为俱乐部的集会均在放学后进行，并非学校主办，并对任何获得父母同意的学生开放，因此法院不支持校方认可这个俱乐部或学生会被胁迫参加俱乐部活动的说法。在2001年，弗吉尼亚州制定了一条法规，要求该州的每个学校在课堂上设置"默哀时间"，这样每个学生可以自行选择进行冥想、祷告或从事其他无声活动，该活动不能干扰、转移或者阻碍其他学生行使自己的个人选择，法院对该州的这一法规给予了支持。法院拒绝受理几名弗吉尼亚州学生及家长提起的上诉，他们在上诉书中争论到，"默哀时间"是宗教仪式，违反了第一修正案的规定。在最近关于政教分离的声明中，法院拒绝受理一位来自加利福尼亚州的父亲提起的案件，他对朗诵"效忠誓词"提出质疑，因为"效忠誓词"中包含了"在上帝庇护下"的字眼。尽管法院以技术问题为由对这一案件不予理会，但一些法官认为这个问题应该早解决。首席大法官伦奎斯特（Rehnquist）在其意见中写道：

> 仅仅因为"效忠誓词"包含了"在上帝庇护下"这一描述性字眼就给愿意参加这一爱国仪式的其他孩子的父母一种"起哄式否决"，这是对"设立条款"的一个毫无根据的延伸，该延伸会造成禁止一个值得称赞的爱国仪式的不幸后果。

网络犯罪：网上的自由言论

自由言论已经成为教育体系中的一个重要议题，因为网络时代为学生提供了大量尝试各种挑战法律底线的机会，他们或是使用个人网站、推特留言、文本讯息和电子邮件等可以在学生群体内迅速扩散的媒介，或是在YouTube视频共享网站上发布秘密录制的教师不雅姿势的视频。尽管最高法院尚未就这类议题进行过裁决，但大量类似案件已经被诉至州法院和联邦法院。其中一起案件发生于宾夕法尼亚州，当时联邦法院裁决了两起涉及校外言论的案件。在第一起案件中，一个名为贾斯汀·雷绍克（Justin Layshock）的高中生将默瑟县的赫米蒂奇学区诉至法庭，原因是他因制作了一幅他所就读学校校长形象的恶搞作品而被停课十天，他把这幅作品称为"滑稽的外形"。这名学生在聚友网（MySpace）网页上也有大量取笑该学校校长体形和体重的笑话。在上诉中，第三巡回法院做出裁决，停课侵犯了贾斯汀言论自由的权利，其自我表述"发生于校外，没有扰乱学校环境，并且与学校主办的任何活动没有关联"，因此不能受到惩罚。在第二起案件中，八年级学生J.S.将蓝山学校（Blue Mountain School District）诉至法院，原因是她在网上发布了该校校长的一份虚假的个人资料，并因此被停课十天。她发布的资料并没有标明该校长的名字，但是包含他的照片及说他具有恋童癖和性瘾症的文字。法庭注意到，之前的法律判例已经规定，只要学生在业余时间利用自己的资源发布的网络内容没有扰乱学校的学习环境，就不能因此受到惩罚，但如果该内容扰乱了学习环境，那这就成了一个"学校问题"，该学生就应该承担纪律处分。法庭对那些在校外发布扰乱性材料的学生的控制方面持有开放的心态，他们表示，"不能仅仅因为对学习环境造成扰乱的电脑位于学校之外，当事学生就可以免于处罚，那样学校在管理学生方面就力不从心了"。

在另一起在美国全国引起关注的案子中，佛罗里达州一个名为凯瑟琳·埃文斯（Katherine Evans）的优秀高中生屡次与她的英语教师莎拉·菲尔普斯（Sarah Phelps）发生冲突。为发泄她的不满，埃文斯在脸书上创建了一个题为"莎拉·菲尔普斯是我见过的最差劲的老师"的网页，并引发菲尔普斯以前和现在的学生跟帖发表他们的评论。两个月后，埃文斯被停课，尽管她在两天后从脸书上主动撤下了这一网页。在美国民权自由联盟（ACLU）的支持下，她将其学校诉讼至法院，声称第一修正案赋予她的权利受到侵犯。在2011年，她与学校达成一致意见，学校将停课处罚从其学校记录中抹除，并支付其15000美元的律师费及1美元的赔偿金。她的律师将此描述为言论自由的一大胜利。

学生的言论自由权利与学校维持安全与纪律的能力的冲突尚未得到解决，由于网络时代为人们提供了全新的表达载体，这一冲突还会继续扩大。

批判性思维：

鉴于网络欺凌及其他网络骚扰事件的突发性，你会倡导对网络进行更加严格的控制吗？或者即便这种控制的目的在于减少社会危害，但你还认为保障第一修正案所规定的言论自由权更为重要吗？

校纪校规

大多数州都制定了允许公立学校教师采用体罚手段惩戒学生的法规。依据"代替父母（in loco parentis）"的观念，对学生进行惩罚是赋予学校的父母责任之一。在两起案件的裁决中，最高法院支持了学校使用体罚的权利。在1975年的贝克诉欧文案（Baker v. Owen）中，法院做出如下陈述：

> 我们认为，第十四修正案赋予了家长教导自己孩子的手段和惩罚的权利，但是这对维护学校纪律方面有一定的抵消作用……在足够维护老师权利的同时，在实施这类惩罚的过程中，学校官员必须给予学生基本的正当程序。

代替父母：拉丁语，意为"取代父母"或"代替父母"，用以表示父母已经赋予某人或某个机构行使、代理或充当父母角色的所有权利。

在1977年，最高法院再次针对学校内的体罚问题发声。在英格拉哈姆诉赖特案中，最高法院支持老师使用体罚的权利。在该案中，两名学生詹姆斯·英格拉哈姆（James Ingraham）和罗斯福·安德鲁斯（Roosevelt Andrews）

在佛罗里达州戴德县的查尔斯·德鲁中学遭受棍击的体罚中受伤。这起案件引发的法律问题是：(a) 教师所进行的体罚是否是对第八修正案中关于反对残酷和非常刑罚的违背；(b) 第十四修正案中的正当程序条款是否要求学生在接受体罚之前应收到适当的通知或进行一次听证会。法院认为，在该案中，第八修正案和第十四修正案均没有被违反。即便英格拉哈姆因为遭受20次木棍击打而造成了臀部的血肿，安德鲁斯的手臂也因此受伤，最高法院做出裁决，诸如此类的体罚并不违反宪法。法院设定了处罚标准，即只允许在学校实行合情合理的处罚，但是法院同时对该案中执行的惩罚程度给予了认可。英格拉哈姆案的核心原则是，法院所陈述的合理性标准代表了司法态度，即学校处罚学生的权利范围绝不比孩子父母对其进行体罚的权利更加有限制性。

尽管有了英格拉哈姆案的裁决，但体罚的使用仍备受争议。美国民权联盟和人权观察（美国的一个人权监管机构）最近进行的一项研究表明：每学年，几乎有25万美国公立学校的孩子受到体罚，其中相当数量的学生有心理或者肢体缺陷。该研究发现，尽管残疾学生仅占美国学生总数的14%，但他们却占在校受到体罚学生总数的19%左右。在美国，每年有4万多残疾学生在学校受到体罚，并且这一比率可能比实际的体罚率要低得多，因为并非所有体罚均被上报或做了记录。该报告发现，一些学生正是因为与其残疾相关的行为而受到惩罚：一些患有妥瑞式综合征（Tourette Syndrome）的学生因表现出无意识的抽搐行为而受到棍击；一些患有自闭症的学生因老是摇摆身体等行为而受到体罚。反对体罚的人指责道，体罚可能对患有残疾的孩子造成伤害，从而导致他们的情况恶化。例如，一些家长反映，患有自闭症的孩子在受到体罚之后会对自己或他人变得异常狂暴。然而，直到现在仍然有24个州的学校在使用体罚。

英格拉哈姆诉赖特案：学校的体罚在法律上是允许的。

总结

1. 讨论教育经历在人的一生发展中所扮演的角色

人们发现学校环境对孩子的情感状况具有重要的影响；

学校已经成为经济和社会地位的首要决定因素；

学校本身已经成为推动社会变革和发展的引擎。

2. 熟悉美国教育体系所面临的问题

学校在青少年发展中扮演的角色由于美国教育体系所面临的问题而受到重视；

比较学业成绩的跨国调查表明，美国在关键的学业领域落后；

美国高中学生在国际数学和科学测试中一直落后于亚洲和一些欧洲国家的学生；

很多孩子面临教育问题、失学和犯罪的危险。

3. 理解辍学青少年所面临的风险

尽管辍学率已经呈下降趋势，但过早辍学仍然是一个全国性问题；

与白人学生相比，少数民族学生面临更大的辍学风险，原因之一是，他们往往面临学校官员更为严厉的惩罚；

相比毕业生，辍学者更有可能从事反社会行为；

辍学者的薪酬比毕业生少得多；

与毕业生相比，辍学者有更多的健康问题，为社会增添更大的社会成本。

4. 表述学业失败与犯罪之间的关系

在学校表现差的孩子面临违法犯罪的风险；

相比诸如经济层级、种族或民族背景、同龄群组关系等可变因素，学业失败是预示违法犯罪行为的一个更强的变量；

学业失败和违法犯罪的联系常常体现在惯犯身上。

5. 审视与学业失败相关的个人和社会因素

学业失败可能与孩子存在学习障碍或阅读障碍有关，如果运用合适的资源，这些困难实际上是可以通过医治解决的；

大多数研究者将学业分轨制度（将学生依据其能力和学业水平进行编组）视为学生学业失败的原因；

学生与学校的疏离也被认为与学生学业失败和违法犯罪行为有某种联系。那些表示既不喜欢上学也不在乎老师观点的学生更有可能做出违法行为。

许多学生，尤其是那些来自低收入家庭的学生认为上学没有回报。

6. 预测校园犯罪的外延

在一项关于校园犯罪的开创性研究中，即《暴力校园与安全校园》（发表于1977年），联邦政府发现，相当数量的违法犯罪行为发生在校园内；

每年在校园内发生的犯罪行为超过一百万起；

相比社区，孩子在校园的更有可能受到侵害；

教师也会遭受学生及校园入侵者的威胁和人身攻击。

7. 列出导致校园犯罪的因素

那些长期缺乏父母关注、感到孤立和孤单的孩子也许最容易被疏离和从事吸毒行为；

学生酗酒和吸毒可能会提高暴力犯罪的比率；

与规模较小的学校相比，暴力现象在规模较大的学校中更为盛行；

城市中的学校比农村的学校更容易出现犯罪行为及暴力行为；

学校建筑的实际条件可以影响学生的学习动机、态度和行为；

有证据表明，校园犯罪反映了周边区域中反社会行为的存在形式。

8. 评估学校系统为减少校园犯罪所做的努力

几乎所有的州均制定了某种形式的无犯罪、无武器或安全校园区域的法规；

几乎每所学校均试图通过访客签名来限制危险人物进入校园，大部分学校还会在午餐时间关闭校门；

许多学校通过锁定门或监控门以实现对进入学校建筑的人控制管理；

学校金属探测器进行随机检测，并安装一个或多个摄像头对校园进行监控；

发生过行为问题的学校现在聘用穿制服的警察在学校开展工作，通常被称为驻校治安警察；

一些学区甚至在学校安插便衣侦探。

9. 认识到为改善校园氛围和提高教育标准所做的努力

许多组织和团体呼吁对教育制度进行改革以使其更能适应学生的需要；

联邦政府发起了促使地方学区改进教育标准并缩小学业种族差距的项目；

提高学生对吸毒和违法犯罪的意识；

培训学生抵制同辈压力方面的技巧；

建立如搜查储物柜等能震慑问题学生的学校管理和惩处方案。

10. 分析学生的合法权益

美国最高法院试图在学生的公民自由与学校为打造校园安全环境而进行的管理之间寻求一个平衡；

教育工作者只要有合理理由相信学生已经违反法律或校规校纪，就可以对学生进行合法搜查；

最高法院扩大了教育管理者为确保安全的学习环境而对学生进行药物检测的权力；

法院裁定，根据美国宪法第一修正案，孩子在校内享有言论自由权。然而，法院又裁定，学校校长可以审查学生出版物中的文章。校内祷告是一个备受争议的言论自由问题；法院已经严重限制了校内的祷告，却允许在校内进行"默哀时间"。

大部分州均有允许教师使用体罚手段惩罚学生的法规。

视点

假设你是一所郊区中学的校长。在你的学校里，有一个名叫史蒂夫·琼斯（Steve Jones）的学生长期以来与其英语教师梅特卡夫先生（Mr. Metcalf）不和。史蒂夫声称梅特卡夫不公平地给予其过低的成绩，并且对其他学生过于严格。史蒂夫在家里建立了一个网站，并在网站上发布了一些针对梅特卡夫的侮辱性图片及描述他的一些不文雅文字（例如，"一个不经常洗澡的懒汉"）。他发布了该教师的一张照片，并附上文字——"人民头号公敌"。网站的消息传到学校，尽管学生认为这很有趣，也很酷，但学校教师非常生气。你将史蒂夫叫到你的办公室，并要求其撤掉这个网站，向他解释这个网站的存在已经对学校纪律和精神面貌造成了负面的影响，但遭到了史蒂夫的拒绝。他争论到，这一网站是在家建立的，你没有权利要求他撤掉。此外，他声称，这么做只是好玩而已，并没有对任何人造成实质的伤害。

学校管理者每天都要做出类似的决定，一旦做出错误的选择，就会付出较大的代价。你知道有一起同这一事件非常类似的案件，一名学生也是因为建立一个侮辱性的网站而被校长停课，之后该学生以学校侵犯其言论自由权利为由将学校诉讼至法庭，最终学校以赔偿30000美元才解决此事。

如果史蒂夫拒绝你让其撤掉侮辱性网站的要求，你会让其停课吗？

你会允许史蒂夫继续维持该网站转而尝试安慰梅特卡夫先生吗？

如果梅特卡夫先生也建立一个网站，并在上面嘲笑学生并取笑他们的学业能力，你会怎么办呢？

第 7 章　　CHAPTER 7

吸毒与犯罪

最后一天的课程终于结束，卡拉·瓦格纳（Carla Wagner）和朋友喝了些酒，吸了点大麻，以表庆祝。然而，在从学校回家的路上，卡拉·瓦格纳在开车时无法正常控制车辆，撞了16岁的女孩海伦·玛丽·威蒂（Helen Marie Witty）。当时，海伦正在人行道溜旱冰。这次碰撞导致这位年轻的受害者当场死亡，而瓦格纳也因醉酒驾驶被判过失杀人罪，并在位于佛罗里达州的一处女子监狱服刑6年。作为其刑期的一部分，瓦格纳被要求向中学学生现身说法，讲述喝酒驾驶的危险及类似犯罪行为可能会为受害者及其家人和犯罪者造成的一生的后果。受害者父母——威蒂夫妇，也对这所中学的学生讲述了他们不幸的丧女之痛。近年来，这样的教育活动非常普遍。此外，还有一些专注于少年问题的研讨会，这些研讨会可以帮助青少年更多地认识到，在阻止社区的吸毒问题方面哪些是有用的及他们在其中可以扮演什么样的角色。

毋庸置疑，青少年物质滥用问题及其与违法犯罪之间的联系均为非常棘手的问题。在美国，几乎每一个城镇、村庄和城市都面临某种类型的青少年物质滥用问题。调查显示，将近一半的高中生曾经尝试吸食毒品，而10人中就有接近7人有喝酒行为，比例高达69%。

物质滥用：以该种方式滥用药物或酒精对自己造成身体、精神和/或心理上的伤害。

吸食毒品的高危青少年往往来自最为贫困的社区，并经历了许多包括诸如失学、家庭冲突等在内的问题。同样令人感到忧虑的是吸毒与犯罪之间的关系。研究表明，在一些城市中，5%~8%的未成年男性被逮捕者的可卡因检测呈阳性。调查显示，相比不吸毒的人，吸毒者更有可能从事违法犯罪行为。吸毒和违法犯罪的这种模式使青少年吸毒成为一个国家重点考虑的问题。

本章提出了几个涉及青少年吸毒的重要问题。首先，综述了儿童和青少年当前吸食的毒品种类及吸食频率；然后，本章讨论了哪些人吸食毒品及什么原因导致他们吸食毒品。在描述了吸食毒品和违法犯罪行为之间的关系之后，本章最后综述了美国为预防和控制毒品所做的努力。

常被滥用的毒品

各种被称为"毒品"的物质如今正在被青少年广泛使用。有些会令人上瘾，有些则不会。有些会令人产生幻觉，有些则会造成抑郁性恍惚，还有一些会令人突然兴奋。本章列出了一些使用最为广泛的物质，并讨论了它们的影响。所有这些毒品都可能被滥用，由于它们可能导致的潜在危险，许多毒品已经被禁止私人使用。另外有一些只能在医生的监督下合法使用，还有部分毒品只允许成人使用，禁止儿童使用。

大麻和印度麻药

大麻是从印度大麻的叶子中提取的，俗称为"烟壶"或"大麻草"。印度麻药是由雌性大麻植株的无掺杂树脂所制成的一种大麻浓缩物。大麻和印度麻药中的主要活性成分是四氢大麻酚（THC），这是一种温和的致幻剂。大麻是青少年常用的毒品。

印度麻药：一种浓缩形式的印度大麻，由大麻属植物雌株上提取的纯正树脂制成。
大麻：大麻属植物的叶子脱水后制成。

吸入大量大麻可能导致听觉和视觉的扭曲，甚至产生幻觉。吸入小剂量会进入早期兴奋状态（"嗨"），随即产生困倦。吸食大麻也与活力下降、时间和空间的高估及食物摄入量增加有关。当吸食者独自一人吸食时，大麻会使其进入一个梦幻般的状态。聚众吸食时，吸食者会感到眩晕，并丧失洞察能力。

大麻不会造成身体上的上瘾，但其所产生的长期影响一直以来是许多人争论的主题。据悉，在20世纪70年代，吸食大麻引起了包括脑损伤和精神疾病在内的各种身体和精神问题。尽管大麻的危害可能被夸大了，但使用这些毒品确实会造成一些健康风险，如患肺癌、慢性支气管炎及其他疾病的风险大大增加。即将为人父母的人应避免吸食大麻，因为这会降低男性的精子数量，也会扰乱女性正常排卵，并会增加流产的概率。

像其他毒品一样，大麻可以提纯或改变。其中当数合成大麻尤为有名。合成大麻也称为香料或K-2，是一种"中草药合剂"，多数情况下结合了衍生于大麻素药物家族的化学品。直到2011年，美国禁毒署才将合成大麻添加到非法药物列表中。仅有略高于11%的高中学生在过去的一年中吸食过这种类型的大麻。

> 合成大麻：由大麻的各种化学成分合成的一种药物。

可卡因

可卡因是古柯植物的生物碱衍生物。当1860年第一次被从古柯植物中分离出来时，可卡因被认为是一种医学上的重大突破，可以缓解疲劳、抑郁及其他症状，很快成为一种专利药品的主要成分。但它的致瘾特性和危险副作用也开始显现，1906年，国会通过了食品和药物纯净法案，限制它的使用。

> 可卡因：一种源自古柯植物的强力的天然兴奋剂。

可卡因是最强有力的天然刺激剂。使用它可以使人感到精神欢快、焦躁不安和兴奋刺激。使用过量可能导致精神错乱和暴力躁狂，甚至可能导致呼吸衰竭。这种毒品可以用鼻子吸食，也可以被注射。吸食后会使人立即产生精神欢快感或情感的"涌动"，但这种感觉非常短暂，重度使用者可达每10分钟吸食一次。另一种危险的做法是使用"快速丸"，即注射一种可卡因和海洛因的混合剂。

"快克"是一种经过加工的街头可卡因。制造这种毒品，要用氨或小苏打（碳酸氢钠）去除盐酸盐，并制造出一种可吸食的结晶状态的可卡因。事实上，"快克"之所以得名，是因为在吸食这一药物时，碳酸氢钠经常会发出轻微的"噼啪"的爆裂声，也被称为"岩石""砾石"和"罗克珊"等，"快克"在20世纪80年代中期开始备受吸毒者的青睐。它价格相对便宜，可以使人产生强烈的兴奋感，并且在心理上高度成瘾。近年来，可卡因的使用量一直在下降，严重的刑事处罚、严格的执法及社会的抵触都在一定程度上降低了"快克"的使用。

快克：一种能使人高度上瘾的晶体结构的物质，含有盐酸盐残余物和碳酸氢钠，在吸食时会发出"噼啪"的声音。

海洛因

麻醉药物可以使人对疼痛变得不敏感，同时可以释放心灵的焦虑和消极情绪。吸食者可以体验到恐惧的缓解，紧张情绪的释放及精神状态的升高。在这种短暂的精神欢快状态之后，会进入一个兴趣冷淡的阶段，在此期间，吸食者会变得昏昏欲睡，并可能不住地点头。海洛因是美国最常用的麻醉品，是从鸦片中提炼制成，鸦片是一种来自罂粟花的药物。毒品贩子用中性物质（糖或乳糖）对药物进行切割，街头兜售的海洛因通常只有1%~4%的纯度。

海洛因：一种由鸦片制成的麻醉药物，用糖或其他一些中性物质进行切割，直到达到仅有1%～4%的纯度。

在人们常吸食的毒品中，海洛因可能最具危险性。吸食者会迅速对其产生依赖性，从而促使其增加剂量以获得期望的效果。首先，海洛因通常是通过嗅或闻来吸食；随着依赖度的增加，可能进行"皮肤注射"（射入皮肤，但不进入静脉）；最后，注入静脉或"主静脉"。通过这种渐进式的使用，吸食者逐渐成为一个瘾君子——一个无法抵抗身体或精神上的需要而不择手段持续吸食某种物质或药品的人。如果上瘾者不能获得足够的海洛因来满足自己，他们会出现诸如易怒、抑郁、极度紧张和恶心等症状。

瘾君子：无法抵抗身体或精神上的需要而持续吸食某种物质或药品的人。

酒精

酒精仍然是大多数青少年的首选药物。据悉，2011年，接近2/3（64%）的高中学生有过饮酒行为；69%的学生说，他们在其人生中的某段时间曾尝试过饮酒；54%的12年级美国青少年学生称他们喝醉过。据估计，超过2000万美国人是问题饮酒者，这些人中至少有一半酗酒成性。

酒精：已经发酵或蒸馏的包含乙醇这种能令人进入陶醉状态的液体。

每年有超过140万名司机因酒驾而被逮捕（其中包括9300名青少年司机），另有约84万人因涉嫌其他与酒精相关的违法行为被逮捕。每年，仅青少年饮酒和驾驶就会导致800多人死亡，这产生了惊人的经济成本。据估计，每年因此而造成的经济损失约为1850亿美元，其中包括过早死亡造成的360亿美元损失，800亿美元的误工损失及短期和长期医疗问题所造成的190亿美元损失。

鉴于这么多问题，那为什么还有这么多青少年饮酒过量呢？饮酒的青少年声称，饮酒可以减少紧张情绪，增进乐趣，增强社会技能，并使自己变得更好。只有有限度地饮酒或许能引起这些反应，高剂量的酒精会成为一种抑郁剂。长期使用会导致抑郁症、心脏病和肝硬化等身体疾病。许多青少年也认为，饮酒能激起他们荷尔蒙的萌动，但科学证据表明，饮酒会抑制性反应。

其他类型的毒品

其他类型的毒品包括麻醉药物、吸入剂、镇静剂和巴比妥类药物、镇静剂、致幻剂、兴奋剂、类固醇、化合致幻药和香烟等。

麻醉药物 多种被称为麻醉药物的毒品是中枢神经系统（CNS）的抑制剂。局部麻醉剂能阻断神经系统的传递；全身麻醉剂作用于大脑以产生感觉丧失、昏迷或无意识状态。最为广泛滥用的麻醉药是苯环利定（PCP），被称为"天使粉"。天使粉可以喷在大麻或其他叶子上，通过吸食、饮用或注射来摄入。最初，PCP被作为一种动物镇静剂，可以产生幻觉和一种精神恍惚的感觉，导致重度吸食者从事暴力行为。PCP的效力可以持续长达两天，过量摄入的危险很大。

麻醉药物：抑制中枢神经系统并使其处于镇静状态的药物。

吸入剂 一些青少年通过吸入火机油、油漆稀释剂、清洁液或航模黏合胶的蒸汽以达到昏昏欲睡和头晕的状态，有时还会伴有幻觉。吸入剂会产生短期的兴奋，随后便会出现迷失方向、言语模糊和嗜睡等现象。亚硝酸异戊酯（poppers）是以胶囊形式包装的挥发性液体，在打开胶囊时吸入。

吸入剂：一种挥发性液体，该液体会散发出一种烟雾，人吸入后会产生短期的兴奋和愉悦，之后会有一段时间的迷惑。

镇静剂与巴比妥类药物 镇静剂是巴比妥类药物中最常用的一种，它会使中枢神经系统陷入睡眠状态。在黑市上，镇静剂常常根据胶囊的颜色可分为："红胶丸"（司可巴比妥）、"蓝色魔鬼"（异戊巴比妥）和"彩虹"（吐诺尔）。

> 镇静剂：巴比妥类药物，能抑制中枢神经系统，从而进入安眠状态。

镇静剂可以通过医生开处方作为安眠药使用，非法吸食者通过摄入它们来营造平和淡定的情绪；但过量摄入可能会引起烦躁、驱避行为和意识丧失等后果。巴比妥酸盐摄入过量是致死的主要原因。

镇静剂与安定类药物 以合法方式开出的诸如安非他酮、氯丙嗪、甲哌啶嗪、司派林等镇静剂，最初旨在控制患有精神病、攻击性和焦虑症等病症的人的行为。药效较弱的镇静剂，如安定、氯氮、甲丙氨酯和甲丁双脲等，用于抵抗焦虑、紧张、心率过快等病症。使用非法手段获得的镇静剂可能导致成瘾，一旦停止服用会非常痛苦，并很危险。

> 镇静剂：安定类药物，能减轻焦虑并促进放松的药物。

致幻剂 自然和合成致幻剂均可以在不过于扰乱吸食者意识的情况下使人产生明显的感觉扭曲作用。有些会使人产生幻觉，而有些会使原本正常的人产生精神病行为。

> 致幻剂：在不过分扰乱意识的情况下引起感觉上的变化、错觉甚至歪曲的天然或人工合成的一种药物。

一种常见的致幻剂是墨斯卡灵，以首先发现该药致幻效果的墨斯卡灵·阿帕奇命名。墨斯卡灵可由佩奥特掌自然产生，佩奥特掌是一种生长于墨西哥和美国西南部的一种小仙人掌。吸食后，最初会感到不适，墨斯卡灵会使服用者产生迷人的幻觉和置身事外的感觉。

第二种致幻剂是合成生物碱化合物。它们可以转化为麦角酸二乙酰胺，通常称为LSD。这种药效强烈的物质可以刺激大脑感觉中枢以使人产生视觉上的幻象，并会强化听力，增加敏感度。据悉，吸食者经常会感到感觉上的混乱；他们可能会"听到颜色"和"嗅到音乐"。吸食者还会感到精神欢快和心理的愉悦，尽管在旁观者看来他们似乎迷失了方向。吸食者也可能会产生焦虑和恐慌症状。另外，过量吸食可能会造成精神病发作和药效幻觉重现，甚至死亡。

兴奋剂 "安非他命""脱氧麻黄碱""兴奋药丸"和"水晶"等都是一些兴奋剂——一种刺激中枢神经系统行为的合成药物。它们会引起血压升高、呼吸速率提高、肢体活动增加及情绪的高涨。一种广泛使用的安非他命会产生诸如信心增加、精神欢快、冲动行为及食欲缺乏等心理效应。常用的兴奋剂包括苯明德（安非他命）、德克西定（右苯丙胺片剂）、德克西米、苄苯丙胺及甲基苯丙胺（如甲安非他命、脱氧麻黄碱、晶体脱氧麻黄碱等）。甲基苯丙胺可能是使用最广泛和最危险的安非他命药物。有些吸食者通过口服摄入，重度毒瘾者通过注射摄入。长期大量摄入可导致疲惫、焦虑、长期抑郁和幻觉。

兴奋剂：一种通过刺激中枢神经系统而引发强烈生理反应的合成药物。

甲基苯丙胺中有一种结晶状药物，街头毒贩称之为"冰毒"或"水晶"。冰毒外表看起来类似于冰碎片或岩盐块，并且是高纯度的，极易上瘾。吸食这种冰毒或水晶会导致体重减轻，损伤肾脏，引发心脏和呼吸道问题及过分偏执。一般的甲安非他命，无非是粉末、冰毒或片剂这三种主要形式，已经成为美国执法当局日益优先考虑的事项。一项研究估计，美国每年因吸食甲基苯丙胺造成的经济成本超过230亿美元。由于这种药物的流行和致命后果，本章《相关未成年人》特色栏目也会探讨这一主题。

类固醇 青少年使用高度危险的合成代谢类固醇来增加肌肉松弛度和力量。这些药物的黑市销售额每年可接近10亿美元。虽然不会造成身体上的上瘾，但类固醇可以让那些渴望在运动比赛中取得成功的青少年痴迷。长期吸食者每周可能花费高达400美元来购买类固醇，并可能通过从事贩毒来维持他们的用度。

合成代谢类固醇：运动员和健美者食用的旨在增大肌肉块和力量的药物。

类固醇是有危险的药物，因为长期使用它们会引发相关的健康问题：肝脏疾病、肿瘤、肾脏问题、性功能障碍、高血压和抑郁等精神问题。类固醇需要循环使用，而诸如氯米芬、睾内酯、氟甲睾酮等自身也带有危险副作用的药物经常被用于遏制对高剂量类固醇的需求。最后，类固醇使用者常常共用针头，这使他们极易感染艾滋病毒，从而患上艾滋病。

化合致幻药 经实验室开发的旨在暂时绕过现行药物法律的合成药物，被称为化合致幻药。最为广泛使用的化合致幻药是"狂喜"迷幻药，其来源于脱氧麻黄碱和甲基苯丙胺。它可以发挥兴奋剂和迷幻剂的作用，在吞咽、嗅、注射或吸食后，会产生情绪波动，扰乱睡眠和饮食习惯，改变思维过程，引发攻击性行为，干扰性功能，并且影响对疼痛的敏感性等。该药物还可以使血压和心率增高。因为此药物可导致脱水，所以在狂欢状态下吸食"狂喜"迷幻药的青少年易死于心脏病。

（蒙混出售的）化合致幻药：旨在规避当前禁毒法律而在实验室合成的毒品。

香烟 世界上许多国家都制定了禁止向未成年人销售香烟的法律。然而，现实情况是，在许多国家，儿童和青少年很容易就可以获得烟草制品。在美国，1992年"西纳尔宪法修正案"要求各州颁布法律，限制向18岁以下青少年销售烟草制品，要求各州必须把面向未成年人的非法销售比率降至

20%以下。美国食品及药物管理局的规定要求对年龄在27岁以下的任何购买烟草制品的人进行年龄验证，并且除了在仅有成年人的场所外，禁止通过自动售货机和自助贩卖机售卖香烟。46个州和烟草行业公司于1998年签署了"烟草大和解协议"，对面向青年人的香烟广告和营销进行了进一步的限制，并为禁烟运动调配了大量资金。为强制实施这些限制规定，对烟草零售商普及教育这些新的法律知识，政府采取了一些措施，并已经取得了一定的预期效果。尽管采取了这些措施，报告显示，美国每5名高中学生中就有2名（40%）报告称在某个阶段吸过烟。近年来，高中学生中的吸烟现象一直呈下降趋势。

相关未成年人：霍普·特纳

霍普·特纳第一次接触到脱氧麻黄碱时才5岁。虽然她并没有吸食，但她很容易就可以得到。她的父亲经常吸食脱氧麻黄碱，并会把这种毒品弄得满屋子到处都是。在2005年12月的一个晚上，密苏里州堪萨斯市警察局因另外一桩案子来到其家中，发现了一克脱氧麻黄碱及吸食用具。那天晚上，霍普正好由她父亲照看，自从她父母离婚后，她母亲有时会将其交给她父亲照料。

警察指控霍普的父亲持有管控物质。然而，这只是该案件的表面现象。与其他州不同，密苏里州并不将在未成年人面前使用或出示非法毒品认定为危害儿童罪的一种形式，犯了危害儿童罪会被判处监禁。

这一案件当时登上了报纸的头版头条，引发了社区居民，尤其是霍普妈妈丹妮·特纳的愤怒。出于对自己女儿及该州其他儿童的担忧，丹妮·特纳对州议会和州长进行游说，希望采取相关措施。吸食脱氧麻黄碱问题在该州是一个非常棘手的问题。青少年与成年人对这一毒品的吸食呈上升趋势，并且执法机构监测到，家庭作坊式"毒品实验室"以每天至少一个的频率递增，这使孩子们暴露在这一毒品及制造这一毒品所用的有毒化学原料的危害之下，情况相当严重。

最终，州议会通过了一个法案，并由密苏里州州长杰伊·尼克松（Jay Nixon）于

2009年7月9日签署成为该州法律。该法律取霍普·特纳之名，被称为"霍普法律"。该法律认为："任何人在不满17周岁青少年面前或在有该年龄段的青少年的家中持有脱氧麻黄碱，会在某种程度上被指控犯有危害儿童健康的罪名，犯罪等级为一级。"在密苏里州，危害儿童是C类重罪，会被判处5～15年的监禁。霍普法律有助于减少毒品在家中对儿童造成的危害。其他州能从类似的法律中获益吗？美国上下的形势如何？

- 经调查，尽管中学生吸食脱氧麻黄碱在14年来（1999—2012年）已经呈下降趋势，政府仍然对此表示担忧，因为这一毒品的吸食已经从其发源地——西部郊区——蔓延至国家的其他地区，并且进入城市。根据美国司法部下属的国家毒品情报中心的监测，脱氧麻黄碱在太平洋地区最容易获得，之后依次为西部、西南部、东南部、中西部和东北部地区。

- 美国禁毒署提供的脱氧麻黄碱缴获数据显示，脱氧麻黄碱的供应有了显著增加。在2007年，禁毒署缴获的脱氧麻黄碱数量为4974千克，而到了2009年，这一数字上升到了6568千克。

- 该毒品绝大多数是在室内生产，或是小型家庭作坊式实验室，或是超级实验室，大部分位于中央山谷和加利福尼亚州的南部地区。也正是由于这个原因，其他问题也随之产生。脱氧麻黄碱生产所需的很多日用品很难或无法实施管控，而且其生产也对人和环境造成了很多危险。

- 包括俄克拉荷马州、艾奥瓦州等在内的许多州已经颁布法令禁止诸如速达菲等感冒药的场外销售。人们要想购买这种药物必须有医生开的处方，因为这些药物包含伪麻黄碱，这是脱氧麻黄碱的一种主要成分。

批判性思维：

你认为像霍普法律这样的法律在保护儿童免于毒品危险方面有作用吗？在这方面可能有效的其他方法有哪些？

青少年吸毒趋势

美国数十年以来与毒品的斗争是否取得了成功？吸毒现象是有所下降还是持续上升？许多国家每年都会通过采访美国各地随机抽取的青少年样本调查青少年的吸毒情况。那么根据这些国家调查，吸毒率已到达何等程度？近年来青少年吸毒又呈什么趋势呢？

名为"关注未来"的调查（MTF）

在众多最重要且影响力最为深远的青少年吸毒调查中，有一项名为"关注未来"的调查。这项调查由密歇根大学社会研究学院开展，总共有来自433所中学的45000名学生参与了这一研究项目。

2012年最新一期的"关注未来"调查显示，除去少数例外，美国青少年吸毒情况于1996—1997年达到高峰后持续下降。在这期间，八年级学生的年度吸毒人数下降了2/5以上（43%），而十年级和十二年级的下降比例相对较低，分别为20%和3%。如图7.1所示，吸毒人数于20世纪70年代后期与80年代初期达到巅峰，随后便开始了长达十年的持续下降，直至20世纪90年代中期又开始上升。自那之后，大多数毒品的使用情况保持稳定或逐渐下降。最鼓舞人心的是，调查中最年幼的孩子在饮酒方面的人数比例有了显著下降——在最近五年，年速率下降了26%（从2008年的32.1%下降至2012年的23.6%），在最近十年，这一比例下降了37%（2003年这一比例为37.2%）。吸烟及无烟烟草制品的使用情况也持续下降。研究显示，2012年的吸烟人数比例降至"关注未来"调查开展以来的最低点，即针对高中学生开展调查37年以来的最低值。最近，诸如麻醉药物和镇静剂等处方药物在青少年中的使用情况受到大量关注。从2011年到2012年，处方麻醉药氧化锡的年使用人数比例在十二年级、十年级和八年级学生中有了下降，其中十二年级学生从4.9%下降至

4.3%，十年级学生从3.9%下降至3.0%，八年级学生从1.8%下降至1.6%。所有年级的年使用人数占比自2009年达到高峰（3.9%）之后均有所下降，2012年下降至2.9%。

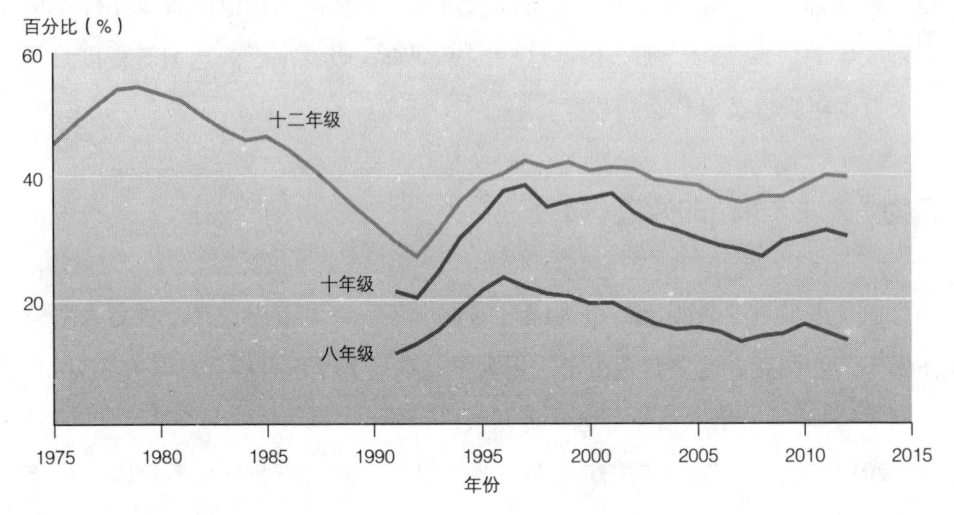

图7.1 非法吸毒的年度流行趋势

国家毒品教育家长指导研究所的调查

关于青少年吸毒和饮酒的另一个信息来源是国家毒品教育家长指导研究所的调查研究。直到最近，这项调查也每年进行一次。通常情况下，该项调查的结果与"关注未来"调查的结果高度一致。最近的一次国家毒品教育家长指导研究所调查（2009—2010学年的调查）表明，相比上一学年，毒品活动有了小到中等程度的下降，但相比过去十年，有了大幅下降。例如，在六到十二年级的学生中，仅有21%的学生声称去年曾经吸毒，而在2000—2001学年，这一比例为25%（见表7.1）。吸烟和酗酒情况均有所改善。这两项调查反映了吸毒方面大致相同的趋势规律，这为青少年吸毒人数的降低提供了有力支持。

表7.1　六到十二年级学生2000—2001学年与2009—2010学年吸毒情况对比

	2000—2001学年（%）	2009—2010学年（%）	下降率（%）
吸烟	30.5	18.9	38.0
任何酒精饮品	52.1	40.3	22.6
任何非法药物	24.6	21.4	13.0

关于药物使用和健康的全国性调查

关于药物使用和健康的全国性调查（NSDUH，之前被称为美国家庭药物滥用情况调查）由美国卫生与公共服务部药物滥用与心理健康服务局发起。该调查每年采访大约70000美国境内人士。和"关注未来"调查及国家毒品教育家长指导研究所的调查研究一样，最新一次关于药物使用和健康的全国性调查（2011）显示，吸毒和酗酒，虽然仍是一个问题，但已经趋于稳定或下降。

尽管12~17岁的青少年非法吸毒情况近年来总体上有所下降（从2002年至2011年，吸毒人数比例下降了13.0%），但形势仍然非常严峻。例如，在12岁及以上年龄阶段的人群中，重度饮酒者（在过去的30天里至少有5天在同一场合饮用5次或以上的酒精饮料）的人数占比略多于6%，接近1600万人。在12岁至17岁的青少年中，1.5%的人为重度饮酒者，7.4%的人有过狂饮经历，即在过去的三十天里至少有一次在同一场合饮用5次或以上的含有酒精的饮料。

最新的关于药物使用和健康的全国性调查结果显示，在过去的一个月中，青少年男性非法吸毒的总体比率高于女性的总体比率（10.8%∶9.3%）。相反，青少年女性因非医学用途使用精神治疗药物的人数比率高于男性（3.2%∶2.4%）。并且在因非医学用途使用镇痛药物的人中，青少年女性比率也高于男性比率（2.3%∶1.9%）。前期调查（2002—2004年）发现，青少年女性参与吸食大麻、酗酒和吸烟的人数与男性人数逐渐持平。最近的调查显示，目前，与女性（6.7%）相比，吸食大麻在青少年男性中更普遍（9.0%）。

调查结果可靠吗？

面向学生的吸毒情况调查在解读时必须慎重。第一，我们不能过于乐观地认为重度吸毒者会愿意配合这样的吸毒情况调查，尤其是由政府机构进行的调查。即便他们愿意，这些学生也很有可能在调查期间不去学校。另外，吸毒者往往比较健忘，因而会提供不准确的信息。

第二，青少年群体中药物依赖程度最高的部分可能并不在调查样本中。在一些城市，几乎一半被逮捕的青少年在十二年级之前就退学了，而在这些人之中，有超过半数的人吸毒。被拘留的青少年（那些被逮捕并且关进拘留所的青少年）可卡因检测呈阳性的比率要比"关注未来"调查及国家毒品教育家长指导研究所调查的最近数据高出数倍。"关注未来"调查样本纳入的八年级学生规避了辍学问题。尽管如此，针对高中学生的调查可能还会漏掉部分最容易吸毒的青年群体。

第三，有证据表明，调查报告的准确性可能会受到社会特性及个人特性的影响：女孩比男孩更愿意承认吸毒；与来自单亲家庭的孩子相比，来自双亲家庭的孩子在承认吸毒方面有些抗拒。金云秀（Julia Yun Soo Kim）、迈克尔·芬德里希（Michael Fendrich）和约瑟夫·维斯朗（Joseph Wislar）推测，对于诸如西班牙女性等一些群体而言，吸毒在文化上是不能被接受的。因此，在自述报告型调查中，她们可能会对其吸毒行为有所隐瞒。

第四，这些问题非常严重，也一直存在，因此不会影响吸毒人数的变化或趋势。也就是说，之前的调查未包含辍学者和其他易吸毒人群，并同样也受到文化因素的影响。因为这些问题在所有调查中均有所体现，所以年物质滥用率的变化很可能是真实有效的。尽管人们对这些调查本身的有效性存在争议，但他们仍是吸毒趋势的可靠指标。

你为什么吸毒？

青少年为什么要做这种会对他们产生不可估量的伤害的事情呢？年幼的吸毒者意识不到吸毒的危害，实在令人难以想象。贩毒者出于牟取暴利而有这一动机，但吸毒者漠视吸毒所造成的长期和短期危害，又当如何解释呢？

自述报告型调查是一种调查青少年吸毒原因或动机的方法。依据"关注未来"调查30年的调查数据（1976—2005年），研究者确定了高中学生各种不同的吸毒动机。社会原因和娱乐原因为最寻常的回答。过半（57.2%）的高中学生表示，他们吸毒是为了"玩儿得开心"，为了"体验一下"（49.3%）或者为了"获得快感"（43.0%）。另一个寻常的回答便是为了消除负面情绪；例如，38%的学生表示吸毒是为了"放松"，19%的学生是为了"逃避问题"，还有15%的学生表示，他们吸毒是为了"消除愤怒/挫败感"。此外，有少数学生表示，他们吸毒因为其他几类原因，包括药物效应（例如，"为了增加毒品效果"，占6.7%）、强制吸食（例如，"消磨时光"，占6.1%）、身体需求（例如，"帮助入睡"，占7.1%）及其他五花八门的原因（例如，"尝起来不错"，占35.4%）。概念摘要7.1对这些原因及导致青少年吸毒的其他最可能的原因进行了总结。

概念摘要7.1　青少年吸毒的主要原因

社会解组	贫困；成长于一个混乱的城市环境
同辈压力	与吸毒青少年混在一起
家庭因素	糟糕的家庭生活，包括严厉惩罚、忽视等
基因因素	父母吸毒
情感问题	不满足感；将失败归咎于他人
行为问题	吸毒是许多问题行为中的一种
理性选择	包括放松、更多创新等在内的感知利益

社会解组

有种解释将吸毒和贫穷、社会解组及绝望联系在一起。少数族群青少年的吸毒行为则被归因于种族偏见、自卑、社会经济地位低下及在恶劣城市环境中的生存压力等因素。吸毒、种族和贫穷之间的联系与社会经济发展落后地区出现的不信任及蔑视这两大现象有关。尽管社会解组和吸毒之间的联系长期存在,甚至这种联系具体到某种特定的毒品,如甲基苯丙胺,但仍无关于阶层与犯罪之间关系的实证数据。例如,国家青少年调查,即由德尔伯特·艾略特(Delbert Elliot)和其同事开展的有关犯罪行为的纵向研究,并未发现吸毒和社会阶层之间的联系。虽然该项调查发现,吸毒在城镇青少年群体中更为盛行,但并没有证据表明少数族群的青少年或下层社会成员比白人青少年及较富有的人更容易吸毒。由兰德公司开展的调查显示,许多年轻的毒品交易者在被逮捕时有合法的工作。因此,吸毒者不能被简单地直接概称为失业或失学的青少年。

同辈压力

研究表明,青少年吸毒与其好友的行为有很大关系,这种关系在父母疏于管教时尤为突出。城市中心区的青少年疏离感较高,他们经常会与吸毒者接触,这些吸毒者告诉他们,吸毒可以消除他们的心理不足感和压力。或许青少年加入他们的同伴是为了学习吸毒的方法,他们与其他对毒品具有依赖性的青少年之间的友谊为他们这一恶习提供了社会支持。实证研究结果显示,青少年与其吸毒朋友之间的关系增加了他们吸毒的可能性。并且,这种关系的影响是相互的:青少年吸毒者寻找吸毒的伙伴,同时,与吸毒者的接触会加深他们的吸毒程度。最近,格雷戈里·齐默尔曼(Gregory Zimmerman)和鲍勃·爱德华·瓦斯奎兹(Bob Edward Vásquez)开展的研究也发现，同辈压力对于青少年吸毒的影响可能是非线性的，换句话说，当吸毒程度较高时，同辈压力的影响变小，显示了一种"饱和"效应。研究者还发现，同辈压力对于吸毒的影响是通过对吸毒引发的健康后果的感知进行调节的，并且社区环境相比之前扮演了一个更为重要的角色。

同辈关系网是对长期吸毒者最为重要的影响因素。情感性沟通及亲密感会使青少年身陷人们所称的"吸毒亚文化"。研究者表明，吸毒者事实上确实与给予他们支持的吸毒伙伴保持着亲密的关系。这些行为也可能通过由约会和浪漫关系建立起来的青少年同辈关系网得以强化。这种生活方式为吸毒者提供了一个明确的角色，为他们提供了喜爱的活动，并让他们可以在同伴关系中保持一定的地位。对不可救药的吸毒者很难进行治疗的原因之一是，戒毒意味着脱离街头"快节奏生活"。

家庭因素

贫困的家庭出身也被认为是青少年吸毒的一个原因。研究发现，大部分吸毒者都有不愉快的童年经历，例如，曾遭受严酷惩罚及缺少父母关爱。吸毒和家庭素质之间的关系或许受到种族和性别的影响。童年时期遭受虐待的女性及白人更有可能在成年后因为酗酒和吸毒而被逮捕。而虐待往往不太可能对男性及非洲裔美国人的吸毒产生影响。此外，吸毒者往往来自一些大的家庭，并且父母处于离异、分居或长期外出状态。

社会心理学家认为，青少年的吸毒方式也受其父母吸毒行为的影响。那些明白毒品可以带来快感的青少年最容易尝试吸毒。如果吸毒确实能帮助他们降低焦虑及恐惧，那么吸毒将可能成为他们的习惯。研究表明，在有吸毒传统的家庭长大的帮派成员相比帮派中其他人更容易沾染可卡因，并且其毒瘾会更大。在帮派成员中，父母吸毒仍是影响青少年吸毒的一个重要因素。与其他家庭因素相比，从小受吸毒人员的影响或许是青少年吸毒的最为重要的原因。

与青少年吸毒相关的其他家庭因素还包括父母在抚养儿童方面的冲突、未能给孩子立规矩、严厉惩罚后提出不切实际的要求等。较冷淡的亲子关系、叛逆及过多的家庭冲突也与青少年吸毒有关。案例简介"费尔南多案"讲述了一名青少年如何应对使其走上吸毒和犯罪道路的家庭问题。

基因因素

父母吸毒与青少年吸毒之间的联系或许有基因基础。研究表明，酗酒父母生的孩子，即便由不饮酒的养父母养育成人，比起其养父母的亲生孩子，往往更容易酗酒。许多同卵双胞胎和异卵双胞胎酗酒问题的比较研究发现，异卵双胞胎的一致性程度（兄弟姐妹行为相同）是同卵双胞胎的两倍。

吸毒有基因基础还有其他证据。该证据显示，一个人将来是否会吸毒可以通过其6岁时的行为表现得知。这些能够预测一个人将来是否会吸毒的特性与同辈关系和环境影响无关。

情感问题

正如我们所看到的，并非所有青少年吸毒者都居住在下层社会的城镇地区。为解释各社会阶层出现的吸毒情况，一些专家将吸毒归因于情感问题，这一问题给各经济阶层的人造成了困扰。吸毒的心理动力解释表明，毒品可以帮助青少年控制或抒发潜意识里的需求。有些心理分析学家认为，那些将问题埋在心底的青少年可能会用毒品来消除他们的不足感。内向的人可能会通过吸毒以逃避现实或虚拟的自卑感。另外一种观点是，那些将问题外化和将失败归咎于他人的青少年更容易从事包括吸毒在内的反社会行为。这两种立场均得到了相关研究的支持。

案件简介：费尔南多案

费尔南多·埃利斯（Fernando Ellis）是一名15岁的拉丁裔男孩。他因为与父亲发生口角试图跳出父亲正驾驶的汽车而被移送至当地的心理健康与物质滥用治疗机构。费尔南多有吸毒的历史，并在当时非常热衷于毒品。他逃学，经常吸食大麻，警察因为吸毒问题曾多次同他接触并对其进行告诫。他还因在校园内兜售毒品被判缓型。

费尔南多的父亲长时间在外工作，在家时就过度饮酒。他使自己的儿子在很小的时候就开始饮酒和吸食毒品，并很少对费尔南多进行监管或指导。在费尔南多12岁时，他的母亲在一起事故中死亡，留下他和另外三个兄弟姐妹由其父亲照顾。此外，费尔南多有先天性缺陷，这经常使其受到其他孩子的嘲笑。有时，他说话很难让人听懂，而且他在走路时有明显的跛行。可以看出，费尔南多尝试融入这个社会，他"扮酷"，通过参与犯罪行为引起别人的注意。

在未成年人法庭听证会上，费尔南多被判完成社区服务和个人咨询，并被移送至社区精神健康中心进行酒精和药物评估与自杀风险评估。虽然不情愿，但他还是对这一判令进行了配合以避免受到更加严厉的惩罚。

费尔南多的评估报告显示，尽管他确实尝试从正在行驶的汽车中跳出，但并没有自杀倾向。他之所以有那样的举动是因为当时与他的父亲发生了激烈的争吵。不过，他吸食毒品和饮酒的行为令人担忧，因此费尔南多被转移至该中心的药物成瘾康复治疗门诊项目。此外，费尔南多每周与他的咨询师会面进行咨询。他们处理费尔南多的吸毒和酗酒问题，改变他的行为和习惯，并改善由于他母亲突然离世对其造成的悲痛和失落。母亲去世对费尔南多而言是一个重要的人生转折点。在那之前，他曾是一个好学生，与毒品从来不沾边儿。在他母亲去世之后，一切都变了。

在费尔南多与其咨询师一起的这段时间，费尔南多开始着手应对这一问题，并在生活中做出积极的改变。包括他的老师、缓刑监督官、毒品及酒精咨询师及学校为其配备的一名导师在内的专家团队与费尔南多一起帮其实现他的目标。费尔南多开始经常按时上学，努力改善他与自己父亲和兄弟姐妹的关系，并减少参与犯罪活动、吸毒和饮酒等。现在，虽然费尔南多仍会偶尔饮酒，但他已经彻底摆脱了吸毒问题。在家庭方面，他也做过挣扎，有时还会离家出走，与朋友待在一块儿。总的来说，虽然费尔南多在法庭判令期间仍然处于缓刑监管期，但他已经明显减少了犯罪活动的参与。

批判性思维：

1. 根据本章内容，列出费尔南多可能酗酒及吸毒的原因。其中可能发挥作用的重要的家庭因素有哪些？

2. 尽管该案取得了一定进展，相关团队成员仍然担心费尔南多及其兄弟姐妹。为解决这个问题，应该怎么做？你认为应该让费尔南多离开父亲的管辖而被送入失足青少年教养院吗？这样会对他的情况产生什么影响？

3. 如果你即将运用多系统治疗方案对费尔南多进行治疗，你会让哪些人介入到你的方案中来？你计划解决哪些问题？你认为这一方案在这一案例中会成功吗？为什么？

许多人认为，吸毒者有精神性疾病或社会性的行为特征，这使他们形成一种依赖性倾向人格。此外，青少年饮酒可能体现了其渴望离开过分溺爱他的母亲或努力减轻青春期混乱情绪的心理。

依赖性倾向人格：一种强迫自己服用改变自身情绪药物的人格，有人认为这正是导致吸食毒品的原因。

事实上，有关吸食麻醉毒品者心理特征的研究表明，病理学对吸毒者具有重要影响。对吸毒者的品格测试显示，有相当大比例的吸毒者遭受精神障碍的折磨，有较弱的自我意识，受挫能力低下，具有自己无所不能的幻想。多达一半的吸毒者可能被诊断出具有反社会人格障碍（ASPD），其特征为通常情况下对他人的权利漠不关心。

行为问题

对于某些青少年而言，吸毒是众多行为问题之一，这些问题很早便已经存在，并贯穿他们的整个生命历程。纵向研究表明，吸食毒品的青少年心理失调，不适应环境，为情感所困，并具有很多社会问题。反常的生活方式是指与行为不端的同辈交往，生活在一个父母及兄弟姐妹均吸毒的家庭，为社会的主流价值观所排斥及在早期便从事违法犯罪行为。

吸毒青少年缺乏对宗教价值观的认同，轻视教育，并且不参加同龄人的活动。他们学习成绩差，退学率高，退学后继续吸食毒品。

理性选择

青少年之所以选择吸毒，或许是因为他们想要获取快感、放松精神、提高创造力、逃避现实或增强性反应。研究表明，酗酒青少年认为，快感可以增强他们的性能力，改善他们的社会行为。他们不在乎负面影响，吸毒成了一种理性信仰的产物，他们错误地认为吸毒对自己有利。

毒品滥用的人群

走上吸毒的路并不止一条，但人们一般认为，大多数吸毒者在年轻时就开始摄入酒精作为吸食烈性毒品的诱导性毒品。也就是说，吸毒者一般在年少时就饮酒，并逐渐开始尝试吸食大麻，最终吸食可卡因甚至海洛因。迈阿密关于青少年吸毒者的研究发现，很早就走上吸毒道路的青少年，7岁时便开始体验饮酒，8岁时醉酒，9岁便与成年人一起饮酒，到了11岁，喝酒便成为家常便饭了，之后逐步变成了瘾君子。和成年人一起喝酒是走上吸毒和犯罪道路的一个重要前兆。

诱导性毒品：一种能导致吸食更烈性毒品的物质；饮酒一直以来被认为能导致吸食更烈性的毒品。

虽然诱导性毒品的概念仍然备受争议，对于瘾君子摄入毒品始于酒精这一看法几乎没有分歧。虽然大多数最初以娱乐为目的饮酒的人并没有发展到触及"烈性酒",但大多数瘾君子先尝试休闲性酒精饮料和软性毒品,然后才发展到麻醉毒品。言下之意,如果未成年人能减少饮酒,接触毒品的机会就会减小。

青少年吸毒的人群类别是什么?所有吸毒者是否能一概而论,还是有差异?研究表明,吸毒青少年确实具有不同的角色、生活方式和行为模式,关于这些方面,有些会在下一章节进行讲述。

未成年人分发少量毒品

很多青少年只是自己使用和分发少量的毒品,而没有任何其他的严重违法行为。他们偶尔会卖大麻、冰毒和五氯苯酚以保证他们自身的毒品供应。他们的销售目标群体主要是朋友、亲人和熟人。通过电话,在学校或公共场所达成交易;然而,实际分发更多的是在一些私人场合,如家中或私家车里。

小商贩们并不认为他们已经"严重"陷于毒品之中。一个女孩说:"我并不认为这算是交易。我只是卖给自己朋友一点快速丸、几支大麻烟卷或是几袋大麻,这算不上是交易。"小商贩们基本牵扯不上司法系统,他们的活动很少会导致被逮捕。事实上,很少有成年人注意到他们的活动,因为这些青少年保持着相对传统的生活方式。然而,在一些司法管辖区,司法系统执法人员与一些教育项目合作,为不吸毒的人传授小商贩们的"销售秘诀"。

未成年人频繁贩卖毒品

一小部分青少年在贩卖毒品方面非常有效率,成为成人毒品经销商和青少年吸食者之间的桥梁。虽然许多青少年每天都离不了毒品,但是他们也参加许多正常活动,比如上学和朋友之间的交际活动。

频繁贩卖毒品的青少年背后往往有成年人坐镇指挥，也就是说，帮他们卖掉毒品以换得现金。青少年将毒品分销给朋友和熟人。他们将大部分收益返还给供应商，自己得到一部分佣金。他们也会私留一部分毒品以满足个人所需。事实上，一些人将他们贩卖毒品的行为视作"免费过把毒瘾"的一种方式。17岁的温斯顿是一位年轻的吸毒者，他告诉调查人员："我贩卖'快克'是为了赚钱，也是为了换些自己用的'快克'。我的上线给我定量的毒品，我卖掉大部分，剩下的留给自己。我非常喜欢这种方式，所以每天我都做这些。"詹姆斯·因恰尔迪（James inciardi）和他的同事发现，频繁贩卖"快克"的青少年中大约有80%自身就是吸毒者。

频繁贩卖毒品的青少年往往可能在公园、学校或其他公共场所兜售毒品。交易并非定期进行，所以被逮捕的可能性不大。交易的不定期性加上还要付给上线的钱，这就意味着这些青少年毒贩赚的钱就相当微薄了。针对毒贩收入的调查，我们将在本章特色栏目《犯罪聚焦》中进行讨论。

未成年毒贩其他犯罪行为

更为严重的一种涉毒青少年，他们既分销多种毒品，又有财产和暴力犯罪；他们中许多人是帮派成员。虽然这些青少年仅占青少年群体的2%，但他们却犯下了40%的抢劫罪和袭击罪案件以及60%的青少年盗窃重罪和贩卖毒品案件。这些青少年中，基本没什么性别或种族差异之分。无论女孩还是男孩，无论白人青少年还是黑人青少年，无论来自城市以外的中产阶层家庭的青少年还是成长于城市内的下层阶级的青少年，都可能会成为持续涉毒的罪犯。

在城市里，这些青少年经常被贩毒老手雇为街头贩毒者。3～12名青少年一组，每位成员都要出手少量毒品；供应商会拿街头黑市价格的50%～70%。小组成员同时也承担放哨、招聘及警卫等角色。尽管他们自己可能也吸毒，但是他们克制自己不摄入像海洛因等成瘾毒品。在贩卖毒品的同时，青少年毒贩还进行抢劫、入室盗窃及其他偷盗行为。

大多数从事街头毒品交易的青少年要么终止他们的交易，要么变得对毒品上瘾。也有少数人展现了创业技能。那些很少被警方逮捕的人在毒品生意行当发展很快。他们组建了自己的销售团队，一年销售额可能超过50万美元。

犯罪聚焦：毒品交易值得做吗？

在关于毒品交易是否值得做的早期研究中，经济学家罗伯特·麦克库恩（Robert MacCoun）和彼得·鲁伊特（Peter Reuter）发现，华盛顿特区的贩毒者的工作时薪可以达到30美元，平均每月大约2000美元。这样的薪酬比大多数贩毒者通过合法工作期望赚到的薪酬要多得多，但不足以长期负担起奢华的生活。研究也发现，大部分小规模的毒贩也有常规性的工作。

关于毒品交易经济学，两项最近的研究给出了两种不同的观点。在对芝加哥一个贩卖毒品的街头帮派的财务收入的分析中，经济学家史蒂文·莱维特（Steven Levitt）和社会学家素德赫·文卡特斯赫（Sudhir Venkatesh）发现，贩毒者或"底层毒贩"的平均时薪在2.50美元到7.10美元之间（见表7.A）。这一数据是基于一个帮派活跃的四年周期。至于每月的平均薪酬，则达到140美元至470美元。一般而言，毒贩一个月仅工作50多个小时。正如表7.A所示，毒贩的时薪比起所有帮派成员和帮派头目的平均时薪要少得多。这一调查结果显示，对于毒贩而言，除了收入之外，还有其他因素导致他们参与贩毒活动。

与此相反，心理学家米歇尔·利特尔（Michelle Little）和劳伦斯·斯坦伯格（Laurence Steinberg）发现，毒贩从事的贩毒活动收益颇丰。根据一项对费城男性未成年严重犯罪者的大样本调查（这些男子报告了他们贩毒收入所得），他们发现，这些贩毒者平均一周可赚1693美元或每月达6700美元。根据莱维特和文卡特斯赫的调查结果，毒贩每月工作50多个小时，那这一群组的毒贩的平均时薪则高达134美元。

那些拥有常规工作的毒贩报告说，他们从事贩毒所赚的收入是他们从法治经济体制下所赚收入的41倍之多。研究也发现，该样本中一般的人报告称，他们从事贩毒的时间在一年以上。笔者猜测，贩毒收入是贩毒者持续从事违法活动的一个重要因素，或许也是投资传统项目的一个抑制因素。

表7.A 贩卖毒品帮派成员的估计计时工资

	贩毒者（美元）	所有帮派成员（美元）	帮派头目（美元）
第1年	2.50	5.90	32.50
第2年	3.70	7.40	47.50
第3年	3.30	7.10	65.90
第4年	7.10	11.10	97.20

注：估计计时工资包括正式和非正式的收入来源。所有薪资以1995年的美元为基准核算。

批判性思维：

很多人认为，贩毒者从中赚取大量金钱，这促使公众认为，贩毒者应被给予严厉的惩罚。社会应该怎样对待这些贩毒者，该研究是否改变了你对此的看法呢？应该怎样运用该研究来阻止未成年人从事贩毒呢？

在很多情况下，这些从事贩毒犯罪行为的青少年都是青少年帮派的成员。这些帮派运营着一些"可卡因馆"或"藏匿屋"用于接收那些拥有海外关系和金融支持的帮派成员大规模批发的毒品。批发商付给帮派一笔费用以获得在其地盘经营毒品的许可。下层帮派成员帮忙输送毒品和看管这些储藏毒品的屋子，向社区内的青少年兜售可卡因及其他毒品。每售出一盎司的毒品，每位成员都会因此而获利。警方估计，在可卡因馆工作的青少年每12小时轮班能赚700美元或以上。

一些专家质疑，黑帮是否如媒体向我们渲染的那样，应对大部分毒品交易负责？一些人认为，组织严密的"超级"帮派正逐步被组织松散的社区团体取代。相比组织僵化的、垂直管理并且头目远离一线行动的帮派，灵活的组织可以更好地适应混乱的毒品交易环境。

失败者或耗竭者

一些涉毒青少年没有加入帮派或群组的意识，未经任何谋划就开始从事犯罪活动，这增加了他们被逮捕的可能性。他们很重的毒瘾增加了他们被捕的风险，从而降低了其对有组织毒品分销网络的价值。

涉毒"失败者"向毒贩介绍客户，并向其鼓吹自己得到毒品的能力或是充当放哨的角色，他们以这些手段谋生。然而，他们在处理毒品或金钱方面得不到信赖或者被认为他们在这方面还不够机敏。这些罪犯在很小的时候就开始涉毒，在他们有大量被逮捕前科之前，并未受到司法体系的关注。而到此时，他们正处于未成年的末期，他们要么停止涉毒，要么陷于毒品犯罪，已经没有什么可以阻止他们从事非法活动。

持续犯罪者

大约2/3的吸毒青少年在成年以后仍会继续吸毒，大约有一半会停止其他的犯罪活动。那些继续吸毒又从事其他犯罪活动的人具有以下特征：
- 来自贫困家庭；
- 家庭成员中还有其他罪犯；
- 学业成绩差；
- 很小的时候便开始吸毒并犯下其他违法犯罪行为；
- 吸食多种类型的毒品，频繁从事犯罪活动；
- 在青春期后期很少有机会参加合法和有益的成人活动。

一些证据表明，这些持续吸毒者具有较低的非语言智商能力，身体协调性差。然而，很少有证据可以解释为什么一些吸毒的年轻人不再犯罪，而其他一些人仍然犯罪。

吸毒和违法犯罪

吸毒与犯罪的联系已经确立，而且这种联系可以呈现多种形式。犯罪或许是毒品交易的手段：当敌对帮派用武力解决争端和建立区域垄断时，就会爆发暴力事件。在纽约市，政府表示，涉毒黑帮会烧毁其敌对帮派的总部。据估计，在20世纪90年代，纽约35%～40%的杀人案件均与毒品有关。这一数据从那以后有所下降。

吸毒者也可能为维持自己吸毒的习惯而从事犯罪活动。20世纪90后代，在迈阿密进行的一项研究发现，每年有573名吸毒者为了钱而犯下超过20万宗罪行。一个样本包含356名吸毒者的类似研究也发现，这些吸毒者每年犯下高达118000起案件。如果这一数据属实，那么美国大约有70万名吸食海洛因的人，可能每年要犯下超过1亿宗罪行。

吸毒者可能更愿意冒险，因为吸毒让他们变得无所顾忌。可卡因滥用率高的城市也往往更有可能发生武装抢劫案件。与入室盗窃相比，吸食"快克"和可卡因的人可能更愿意进行风险更大的武装抢劫，这样他们能马上得到现钱，而前者需要更多的时间和精力进行谋划。

大量研究已经证实，酗酒、吸毒和违法犯罪三者之间存在关联。一些研究发现，酗酒的青少年更有可能参与暴力活动；对成年人来说，长期饮酒的人更有可能从事暴力犯罪活动。

国家司法研究所进行的药物滥用检测项目（ADAM）对城市被逮捕者的吸毒趋势进行了跟踪。该项目一共涉及36个区域，其中一些地方对未成年人收集了数据。由于缺乏资金，司法部于2004年终止了这一项目。2002年的一次报告发现，在未成年在押人员中，有60%的未成年男性和30%的未成年女性在大麻检测时呈阳性，大麻是最常用的毒品，其吸食率比未成年男性和女性可卡因吸食率分别高了10倍和6倍。除甲基苯丙胺以外的任何毒品，男性在押人员比女性在押人员更容易被检测出呈阳性。而男性和少数族群成员比女性和白种人具有更高的呈阳性比率。在被逮捕的青少年中，吸毒非常普遍，这也再次确认了吸毒和犯罪之间的密切联系。

未成年人司法研究人员卡尔·迈凯利（Carl McCurley）和霍华德·斯奈德（Howard Snyder）发现，诸如停学、重大盗窃、携带枪支等较高程度的青少年问题行为和犯罪均与吸毒和贩毒有关。这一结果无论对年轻的还是年长的青少年均是如此（见表7.2）。例如，年龄在12～14岁的青少年中，31%声称自己在过去一个月因为酗酒行为被学校停学，而对于没饮酒的人而言，这一比率为18%。同样，对于年龄在15～17岁之间的青少年中，饮酒的比不饮酒的停学比例要明显高很多（38%：27%）。这些调查结果是基于美国青年纵向调查的数据而得出的，该调查是一个自述式调查，对象样本为美国有代表性的年龄在12～17岁之间的青少年。研究者发现，无论是年轻的还是年长的青少年，在过去一个月吸食大麻的和没有吸食大麻的同龄人问题行为发生率的差异更大：在被学校停学方面，吸食大麻者比未吸食大麻者增长两倍（比率分别为19% vs.46%与27 % vs.52%）；在肆意毁坏财物方面，增长达三倍（比率分别为14 % vs. 50%与11 % vs.33%）；在携带枪支方面，分别增长五倍和三倍（比率分别为4 % vs.20%与5 % vs. 15%）。

表7.2 吸毒、问题行为与违法犯罪

行为	饮酒（过去30天）		吸食大麻（过去30天）		贩毒（无时间范围）	
	否	是	否	是	否	是
青少年年龄12～14岁						
学校停学	18%	31%	19%	46%	19%	55%
肆意毁坏财物	13%	37%	14%	50%	14%	56%
重大盗窃	2%	11%	2%	20%	2%	27%

(续表)

行为	饮酒（过去30天）		吸食大麻（过去30天）		贩毒（无时间范围）	
	否	是	否	是	否	是
攻击/袭击	8%	28%	9%	36%	9%	53%
加入帮派	1%	7%	1%	16%	1%	18%
携带枪支	4%	12%	4%	20%	4%	25%
被逮捕	2%	8%	3%	15%	2%	22%
青少年年龄15～17岁						
学校停学	27%	38%	27%	52%	27%	63%
肆意毁坏财物	10%	23%	11%	33%	11%	40%
重大盗窃	3%	10%	4%	17%	3%	23%
攻击/袭击	8%	21%	10%	29%	9%	37%
加入帮派	1%	5%	1%	9%	1%	12%
携带枪支	4%	10%	5%	15%	5%	18%
被逮捕	5%	12%	5%	21%	5%	26%

注："学校停学"一项不设定时间范围；对于其他项目，设定为过去的12个月。"是"一栏中的数值与"否"一栏的数值在物质滥用和年龄的所有项目上均呈现显著的差异（$P<0.5$）。

毒品与习惯性犯罪行为

大部分犯罪者并不是吸毒者，这是有可能的，但相比那些思维清晰的不沾酒不沾毒的人，警方更可能逮捕那些头脑混乱的吸毒者。一个对现有数据貌似更合理的解释是，吸毒与犯罪之间的联系之所以如此强大，是因为很多罪犯事实上就是吸毒者。布鲁斯·约翰逊（Bruce Jonson）和他同事的研究证实了这一猜测。根据一项美国自述调查的数据，这些研究人员发现，参加这次调查的不足2%的青少年有以下两种行为：（1）声称吸食可卡因或海洛因；（2）每年犯下两宗或以上重罪。然而，这些吸毒青少年所犯的重罪就占整个样本所犯重罪的40%～60%。犯罪仅仅为了满足自身毒瘾的青少年不超过1/4。这些数据表明，相当大比例的严重罪行是由少数吸毒的青少年极端分子犯下的。显而易见，青春期后期染上的吸毒行为对人一生中参与违法犯罪活动的影响是很大的。

因恰尔迪（Inciardi）、霍罗威茨（Horowitz）和鲍狄埃格（Pottieger）对迈阿密涉毒青少年的采访阐明了吸毒和习惯性犯罪行为之间的关系。接受采访的254个孩子声称在接受采访之前的12个月中累计犯下了223439宗罪行。如此来看，该学生样本中87%的人被逮捕就不足为奇了。参与毒品生意的程度越深，从事暴力犯罪的可能性就越大。大约74%的贩毒者犯有抢劫罪，17%的贩毒者涉嫌袭击罪。相反，不沾染毒品的人实施抢劫和参与袭击的比率分别为12%和4%。

对吸毒和违法犯罪关系的研究

违法犯罪与吸毒的关系已经植根于各种不同的文化。至于吸毒是否引发犯罪行为，犯罪是否会导致青少年参与吸毒，或者吸毒与犯罪是否会导致某种其他因素的发生，还不能确定。

关于这一主题，美国科罗拉多大学行为科学研究所的德尔伯特·艾略特（Delbert Elliott）和他的同事已经做了一些非常尖端的研究。基于美国青少年自述调查中关于犯罪和吸毒的纵向数据，艾略特和他的同事大卫·惠钦格（David Huizinga）、斯科特·梅纳德（Scott Menard）发现，犯罪与吸毒之间具有很大的关系。然而，这一关系的指向还不明确。一般来说，吸毒是一种犯罪行为，并不是犯罪的原因。大多数青少年在开始涉毒之前均参与了违法犯罪行为；因此，很难得出吸毒导致犯罪的结论。

在其他涉及青少年调查的研究中，理詹森·福特（Jason Ford）发现，在青春期期间，酗酒和犯罪之间存在一种持续的相互作用的关系，之所以存在这种相互关系，部分原因是，这两种行为均可能削弱青少年与社会的联系，从而促使其持续酗酒和犯罪。

根据艾略特的研究，吸毒和违法犯罪反映了一些发展问题；两者均属于心理失常的生活方式。这一研究揭示了吸毒与违法犯罪之间的一些重要联系。

- 酗酒是吸食大麻及其他毒品的原因之一，因为大部分吸毒者均是始于饮酒，并且戒掉酒瘾的青少年几乎从未吸毒。
- 吸食大麻是吸食其他众多毒品的一个原因。大约95%吸食更严重毒品的青少年均是从吸食大麻开始的，仅有5%的严重吸毒者从未吸食过大麻。
- 犯有重罪的青少年均始于一些较轻的犯罪行为。很少的违法犯罪者（1%）声称只犯有重罪。

艾略特的研究成果得到了其他研究的支持。他们都表明，违法犯罪和吸毒均属于异常或问题行为综合征这一一般模式的一部分，例如与反社会的同龄群组保持联系、教育失败等。似乎存在这么一种规律，即问题青少年首先犯一些轻微的罪行，并开始饮酒，然后发展到吸食一些硬性毒品，并进行一些更为严重的犯罪活动。早期就开始饮酒的孩子在青春期会继续参与暴力行为；有暴力倾向的青少年在长大成人后会继续酗酒。吸毒和违法犯罪均是城市下层阶级生活方式的一部分，在这种生活方式下，他们接受有限的教育，拥有很少的工作和社会技能及不稳定的家庭，模仿违反法律的行为。

毒品控制策略

每年花在减少毒品进口、震慑毒贩和治疗吸毒者方面的费用高达数十亿美元。尽管吸毒的总发生率有所减少，但吸毒主要集中于美国最贫困的地区，并且往往伴随着犯罪。

人们已经尝试过多种毒品控制策略。一种是通过阻止毒品流入该国、逮捕毒贩以及打击街头贩毒活动等方式来阻止吸毒行为。还有一种方式是通过对潜在的吸毒者进行教育并劝说他们对毒品说"不"来阻止吸毒行为。第三种方式是通过治疗吸毒者，使他们最终戒毒。这些及其他一些毒品控制策略在下面的章节中会进行详细讨论。概念摘要7.2对这些关键策略进行了回顾。

概念摘要7.2　关键毒品控制策略

执法策略	禁止毒品进入国境； 摧毁毒品作物； 逮捕贩毒组织成员及街头贩毒者。
教育策略	告知孩子吸食毒品的危害； 教导孩子抵制同辈压力。
社区策略	社区组织和居民共同抵制贩毒行为； 鼓励青少年参与亲社会活动。
戒毒策略	吸毒者治疗，包括提供咨询及试验活动。
降低危害策略	最小化吸食毒品所造成的不良影响，并减轻对吸毒行为的一些严厉惩罚措施。

执法策略成果

执法策略专注于减少毒品供应，同时阻止潜在吸毒者进行吸毒。

控制毒源　控制毒品的一个方法是通过逮捕大型毒贩、加大涉毒执法力度并对涉毒者施以重罚等方式来阻止毒品销售。这种方法旨在惩罚已知的毒贩和吸毒者，并震慑那些想要从事毒品行业的人。

为切断毒品供应，人们在摧毁海外毒品作物和逮捕贩毒集团成员等方式付出了巨大的努力，这就是所谓的控制毒源。美国联邦政府一直鼓励毒品输出国加紧摧毁毒品作物，并对毒贩提起诉讼。其他一些更为柔和的控制毒源的方法也做了尝试，比如为其他国家大部分贫困农民提供作物替代和备选发展方案等。回顾国际上所做的种种努力，可以看到"在减少毒品作物生产方面取得了一定成效"。秘鲁、玻利维亚和哥伦比亚三个南美洲国家已经同意和美国联合控制毒源。然而，付诸行动是一项艰巨的任务。毒枭大佬们通过恐吓、暴力和贿赂等手段予以反击。因此，在1989年，美国被迫派遣一支20000人的军队入侵巴拿马以阻止其领导人曼纽尔·诺列加将军（General Manuel Noriega）贩卖可卡因。

即便这些努力在某一地区取得成效，但它们可能使毒品作物的生产转向另一地区或者目标作物被另一种毒品作物取代。例如，在秘鲁和玻利维亚的执法打击取得了大的成效以至于毒贩改变了可卡因的栽培方式。结果，在哥伦比亚贩毒集团的鼓励下，当地种植者种植古柯植物，哥伦比亚因此就成了主要的古柯种植国家。而当哥伦比亚政府在传统种植区发起有效清除运动时，为了保证他们的毒品供应，贩毒集团和偏远地区的叛军联合了起来。在美国宣布将实施"哥伦比亚计划"之后，即将为哥伦比亚提供数十亿美元的军事援助以打击该国乡郊地区的毒贩和叛军，哥伦比亚邻国的领导人对此表达了担忧，认为该计划的成功会将毒贩赶入他们国内。这项运动带来的另一个意想不到的结果是，贩毒集团开始转向新毒品作物的培育，从传统的古柯转到罂粟，一种用来制作海洛因的植物。据估计，美国境内消耗的海洛因80%以上来自包括墨西哥在内的拉丁美洲国家。

在地球的另一边，阿富汗包揽了世界市场92%的鸦片供应，从而恢复了其作为世界鸦片生产领头国的地位。这在2001年塔利班政权垮台之后就形成了，塔利班政府曾禁止过种植罂粟。如今，几乎所有俄罗斯境内销售的海洛因及欧洲境内销售的3/4的海洛因都来自阿富汗。尽管新的反罂粟种植法已经出台，并加大了执法力度，部分农业援助组织制订了作物替代方案，但罂粟种植这一现象仍然存在。塔利班势力违背其宗教信仰，目前正极力鼓励罂粟的种植——在一些地区还发放命令当地农民种植罂粟的小册子，并为该国的毒品走私贩提供保护，而这些毒贩则为塔利班势力反抗该国境内的美国军队及联军的行动提供资助。联合国估计，在2010年，有近250000个阿富汗家庭参与种植罂粟，这相当于阿富汗总人口的6%。

边境管制　执法部门一直着眼于在毒品进入国境时对其供应实施阻断。边境巡逻和军事人员在进行大规模封锁方面付出了巨大努力，并缴获了价值数十亿美元的毒品。据估计，每年运往美国的可卡因中有1/4到1/3被缉毒署缴获。然而，美国边境幅员辽阔，又没有设防，所以全面封锁是不可能的，总有漏网之鱼。在2010年，仅在美国西南边境，美国联邦执法局就缴获了超过8500磅（约3855公斤）的可卡因和335磅（约151公斤）海洛因。海洛因和可卡因的全球缴获率表明，在所有进口毒品中，海洛因和可卡因被执法人员缴获的比率分别只有26%和42%。

最近几年，另一种形式的旨在阻止毒品进入国境的边境管制应运而生：把目标瞄准于外国的网络毒贩。随着互联网的日益普及，一些罪犯开始通过这种渠道来获得化合致幻药。在纽约州布法罗市，美国海关执法人员发现，含有γ-丁内酯（或GBL，γ羟基丁酸盐的一种成分，俗称迷魂药）毒品的包裹正源源不断地从加拿大进入美国境内。这一毒品外表伪装成一种清洁产品。美国和加拿大的联邦执法机构进行了代号为"投网者行动"的调查联合行动。一年之内，"投网者行动"关闭了4条美国和加拿大境内的网络毒品链，在84个城市逮捕了115人次，并缴获了相当于250万剂量的γ羟基丁酸盐和其他相关毒品。不久之后，美国食品药物管理局和美国禁毒署成立了一支被誉为"灰色调查上帝"的联邦行动小组来打击网络非法毒品销售活动。

如果终止所有进口，国产大麻和实验室制备的诸如迷幻药等毒品可能成为新的选择。即便现在，这些毒品的易得性及相对较低的成本使它们越来越受欢迎。目前，这些毒品在美国的交易额已高达一百亿美元，已经有了一些蔓延的迹象。在2010年，6768个非法冰毒实验室被美国各地政府取缔。相比2003年的高峰时期（那年美国范围内有超过10000所实验室被取缔），这一数据有了明显下降，但相比2009年还高了12%。美国禁毒署将这一功劳归因于各州针对麻黄碱和伪麻黄碱产品的零售限制。这些实验室中有很多是在家中运营，将儿童置于被烧伤或其他伤害的严重危险之下（近年来，在这8000个实验室中发现了10000名孩子），更不用说将他们暴露在非法毒品的影响之下了。

针对经销商 执法机构也已经齐心协力，聚焦于走私毒贩，并采取措施打击大规模毒品链。这么做的长期后果是分散了毒品交易，而促使青少年帮派成为主要供应商。具有讽刺意味的是，事实证明，相比与涉毒帮派正面较量，联邦探员潜入传统的有组织犯罪集团要容易一些。

警察也可以对街头毒贩进行警告并实施逮捕，使吸食毒品成为一种自找麻烦的事情，如此一来，减少了毒品的消费。一些街头执法举措已经取得成效，但还有一些收效甚微。通过回顾300多项警方缉毒的国际性研究，发现这一举措会导致暴力的增加。87%的研究指出，正是因为这些执法活动，才导致了暴力的增加。

"扫毒"活动使监狱关满了轻微罪犯，同时也大大消耗了警察资源。这些扫毒活动被怀疑创造了位移效应：大力遏制一个地区和城市的毒品交易活动也许会促使毒贩转向寻求较为友好的区域进行交易。那些因毒品指控而被逮捕的人是未成年人和成人司法系统中人数增长最快的部分。美国全国性调查发现，未成年人法庭的法官倾向于对涉毒犯罪者采取强硬的态度。相比其他类型的犯罪者，法庭在处理青少年吸毒者案件时要更加正式，青少年吸毒者在移交法庭和做出判决期间要被拘留。尽管为此做了不少努力，青少年吸毒仍在继续，这也表明了强硬政策对遏制吸毒是远远不够的。

教育策略

另一个减少青少年物质滥用的途径是依靠教育项目。如今，学生从幼儿园就开始接受毒品教育，并一直延续到十二年级。美国绝大多数的公立学区已经实施了多方面的毒品教育项目，包括教给学生饮酒、吸毒和吸烟的原因及后果，教学生如何抵制同辈压力及为学生引荐咨询和治疗服务。一份针对得克萨斯州中学生的调查显示,农村校区的吸毒率很快就能达到城市校区的吸毒率,研究者推测,这可能是因为农村学区毒品教育项目经费的削减。像现在已经在美国所有50个州运行的专案警示等教育项目已经在训练初中生抵制消遣性毒品和用烟、酒缓解同辈压力方面取得成效。最近关于毒品预防项目的实证调查总体表明,这些方案正在美国各地的初中实施。尽管并非基于实证,毒品滥用抵制教育组织(D.A.R.E)仍然在美国全国范围内广泛使用,最近还对其新的课程设置"掌控你的生活"进行了大规模的评估。由于其持续地广泛使用和影响,毒品滥用抵制教育组织已成为《犯罪聚焦》特色栏目的主题。

犯罪聚焦:毒品滥用抵制教育组织(D.A.R.E)

"掌控你的生活"(Take Charge of Your Life),这项被吹捧为新的毒品滥用抵制教育组织(简称为D.A.R.E.)的具有里程碑意义的研究发现,新的课程安排使那些在项目之初声称曾吸食大麻的青少年的吸食量得以降低,但青少年的吸烟和饮酒现象却增加了。最终结果是:美国负责监督这一项目运行的组织,即毒品滥用抵制教育组织,将不再采用这一新的课程安排。

在过去的15年中,包括美国审计总署的一项研究在内的国家评估和独立审查对D.A.R.E.这一学校内最流行和普遍的物质滥用预防项目的有效性进行了反复质询,使许多社区终止了这一项目。造成这种局面的另一个原因是该项目没有达到美国教育部的有效性标准。为正面回应这些批评的声音,D.A.R.E.开始为初高中测试一种新的课程安排,即"掌控你的生活"(TCYL)项目。这一项目关注年龄偏大的学生,并更多地依赖于让学生自行质询自身的吸毒情况而非仅仅是听取这一主题的讲座。这一项目很大程度上致力于改变社会标准,教学生质询自己是否必须通过吸毒才能融入同龄群组之中。这一项目将关注重点从五年级的学生转移到七年级学生,并对九年级学生增加了一个强化项目,因为这一年龄阶段的学生往往可能尝试吸毒。警官也转变了角色，相比站在讲台上的讲师，他们现在更像教练，鼓励学生在讨论小组中质疑吸毒的社会标准。为学习决策技巧，学生进行更多的角色扮演活动。此外，他们还关注媒体和广告在塑造行为方面的作用。

为测试这一项目的有效性，这一项目启动了一项大规模的试验性研究。这一研究由阿克伦大学的研究者牵头，罗伯特·伍德·约翰逊基金会提供了1400万美元的赞助资金。这一研究涉及美国六大城市群——底特律、休斯敦、洛杉矶、纽瓦克、新奥尔良和圣路易斯——的83个学区以及接近2000名七年级学生。其中，随机抽取41个学区作为项目试验组，剩下42个学区作为控制组继续使用学校目前的物质滥用预防教育项目。五年之后，也就是这一项目结束两年后，这些学生已经进入十一年级，研究者再次对这些学生就他们过去一个月内和过去一年内的吸烟、饮酒及吸食大麻情况进行访谈。研究结果表明，与没参与TCYL项目的学生相比，参与项目的青少年在吸食大麻方面明显下降了，当然，这仅仅适用于那些在项目之初就已经吸食大麻的学生。这一项目对那些刚开始吸食大麻的人没什么效果。这一调查结果更让人产生疑问的是，到了十一年级，参与TCYL项目的学生在吸烟和饮酒方面比控制组学生要高3%～4%。

研究者的主要结论是，TCYL项目不应作为一个预防介入项目在学校普遍实行。这一项目的初衷是通过改变学生的吸毒意向，即首先阻止尝试毒品，来实现这一目标。进一步的研究表明："这些围绕特定目标的特定课程无论在内容还是强度方面均不足以影响学生的物质滥用行为。"

批判性思维：

1. 这些研究成果对D.A.R.E（一个毒品滥用抵制教育组织）的未来意味着什么？学校还应该继续使用这一教育方案吗？如果这一方案在学校继续实施，会产生什么影响？

2. 少年吸毒的原因如此复杂以至于单一的学校项目注定是会失败的。解释一下为什么？

最近的两项大规模研究表明，以青少年为目标的反毒品信息是有效的。

美国青少年禁毒媒体运动旨在通过广告展现吸食大麻的危险，一项对这一运动的评估显示，41%的七到十二年级学生十分认同这些广告使他们不太可能再去尝试吸毒。重要的是，这项研究也表明，2011年吸食大麻的学生下降了6%。第二项研究，即美国药物使用和健康调查，通过询问12～17岁的青少年在学校之外听到或看到的反毒品消息进行吸毒和健康的美国全国性调查，结果显示，在过去的一个月中，那些接触到反毒品信息的青少年比未接触到反毒品信息的青少年的吸毒比率下降了31%（9.2% vs. 13.2%）。

社区策略

另一种类型的毒品管制举措是依靠当地的社区组织。当地政府机构、教堂、公民组织及类似机构的代表聚在一起创立毒品预防项目。这一项目的活动包括鼓励警察使毒贩远离学校的无毒学区活动、督促大家汇报毒贩的邻里监督组织项目、阻止毒贩远离公共住房的公民巡逻活动以及用于替代街头文化的社区中心项目。

基于社区的项目向一些高危青少年伸出了援助之手，这些青少年被学校人尽皆知的教育项目所忽略。这些社区项目尝试使青少年参与课外活动，在他们需要时提供咨询，赠送衣物及医疗照看，从而提升学业成绩。社区项目也赞助包括艺术、俱乐部、体育等在内的无毒活动。在很多方面对社区项目的评估表明，它们可能鼓励青少年产生反对毒品的态度，帮助涉毒青少年远离毒品环境。

戒毒策略

在美国，每年有超过13万12～17岁的青少年接受戒毒，其中有超过一半（52%）是由未成年人司法系统移交。在所有接受戒毒的青少年中，有2/3主要吸食的是大麻。

在戒毒方面，有很多方法可供使用。有些方法是从吸毒者的自卑心理入手，人们采用各种方法重塑吸毒者的自我意识。有些是通过心理咨询，还有一些，比如由斯科特·亨格勒（Scott Henggeler）提出的多系统治疗（MST）法，通过关注解决问题和沟通技能并将目光放在家庭、同龄人以及心理问题方面。由于其作为毒品和犯罪治疗策略的重要性和有效性，多系统治疗是这期《循证未成年人司法疗愈》特色栏目的主题。

<small>多系统治疗：通过关注问题解决和沟通技巧培训来处理各种家庭、同伴及心理问题。</small>

另一个方法是鼓励吸毒者参与户外活动、野外训练和课后社区项目。在团体治疗上更是煞费苦心，领导者会努力教给吸毒者一些技能，并给予鼓励来帮助他们克服吸毒的社会压力。这些方案基于匿名戒酒哲学，从而赋予戒毒者力量重新做人。重获无毒生活，从那些能够理解他们行为的人身上寻求慰藉，这不失为一种可行的方法。

住宅项目适用于毒瘾深重的瘾君子。有一些是戒毒所通过医疗手段来阻止瘾君子吸食令人上瘾的毒品。还有一些是针对吸毒者的心理原因入手的治疗性社区。人们还使用了催眠术、厌恶疗法（利用引起病人感官上不愉快的感觉来戒毒，如恶心等）、心理咨询、生物反馈等其他技术帮助吸毒者戒毒。

很少有证据表明，这些住宅项目可有效地减少青少年的吸毒行为。许多项目受限于那些能用医疗保险支付短期住院护理的家庭，保险一旦中止，孩子就被放出来了。青少年通常不会自愿进入这些机构，大多数青少年几乎没有改变的动机，因为待在那些地方，会让他们被误认为是"瘾君子"，即便他们从来没有吸过硬性毒品。然而，在治疗的过程中，他们又会被介绍给那些"铁杆瘾君子"，从戒毒所出来后可能就会与他们建立联系。加利福尼亚大学洛杉矶分校的综合住宅教育、艺术和戒毒项目为减少青少年的物质滥用带来了希望，它将戒毒服务（包括群体治疗、教育、培养职业技能）、视觉和艺术表演项目结合了起来。因为这些项目的重要性，我们在《聚焦专业观点》栏目中讨论了一名未成年人物质滥用咨询顾问的职业生涯。

循证未成年人司法疗愈：多系统治疗

多系统治疗（以下简称MST）是专门为严重未成年罪犯设计的一种越来越流行的多模式治疗方法。根据青少年的需要选择特定的治疗类型；因此，每一个青少年的治疗性质是不同的。治疗可能包括个人、家庭、同伴、学校及社区的介入，包括家长培训和技能培训；这一治疗方法被称为"基于家庭的治疗"。

经过大量严重未成年罪犯的试验，MST在降低犯罪、物质滥用及其他问题行为方面被证明是卓有成效的。为测试MST的有效性，并与传统的咨询服务进行比较，斯科特·亨格勒（Scott Henggeler）和他的同事对118名物质滥用未成年罪犯的一项随机试验进行了长期的跟踪研究。治疗对象的平均年龄为16周岁，跟踪研究对象的平均年龄为19.5周岁。相比接受传统咨询服务的学生（控制组），MST项目参与者每年严重犯罪活动的定罪率明显下降（控制组为57%，试验组为15%），财产犯罪除外。长期非法吸毒的治疗效果喜忧参半，采取生物措施（例如，尿检分析）发现MST项目参与者的大麻戒毒率比控制组明显高得多（55% vs. 28%），但对可卡因的使用没有任何效果。

在另一项随机试验中，辛迪·谢弗（Cindy Schaeffer）和查尔斯·博登（Charles Borduin）对176名严重和暴力未成年罪犯进行了一项时间跨度更长的跟踪研究，旨在测试MST项目的效果，并与个体化疗法进行对比。治疗对象的平均年龄为14周岁，跟踪研究对象的平均年龄为29周岁。与接受个体化疗法的学生相比，MST项目参与者的犯罪率明显要低得多（MST项目参与者犯罪率为50%，而接受个体化疗法的控制组为81%），此外，暴力犯罪的重新被逮捕率也相对较低（MST项目参与者为14%，控制组为30%）。相比控制组，MST项目参与者在逮捕人数上要低54%，在成人拘留所监禁天数上要低57%。

MST在成本方面也是比较划算的。根据华盛顿公共政策研究所的数据，在MST项目上每花费一美元，就会在受害者成本和未成年人司法和刑法司法成本方面节省8美元。这一调查结果对美国范围内的政策制定者和立法者具有特别的影响，他们也在努力设法如何在经济困难时期防止未成年人犯罪率居高不下。

批判性思维：

1. 哪些因素促成了多系统治疗在减少违法犯罪、物质滥用及其他问题行为方面的成功？请予以解释。

2. 多系统治疗在减少未成年人药物滥用方面与其他治疗策略是如何相互对照的？你认为应倡导更多的社区使用该策略来应对未成年人药物滥用问题吗？如果是，这一方案需要应对的最重要的挑战是什么？

降低危害策略

降低危害是指降低吸毒及吸毒引发的一些更具惩罚性的反应给青少年造成的伤害。与社区策略和戒毒策略提出的方案相比，降低危害的策略更为简要，但仍作为主要的关注点使毒品的危害达到最小。这一方法包括以下几个部分：

• 足够数量的戒毒设施以使所有希望戒毒的吸毒者可以克服他们的吸毒习惯，并过上无毒的生活。

• 为吸毒成瘾的人配备保健专业人士作为治疗和戒毒的一部分。

• 实施针具交换中心项目以减慢艾滋病病毒的传播速度，并教育吸毒者艾滋病病毒的感染和传播途径。

• 特别毒品法庭及强迫进行戒毒的审前矫治项目（未成年人药物法庭在本书第9章进行了讨论）。

降低危害：为最小化吸食毒品造成的有害影响而做的努力。

聚焦专业观点：梅·费雷尔

未成年人物质滥用顾问

梅·费雷尔是一名未成年人物质滥用咨询顾问，她供职于亚利桑那州和犹他州的太阳鹰青少年康复中心。她之所以决定投身于未成年人司法这一领域，是因为她喜欢与孩子和青少年待在一起——截至目前，她已经从事这一领域有一段时间了——因为他们最容易接受改变。如此一来，她可以有机会改变他们的生活，并帮助他们实现自己的梦想。费雷尔为从事未成年人物质滥用康复这个事业做足了准备，她首先获得了一个心理学本科学位，之后又获得了社会福利工作学的硕士学位。

费雷尔每天的日常工作不尽相同。大多数日子，她会在早上组织一次集体心理治疗课。讨论的一些话题包括情感问题处理、复发康复及心理教育课程的益处等。在一天的大部分时间里，她都是与涉事未成年人的父母保持联系，为个体咨询做准备，然后就是坚守自身的病例管理职责。

那么，在费雷尔眼中，这份工作最令其受益匪浅的是什么呢？据她说，吸引她的是，她能因此而看到这些救助对象内在的变化。她咨询过的这些问题青少年曾经容易生气和心理衰弱，并对自己的生活方式一点头绪也没有，当他们"厘清头绪"，接受责任及为自己选择而承担义务后，就会感到满足。

梅·费雷尔的工作中最具挑战性的部分是与这些青少年的父母打交道。她感觉，这些父母有时似乎并不真正理解毒瘾是什么，以及这会如何影响他们的孩子及他们整个家庭的生活。很多父母不愿意在使自己的家庭回归健康这一过程中投入太多。此外，有时有些父母不愿意承担他们在孩子选择和行为方面所应承担的责任和义务。

针具交换中心项目是指吸毒者可以用使用过的针头交换清洁针头，这一项目降低了吸毒者之间的艾滋病病毒和丙型肝炎的传播率。海洛因吸食者从美沙酮诊所获取处方美沙酮（一种不会上瘾的药物，并可以满足海洛因引发的对毒品的渴望），从而减少非法海洛因的使用和犯罪活动。

评论家们却警告说，降低危害的策略会容忍或加剧吸毒行为。他们说："不认清毒品的危害，只会刺激他们要么继续吸毒，要么开始吸毒。"另外，拥护者们却将降低危害视为应对吸毒的一项有价值的过渡性措施。"吸毒可以通过更为安全的方式，而降低病人的吸毒危害是一项有价值的过渡性措施，这能鼓励他们做出深思熟虑的决定，并提高身心健康"。拥护者们还呼吁将这项措施代替禁毒战，并声称这一政策能够对解决惩罚性响应所引起的两大关键问题大有帮助。首先，它会减少罪犯的数量，无论青少年还是成年人。他们被送到已经人满为患的制度化机构，在那里往往会发生严重的攻击行为。其次，这使警察无须再在少数族群社区这些毒品犯罪率较高的地方进行镇压，并逮捕少数民族人员。禁毒战一直以来也是成人和未成年人司法系统中种族歧视的一大主要原因。（关于青少年司法系统下的种族歧视，请参见第9章。）

未来将会保持什么状态？

美国看来愿意尽其所能打赢这场禁毒战。四十年来，仅在毒品战争方面花费的财物成本数额巨大。美联社进行的一项详细研究指出，美国政府为此支付的金钱高达10000亿美元。创新型预防和治疗项目得到了增加。确实如此，美国国家研究委员会下属的非法药物需求科学工作组得出结论，许多治疗模式已经"反复并令人信服地呈现"短期效果，并且呼吁社会各界进一步研究这些治疗模式的长期效果。然而，只要青少年仍然有吸食毒品的意愿，并且人们仍然可以普遍轻易地买到或接触毒品，那么所有毒品控制策略均注定会失败。预防、震慑及治疗策略均忽略了毒品问题的核心症结，那就是：贫困、疏离和家庭破裂。随着贫富差距的扩大及通过合法手段发展的机会的减少，青少年吸毒问题持续存在也就不足为奇了。

有些评论者呼吁将毒品合法化。这一方法在降低吸毒与犯罪的关系方面确实有一定的短期效果（之所以这么说，是因为这样一来毒品成本可能就会下降），但是这样做会引发严重的后果。毫无疑问，吸毒的人将会大大增加，从而使没有生产能力的吸毒人群人满为患，而这些人就需要社会中的其他非吸毒人群来照顾。青少年酗酒所引发的问题应该引起人们的警觉，人们应该进一步考虑，当管制物质随处可得时，将会发生什么？毒品合法化可能造成的影响需要进一步研究：部分合法化（例如，将吸食少量大麻的情况视为合法）的政策会对吸毒率产生什么影响？对毒品采取强硬政策会"扩大毒品网络"吗？除了毒品合法化，有没有其他可以减少吸食毒品的备选方法？

毒品合法化：使吸食毒品合法化以减少吸食毒品与犯罪之间的关系。

费城和华盛顿特区的毒品交易研究表明，只要贩毒者能凭此赚到比其以合法手段获得的最低收入更多的金钱，那么毒品执法工作对吸食毒品率的影响或许就很小。只有为青少年提供合理的未来选择，才能使从事贩毒的中坚分子自愿放弃贩毒工作。

总结

1. 了解美国青少年频繁滥用的毒品

酒精是美国青少年最频繁滥用的毒品；

其他受欢迎的毒品包括大麻和处方药物。

2. 理解当今社会美国青少年涉毒问题的程度

自述报告型调查表明，所有高中毕业生中尝试过吸毒的几乎占一半；

对被逮捕人员的调查表明，相当大比例的青少年吸毒，并且许多已从高中辍学；

吸毒者数量甚至可能比调查中显示的要高，因为调查可能漏掉了犯罪行为最严重的青少年。

3. 能够讨论美国青少年吸毒问题是如何随着时间而变化的

国家毒品教育家长指导研究所进行的全国性调查、"关注未来"的调查、关于药物使用和健康的全国性调查显示，现在的吸毒和酗酒比率比10年前和15年前要低得多。

4. 了解青少年吸毒的主要原因

青少年为什么会吸毒？主要原因包括：成长环境混乱，在这些地区，人们有较高程度的绝望与贫困；同辈压力；父母吸毒；情感问题及遭受一般性问题行为综合征等。

5. 识别涉毒青少年不同的行为模式

一些青少年偶尔吸食毒品，他们可能将毒品出售给自己的朋友；

一些青少年严重涉毒并从事违法犯罪行为；他们中有许多是帮派成员；

也有一些"倒霉蛋"，他们经常出入未成年人司法体系，并且一小部分青少年吸毒者在成年以后继续吸食毒品。

6. 理解吸毒与违法犯罪的关系

不能确定吸毒是否会引起犯罪；

一些专家认为，违法犯罪与吸毒具有共同的原因，可能是疏离和愤怒。

7. 熟悉主要的毒品控制策略

一些毒品控制策略试图禁止毒品的进口，另一些试图关闭主要的毒品链，还有一些旨在阻止街头贩卖毒品；

还有一些毒品控制策略试图通过一些康复计划对吸毒者进行治疗，通过教育的举措减少未成年人吸毒，实施降低危害措施，并且一些社区还组织了一些基层活动。

尽管总体来看，吸毒比率可能已经有所下降，但并不能说这些举措全都取得了成功。

8. 能够提出政府运用不同毒品控制策略的利与弊

之所以很难根除吸毒行为，是因为贩卖毒品有丰厚的利润；

建议之一：将毒品合法化。但批评家对此警告，这么做可能会产生更大数量的吸毒者。毒品合法化支持者认为，这么做会大幅减少与贩毒相关的暴力及其他犯罪活动。

视点

总统已经任命你为新的"缉毒官员"。你有100亿美元的专项资金来开展活动。你知道，吸食毒品率已经高到难以接受的程度，尤其是在贫困的市中心平民区，大量的犯罪行为均与毒品有关，并且美国境内从事贩毒的帮派正在不断扩大。

在一次公开听证会上，毒品控制专家表达了他们的政策策略。其中一组专家支持将这笔资金用于聘用新的缉毒执法人员来进行边境巡逻，瞄准大的毒品经销商，并在国内外进行针对毒品的突袭行动。他们也呼吁采取诸如制定严厉的毒品法律及将青少年贩毒者强制豁免成人法庭系统。

第二组专家认为，应对毒品的最好方法是将资金用于社区治疗项目方面，增加戒毒所的床位，并资助降低临床毒品依赖的研究。

第三组专家认为，惩罚和治疗都不能限制青少年的吸毒，最好的方法是对所有的高危青少年进行教育，告知他们物质滥用的危害，然后将所有的毒品合法化，但要控制他们的配送。这一做法将有助于降低吸毒者发生犯罪和暴力行为，这也将平衡国家债务，因为国家可以对毒品征收重税。

・你认为毒品应该被合法化吗？如果可以，那么毒品合法化可能造成的消极影响是什么？

・有没有一种执法策略可以减少毒品用量呢？

・治疗是一种有效的毒品控制策略吗？

第 8 章　　CHAPTER 8

犯罪预防：社会视角和发展性视角

英国籍公民米歇尔（Michelle，为保护未成年人身份而略掉姓氏），16岁就怀上了第一个孩子。对她而言，暴力行为在其生命中早早就出现了，并且施暴者竟是自己的母亲，尚未出世的孩子的祖母。生活窘迫，身边除了冷漠的母亲以外再没有其他家人，并且身边这唯一的亲人也曾对其施暴，米歇尔面临很多生活上的坎坷，所有这些给她和自己未出生的孩子增加了出现各种健康和社会问题的风险。这些问题包括：吸毒、饮酒、失业及依赖社会福利和救济等，并且对孩子而言，还可能会面临出生体重不足、忽视与虐待、行为问题和以后会参与违法犯罪活动等问题。

2007年4月，为改善米歇尔和她的孩子及成百上千同她们状况类似的年轻妈妈及其新生儿的生活，英国政府安排专门受训的护士在这些年轻妈妈孕期最后几个月到其家中进行随访，一直持续到孩子过完第二个生日。一开始护士每周随访一次，之后隔一周一次，每次随访时间为两个小时。通过随访，护士为年轻妈妈们在婴儿护理、婴幼儿发育、合理营养的重要性及孕期戒酒戒烟方面给予建议。这些随访有助于改进年轻妈妈们的健康状况，在引导社区再就业、教育或戒毒修复方面为她们提供帮助。正如早期干预专家迪安娜·贡贝（Deanna Gomby）及其同事所说："随访员可以亲眼看到这些家庭的居住环境，可以更好地了解他们的需求，并因此对他们的服务进行调整以满足其需要。随访员和孩子父母建立起来的这种关系可以打破这些家庭孤独及孤立的境地，从而在与社区建立联系方面迈出了第一步。"

在美国，这一项目被称为护士家庭合作计划，由科罗拉多大学的大卫·奥兹

（David Olds）提出，已经取得了巨大成功。通过在埃尔迈拉市（纽约州）、孟菲斯市（田纳西州）和丹佛市（科罗拉多州）进行的三次大规模试验，研究者发现，这一项目有助于改善女性的产前健康状况，增加之后怀孕的间隔时间，减少儿童虐待、忽视与伤害，改善儿童的入学准备，并可以减少青春期的犯罪和吸毒行为。现在，护士家庭合作计划已经在美国42个州的500多个地区运行，每年服务大约26000个家庭。

正是因为美国在这方面的成功吸引了英国政府的关注。（这一项目已经在英国10个城镇得以实施。）对米歇尔及成百上千和她类似的年轻妈妈而言，政府将这一得到科学验证的项目视为挽救这些新生儿，从而使他们不再像自己年轻的妈妈一样继续陷入暴力、贫穷和绝望的最好机会。

政府官员在应对发生在自己城市的未成年人犯罪方面有许多选择。有些官员明确主张对未成年人犯罪采取强硬手段，对其实施惩罚或旨在维护公平正义的措施。还有些官员认为，应该对导致未成年人犯罪的原因采取强硬态度，并实施预防项目以避免犯罪行为的发生。

另外还有一些官员主张，司法及非司法手段并用来应对这一问题。理想的状况是，采取哪种或哪几种措施将取决于社区的需要及经证明在预防未成年人犯罪方面哪些措施最为有效。

本章首先讨论犯罪预防的主要特征，包括犯罪预防与处理犯罪行为其他手段之间的差异、犯罪对社会造成的经济成本及为理解诸多不同类型的犯罪预防项目和措施而做出的努力。此外，还会讨论犯罪预防在美国的历史。之后，本章将审查儿童时期的犯罪预防项目的有效性。这些不同类型的犯罪预防项目包括白天看护、预科学校及初级阶段的入学项目等。之后，本章会审查青少年时期的各种犯罪预防项目，包括校内项目、课外项目和工作技能培训等。最后，本章展望了目前预防犯罪工作所面临的主要问题。

犯罪预防需要做多方面工作

预防青少年犯罪对不同的人有着不同的含义。旨在预防未成年人犯罪的项目或政策包括警察为遏制帮派问题而实施的抓捕行动、未成年人法庭做出的入狱判决或者更为极端的情况——死刑判决。这些措施就是我们常说的犯罪控制或犯罪抑制，而犯罪预防则是指在青少年参与犯罪之前介入他们的生活，也就是说，在其首次实施犯罪行为之前将他们的恶念扼杀于萌芽状态。这两种预防犯罪的形式都有一个共同目标，即防止犯罪行为的发生。然而，犯罪预防与犯罪控制的区别在于前者通常不涉及未成年人司法系统。旨在预防犯罪的项目或政策包括日托服务中心、护士、教师、社工、基督教青年会（YMCA）康乐工作人员、美国男孩女孩俱乐部、学校的其他青少年及他们的父母。这种形式的犯罪预防有时被称为非司法犯罪预防或备选犯罪预防。附表8.1列出了一些犯罪预防和犯罪控制项目的例子。

犯罪控制或犯罪抑制：包括任何旨在预防犯罪行为发生的司法项目或政策。
犯罪预防：包括任何旨在预防犯罪行为发生的非司法项目或政策。

附表8.1　犯罪预防与犯罪控制

预防	控制
家访	反帮派警察部队
预科学校	劳役改造营
儿童技能培训	野外训练项目
辅导	缓刑
课外娱乐	电子监控
工作技能培训	安全约束

犯罪预防项目没有专门将未成年人司法人员排除在外。很多类型的犯罪预防项目，尤其是那些针对青少年的项目，均涉及诸如警察等未成年人司法人员。在这些项目中，未成年人司法人员会与来自教育、医疗保健、娱乐及社会服务等领域的人员保持密切合作。在本章中，我们主要聚焦于由这些非

未成年人司法机构发起或推动的犯罪预防项目。

犯罪预防面临的一个棘手问题就是成本。这些项目需要大量资金来维持运转。项目开支包括员工工资、设备费用及有时举办项目所需设施的租赁费。虽然犯罪预防项目开支巨大，但却非常有益，因为这些项目节省了原本会花在司法体系上的钱。

犯罪成本：为犯罪预防正名

包括诸如毁坏财物、给受害者带来疼痛和痛苦等在内的未成年人犯罪对社会造成的影响和警察及其他未成年人司法机构的介入都意味着资金的耗费。毁坏财物需要进行修复或替换，由于很多犯罪受害者没有购买保险，这笔损失往往只能由他们自己承担。袭击或抢劫不仅会让受害者遭受皮肉之苦，从而造成直接的医疗成本及因旷工而失去的工资，他们还会因慢性损伤或担心再次受到伤害而降低生活质量，这会导致他们不能继续工作，需要进行长期的医疗护理和心理咨询。

在这些情况下，犯罪受害者及其家属、雇主和诸如医疗补助计划、社会福利和心理健康等社会服务引发了与这些服务相关的经济损失。严重伤害罪对受害者造成的成本高达37000美元，甚至比强奸罪和纵火罪造成的成本还高。谋杀罪产生的平均成本约为500万美元。另一项研究显示，谋杀罪产生的总成本（包括受害者成本和司法成本）近1000万美元。再者就是警察、法院及矫治机构的介入成本。虽然未成年人司法系统花费的一些成本是为满足受害者之需，比如警察的后续讯问及法院进行的受害者帮扶项目，但大部分花费是用于处理违法犯罪者。这些资金大多直接转化为犯罪者作恶的成本。警察逮捕、公设辩护人、出庭、服刑——无论是缓刑还是监禁——以及出狱后回归社区的安置项目等都是司法体系中耗资巨大的方面。同时，社会为预防青少年犯罪而实施的不同类型的犯罪预防项目也会产生成本。

据马克·科恩（Mark Cohen）和亚历克斯·皮克若（Alex Piquero）估计，一个典型的职业罪犯在青少年到成年（10～26岁）期间给社会造成的成本在260万～460万美元之间。加上吸毒和中学辍学引发的成本，总成本高达320万～550万美元。犯罪学家马特·德力西和朱尔·格特林通过研究对职业罪犯成年后的犯罪成本做了较为保守的估计。基于500名职业罪犯的样本，他们发现，成年职业罪犯对社会造成的平均成本在110万美元以上。另一项基于匹兹堡青少年研究中心的最年轻样本，即500名年龄在7～17岁的城市男孩，研究者发现，惯犯的平均犯罪成本约为其他青少年犯罪者平均犯罪成本的8倍，高达100万美元。

此外，研究者还针对青少年犯罪对不同州及整个国家产生的成本进行了研究。

州成本 泰德·米勒和他的同事对宾夕法尼亚州的青少年暴力成本做了调查。该研究基于谋杀、强奸、抢劫、袭击、身体及性虐待等在内的暴力犯罪行为展开调查。他们发现，宾夕法尼亚州的青少年犯罪成本约为每年26.46亿美元，其中受害者损失约为26亿美元，行凶者耗费成本约为460万美元。青少年行凶者成本囊括了未成年人司法系统成本和成年人司法系统成本，包括缓刑、拘留、青少年治疗计划及成年监狱监禁等成本。有趣的是，该项研究还针对成年人及其他青少年对未成年人实施的暴力犯罪成本做了研究。与青少年实施的暴力犯罪造成的受害者成本相比，青少年作为暴力犯罪受害者时的犯罪成本更高：约为45亿美元，而前者为26亿美元。造成这项差异的主要原因是青少年遭到成人性侵的比例较之成人遭到青少年侵犯的比例更高，这种犯罪的成本极高。

国家成本 在衡量青少年犯罪的国家成本时，我们主要针对少量的暴力犯罪做了调查。调查发现，美国每年因青少年实施的谋杀和袭击引发的伤害花费约为160亿美元。这一预估成本包括了联邦政府、州政府及地方政府援助青少年犯罪受害者的部分费用，比如受害者医疗费用及其工资损失等。这些都是有形成本或者说是看得见的现金支出。另外，包括疼痛、痛苦及生活质量下降在内的无形成本或间接成本则没有被计算在这一总成本之内，而这些无形成本为有形成本的4～5倍。另一项未计入这160亿美元未成年人暴力成本的还有社会对未成年人暴力的反应成本，包括早期预防项目、青少年服务项目及未成年人司法体系所耗费的成本等，这些成本都是未知的。

考虑到这些成本，将预防青少年犯罪视为一场持久战，也就不足为奇了。

犯罪预防的简略史

美国青少年犯罪预防的历史与这个国家的未成年人司法史紧密相关。自从1825年在纽约建立第一家收容所到1974年对联邦《未成年人司法及预防未成年人犯罪法》的修订，儿童救助组织和立法人员已经对犯罪预防和犯罪控制产生了兴趣。然而，很多社会学家发现，相比犯罪行为发生后针对青少年实施的介入行为，人们对于预防青少年犯罪所做的努力要少得多或者往往被忽视。这种青少年犯罪的预防与控制方面的失衡至今仍然存在。

芝加哥区域计划 克利福德·肖和亨利·麦凯于1933年发起的芝加哥区域计划是最早的青少年犯罪预防项目。该项目旨在为遭受高犯罪率和帮派活动猖獗的社区改善状况。作为项目的一部分，当地资深领导与社会服务中心沟通协调以促进社区和谐稳定，抑制社会动乱。此后，创办了包括讨论小组、咨询服务中心、业余爱好小组、学校活动及娱乐中心等在内的20多种不同的项目。至于这些项目对降低犯罪率是否起到积极作用，外界仍存在一些质疑。一些人认为，这一项目确实存在积极作用，而另一些人则声称芝加哥区域计划对于减少青少年犯罪收效甚微。

剑桥—萨默维尔青少年研究　和芝加哥区域计划同期实施的另一个著名的青少年犯罪预防项目是剑桥—萨默维尔（马萨诸塞州）青少年研究。该项目更多的关注提升个人而非他们所处的环境。有趣的是，这一项目是运用随机试验设计进行测试的首批犯罪预防项目之一。在项目开始之前，650个男孩（两人一组，分成325组）被安排参与项目（试验组）或不参与项目（控制组）。试验组的325个男孩定期接受咨询人员的友好关注及他们需要的任何医疗和教育服务，平均跟踪年限为五年。咨询人员会跟孩子们聊天，带他们旅行，参加娱乐活动，辅导他们阅读和算术，在项目中心陪他们玩游戏，鼓励他们做礼拜，去他们家里随访并给予建议和常规支持。该项目持续进行了十年，当美国卷入"二战"之后，许多成年咨询人员被征召入伍，项目就此终止。在项目结束的30年后（当年的试验对象如今已年满45岁），对试验对象进行评估发现，试验组青少年的犯罪率比控制组高。之所以出现这种负面结果，一个可能的原因是，这个项目是以小组为单位进行的，而不是一对一模式。人们认为，这种小组模式使孩子们相互影响，使原本轻微的犯罪行为变得更加复杂和严重。

随机试验设计：评价机制的"黄金标准"，旨在测量某一项目对犯罪或其他结果的效果。随机安排主体参与这一项目（试验组）或不参与这一项目（控制组）。

试验组：参加犯罪预防项目的对象组。

控制组：不参加犯罪预防项目的对象比较组。

派遣街工项目　在20世纪50年代，犯罪预防项目的主要关注点是接触那些不愿接近社区中心的青少年。街道工作者直接被派至市中心平民区的社区，与加入未成年人帮派和群组的青少年在他们自己的环境中建立密切的联系，而不是等问题少年主动联系他们。最著名的派遣街工项目便是波士顿的城市中心项目，该项目派遣经过培训的社会工作者去寻找帮派中的青少年，在这些帮派自己的地盘上与其会面，每周三四次。其目的便是矫正这些青少年帮派组织的行为，给他们一个参与常规活动的机会。派遣街工试图帮助帮派中的青少年获得工作和教育机会，并充当他们与律师、法官、假释官等在内的权力部门工作人员之间的中间人。即便如此，沃尔特·米勒通过对项目进行评估并未发现这一项目对减少青少年的犯罪行为有明显效果。

循证未成年人司法预防：开端计划

开端计划项目或许是在帮助下层社会青少年实现适当的社会化方面最为著名的尝试，这么做可以降低他们将来犯罪的可能性。开端计划项目创立于20世纪60年代，当时是作为林登·约翰逊总统"向贫困宣战"政策的一部分。最初，开端计划项目是一个为期两个月的暑期项目，参与对象为即将进入一所专注于教育"全面儿童"的学校的儿童。在教育全面儿童方面，这所学校提供了旨在改善身体健康、强化思维过程、改进社交和情感发展、自我形象及人际关系等诸多方面的综合规划。学校为学龄前儿童提供一个丰富的教育环境来发展他们的学习和认知技能。他们将有机会使用挂钉和木栓板、拼图玩具、玩具动物、洋娃娃、字母和数字及其他一些中产阶层儿童习以为常的材料。这些机会为这些孩子在其教育历程中提供了支持。

如今，开端计划项目由开端计划局、儿童及青少年与家庭管理局（ACYF）、儿童与家庭管理局（ACF）和卫生与公共服务部（DHHS）共同管理，年度拨款接近70亿美元，每年注册儿童接近100万人。开端计划项目的教师要努力为学生提供适合其年龄与发展的各种学习体验。这些学习经历会鼓励孩子读书，理解文化的多元性，表达情感及以合适的方式与同龄人玩耍和交往。开端计划项目教师会指导学生掌握精细和大运动技能，建立自信。医疗保健也是一个问题，参与这一项目的大部分儿童会接受全面的健康筛查、身体和牙齿检查及适当的跟进观察。许多项目提供餐饮，这么做有助于儿童获得适当的营养。

现在，除学龄前儿童外，开端计划项目还向他们的父母提供服务。有些项目允许父母参与课堂教学，这些课堂教学涵盖子女教育、读写能力、营养与减肥、预防家庭暴力及其他社会问题；除此之外，还提供社会服务、健康和教育服务。

在开端计划项目是否取得成功方面还存在大量争议。1970年，美国西屋教育公司（Westinghouse Learning Corporation）针对开端计划项目发布了一份明确的评估报告，结论称，没有证据表明该项目能给孩子带来持久的认知习得。最初的认知习得在读小学期间就会逐渐消失，到了三年级，参与开端计划项目的孩子就和其他同龄人没什么两样了。

尽管结果有些令人失望，但好在这一评估仅仅是针对儿童的智商水平方面，对他们的社交能力及其他生存技能的提高方面则没怎么关注。最近的一些研究已经得到了一些极为不同的结果。一份报告指出，在5岁时，参加过开端计划项目提供的强化托管服务的儿童比那些没有参加这一项目的儿童在智商分数上平均要高10分。另外还有研究对参与开端计划项目的青少年和没有参与该项目的其他青少年进行了仔细对比。研究发现，前者在知识增长方面非常明显。参与开端计划项目的儿童不太可能留级或分到学习滞后的班级，他们在成绩测验中要胜过其他同龄人，并且他们往往都能顺利从高中毕业。

参与开端计划项目的儿童在学习之外的其他方面也大有进步：他们在项目结束后具有更健康的体魄、更高的免疫率、更好的营养及强化的情感特征。研究也发现，开端计划项目对参与项目的儿童母亲的心理健康也大有好处。例如，她们的抑郁和焦虑会较少，生活的满意度会增加。虽然某些方面的研究结果或许不太确定，但所有研究均具有统一的指向性：开端计划项目提高了孩子们的入学准备程度，并对他们的社交能力具有持久的影响。

正如许多专家认为的那样，如果学业成绩、家庭生活与犯罪之间存在密切联系，像开端计划项目这样的项目能帮助潜在的青少年罪犯避免触犯法律。经济学家伊莲娜·迦瑟斯（Eliana Garces）、邓肯·托马斯（Duncan Thomas）和珍妮特·居里（Janet Currie）进行的一项关于开端计划项目长期影响的大规模研究为这一观点提供了一些支持。基于一项美国全国性的家庭状况调查，研究者发现，与那些没有参与开端计划项目的同龄人相比，参与开端计划项目的儿童（年龄为3～5岁）在18～30岁期间明显不可能因为犯罪而被逮捕或被诉至法院。

事实证明，无论从长期还是短期看，开端计划项目是对纳税人资金的一项有价值的投资。这是经济学家延斯·路德维希（Jens Ludwig）和德博拉格·菲利普斯（Deborag Phillips）在评述开端计划项目的成本效益分析时得出的结论。其中一项成本效益分析发现，开端计划项目的中短期效益能够抵消其40%~60%的成本，另外，一小部分长期收益（如未成年人犯罪减少）可以使其体现足够的经济价值。

尽管有这些观点和研究结果的支持，开端计划项目仍然面临很多的挑战。有人提议对这一项目做一些变动，包括将这一项目移交州政府运作，将项目关注点缩小至提高儿童的读写能力，聘用更多合格的教师而不是提供必要的资源，以改善他们的低工资状况等。一些专家及其他支持者认为，这些所谓的措施会削弱针对需要帮助的孩子和家庭的一个最为成功的国家项目。

批判性思维：

1. 开端计划项目影响了美国几乎一半的贫困儿童和家庭。为扩大开端计划项目的影响，除了花费更多金钱之外，美国政府还需要做什么？

2. 我们可以对开端计划项目做哪些改变以使其在改进儿童和家庭生活方面更为有效？

联邦资助项目 20世纪60年代，研究者对犯罪预防产生了极大兴趣。大部分关注集中在基于社会结构理论的项目。这一方法似乎与肯尼迪政府（新边疆）和约翰逊政府（大社会/向贫困宣战）的康复政策极为吻合。犯罪预防项目得到了联邦政府大量的资金支持，其中最为宏大的一个项目便是"纽约市青年动员"（MOBY）计划，该计划斥资5000万美元，试图将犯罪预防融入社区的发展。基于克劳沃德和奥林提出的为犯罪青少年提供合法成功机会的理念，MOBY计划在社区设置就业机会，协调社会服务，并为租户委员会、法律援助服务、选民登记等社会行为和团体提供赞助。然而，由于人们对MOBY计划的实用性及其资金流向存有疑问，导致该计划缺乏后续资金支持而终止。

提高下层社会青少年的社会化程度以减少他们未来犯罪的概率也是20世纪60年代联邦资助项目关注的焦点。在这些项目中，规模最大、知名度最高的项目便是开端计划项目，这是一个专为学龄前儿童设立的国家项目，一直沿用至今（请参见本章特色栏目《循证未成年人司法预防》）。

当代预防措施　人们对瞄准犯罪预防的大型联邦资助项目的关注一直持续至20世纪70年代和80年代，并且这些不同类型的项目在今天仍然举足轻重。然而，近几年，人们将犯罪预防工作的重心从20世纪60年代的社区矫治转向了更为个性化的基于家庭的治疗。

对犯罪预防的工作进行分类

我们有很多不同的方式来定义犯罪预防，却很难就最佳的定义达成共识。同样，犯罪预防的组织和分类也是五花八门，却不能就最有效的分类方式达成一致。

公共卫生法　对许多不同种类的犯罪预防活动最早的分类方法之一是旨在预防疾病和伤害的公共卫生法。这种方法将犯罪预防活动分成了三类：一级预防、二级预防和三级预防。一级预防聚焦于提升人们的总体幸福感，普及医疗保健服务，进行一般性预防教育，通过移除废弃汽车、修缮建筑物等措施来改善那些易促使犯罪发生的物理环境。二级预防则是对处于犯罪边缘的儿童和青少年进行干预，同时通过一系列社区项目来阻止已知的犯罪活动。三级预防聚焦于对已宣判的青少年罪犯通过戒毒治疗、监禁等措施进行干预。这种方式的目标是为了减少他们再次或屡次犯罪。

发展性视角　另一个对犯罪预防活动进行分类的普遍方法就是发展性犯

罪预防。发展性犯罪预防是指进行干预，尤其要瞄准那些旨在阻止青少年个体滋生潜在犯罪念头的危险因素和保护因素进行干预。未成年人犯罪的发展性预防多基于青少年犯罪动机发展理论或人类发展理论，具体来说，就是对那些被选作样本的青少年进行纵向跟踪研究，从他们幼儿早期开始，到青少年时期频繁参与违法行为，再到二十几岁的犯罪活动。发展性视角认为，青少年时期的犯罪行为（及成年后的犯罪行为）受到"个体成长过程中习得的犯罪行为和态度模式"的影响。概念摘要8.1中列出了发展性犯罪预防的一些主要特征。从这个角度来看，犯罪预防应该从各个年龄段入手。我们将未成年人犯罪的发展性预防分成两个阶段进行讨论：童年时期和青少年时期。

危险因素：个人生活中的负面先决因素，能增加未来参与违法犯罪行为的风险。
保护因素：个人生活中的正面先决因素，能降低未来参与违法犯罪行为的风险。

概念摘要8.1　犯罪预防的发展性视角

基于人类发展理论和纵向研究；
旨在阻止青少年个体滋生潜在犯罪的念头；
瞄准犯罪风险因素和保护因素；
用于家庭和孩子；
在生命历程的各个不同阶段均实施：童年、上学初期、青少年时期及学校到就业的过渡期。

在本章剩下的部分，我们主要运用发展性视角来讨论不同类型犯罪预防项目的有效性。这种方法具有几大好处：它可以在不同的年龄段对项目是否成功进行评估，该方法覆盖范围广，涵盖已实施的各种类型的犯罪预防项目，并且在犯罪预防的有效性上广受社会科学家的好评。

犯罪预防的早期工作

关于未成年人犯罪的预防工作，儿童早期预防——先于犯罪行为出现之前的预防——颇受青睐，并且已逐渐成为降低未成年人犯罪危害性总体策略的一个重要部分。最近的研究表明，相比军事化改造训练营和监禁之类的惩罚措施，公众更支持犯罪预防项目，甚至愿意为此缴纳更多税款（本章特色栏目《犯罪聚焦》在这方面进行了讨论）。儿童早期犯罪预防项目旨在对早期危险因素或那些可能持续至成年时期的犯罪"根源"予以积极的正面引导。这些早期危险因素有很多，其中包括成长于贫困环境、过度活跃或冲动、家长监督不力、管教过严或缺乏管教等。儿童早期的干预通常是多维度的，针对多种危险因素展开，因为这些干预措施采取各种不同的表现形式，包括认知发展、孩童技能培训、家庭支持等。接下来的章节将针对已实施的早期犯罪预防项目进行调查，这些项目集中在以下四个对孩童影响较大的环境：家庭、白天看护中心、预科学校和学校。这些项目中的大部分已经在美国得到实施。

犯罪聚焦：犯罪预防的社会支持

支持对未成年罪犯采取"强硬"措施的政治家一直以来声称自己拥有社会大众的全力支持，而且确实也是人民大众要求对未成年罪犯实施诸如军事化改造训练营、长期在机构服刑等更为严厉的处罚或刑期，以使他们对自己的犯罪行为负责。的确，公众尤其支持对有暴力行为的未成年罪犯采取强硬措施。然而，这种支持并未达到经常所宣称的水平，并且更重要的是，与对未成年罪犯实施康复或治疗措施或使其参加儿童早期或青少年犯罪预防项目等备选方案相比，公众对强硬措施的支持力度并不算很高。这种被高估的支持惩罚的公众在一些政治家及其他人眼中已经被称为"传说中的惩罚性公众"。

最新前沿研究提供了更多证据证实了传说的惩罚性公众的说法。也就是说，人们高度支持犯罪预防，甚至愿意缴纳更多税款以支持这些犯罪预防项目。在对公众舆论文献进行综述时，犯罪学者弗兰克·卡伦（Frank Cullen）和他的同事发现，总体而言，美国大众支持犯罪预防项目，尤其是那些针对高危儿童和青少年的项目。他们还发现，公众舆论在美国范围内实施社区犯罪预防项目方面已不像以前那样是一个障碍了。

在一项对未成年人犯罪做出何种反应的公众偏好研究中，犯罪学者丹尼尔·纳金（Daniel Nagin）和他的同事发现，公众更看重早期预防和对罪犯实施康复或治疗措施，而不是采取监禁措施。正如表8.A所示，美国家庭愿意为旨在犯罪预防的护士家访每年平均额外支付125.71美元税款，而为延长刑期仅愿意额外支付80.97美元，两者每年相差44.74美元。为康复治疗而愿意额外支付的税额为98.10美元，也同样高于对延长刑期的支付意愿。在州一级层面，对护士家访的公众支付意愿可达6.01亿美元，这些资金可用于预防犯罪，而对未成年罪犯延长刑期的支付意愿仅为3.87亿美元。

这项研究基于一项对宾夕法尼亚州居民的大样本调查，并采用了一种非常严格的被称为"条件价值评估法"的民意调查法。这种方法相比传统的民意调查法具有很多优点。例如，运用条件价值评估法可以对受访者为各种竞争性备选政策的支付意愿进行对比。

表8.A　公众对犯罪预防及其他措施的支付意愿对比

项目	平均每户每年平均支付意愿	全州每年支付意愿
延长刑期	80.97美元	3.87亿美元
康复治疗	98.10美元	4.68亿美元
护士家访	125.71美元	6.01亿美元

在另一项测量公众对犯罪的各种反应偏好的创新研究中，马克·科恩（Mark Cohen）、罗兰·拉斯特（Roland Rust）和萨拉·斯蒂恩（Sara Steen）发现，与建造更多的监狱相比，公众压倒性地支持为青少年预防项目支付更多税款。公众对在非暴力罪犯进行戒毒及警察方面支付更多税款的支持力度同样比建造更多监狱的支持度要高，但相比青少年犯罪预防项目要低。

正如其名，传说中的惩罚性公众似乎仅仅是传说而已，但不可否认，公众确实看到了以强硬措施处理未成年人犯罪的一些价值。然而，有关这一新公众舆论的研究比以往研究更令人信服地揭示了社会公众对早期犯罪预防项目的需求越来越大，而对监禁的需求越来越少。

批判性思维：

1. 如果你是一位政治家，这些研究结果会影响你对未成年人犯罪所持的政策立场吗？解释一下。

2. 公众舆论是实施犯罪预防项目时一个重要的考虑因素。还有哪些其他关键因素？

基于家庭的项目

在一个互相扶持和充满爱意的家庭环境中，家长会非常关心孩子的健康和总体幸福感，并给自己孩子灌输正面积极的价值观，比如诚实、尊重他人等，培育他们的亲社会行为。一种最重要的旨在犯罪预防的家庭项目就是为家庭提供支持。家庭支持有多种不同形式，其中一种普遍有效的形式就是家庭随访。

家庭随访　最著名的家庭随访项目就是护士-家庭合作计划（前身为产前/婴儿早期计划），该项目发起于纽约州的埃尔迈拉市，主要有三大目标：
- 优生优孕；
- 提高父母对其孩童（及孩童的后续健康和发展状况）的关爱质量；
- 改善妇女自身的个人发展状况（包括完善其教育状况，提供工作机会，并为将来怀孕做周全计划）。

这项计划针对19岁以下初为人母的孕妇，她们未婚或者比较贫困。共有400位女性参与了该项目。孕妇们从怀孕开始就接受护士的家庭随访，直至孩子满两岁。每次随访持续60～75分钟，平均每两周进行一次。随访员会给妈妈们在婴儿护理、婴幼儿发育、合理营养的重要性及孕期戒酒戒烟方面给予指导和建议。项目开始15年后，接受过随访母亲的孩子被逮捕数量是未接受随访母亲的孩子（控制组）人数的一半。不仅如此，研究还发现，相比于控制组的孩子，这些接受过随访母亲的孩子被定罪或违犯缓刑罪的记录更少，并且更不可能离家出走，也极少酗酒。这一项目除了在预防青少年犯罪方面收获颇丰，还大大提高了妈妈们的生活质量，比如接受过随访的年轻妈妈们虐待与忽视孩子、一般性犯罪及吸毒的比率大大降低，同时也对福利机构和社会救济的依赖度也有所降低。一项兰德研究发现，若将这一项目的可喜成果（包括对妈妈及孩子的）转化为政府和纳税人的物质收益，则总收益比项目成本的四倍还要多（见图8.1）。在对项目最新的跟踪调查中，研究者发现，接受过随访母亲的孩子在19岁后，犯罪和被逮捕的女孩人数比控制组女孩犯罪和被逮捕的人数明显低很多，而这一项目在男孩身上却收效甚微。

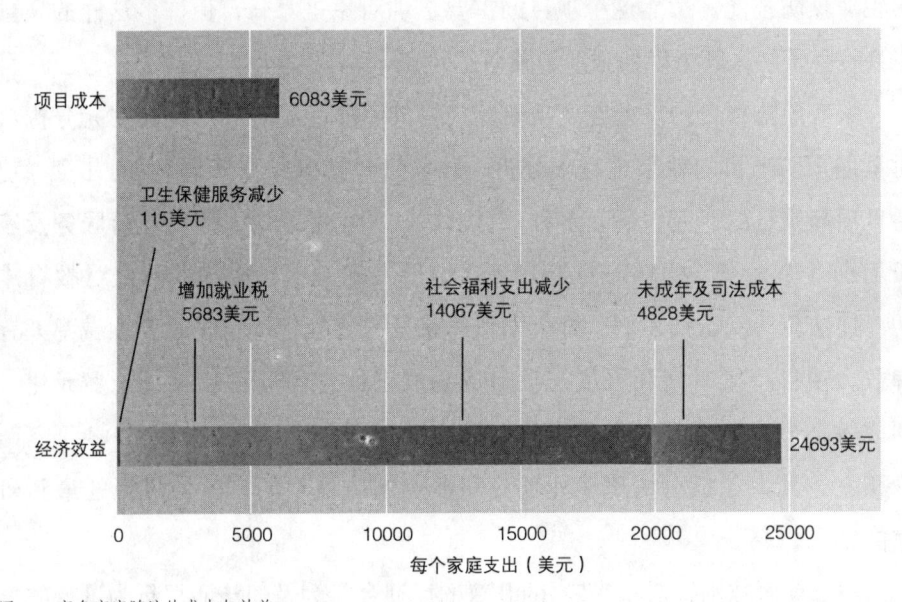

图8.1 高危家庭随访的成本与效益

护士-家庭合作计划的另外两个试验分别在田纳西州的孟菲斯市和科罗拉多州的丹佛市进行，对妈妈和孩子起到了同样的效果，包括虐待及忽视孩子事件的减少。这一项目的成功引来了美国42个州500多个地区的关注并投入使用，每年有近26000个家庭因此受益。在科罗拉多州，这个项目被以法律形式确定下来，在项目进行的第一年，该州就有近1400户家庭受益，涉及全州64个地区中的49个地区。现在，这个项目在英国也得到复制。使用护工而非专职辅助人员，最少两年进行一次，对象只针对首次怀孕且生活条件较差的妈妈，这些都是这个项目区别于其他收效甚微的家庭随访项目（如夏威夷健康计划）的重要特征。

提高家长的犯罪预防技能

另外一项在青少年犯罪预防方面卓有成效的家庭支持形式就是提高家长的犯罪预防技能。虽然这个项目的主要培训对象是家长，但许多这样的项目也会将孩子纳入其中以加强亲子关系。

家庭预防项目的好处在两项研究中格外明显。第一项研究运用元分析法对早期预防项目的效果进行了分析，该项目包括家长及年满5岁的儿童。包括11项高质量的研究，囊括多种项目形式，如家庭随访、家庭支持服务及家长培训（提高家长的核心技能）等。结果发现，项目成绩斐然，对教育成功、违法犯罪、认知发展、介入司法体系及家庭福祉等许多重要领域都大有裨益。项目持续时间和强度与项目成果成正比，但项目如果过于多元化，则成效甚微，甚至会取得相反的结果。后期的研究就与之前的许多研究结论相左，其中包括对快速多元项目和多点预防计划的有效性进行的最新研究的结果。

第二项研究则针对年满5岁的儿童的反社会行为及违法犯罪行为进行的早期家庭预防培训项目的效果做了系统评价和分析。其中包括55个随机对照试验，并对该项目做了全方位的调查，包括家庭随访、父母教育、白天看护及父母培训等。结果表明，早期家庭/父母培训对于减少反社会行为及犯罪行为起到了积极的干预作用。同时，这些项目对家庭也起到了其他一些重要的作用，包括提高了孩子的入学准备和学业成绩，并大大增加了家长的教育和工作机会。在项目形式方面，与传统家长培训与家庭随访相比，并未发现很大差异。

俄勒冈社会学习中心 最为人们津津乐道的家长技能培训项目当属杰拉尔德·帕特森（Gerald Patterson）及其同事创办的俄勒冈社会学习中心。帕特森通过研究发现，孩子在家庭和校园中的反社会行为与家长糟糕的育儿技能有关。家庭破裂及家长与孩子之间的强制性交流使家庭关系更加紧张，使孩子的学习成绩较差，并且孩子与同龄人的关系也随之变差。造成这个问题的首要原因是，家长似乎并不知道如何更好地与孩子相处。父母有时会忽视孩子的行为举止，但有时孩子同样的行为又会使其勃然大怒。一些家长会因为莫名其妙的原因（如自己经历挫折）而责罚孩子，而这与孩子的行为几乎没有任何关系。

孩子们的反应也有规律地发生变化，从学着固执到学会好斗。他们的"胁迫性行为"，如抱怨、大喊大叫、乱发脾气等，有时会传染给其他家庭成员。最终，家庭矛盾会冲出家庭，蔓延至学校和社会环境中。

俄勒冈社会学习中心项目运用了行为矫正技术帮助父母习得正确的儿童管理方法。项目工作人员会让家长选出几种需要改变的行为，并让他们计算这些行为出现的次数。然后，工作人员会教授一些社会技能和富有建设性的管理方法来强化积极行为，并劝阻消极行为。同时，该项目会启动一些激励项目，孩子们可以凭借所参与的积极行为而获得积分，并可兑换成津贴、奖金或特殊待遇。项目工作人员也会教授家长一些管理技能，这些技能强调持续稳定，而非"瞎扯"（低强度行为，如愁眉不展或斥责等）或狂怒性管理，如殴打或斥责等。一个重要的技巧是"面壁时间"，即让孩子独自在一个安静的房间待一段时间。工作人员还会告诉家长立规与守规的重要性。帕特森及其同事进行的大量评估研究表明，提高家长对孩子的管理技能可以减少青少年犯罪。

在早期干预方面，俄勒冈社会学习中心采用的家长培训法可能是成本效益最好的一种方法。一项兰德研究发现，家长培训项目的成本仅为家庭随访项目的1/20，并且在预防重大犯罪案件方面更为有效。该研究估计，在家长培训项目上每花费100万美元，就可防止501起重大犯罪案件的发生（每花费2000美元就可预防一次犯罪），相比长期监禁（须花费约16000美元才可预防一起犯罪），这种方法的成本要低得多。

白天看护项目

在美国及其他一些西方国家，6周大的婴儿就可以获得白天看护服务。这一项目除了能使父母得到解脱回到工作岗位之外，对孩子也益处颇多，包括与其他孩子的社交，激发他们的认知、感知技能及行为控制能力等。在早期儿童干预效果的研究方面，在此介绍两个项目：一个项目属于纽约州锡拉丘兹市，另一个属于得克萨斯州的休斯敦市。

在旨在提供高质量的白天看护服务的儿童早期干预项目中，最著名的当属锡拉丘兹大学的家庭发展研究项目。这一项目包括那些处于怀孕后期的高危妇女。产后会配有专职辅助人员来帮助她们，鼓励构建健康的亲子关系，提供营养知识，并帮助她们与社会服务机构建立联系。此外，孩子们在5岁之前都可以享受免费白天看护服务以促进他们的智力发展。经过十年的跟踪调查，研究者发现，与控制组孩子（未参加该项目的孩子）相比，参与项目的这些孩子不太可能因为犯罪而被诉至未成年人法庭，他们更趋向于表达他们的积极情感，并且在处理个人问题时更加主动。女孩似乎尤为受益，在学校学业表现更好；父母的亲社会态度也更明显。

另一项高品质的白天看护项目则是休斯敦的亲子发展中心项目。这个项目跟锡拉丘兹大学的项目一样，也为年轻母亲及其孩子提供服务。在项目的第一年，母亲及其孩子接受社会服务专业人员的家庭随访，教授她们儿童发育知识和育儿技巧，并帮助她们与孩子建立起亲社会关系。在项目第二年，母亲带孩子来儿童发展中心上课，每周四个早上。在这里，工作人员会为孩子提供白天看护服务，培养他们的认知技巧，鼓励他们与其他儿童积极互动。妈妈们则参加家庭沟通与儿童管理方面的课程。在项目结束八年后，与控制组相比，这些参加项目的孩子参与打架斗殴及其他违法行为的次数较少。

这些项目的成功之处在于，它们瞄准那些导致犯罪的个人和家庭层面的危险因素，如智力低下、冲动、疏于管教等。社会学家指出，针对多重危险因素进行一系列以儿童和父母为中心的干预措施是犯罪预防项目取得成功的核心要素。

预科学校

预科学校与白天看护项目的不同点在于，预科学校项目更倾向于为孩子入学做准备。通常来说，预科学校是为3～5岁的儿童设置的。3～5岁是儿童大脑发展的关键期；在这一发展阶段，孩子能学到比人生中其他任何阶段都要多的东西。智力低下和学业失败都是导致青少年犯罪的重要危险因素。正因如此，这些高度结构化、以认知为基础的预科学校项目为幼儿的生活提供了一个崭新的开始。预科学校的一些重要特征包括：

- 设置与儿童发展相适应的学习课程；
- 组织各种基于认知的丰富多彩的活动；
- 设计家长参与的活动，通常是低强度的，因此，即使在家里，他们也可以对孩子在学校的活动给予支持。

密歇根州的预科学校、芝加哥市的亲子中心项目及华盛顿州的开端计划项目中心在早期预防的益处方面提供了一些积极的调查结果。

位于密歇根州伊普西兰蒂市的佩里预科学校，在20世纪60年代中期，为弱势儿童提供了一个以教育拓展为主并辅以每周家访的项目。这一项目的主要预设是："好的预科学校项目能使贫困儿童在从家庭到社会的过渡过程中有一个良好的开端，让他们更快地走向经济独立，成年后对社会更有责任心。"高质量、主动学习的预科学校项目采取的主要干预措施，是由专业教师负责管理，为期两年。预科学校采取半天授课制，每周5天，每学年30周。教育方法重在通过因材施教的个性化教与学帮助发展儿童的认知和社会技能。

研究者在各个重要的发展阶段对该项目进行了多次评估。第一项是关于未成年人犯罪方面的评估，发现项目参与者在满15岁时，其犯罪率比控制组同龄青少年的犯罪率低1/3。满27岁时，这一数字已上升至一半。研究者还发现，与控制组同龄人相比，预科学校项目参与者获得了许多其他益处，包括更高的月收入、自有住房率、拥有第二辆车的比率及更高的受教育程度，而接受社会福利救济的比率则更低。所有这些好处折算成金钱，节省了一大笔开支。据估计，每在这个项目的运行与管理上投入一美元，就可以为纳税人、潜在犯罪受害者及项目参与者节省7美元以上。兰德公司的一项独立研究也证实，佩里预科学校是一项非常划算的投资。

对佩里预科学校效益的最新评估表明，在项目参与者年满40岁时，该项目仍然对项目参与者的生活发挥作用。相比控制组，项目试验组成员在以下几方面获益匪浅：

• 因暴力犯罪而被终身监禁的比率更低（32% vs.48%），财产犯罪率更低（36% vs.58%），毒品犯罪率更低（14% vs.34%）；

• 受教育程度更高（高中毕业率分别为77% vs. 60%）；

• 年收入更高（年收入排名前50%的占比分别为57% vs.43%）。

在项目参与者年满40岁时，对项目成本与效益的一项评估发现，该项目每花费一美元，就会以节省犯罪、教育和福利成本及增加税收的形式回报给社会17美元以上。

跟佩里预科学校一样，芝加哥亲子中心项目为3～4岁的弱势儿童提供高质量、主动学习的预科学校项目，并辅以家庭支持。与佩里项目不同的是，芝加哥亲子中心项目提供给孩子的教育拓展一直持续到小学，直至孩子9岁。研究发现，仅就预科学校项目的效果而言，截至年满18岁时，与控制组同龄青少年相比，参与项目的青少年因非暴力犯罪和暴力犯罪而被逮捕的比率都更低，分别为17% vs. 25%与9% vs. 15%，多次被逮捕的比率也较低，为10% vs. 13%。除此之外，与控制组相比，预科学校项目参与者在以下几方面也受益良多：

- 高中毕业率更高（50% vs. 39%）；
- 受教育年数更多（11年 vs. 10年）；
- 辍学率更低（47% vs. 55%）。

一项最近的评估发现，在项目参与者年满24岁时，与控制组成员相比，试验组成员因重罪被逮捕的比率明显较低（17% vs. 21%），被监禁的比率也较低（21% vs. 26%）。在一项直至28岁的后续跟踪研究中，研究者发现，该项目在官方司法接触方面也取得了积极效果。亲子中心项目在预防青少年犯罪和改善青少年人生结果方面的成功为社会节省了不少成本。在该项目上每花费一美元，就可为纳税人、潜在犯罪受害者及项目参与者节省7.14美元。

另一个与预科学校项目非常类似的早期干预项目就是开端计划项目（见本章前半部分的特色栏目《循证未成年人司法预防》）。除了众多其他事项，开端计划项目还为孩子提供了丰富多彩的拓展教育环境以发展他们的学习和认知技能。一项华盛顿州西雅图市开端计划项目中心的研究发现，与控制组同龄孩子相比，参加这一项目的低幼儿童不太可能出现行为不端的情况。

总体来说，高质量的强化预科学校项目在预防青少年犯罪及改善青少年的生活方面起到了极大的支持作用。虽然为预科学校项目成员提供家庭支持服务增强了佩里项目和芝加哥亲子中心项目在预防犯罪方面的影响力，但显然，预科学校才是其中最为重要的元素。预科学校的智力培养计划有助于孩子为小学及以后所面临的学习上的挑战做好准备，而减少学业失败的比率是降低犯罪率的一个重要因素。关于佩里项目和芝加哥亲子中心项目研究的另一个值得注意的方面是，这两个项目的实施间隔很多年，而作为佩里预科学校项目半复制品的芝加哥亲子中心项目证实，即使今天，预科学校项目在预防犯罪方面仍然是有效的。

提供初级阶段的入学项目

从低年级到高年级，学校一直以来都是预防犯罪工作的一个非常重要的社会环境。所有学校都致力于为社会培养充满活力和创造力的人。本节重点讨论学校在预防一般犯罪方面所担任的角色，在这方面，与为使学校变为一个更加安全的地方而采取的措施是不同的。在这种情况下，学校可以采取更有力的安全措施，实施诸如金属探测器、驻校警察、闭路电视监控系统等安全保障措施。许多试验项目试图通过控制学习环境中的各种因素来预防或减少犯罪，下面就其中的三个项目展开讨论。

西雅图社会发展项目（SSDP）使教师学习相关授课技巧，即对恰当的学生行为进行奖励，尽可能地使破坏性行为降到最低。该项目从一年级开始一直持续到六年级。通过小组授课的方法传授知识，并提供技能培训以帮助教师掌握解决问题、沟通和解决矛盾的技能。该项目还提供家庭培训课程，教导家长如何奖励和鼓励孩子做出预期的行为，并对孩子的不良行为以一贯的风格使其承担后果。另外，还有的家长培训注重提高孩子的学业成绩，同时减少类似吸毒的高危行为。简言之，该项目相当全面，瞄准了一系列违法犯罪的风险因素。

研究者通过对西雅图社会发展项目进行长期评估（到项目参与者年满21岁）发现，与控制组相比，参与该项目的孩子对学校有更多的责任和情感，取得了更好的学业成绩，很少做出违法犯罪行为，并很少参与贩毒。与控制组同龄孩子相比，项目参与者在其一生中被正式诉至法院的可能性也更小。研究者在对包括原始样本93%的参与者的最新跟踪调查中发现，在年满27岁时，干预组（与控制组相比）成员明显具有更好的教育和经济素养、心理健康和性健康，但在24岁或27岁这段时间内，尚未发现其对物质滥用和犯罪活动方面的影响。

在蒙特利尔，儿童心理学家理查德·特雷布莱（Richard Tremblay）开展了一项试验，旨在调查早期预防性干预项目对6岁男孩的影响，这些男孩均来自贫困社区，具有攻击性和过度活跃的特征。这个被称为蒙特利尔纵向试验研究的项目持续了两年，包含两部分：基于学校的社会技能培训和基于家庭的父母培训。针对儿童的社会技能培训主要侧重于改善其与同龄人的社会交往。父母培训课程是基于杰拉尔德·帕特森（Gerald Patterson）的社会学习原理，包括培训家长如何积极地鼓励并巩固理想行为，采用非惩罚性及一贯的纪律约束措施，并制订家庭危机管理方案。该项目在预防违法犯罪方面是成功的。到12岁时，与控制组中的男孩相比，试验组中的男孩较少犯有偷盗和抢劫行为，并且很少参与打架斗殴。从10岁到15岁的各个年龄段，试验组中的男孩自我供述的犯罪数量要低于控制组中的男孩。在对年满24岁的项目参与者进行的最新跟踪研究中，发现试验组男孩的犯罪记录仍然低于控制组男孩，但效果不如前几年那么明显（以前是33%，而现在是22%）。

最后一个基于学校的犯罪预防项目是良好行为游戏（GBG）。该项目采用一种通用的课堂行为管理策略，旨在通过教导儿童规范自己和同学的行为来促进学习。教师在课程方面接受培训，并在整个学年接受辅助性监测。在马里兰州巴尔的摩市19所城市小学的一项试验性研究中，一年级学生被随机分成不同的小组，各个小组包括同等数量的具有攻击性和破坏性的孩子。当GBG项目开展时，教师对每个小组学生的行为进行监测。小组中任何学生的不当行为都会在黑板上为该组做一次标记。在游戏活动结束时，标记不满5次的小组获得一次奖励。在项目刚开始实施时，教师宣布游戏开始，并在游戏结束后立即给出实物奖励，例如贴纸。随着该项目的进行，学生对此变得越来越熟悉，慢慢地不再提示游戏开始，并且更多的是给予无形的奖励，如延长休息时间等。此外，游戏活动和给予奖励的时间间隔被延长了。该项目从一年级到二年级，持续两年。

一年后，相对于控制组学生，在老师和同学眼中，试验组学生变得不那么激进，并且有些害羞。该项目的积极影响在当时被公认为在具有高度攻击性的学生身上体现得最为明显。对于在一年级入学时具有最高等级攻击性的男孩来说，干预的积极影响一直会维持到六年级。在对19岁到21岁的项目参与者进行的一项长期跟踪研究中，研究者发现，在风险最高小组的男性中，与控制组同龄人相比，试验组成员参与暴力和犯罪行为的比率显著降低（50% vs. 34%）。此外，与控制组同龄人相比，试验组参与者患有吸毒或依赖症的人数占所有男性和高危群组的比率也显著降低，分别为38% vs. 19%与68% vs. 29%。

学校可能无法独立减少犯罪，但是关于当前运行现状的许多切实可行的备选方案有助于在社区范围内减少青少年犯罪的问题。丹尼斯·戈特弗雷德森（Denise Gottfredson）及其同事对学校项目进行了评述，这是他们确定预防犯罪最佳方法的研究的一部分。附表8.2列出了他们的一些研究成果。有效项目和无效项目之间的主要区别是，有效项目瞄准一系列重要的风险因素。仅仅改善学校环境或家庭环境往往是不够的；例如，无论在学校取得多少进步，对于一个家庭生活陷入困境的青少年而言，他可能会觉得在学校取得优异的学业成绩是一件更为困难的事。一些有效的早期学校犯罪预防项目也表明，那些未来面临犯罪风险最高的人获得了更大的收获。一项对面向幼儿园儿童到五年级学生的学校暴力预防项目——和平缔造者——的评估发现，与处于中等和低度风险的儿童相比，高危儿童在攻击性行为的减少与社交能力的提高方面取得的成绩均要大得多。学校项目取得成功的另一个重要因素是该类项目的高强度实施，通常一学期进行2～3次，很少间断。

附表8.2 学校犯罪预防项目

有效项目
旨在打造学校启动并持续创新能力的项目；
旨在通过制定校规并增强校规实施连续性（尤其在强调积极加强恰当行为时）阐明并传达行为规范的项目及通过学校活动（如反欺凌互动）或仪式传达规范的项目；
聚焦一系列社会能力技能（如培养自制力和压力管理技能、做负责任的决定、社交问题解决与沟通）并且长期实施以持续强化技能的综合教学大纲。

无效项目
不关注社会能力技能或不采用认知行为教学法的教学大纲。

有前景的项目
将青少年分成更小小组的项目，该项目以"校中校"模式设立更小的单位，具有更强的交互性或更大的灵活性；
课堂或教学管理。

青少年时期的犯罪预防

和幼儿时期的干预一样，开始于青少年时期的犯罪预防项目在减少未成年人犯罪的总体策略中也发挥了至关重要的作用。许多各种不同的非未成年人司法犯罪预防项目试图解决诸如父母矛盾与分居、住房条件简陋、高中辍学、反社会同龄人等风险因素。本章以下章节探讨了五种针对青少年的犯罪预防方法：辅导、校内项目、校外项目、工作技能培训及社区综合项目。本章特色栏目《相关未成年人》关注青少年时期预防犯罪的重要性。

相关未成年人：韦斯·摩尔

韦斯·摩尔（Wes Moore）于1979年出生于马里兰州巴尔的摩。他高中毕业于瓦莱弗格军事学校，在约翰霍普金斯大学获得学士学位，并获得罗德奖学金继续在英国的牛津大学学习。他被人尊称为一位阿富汗战场的老兵，曾在布什执政期间为时任美国国务卿的康多莉扎·赖斯（Condoleezza Rice）担任过白宫研究员。许多其他引人瞩目的成就纷至沓来。这是成功版本的韦斯·摩尔。

还有另一位韦斯·摩尔，和第一位同名。这位也同样于20世纪70年代末出生于巴尔的摩，与第一位韦斯·摩尔仅相隔数个街区。然而，他并没有从高中毕业，更别提上什么大学或拥有一份成功的事业了。相反，他因参与武装抢劫导致了布鲁斯·普罗特罗（Bruce Prothero）警官的死亡，布鲁斯·普罗特罗是一名巴尔的摩警察局的老兵，也是五个孩子的父亲。也正因此，这位韦斯·摩尔被判在位于马里兰州的杰瑟普矫正机构终身服刑。

除了拥有完全相同的名字以外，这两个人还具有类似的成长经历。两人均出身贫困家庭，在巴尔的摩恶劣的环境中长大成人。两人均在早年丧父。两人均与警察发生过争执，并曾经在学校处境困难。正如这位拥有作家身份的韦斯·摩尔在其书——《另一位韦斯·摩尔：一个名字，两种命运》——中所写的那样，"让人不寒而栗的事实是，发生在他身上的事本来可以发生在我身上。悲剧的是，发生在我身上的事本可能发生在他身上。"

他们中的一个是如何成功的呢？是什么帮助其中一个摆脱犯罪生活并紧接着步入成功的个人与职业生涯呢？这些问题是摩尔书中的核心问题。他认为，自己能够逃脱与其同名家伙及其他成千上万当时与现在面临类似境地的市中心平民区儿童的命运，并非是单一因素造成的，而是受到众多因素的影响。其中之一便是对自己充满关爱且强大的导师。每当自己急需帮助时，他的导师总能提供帮助。他的母亲、祖父母及军事学校的指挥官在其生命中均起到了非常重要的作用。辅导在美国是一项重要的犯罪预防策略。他生命中另一个有价值的影响是自己被委以责任，用他的话来说，"这迫使我认真对待自己的行为"。现在，韦斯·摩尔与美国各地专注青少年发展的组织合作，支持他们做出最好的选择。

批判性思维：

这是一个令人震撼的故事。该故事能否用于帮助改善其他处于类似情况的儿童的生活？为做到这一点，需要做些什么？请解释一下。

辅导

辅导项目通常包含非专业的志愿者，他们抽出时间对那些有违法犯罪、辍学、学业失败及其他社会问题风险的青少年进行辅导。作为青少年的行为榜样，辅导者对青少年提供支持，但不对他们进行评定。近几年来，辅导项目的数量增加了很多，其中很多项目是以预防违法犯罪为目的的。

联邦辅导项目 未成年人司法与犯罪预防办公室（OJJDP）对美国所有地区的辅导项目已经给予了多年的支持，主要通过未成年人辅导计划（JUMP）项目来实施，该项目现在被称作未成年人司法体系下的辅导倡议（MISIY）。这一全新的倡议为基于信仰的宗教机构和社区机构提供资金支持用以辅导那些被卷入未成年人司法体系、看护及再入计划的青少年。在JUMP项目的支持下，为成千上万的高危青少年配备了辅导教师。

青少年风险增加最常见于学校、社会和家庭领域，这一结论是基于对大量参与项目的男孩和女孩的调查而得出的（见表8.1）。辅导者一对一对青少年进行辅导。研究表明，以小组模式进行的辅导及其他类型的犯罪预防项目，尤其是那些针对高危青少年的项目，可能最终利大于弊。以小组为单位参加这些项目，那些长期参与违法犯罪的青少年可能会对轻微犯罪的青少年带来不良影响。对JUMP项目的一项评估发现，三个关键方面的风险有了明显的降低，即攻击性行为/违法犯罪、朋辈关系和心理健康。

表8.1 JUMP项目下的青少年面对的风险因素

风险领域	*参与项目青少年比例	
	男性（n=3592）	女性（n=3807）
学业问题	74.6%	63.0%
学校行为	39.5%	23.5%
成绩不好	53.6%	45.9%
旷课	10.4%	9.1%

(续表)

风险领域	*参与项目青少年比例	
	男性（n=3592）	女性（n=3807）
社会/家庭问题	51.7%	56.4%
违法犯罪	17.5%	8.5%
打架斗殴	12.8%	6.3%
财产犯罪	2.8%	0.5%
帮派活动	3.0%	1.0%
使用武器	1.1%	0.4%
酗酒	3.2%	1.5%
吸毒	4.0%	1.8%
吸烟	2.3%	1.9%
怀孕/早期育儿	0.2%	1.5%

注：*JUMP项目总招生名额的男女比例。数据库中有23名青少年没有标注性别。

辅导效果 两篇文献综述报告了辅导在预防犯罪方面的总体效果。在一项对涉及18个辅导项目的系统评价和元分析中，英国犯罪学家德里克·杰里弗（Darrick Jolliffe）和大卫·法林顿（David Farrington）发现，所有这些研究的平均效应相当于在违法犯罪方面明显降低了10%。在小样本研究中，研究者也发现，当辅导者和少儿每次辅导的平均持续时间长一点，再辅以其他干预措施，那么辅导对减少违法犯罪方面的效果就更好。第二项系统评价和元分析出自帕特里克·托兰（Patrick Tolan）和她的同事之手。她们对辅导效果进行了大范围的调查，包括违法犯罪、学业成就、吸毒、攻击性等方面。这一评价涉及39个项目，其中有一些已经包含在杰里弗和法林顿的评价分析中了。研究者发现，辅导在上述四个方面都产生了积极的效果，但最大的效果体现在减少违法犯罪和攻击性方面。

我们已经就一些最有效果的辅导项目做了报告（第4章中也简要介绍了两个成功的项目）。然而，并非所有的辅导项目都是有效的。那么，为什么有的项目有效，而其他的则无效呢？这其中最大的问题在于，辅导者实际上做了什么，并且他们又是怎么做的？辅导者应该支持和引导青少年，帮助他们处理涉及家庭、学校和未来事业等方面各种不同的问题。他们一对一对青少年进行辅导，在很多情况下他们彼此会形成强烈的情感纽带。因此，在为青少年分配辅导者时要小心谨慎。其他一些关于成人和青少年之间有效辅导关系的研究也表明，辅导者需要对青少年感同身受，给予特别关注，培育他们的强项，并将他们当作"一个同等价值的人"来看待。

校内项目

由于大量校园枪击及其他暴力事件的发生，与低年级相比，初中和高中的学生安全问题更引人注目。然而，学校在预防社区违法犯罪方面的角色仍然比较突出。为应对社区未成年人犯罪问题，整个美国及其他国家已经在许多初中和高中设立了许多不同的项目。在此，我们仅就其中两个最具影响力的学校犯罪预防项目做下综述。

PATHE项目　全面教育积极行动（PATHE）项目是一个在中学实施的旨在减少学校骚乱和改善学校环境的综合项目。该项目的目标是通过增加学生对学校的情感联系，增强他们的自信及提高他们的教育和职业成就等方法来增加学生的学校阅历，改善他们对学校的态度。这些方面的改进有助于减少青少年违法犯罪行为。

PATHE项目最初仅在美国南卡罗来纳州的四所初中和三所高中运行。该项目聚焦于四个方面：加强学生对学习的投入，提供成功的教育经历，鼓励对学习型社区的坚持及增加学校活动的参与度。通过增加学生的归属感和自我价值感，该项目致力于促成学生积极的学校体验。社会学家丹尼斯·戈特福莱森（Denise Gottfredson）对PATHE项目进行了广泛的评估，他发现，青少年违法犯罪行为在那些实施这一项目的学校有了一定的下降。这个项目的推广工作目前正在酝酿阶段。

青少年暴力预防课程 暴力预防课程作为健康教育课程体系的一部分，是一种学校犯罪预防项目，近几年在美国已经受到广泛的关注。然而，很少有针对这些学校项目或其他基于教育的暴力预防项目的严格评估来衡量其对预防青少年暴力的效果。其中一项评估针对这类项目对美国多个地方的高中学生产生的影响进行了评定。该项目旨在做五大方面的事情，按先后顺序依次为：

1. 提供青少年暴力和杀人方面的统计信息；
2. 将愤怒视为一种非正常的、可能带来害处的情感；
3. 通过讨论打架斗殴的潜在得与失使学生们意识到以其他方式代替打架斗殴的必要性；
4. 让学生分析引发打架斗殴的原因，通过角色扮演和观看录像带等方式来练习如何避免打架斗殴；
5. 营造一种非暴力和重视暴力预防的课堂氛围。

这一课程被设置为10个环节。所有环节依靠头脑风暴、角色扮演等多种不同的技巧使老师与学生之间具有非常强的互动性。与许多学校犯罪预防项目一样，该暴力预防课程关注在学校及范围更大的社区中减少违法犯罪，尤其是打架斗殴。一项针对四个主要城市地区的该项目的评估表明，与控制组（未参加本课程）相比，参加这些课程环节的青少年打架斗殴现象有了明显减少。

丹尼斯·戈特福莱森（Denise Gottfredson）和她的同事对能有效预防学校犯罪的项目进行了评估，该评估并不局限于面向低年级学生的项目，也包括初中和高中的犯罪预防项目。在效果方面，同低年级的情况一样，初、高中的犯罪预防项目也包括有效项目和无效项目。那么，成功的学校犯罪预防项目有哪些关键特征呢？和低年级设立的那些成功的犯罪预防项目一样，高年级的成功项目也是把许多重要的危险因素作为目标。在此介绍的两个项目注重减少学校骚乱，改善学校环境。高年级成功的学校犯罪预防项目还有两大目标：通过让父母参与孩子的学习过程以改善家庭环境，通过讲解携带枪支、吸毒和参与帮派的不利方面来降低同龄人带来的消极影响。

校外项目

在所有育有学龄儿童（年龄在6～17岁）的已婚夫妇中，有2/3以上的父母均在外工作，而育有学龄儿童的单亲父母在外工作的比例甚至更高。这使社区里许多青少年在放学后的一段时间（下午2点到6点）无人照看，这也被认为是这一时段犯罪率上升的主要原因。近年来，校外项目已经成为解决这一问题的一种备受青睐的方法。虽然娱乐活动仅是校外项目的一种形式（其他形式还包括托儿中心、学校辅导项目、舞蹈小组、无预约俱乐部等），但娱乐在青少年的生活中扮演了极其重要的角色，对大量没有机会参加集体运动或缺少其他娱乐机会的孩子而言尤为如此。联邦政府和各州政府在教育、公共安全、犯罪预防和儿童看护方面设立预算，为校外项目提供了一些资金支持。

丹尼斯·戈特福莱森及其同事对马里兰州的校外项目进行了一项大规模的研究。她们发现，参加这些项目能减少初中生的违法行为，但对小学生却影响不大。研究者发现，不吸毒意愿的增强及积极的同龄人关系是高年级学生产生积极心态的主要原因。有趣的是，研究者发现，减少无人监管时间或多参加建设性的活动没有起到明显的作用。丹尼斯·戈特福莱森及其同事对一个针对初中生的名为全明星计划的校外项目进行了另一次评估，结果发现，试验组和控制组的青少年在犯罪、吸毒及其他问题行为方面没什么差异。研究者认为，在项目全面实施及行为不端培训方面花费的时间过少是导致该项目无法促成积极变化的主要因素。

美国的男孩女孩俱乐部（BGC） 在预防违法犯罪（以及物质滥用）方面，一个最成功的校外项目是由美国男孩女孩俱乐部（BGC）实施的。BGC

创立于1902年，是一个公益性组织，迄今为止，该组织在美国范围内的会员已超过130万。BGC主要提供六个方面的项目：
- 丰富文化生活；
- 健康与体育；
- 社会娱乐；
- 个性发展和教育发展；
- 公民培养与领导力发展；
- 环境教育。

一项研究对美国五个地方的BGC对高危青少年在公共住房发展方面的影响效果进行了调查。BGC通常提供诸如阅读课、体育运动及作业辅导等服务，另外还包括一个旨在防止物质滥用的项目，该项目被称作"明智之举"行动（自我管理和抵抗性训练），瞄准于青少年所面临的尝试吸毒与酗酒的特定压力。另外，它也对父母和整个社区进行教育以帮助青少年了解吸毒的危害及抵制吸毒和酗酒压力的策略。评估结果表明，与那些没有设立BGC的公共住房社区相比，无论有没有开展"明智之举"行动，设有BGC的公共住房社区的受损单位较少，总的来说，犯罪率较低。另外，在物质滥用、贩毒及其他涉毒犯罪活动方面也有所下降。

参与并学习技能（PALS） 一个在加拿大首都渥太华公共住房社区实施的项目招募低收入青少年参与诸如体育运动（冰球）、音乐、舞蹈和童子军活动等校外活动。该项目被称为"参与并学习技能（PALS）"，运行了接近三年，旨在促进青少年在他们所选择的活动中达到更高的技术水平，并将自己融入范围更广的社区活动中。PALS的理念是，体育、音乐、舞蹈等方面技能的发展可以影响青少年生活的其他方面，如亲社会的态度与行为等，反过来又可以帮助青少年远离违法犯罪活动。

在项目的最后，研究者发现，与控制组同龄人相比，那些参与校外活动项目的青少年在各种指标上均要好得多。这一项目对青少年犯罪最大的影响是，被警察逮捕的次数减少了80%。然而，在这一项目结束之后的16个月中，这些积极效果逐渐减少。研究者推测，该项目的效果可能会逐渐消失。然而，通过在活动及融入更大范围的社区方面提升的层次水平来看，青少年在技能习得方面取得了实质性成果。这些好处均可转换成数目可观的节约成本。在该项目上每花费1美元，就会为未成年人司法体系（逮捕次数减少）、公共住房社区（私人安全服务的需求减少）及城市政府节省2.5美元以上。

虽然以上所述似乎一定程度上证实了校外娱乐活动是一种在预防青少年犯罪方面有前景的途径，但是在校外项目的总体效果方面，人们还存在不少担忧，其中包括这些项目能否提供足够的有益活动，能否触及那些能从该项目获得最大利益的高危青少年以及能否大幅减少青少年在监管之外的社交活动。确实有必要对备选的校外项目进行进一步的评估和检测。一些（并非全部）类型的违法犯罪行为在校外时间的增加这一事实强调了高质量校外项目的重要性。

工作技能培训

课余时间打零工的效果受到人们的质疑。一些研究表明，这可能使青少年与违法犯罪和吸毒染上联系。然而，帮助孩子们为成年后的工作做好准备是犯罪预防的一个重要方面。工作技能培训项目有助于增加青少年获得合法工作的机会，因此有可能减少违法犯罪。对很多青少年而言，从学校过渡到工作的这个阶段是很困难的。出身贫困的家庭环境、在校学习成绩不好或是可能已经辍学以及一定程度上参与违法犯罪行为等，这些都可能为其在成年初期获得一份稳定的高薪工作增加了难度。本章描述的这两个项目不仅教授青少年就业技能，还帮助他们克服一些眼前亟待解决的困难。

职业介绍团 美国最为著名且规模最大的工作技能培训项目是成立于1964年的职业介绍团，这是当时为那些出身贫困家庭且没有工作的青少年设立的联邦培训项目。美国劳工部，也就是这一国家项目的设计者，希望通过允许这些高危青少年获得长期稳定的工作机会从而使他们减少对社会救助的依赖，并减少违法犯罪行为。该项目目前仍在运行，在美国设有125个项目中心，每年运营成本超过15亿美元，服务对象高达60000多人。

职业介绍团的主要目标是通过提供一系列全面的服务来提高项目参与者的就业能力，这些服务主要包括职业技能培训、基础教育（获得毕业同等学力）、卫生保健等。职业介绍团服务的对象群体主要是年龄在16～24岁的青少年。大多数参加这个项目的青少年都具有参与违法犯罪、吸毒和依赖社会救助的高风险。几乎所有的职业介绍团中心都要求项目参加者在参与项目时要住在中心。

一项对职业介绍团的大规模评估（调查样本包含15400名青少年）发现，参与这一项目使犯罪活动明显减少，提高了他们的教育程度，并获得了更大的收益。和控制组同龄人33%的平均被逮捕率相比，参与该项目的青少年在这方面的数据为29%。一项对税收数据的分析显示，拿资格最老的项目参与者来说，在他们退出该项目八年后，他们的收益所得并没有减少。一项对职业介绍团的早期评估也表明，这对公共资源而言是一项非常划算的投资：在该项目上每花费1美元，就能为政府或纳税人、犯罪受害者及项目参与者节省1.45美元。一项后来对该项目的成本与效益分析也证实了这一点，在该项目上每花费1美元，大约能为整个社会节省2美元。

美国"青年团" 另一个针对出身贫困的无业青少年的工作技能培训项目是美国"青年团"。该项目由一群纽约市的青少年于1978年创立。青年团已经成为一个全国性项目，在美国46个州、华盛顿特区及维尔京群岛均设有办事处。自1994年以来，该项目已经在美国范围内通过273个子项目为110000余名年龄在16～24岁的青少年提供了帮助。该项目重点关注建设和修复保障性住房，自1994年以来，已经建设了21000多套住房，并且通过这个项目，青少年学得了木工手艺和建筑技能。青年团项目也提供教育服务，如帮助青少年获得高中毕业证或为上大学做好准备以及促进领导力的发展等。该项目对犯罪的影响因地方的不同而有所差异，有的地方报告称，与未参加该项目的情况类似的同龄青少年相比，参加该项目的青少年的犯罪率下降了40%。最近一项对青年团项目迄今为止最为严格的评估——在该项目结束后对项目参与者进行了18个月的跟踪观察——发现，与那些中途退出项目的人相比，完成该项目的青少年的违法行为有了明显减少，并且在受教育程度方面有了提高——从高中毕业或获得同等学力证书。

社区综合项目

对以社区为基础的综合项目的试验性尝试始于20世纪30年代肖（Shaw）和麦凯（McKay）发起的芝加哥区域项目。这类青少年犯罪预防项目的另一个例子是20世纪60年代的青少年动员项目。在这些项目中，没有一个在减少未成年人犯罪方面取得了明显的成功，但很少有人对这些类型的项目进行评估。这些项目通常在违法犯罪高发的社区实施，包括一系列不同类型的干预措施，通常也涉及各个关心未成年人犯罪问题的社区和政府机构，例如基督教青年会、美国男孩女孩俱乐部及社会和健康服务机构等。CASASTART项目及社区关爱（CTC）项目依托系统化方式或综合规划模式制订预防性干预计划。这其中包括分析犯罪问题，评估社区可用资源，确定优先级犯罪问题，对其他社区的成功项目进行评定并进行修改以使其适用于当地的条件和需要。并非所有以社区为基础的综合项目均遵循这一模式，但有证据显示，这种方法能最大限度地减少未成年人犯罪行为。这种方法的一个主要缺陷在于其很难维持资源水平，以及在诸如一座城市这么大的地理区划范围内降低未成年人犯罪率所涉及的各个机构之间的合作。

CASASTART项目 社区为基础的犯罪预防综合项目的另一个例子是已经经过评估的"危险儿童（CAR）"项目，该项目目前正在进行进一步的试验，并被称作CASASTART项目，即毒瘾和物质滥用中心的共同努力赢得美好明天项目。该项目的设立是为了帮助改善那些诸如在犯罪、参与帮派、吸毒及其他问题行为等方面处于高危类别的青少年的生活。在美国5个城市的贫困和高犯罪率的社区，大量青少年参加了这个项目。该项目包含许多不同的预防措施，包括案件管理、家庭咨询、家庭技能培训、辅导、课外活动以及设立社区警务室等。每个社区的项目各不相同。一项涵盖所有5个城市项目的研究表明，在该项目结束一年后，与控制组相比，那些参与项目的青少年不太可能做出暴力违法犯罪行为和从事贩毒或吸毒活动。这个项目带来的其他好处还包括，参与项目的青少年与违法同龄人的联系减少，参与违法犯罪的同龄人带来的同辈压力减少了，而积极的同辈支持却增加了。

预防犯罪工作的未来

预防犯罪工作的成功在对单个项目的评估（正如本章通篇所描述的那样）以及有效项目的评定方面得到了体现，例如未成年人健康发展蓝图计划，在本章特色栏目《循证未成年人司法预防》有关未成年人健康发展的蓝图中进行了论述。尽管许多不同类型的犯罪预防项目取得了成功，如预科学校、辅导项目等，但是这些项目并没有获得多少资金用以应对那些已经触犯法律的青少年。这点对成人刑事司法体系同样适用。对很多未成年人司法官员、政策制定者和政治家而言，预防无异于是对犯罪的示弱，并且犯罪预防项目通常被人们称作"政治分肥"，也叫政治拨款或者浪费性支出。除了这些观点，犯罪预防项目还面临许多非常实际的困难。

- 早期干预引发的道德关注。采用不确定能否成功的方法对儿童和青少年的生活进行干预是正确的吗？
- 与针对高危人群的项目相关的标签与歧视。接受援助的孩子与家庭可能被冠以侮辱性外号和/或被同社区的成员轻视。
- 当循证犯罪预防项目被推广至更大的公众群体使用时，其影响效果会减弱或消失。当这些项目被推广至一个更大的规模时，在小规模研究中所观察到的犯罪及其他问题行为的减少就难以为继了。研究者和决策者需要理解这些项目成功的关键因素，并采取必要的措施以维持这些项目的影响效果。
- 早期青少年项目的长时间延迟会对犯罪行为产生影响。"现在花钱就是为以后省钱"，这句名言同样也适用于早期少儿犯罪预防项目，被耽搁的时间越长，该项目对减少违法犯罪行为效果的阻碍作用越大。在一个要求获得立竿见影效果的社会和政治体系下，与建设一所预科学校相比，建立一所未成年人矫治机构往往被视为一个更切实可行的措施。

犯罪预防项目的未来取决于向公众和主要决策者宣传和教育犯罪预防的价值。这方面的一个例子是探讨犯罪预防项目在财政方面取得的成功。少数项目对成本和效益进行了估量，其中一些项目在本章已经进行论述，这些项目节省了大量成本。与犯罪的昂贵特性相比，运行犯罪预防项目的成本相对较低。尽管存在诸多此类重要问题，犯罪预防的未来很有可能前途一片光明。随着地方上的努力、州政府的倡议及越来越多的国家项目展现出的积极成果，犯罪预防正在逐渐证实其自身的价值。

循证未成年人司法预防：未成年人健康发展的蓝图

在1996年，位于博尔德市的科罗拉多大学暴力预防与研究中心（CSPV）启动了暴力预防蓝图计划。该计划现在被称为未成年人健康发展的蓝图，其主要目标是"预防问题行为，促进未成年人的健康发展"。该蓝图计划确定有效的犯罪预防项目，并帮助相关从业者在当地社区实施这些项目。在评定项目是否有效方面，他们坚持一套严格的科学标准。主要标准如下：

- 在减少包括暴力、吸毒等问题行为的效果方面要有统计论据；
- 采用最严格的设计标准进行评估（例如，随机化试验）；
- 采用大样本，考虑到任何可能发现的变化；
- 研究对象的减员率较低；
- 采用公认可靠的工具对问题行为的影响进行评估；
- 在项目结束后，问题行为至少一年内要持续减少；
- 推广：项目至少在两个以上不同的地区实施。

该计划共对1100多项犯罪预防项目进行了评估，其中有8项示范项目或蓝图在减少问题行为方面被认定为有效的项目，另有36个项目被认定为有前景的项目。并非所有的示范项目都被设计成在暴力或吸毒发生之前对其进行预防；有些是专门为违法者而设计，并涉及未成年人司法体系。这8项示范项目为：

- 护士家庭合作计划：产前与婴儿早期的护士家访；
- 非传统思维策略的推广；
- 生活技能培训；
- 功能家庭疗法：使家庭和未成年违法者共同解决家庭问题，并抛弃攻击性行为；
- 多系统疗法：针对未成年暴力违法惯犯进行包括个人、家庭、同龄人、学校及社区干预等多方面要素的治疗；
- 多途径干预促进关怀：一种监禁的替代项目，将未成年违法者分配到受过培训的寄养家庭进行看护。
- 远离吸毒项目；
- 大学生简易酒精筛查与干预（BASICS）。

这些示范项目被分发给各个社区，社区可以从这个预防项目菜单中选择最贴合他们需要的项目。未成年人司法与犯罪预防办公室（OJJDP）对各州未成年人司法专家进行的一项调查发现，40个州已经实施了一项或多项上述示范项目，实施最广泛的项目是多系统疗法（30个州）和功能家庭疗法（21个州）。暴力预防与研究中心（CSPV）参与了一些项目以测试这些项目的实施效果。如果保证不了较高水平的实施质量或对示范项目的保真度，那么这些项目就不太可能对社区犯罪率产生什么影响了。

批判性思维：

1. 在多个地区推广犯罪预防项目的价值是什么？
2. 蓝图计划是如何帮助影响面临犯罪问题的社区的？

总结

1. 了解犯罪预防与犯罪控制的差异

预防不同于控制或抑制，因为预防是在反社会行为或违法行为出现之前寻求减少引发违法行为的危险因素；

涉及未成年人司法体系的犯罪控制项目对未成年犯罪者的生活进行干预以阻止未来违法犯罪行为的发生。

2. 了解未成年人犯罪和暴力给社会造成的成本大小

未成年人犯罪的成本是相当大的；

这些成本包括未成年人司法体系的成本、违法行为给受害者造成的损失及对犯罪者及其家人造成的财务影响；

近几年在降低这些成本方面引发大量关注的一种方法是预防。

3. 能够识别一些引发目前对预防犯罪关注的主要历史事件

美国青少年犯罪预防的历史与这个国家的青少年司法史紧密相关；

包括芝加哥区域计划及联邦资助项目在内的许多重点项目均促进了犯罪预防在当今社会的发展。

4. 熟悉一些对犯罪预防进行分类的不同方法

对犯罪预防项目进行分类或组织的方法有很多，其中包括公共卫生法和发展性视角。

5. 了解犯罪预防发展视角的主要特征

发展性犯罪预防的主要特征包括瞄准风险因素、促进保护因素、为儿童和家庭提供服务，以及在其整个生命历程中为其提供各种项目。

6. 了解儿童和青少年有效犯罪预防项目的各种不同类型

一些针对儿童和青少年的最为有效的犯罪预防项目包括对年轻妈妈的家庭访问、育儿培训、丰富的预科学校项目及就业计划等；

针对高危儿童密集实施的以认知为导向的学校项目也是有效的。

7. 能够识别有效犯罪预防项目的关键因素

有效的犯罪预防项目都是以理论为驱动、高强度、针对多种犯罪危险因素并且成功推行实施的项目。

8. 能够对犯罪预防项目引起的其他好处进行讨论

犯罪预防项目在诸如教育成就、健康、就业、生活等其他领域也带来了好处。

这些好处往往可以转换成相当可观的成本节省。

9. 能够识别并评论犯罪预防未来面临的紧迫问题

我们需要更多地关注理解在犯罪预防方面发挥作用的因素，并解决预防项目的一些问题；

在违法犯罪行为发生之前，对儿童、青少年及其家人的生活进行干预以防止违法犯罪行为的发生是解决未成年人违法犯罪问题整体策略的一个重要组成部分。

视点

假设你是一个中等城市的市长。该城市的未成年人犯罪呈上升趋势，并且令人不安的是，有报道称，该城市的帮派活动一直在增加。警察局局长向你汇报一些城市帮派试图在你任市长的城市扎根，并派帮派成员招募当地的青少年入帮。这些帮派在招募方面似乎取得了一定成效。瘸子帮、赤血帮及拉丁国王帮现在已经在该城市成立了几个当地的分会。最近几周以来，街头枪击、汽车盗窃及其他一些严重的犯罪问题上升，所有这些均与最近的帮派活动有关。城市中心区的警察、商业组织及公众均呼吁你立即采取行动解决这些问题。

当你与当地社区的负责人会面时，他们告诉你，帮派会吸引许多当地来自问题家庭、并且在传统社会没有成功希望的青少年入帮。在这些青少年中，有些学习成绩较差，并且没有什么教育保障；另一些离开学校的青少年很难找到工作。帮派还招揽那些具有情感与发展问题的青少年。

警察局局长向你建议，不能对这些恶势力手软。他告诉你将更多的警力布置在街头，并聘用更多的警察。他还认为，你应该游说州长和立法机构颁布新的法律，将参与帮派暴力的青少年移交成人法庭审判。

相反，社区律师要求你拿出更多的资金用于支持贫困家庭，这样他们可以享受儿童看护、卫生保健等服务。他们建议你增加教育预算以缩小班级规模，降低辍学率，并提高出勤率。

- 你会在针对青少年的社区服务项目上投入更多资金吗？或者你会命令警察局局长严厉打击帮派吗？
- 如果你选择在犯罪预防方面投入资金，你会支持哪一种项目？
- 什么时候开始犯罪预防？在青少年陷入法律困境之前，应该给予他们特别的帮助吗？

第 9 章　　CHAPTER 9

司法系统中的未成年人： 过去和现在

根据位于迈阿密市的佛罗里达州检察官办公室提供的资料，迈克尔·赫尔南德斯（Michael Hernandez），14岁，在索思伍德中学的一个卫生间里割断了同样14岁的杰米·高夫（Jaime Gough）的喉咙。赫尔南德斯对他的这位朋友和同学行凶是独立作案，并且蓄谋已久。行凶之后，他便穿着身上那件沾满鲜血的衣服回到了教室。后来在其书包中发现了他当时行凶用的刀具及一副血腥的橡胶手套。

　　虽然赫尔南德斯的杀人动机不明，但他对其杀害杰米的犯罪事实供认不讳。在赫尔南德斯杀人的几个小时以后，他向迈阿密–戴德县的警探塞尔瓦托·加罗法洛（Salvatore Garofalo）认罪，其认罪录音揭示了他当天行凶的意图：

　　加罗法洛："你为什么提议杰米今天到学校里来？"

　　赫尔南德斯："（因为）我打算今天杀了他。"

　　加罗法洛："你清楚自己为什么这么做吗？"

　　赫尔南德斯："不，我不清楚。"

　　迈克尔·赫尔南德斯被免于在成人法庭接受审判，当时没有受到任何质疑。同样，人们对其被判为一级谋杀，并终身不得假释也没有任何异议。直到最近，在佛罗里达及其他美国许多州，这成了法官必须做出的一种强制性判决。2010年，在格雷厄姆诉佛罗里达州案中，美国最高法院支持了对犯罪致使他人死亡的未成年人可以判为终身监禁且不得假释的宣判。法庭推翻了对非杀人犯罪未成年人判为终身监禁且不得假释的判例。在2012年，最高法院在米勒诉亚拉巴马州案和杰克逊诉霍布斯案中重新讨论了这一问题，并推翻了对包括犯有杀人罪在内的所有未成年罪犯做出终身监禁且不得假释的判决。在2013年，基于最高法院的判决，并且由于当时赫尔南德斯的判决书正处于上诉期，第三区上诉法院做出裁决，必须重新召开判决听证会。其他在最高法院此次最新裁决之前被判为终身监禁且不得假释的未成年人的情况由州议会决定。

有提议称，不满16岁且无不良记录的未成年杀人犯在未成年人安全教养所服刑超过8年以上时，可申请狱外监管（适用于未成年人司法系统的假释）。对这一提议及类似提议的支持者认为，这一举措符合未成年人司法系统矫治的理念及将未成年罪犯与成人罪犯区分开来的需要。

从1899年芝加哥成立第一个现代未成年人法庭开始，社会对迈克尔·赫尔南德斯这类案件就产生了争议。本章首先讨论导致这一里程碑事件发生的重大社会变化。之后，我们探讨20世纪的改革举措，包括给予未成年罪犯各种通常只有成人罪犯才拥有的程序性权利。另外，本章还讨论了对当今未成年人庭审程序产生影响的一些最高法院具有重大意义的判决。

本章描述了未成年人司法系统处理未成年罪犯的一系列过程，始于逮捕，以重新回归社会告终。违法犯罪的青少年要经历什么？他们有合法权利吗？如何接受帮助？又是如何受到惩罚的？未成年杀人犯在18周岁之前应该免于收监吗？司法系统的目标应是改造教育还是严加惩处？

为了帮助解决这类问题，我们在文中探讨了成年与未成年人司法系统的主要共性与差异，这引起了公众对未成年罪犯应该被区别对待这一原则的关注。将未成年罪犯与成年罪犯区分开来，社会就会把未成年违法犯罪者更多地视为一个孩子，而不是一名罪犯。所以，与惩处罪犯相比，对他们进行改造教育才是传统目标。如今，未成年人犯下越来越多更为严重的罪行，未成年人司法系统在处理这些罪犯时面临很大的难度。

在本章最后，我们探讨了未成年人庭审综合策略的必要性及联邦政府在未成年人司法改革中的角色，这是国家为未成年人司法与犯罪预防工作提供资助的关键因素。

19世纪未成年人司法

在19世纪初的美国，违法犯罪、疏于管教及离家出走的儿童均被当作成年罪犯来对待。和英国的孩子一样，他们一旦被判有罪，会受到与成年罪犯一样的严厉惩罚。在那时，成人刑法适用于未成年罪犯，并且也不存在未成年人法庭。

在19世纪早期，为使针对未成年人的刑事诉讼更加人性化，司法系统引入了各种不同的法律法规。为帮助青少年免受牢狱之刑，马萨诸塞州在1841年引进了"缓刑"的概念。当时出版的许多书籍和发布的研究报告都提高了公众对关爱未成年人的兴趣。

尽管公众对关爱未成年人感兴趣，但仍旧没有为违法青少年设立一些专属关押场所进行看护，也没有单独立法与设立法庭去管控他们的行为。那些犯有诸如盗窃罪、故意毁坏公物等轻罪的未成年人被视为任性的孩子或是父母忽视行为的牺牲品，他们被安置在社区收容所或待在家中。参与严重犯罪的未成年人面临与成人相同的惩罚——监禁、鞭笞或死刑。

以下几个事件引发了未成年人司法体系的改革并促进了其最终的发展：(a) 城市化；(b) 拯救儿童运动与"国家亲权"这一概念的发展；(c) 为少年犯与被忽视儿童建立专门的关押场所进行看护。

城市化

尤其在19世纪上半叶，由于人口出生率提高、移民规模扩大等主要原因，美国人口剧增。来自农村的贫困人口与移民群体被城市商业中心区的制造业就业岗位所吸引。在1790年，已有5%的人口生活在城市。到1850年，城市人口的比率已上升到15%；到1900年，这一比率激增至40%，在1920年，又增至51%。从1825年到1855年的三十年间，纽约的人口从166000人增加到630000人，几乎增长了3倍。

城市化也导致高危青少年数量的增加，他们让现行的工作和培训体系备受压力。为了收容贫困青少年，地方政府设立了救济院和教养所。穷人、精神失常者、患疾病者、流浪汉及贫困儿童都被安置在这种拥挤不堪且不卫生的环境里。

到了19世纪后期，家庭对孩子的管控能力受到了质疑。村落发展成了城市商业中心，工作地点也开始由家中聚集到工厂周围。出身贫困家庭的孩子离开家或漂泊在外，尽他们最大的努力去养活自己；富裕家庭再也不能雇用流浪青少年作他们的学徒或用人。长期性贫困成为美国的一大困境。富人开始表达对他们眼中的"危险阶层"的担忧，这些人包括穷人、单身人士、罪犯、精神病患者和无业游民等。

城市化和工业化也催生了这样一种观点——某些阶层的民众（如城市的青少年、移民等）极易受到他们周围衰败环境的影响。人们认为，来自这些阶层的孩子是一个通过州和社区共同干预才可能"拯救"的群体。那些富裕的、有公德心的市民开始认可对这些所谓的"危险阶层"的生活进行干预的做法。为此所做的工作包括建立社会服务所，这一概念出现于20世纪之初，用于形容那些收容流浪儿童的避难所或非封闭式居住设施。

拯救儿童运动

城市扩展产生的问题激发了人们对这些"新"美国人福利状况的兴趣，正是他们的到来推动了城市的扩展。1816年，备受瞩目的纽约人成立了贫困预防协会。尽管他们主要关注的是关闭小酒馆、妓院和赌场，但他们也同样担忧对这些"危险阶层"未成年人的道德培训不够充分。不久，其他关注贫困儿童困境的团体开始成立。他们专注于加强政府对青少年饮酒、流浪、违法犯罪等行为的管控，在这之前，这些行为都是由个人或家庭实施管控的。

这些活动参与者被称为"儿童拯救者"，其中最为著名的有来自芝加哥妇女协会的刑罚学家伊诺克·瓦恩斯（Enoch Wines）、贾奇·理查德·塔特希尔（Judge Richard Tuthill）和露西·弗劳尔斯（Lucy Flowers），来自全美慈善与矫治大会的莎拉·库珀（Sara Cooper）和来自纽约儿童委员会的索菲娅·明顿（Sophia Minton）。贫困儿童可能成为一种经济负担。儿童拯救者认为，这些孩子对社会的道德观造成了威胁。在拯救儿童运动的影响下，各州立法机构颁布法律，允许法庭将失范未成年人或罪犯移交专门的关押场所。相比之下，"黑人儿童拯救者"则鲜为人知，他们致力于克服违法非洲裔美籍儿童所面临的种族歧视。杰夫·沃德（Geoff Ward）在其对"黑人儿童拯救者"的历史研究中用文献记载了非洲裔美国人社区在早期未成年人司法改革中的抗争与成功。

未成年人庇护所

儿童拯救者创立的最为著名的看护机构是未成年人庇护所。未成年人庇护所的创建得益于诸如卡德沃勒德·科尔登（Cadwallader Colden）、斯蒂芬·艾伦（Stephen Allen）等杰出教友派信徒和有较大影响的政治领袖的推动，他们都是贫困预防协会的创始人。

未成年人庇护所：儿童拯救者创立的一种旨在保护潜在犯罪青少年的看护机构，使他们脱离街头，并为其提供一个类似家庭的环境。

第一个未成年人庇护所创建于纽约市，是社会改革的产物。尽管这一关押场所由私人运营管理，但是州议会开始为其提供资助，这些资金部分来自跨越大西洋的旅客和水手上交的人头税，再加上纽约市酒馆、剧院和马戏团上交的授权费收入。因为支持者们把未成年人犯罪迁怒于外来移民、酗酒和商业娱乐等，所以他们认为就应该让这些人和单位出这些钱。

未成年人庇护所于1825年1月1日正式运营，当时仅有六个男孩和三个女孩，但十年之后，被收容人数达到1678名。大多数孩子是因为居无定所且犯了些轻微罪行被送进来的，他们的判决被无限期地延长直到他们成年。起初，这一机构接收整个纽约州的未成年罪犯，但到了1849年，纽约州的罗切斯特市建立了一个西部的未成年人庇护所，在那之后，第一家未成年人庇护所的被收容人员就主要来自纽约市周边地区了。

被收容者一旦进入未成年人庇护所，他们的大部分时间都会被安排在监督下劳动，这样有利于对他们进行教育和管教。被收容者劳动也能为未成年人庇护所的运营提供一部分经费。男犯人在制作诸如刷子、藤椅、铜钉、鞋子等物品的车间工作，女犯人则缝制服和洗衣服，也做些其他的家务劳动。管教人员根据犯人的表现采用"徽章体系"对他们加以区分。尽管他们学习基础的教育技能，但福音派宗教教育才是重点；非新教神职人员被排除在外。未成年人庇护所有权根据合同协议将犯人签约给私人雇主；大部分男犯人会去农场工作，女犯人则去做家务活。

未成年人庇护所的扩大　未成年人庇护所开始运营后，当时接收的大多数孩子都是因为流浪街头或疏于管教导致轻微违法而变成了少年犯。孩子被送进未成年人庇护所是依据法院指令实施的，所以即便有时父母反对也没用。孩子待在里面的期限取决于孩子的实际需要、年龄和技能。批评者抱怨，这种机构如同监狱一般，纪律严格，并将孩子完全按照性别隔离开来。如此严酷的机构逼得许多孩子逃跑了，致使未成年人庇护所被迫采取更宽松的政策。尽管仍存在批评的声音，但这种理念还是越来越受人欢迎。1826年，波士顿市议会为未成年罪犯建立了少年管教所。法庭将那些触犯刑律或父母无法管控的孩子移交到这里接受改造教育。因为儿童拯救者认为，少年犯的父母和被定罪的少年犯一样有负罪感，所以他们试图让少管所来管控这些孩子。收容所的管理者认为，将贫困少年犯与他们的父母分开并送进少管所可以预防贫困与犯罪。

最早的机构类似于纽约市的未成年人庇护所，在相对较小的建筑里收容较少数量的儿童。但到了19世纪50年代，被收监的未成年人人数开始攀升，导致不得不建设更大的收容所，并且远离城市。例如，在纽约，未成年人收容人数从最初的9人增至1000多人，他们被关在东河的兰德尔斯岛上的一个收容所，该收容所与成人监狱没什么两样。尽管批评与流言不断，未成年人庇护所还是坚持了100多年。内战结束之后，这种位于城市中的庇护所开始被坐落在乡郊地区的政府机构所代替。1935年，兰德尔斯岛上的收容所被永久关闭了。

他们真的是拯救儿童的人吗？

人们对早期儿童拯救者的真正目的仍有争论。一些历史学家得出结论，儿童拯救者也就是表面上看起来像是一些在人道主义理想的激励下关心社会的公民。然而，现代学者对拯救儿童运动进行了重新评价。在《儿童拯救者》这幅画中，安东尼·普莱特（Anthony Platter）描绘了统治阶层的代表受到移民和城市贫民的影响，采取措施去维护他们自己的生活方式。他谴责道：

> 儿童拯救者不应被视为人道主义者：(1) 他们的改革并不是新司法体系的"先声"，反而进一步加快了自19世纪以来断断续续发展的传统政策的进程；(2) 他们隐性地认为未成年人天生就有依赖性，并创造了一个特别法庭来制裁那些过早独立和做出与青少年行为不符的未成年人；(3) 他们以家长式作风和一种理想化的态度看待违法青少年，但他们对这些违法青少年的管控是靠武力维系；(4) 他们推行的"矫治项目"需

要对未成年人进行长期的监禁,让未成年人从事更长时间的劳动,进行军事化管理,不断向其灌输中产阶层价值观并教授其下层社会的技能。

其他批判性思想家在普莱特观点的基础上继续探索。他们发现,拯救儿童运动更多的是为了一己私利,而不是因为他们有一颗仁爱之心。例如,兰德尔·谢尔登(Randall Shelden)与林恩·奥斯本(Lynn Osborne)研究了田纳西州孟菲斯市拯救儿童运动的历史。他们发现,这一运动的领导者是一小部分来自上层社会的人,这些人希望能够控制社会底层青少年的行为与生活方式。然而,结果并不是很好。大多数诉至未成年人法庭的案例均是轻微犯罪和事态犯罪,25%的未成年人被判处某种形式的监禁;96%以上的女性罪犯是因事态犯罪而受到指控。

总的来说,这些学者认为,改革者提出"国家亲权"这一概念是为了达到自己的目的,包括延续中层和上层社会的价值观与促进由处于边缘和下层社会的技术工人组成的童工制度。在"拯救儿童运动"期间,未成年人被移交给未成年人庇护所,他们的基本法定权利受到了侵犯;儿童甚至得不到与成人相同的宪法保障。

未成年人管理机构的发展

直到20世纪,国家仍然持续对未成年人的生活进行干预。在儿童拯救者的影响下,州政府和地方政府创建了名为"少年犯管教所"的专门机构收押违法犯罪的青少年,否则这些少年犯就会被送入成人监狱。马萨诸塞州的威斯特伯鲁市与纽约州的罗切斯特市分别在1840年和1849年设立了首批这样的机构。俄亥俄州于1850年开始建立这类机构,缅因州、罗得岛州和密歇根州在1906年开始建立。未成年人庇护所开始被农村设施代替,这些地方用村舍而不是大型的像监狱一样的地方来关押少年犯。例如在纽约州,议会批准在沃里克为16岁以下的男性少年犯设立州培训学校，并在库克沙基镇为16～19岁的犯人设立州职业学校。

在少年犯管教所里，孩子们每天工作，在可能的情况下学习一门手艺，并且接受一些基础教育。少管所按照种族与性别将未成年人分隔开来，这里纪律严格，他们的身体得不到很好的照顾。一些人被贴上罪犯的标签，但实际上他们却是被虐待与忽视的受害者。他们在艰苦的工作环境、严苛的纪律与高强度的劳动中饱受煎熬。尽管一些人把少管所视为对救济院与监狱的人道主义改造，但仍有许多人反对建立这样的机构。

儿童救助协会

作为安全矫治设施的一种替代机构，纽约慈善家查尔斯·洛灵·布雷斯（Charles Loring Brace）在1853年帮助建立了儿童救助协会。布雷斯应对违法青少年的准则是将他们从城市的恶劣环境中解救出来，并给他们提供临时安置所。

儿童救助协会：一个儿童救助组织，该组织使儿童远离大城市的街头，将他们安置在农场的农民家庭里。

布雷斯认为，在纽约市有太多的贫困儿童需要照看，城市环境也不利于他们的生存，因此，布雷斯想出了被他称为"寄养计划"的方案——将这些孩子送到西部农场，在那里他们可以得到照顾，并找到一个家。他们被安置在"孤儿列车"上，这趟列车会在事先公布的西部农村公社经停。希望收留这些孩子的家庭会登上这趟列车，在向孩子们简单介绍完这些家庭之后，这些家庭就会领走其中的一个孩子。布雷斯的寄养计划于1854年启动，很快其他儿童看护机构便开始效仿。尽管大多数孩子因该计划受益，并确实重获新生，但在有些孩子身上这个计划并不太成功，他们被压榨和剥削，并在这段经历中受到了伤害。到了1930年，由于遭到反对党的反对，再加上经济萧条的负面影响,"孤儿列车"停运了,但在此之前,已有150000名儿童被安置在乡下的农场。

> 孤儿列车:列车名称,儿童救助协会通过该列车将城市青少年送至西部供当地农场夫妇收养。

防止虐待儿童协会

在1874年,首家防止虐待儿童协会(SPCC)在纽约成立。该协会的工作人员被授予将儿童从其家中带走的权力,并可对任何妨碍其执行公务的人实施拘捕;他们也协助法庭做安置决定。到了1890年,协会将平均每年收容和处置的贫困与被忽视儿童的数量控制在15000名。到1900年,美国已有300家这样的协会。

> 防止虐待儿童协会:首家协会成立于1874年,这些机构为在家中和学校遭受虐待和忽视的儿童提供保护。

防止虐待儿童协会的领导担心受到虐待的男孩可能会变成下层社会的罪犯,而被虐待的女孩则可能会变成性关系混乱的女人。不断上升的犯罪率和对人口急速变化的担忧使防止虐待儿童协会的规模开始膨胀。此外,这些机构还对那些饱受虐待和被家庭、学校忽视的儿童提供保护。

在防止虐待儿童协会的影响下,州议会通过了对那些父母不给其提供足够食物与衣物或让其在售卖酒的地方乞讨或工作的儿童提供保护的法令。对那些疏忽大意的父母进行刑事处罚,将孩子从其家中带走也有了相关法律规定。在一些州,防止虐待儿童协会的工作人员实际上可以逮捕虐待儿童的父母;在另一些州,他们会将可疑的虐童案件向警察通报,并会同警方实施逮捕。

各地防止虐待儿童协会的组织与管理大不相同。纽约市的防止虐待儿童协会是一个政府机构,由市政资金资助。该协会为法庭调查违法犯罪及被忽视的儿童。相比之下，波士顿市的防止虐待儿童协会则强调对违法犯罪的预防，并与社会福利机构进行合作；费城市的防止虐待儿童协会将家庭单位作为重点，并涉及其他一些慈善机构。概念摘要9.1描述了这些最早的未成年人教养机构与组织。

概念摘要9.1　最早的未成年人教养机构与组织

少年犯管教所	致力于看管流浪的违法犯罪青少年
儿童救助协会	旨在通过提供临时安置所保护违法犯罪青少年避免遭受城市的危险
孤儿列车	运用列车将违法犯罪的城市青少年安置在西部农村农场的家庭的做法
防止虐待儿童协会	旨在通过将遭受虐待和忽视的儿童安置于其他家庭，支持对疏忽大意的父母进行刑事处罚等措施保护这些儿童

未成年人司法的一个世纪

尽管改革团体继续游说加强政府对儿童的管控，但在国家亲权主义的原则下，不经正当法律程序就对未成年人进行宣判的行为受到了质疑。州政府可以监禁那些没有触犯刑法的孩子吗？儿童应被关押在和成人一样的地方吗？这些严肃的问题对现有司法体系的效力构成了挑战。制度上的缺陷、在处理贫困、无知和非刑事犯罪青少年方面正当法律程序的缺失以及为这些青少年提供矫治服务的私营机构不够正规等，所有这些问题激发了这样的争论——我们需要建立未成年人法庭。

不断上升的犯罪率也加速了未成年人法庭的建立。西奥多·费迪南（Theodore Ferdinand）在对波士顿未成年人法庭的分析中发现，在19世纪20年代和30年代，只有极少数的未成年人因严重犯罪受到指控。可到了1850年，未成年人犯罪在当地所有犯罪案件中增长得最快。费迪南得出结论，源源不断发生的未成年人案件加强了未成年人需要他们自己的法庭这一观点。

伊利诺伊州未成年人法庭法案及其影响

1899年，伊利诺伊州未成年人法庭法案通过后，拯救儿童运动达到了高潮，由此成立了美国第一个独立的未成年人法庭。尽管对设立未成年人法庭意图的解读不尽相同，但毋庸置疑的是，伊利诺伊州未成年人法庭法案将"未成年人犯罪"正式确立为一个法律概念，也首次把被忽视的儿童与少年犯区别开来。少年犯是指16岁以下违反法律的人。更重要的是，该法案专门为未成年人设立了法庭，并设置了专门的缓刑制度。此外，该立法还允许将未成年人移交至州政府控制下的感化机构与管教所。这一法案的主要条款如下：

- 为少年犯与被忽视儿童设立独立法庭。
- 设立特殊程序管理未成年人案件的裁决。
- 在法庭与感化机构将未成年人与成人分隔开。
- 制定缓刑制度，帮助法庭做出符合州政府与未成年人最佳利益的判决。

随着伊利诺伊州未成年人法庭法案的颁布，美国各州也相继颁布了类似的法案。依据这些法案建立的特别法庭拥有对虞犯少年（被忽视与被抚养者）与少年犯的司法权。未成年人法庭的司法权主要基于未成年人的非刑事犯罪事实与情况，而不是严格依据其违反刑法的情况。在国家亲权这一主导原则的框架下，引入了个性化司法模式，但这种模式仍未给予未成年罪犯各种成人罪犯享有的宪法保障。法院的庭审是家长式风格，而不是对抗性的。不需要代理律师，并且刑事庭审中不能采纳的非直接证据在未成年罪犯的审判中是可以采信的。针对未成年人的裁决以优势证据标准作为判定某人是否有罪的举证标准，而不是依据刑事法庭所依据的更为严格的排除合理怀疑原则，并且未成年人往往没有任何对裁决上诉的权利。

伊利诺伊州改革者主要遵照了以下原则：

- 未成年人不应同成人罪犯负一样的责任。
- 未成年人司法体制的目标是"治愈"，并让犯罪青少年回归正常生活，而不是惩罚。

- 对未成年罪犯的处置应基于未成年人的特殊情况与需求而定。
- 未成年人司法体制应避免成人刑事庭审中诸如令人困惑的规则、程序等弊端。

伊利诺伊州未成年人法庭法案的颁布是未成年人司法体制改革运动中的一个重要事件。其意义在于，截至1917年，美国范围内除三个州之外，均已建立了未成年人法庭。

伊利诺伊州的影响　那么伊利诺伊州未成年人法庭法案的通过带来什么实际影响呢？传统的解释是，改革者通过立法是由衷地想要保护儿童的最佳利益。美国最高法院大法官阿贝·福塔斯（Abe Fortas）在1967年具有里程碑式意义的格尔特案（In re Gault）中表明了下列立场：

> 早期的改革者惊骇于成人罪犯的庭审程序与处罚，青少年可能会被判处长期监禁并与冷酷罪犯一起关押的事实同样使他们感到震惊。他们深信，社会对青少年的责任不能仅仅局限于司法这一概念……青少年——正如他们认为的那样，本质上是好的——应该感觉到自己是国家照顾与关怀的对象，而不是被收押或受审的犯人……应该摒弃"犯罪"与"惩罚"的概念。青少年应得到救治并回归社会，并且体制化的逮捕程序应当以矫治为目的，而不是处罚性的。

儿童拯救者认为，儿童会受到其所处环境的影响。社会应关心未成年人所遇到的问题，并如何在符合未成年人与国家利益的情况下解决这些问题。

在庭审程序的变通性方面，法官本杰明·林赛（Benjamin Lindsey）负责的丹佛未成年人法庭体现得最为充分。他把被送至他面前的未成年人都看成"自己的孩子"——他们本性善良，却被社会与心理环境引入歧途。虽然林赛并没有特殊的法定权限如此行事,但他在审理被诉至法院的未成年人时采用了社会工作者为朋友的立场。与救治并使这些叛逆少年得到康复相比,正当的法律程序并不重要。他指责刑事司法体系沦为危害未成年人的"中世纪刑讯室"。

早期的未成年人法庭 未成年人司法系统的主要功能是预防未成年人犯罪,并使未成年罪犯得到康复,回归正常的生活。法官与缓刑工作人员的作用是基于未成年人的情况做出诊断,然后对症下药;对未成年人的裁决及对其宪法权利的考虑则是次要的。

到了20世纪20年代,屡教不改与逃学等形式的非刑事犯罪行为被许多未成年人法庭系统纳入了司法范围。年轻女孩的性行为引起了法庭的特殊关注,未成年人法庭对出身工人阶层背景女孩的道德标准有着严格的要求,因而会毫不犹豫地将性行为活跃的女孩收监。包括个人咨询、机构式照顾等在内的各种项目都是用于矫治未成年人犯罪问题。

到了1925年,几乎每个州的所有辖区均设立了未成年人法庭。尽管未成年人法庭这一概念迅速传播开来,但并不能说在每个州都得到了全面的贯彻实施。有些辖区制定了详尽的未成年人法庭制度,然而,也有些州虽然通过了相关立法,但并未真正启用未成年人法庭。有些法庭已经为未成年人法庭培训了法官;而有些法庭也让非律师人员旁听未成年人案件。有些法庭设有规模庞大的缓刑部门;而有些法庭的缓刑工作人员则没有经过培训。在1920年,一项美国儿童局的调查显示,仅有16%新成立的少年法庭为未成年人案件设立独立的日程表,或举行单独的听证会,或具有正式的缓刑机构及记录出庭未成年人的社会信息。1926年,据报道,美国有5/6该类法庭没有达到美国儿童局的最低标准。

未成年人教养机构也存在巨大的差异。有些坚持宽松的发展方向;但也有些依靠严酷的刑罚,包括毒打、拘束衣管束、冷水浸泡和仅提供面包和水的单独监禁。

未成年人教养机构收监人数的快速增长使情况加剧恶化。从1890年到1920年，被收监未成年人的数量猛增112%，这远远超过了美国青少年人口总数的增幅。尽管社会工作者和法院工作人员强烈反对未成年人收监人数的增长，但之所以出现这种状况，部分是由于改革者成功关闭了救济院，从而提高了对此类机构的需求以收容流离失所的青少年。此外，在贫困儿童方面缺乏一贯性的国家政策，这为私营企业家填补空白提供了机会。尽管收监人数的增加似乎与"康复"的目标相悖，但相比救济院与流落街头，这种办法更可取。

改革司法系统

这一司法体制的改革动作缓慢。1912年，首家联邦儿童福利机构——美国儿童局成立。到20世纪30年代，儿童局开始对未成年人教养机构的现状进行调查，并试图揭露其严苛的一面。"二战"之后，诸如保罗·塔潘（Paul Tappan）、弗朗西斯·艾伦（Francis Allen）等批评家开始指出未成年人司法体系中的问题，其中包括对诉讼权的忽视、将未成年人安置于无效的教养机构等。轻微违法未构成犯罪的少年犯通常与违法犯罪的少年犯被关押在一起，而且他们受到的处罚比那些违法犯罪的更具惩罚性。

自其诞生之日起，未成年人法庭系统就剥夺了未成年罪犯的一些成人罪犯通常享有的诉讼权利。诸如律师代理、陪审团审案、免于自证其罪、不受无礼搜查与扣押等正当程序权利并不被当作未成年人司法系统的必要条件，这是因为其主要目的不是处罚而是"康复"。然而，试图使未成年人"康复"的梦想并没有取得成功。个体化矫治方法失败了，犯罪率直线上升。

改革运动正式开始于20世纪60年代早期，这改变了未成年人司法体系的面貌。1962年，纽约通过立法，创立了家事法庭制度。这一新的法庭负责所有涉及家庭生活的事件，并着重关注违法犯罪及被忽视的青少年。此外，立法还确立了PINS分类（需要监护的人）。这一分类包括出现逃学与屡教不改行为的未成年人。通过使用诸如PINS、CHINS（需要监护的儿童）等标签行使对儿童的司法权，未成年人法庭扩大了其作为社会机构的作用。由于非刑事犯罪儿童如今很大程度上处于未成年人法庭的管辖范围之内，许多未成年人法庭不得不改善其社会服务。未成年人法庭在针对未成年人的司法制度个性化方面做了一些努力。这些改革之后，一场"正当程序革命"随之而来，为法院已经定罪的未成年人开启了一个"诉讼权利"的时代。

在20世纪60年代和70年代，美国最高法院颁布了一系列法令，确立了未成年人享有正当法律程序的权利，自此从根本上改变了未成年人司法体系。法院规定，未成年人在庭审过程的一些重要方面享有同成人一样的权利，包括与证人对质、收到控告通知、获得律师辩护的权利等。附表9.1阐述了一些在未成年人庭审过程中引入正当法律程序的重要案例。

附表9.1　未成年人司法中的主要宪法判例

肯特诉美国案（1965）美国最高法院明确了青少年被告在被移送至成人法庭审判时享有诸如必须听证、必须有律师在场等适当程序权。

格尔特案（1967）美国最高法院明确赋予未成年人享有基本的正当程序权利，包括（1）享有案件时效性与特殊性方面的知情权；（2）获得律师辩护的权利；（3）交叉质证权；（4）不自证有罪权；（5）法庭庭审记录权；（6）上诉复审权。

麦凯沃诉宾夕法尼亚州案（1965）美国最高法院坚持认为，接受陪审团审判权这项宪法权利不适用于未成年人法庭的审判。

布里德诉琼斯案（1975）美国最高法院裁决，未成年人享有第五修正案中禁止双重危险条款的宪法特权保护，并且不能以同一种罪行被审判两次。

法尔诉迈克尔·苏盖杰克（1979）美国最高法院认为，未成年人在审讯期间见缓刑监督官的要求不能援引宪法第五修正案保持沉默的权利。法院认为，缓刑监督官与律师不同，缓刑监督官不能像律师那样给予未成年人被告任何类型的建议。在具有里程碑意义的米兰达诉亚利桑那州案中，最高法院认为，要求见律师就意味着当事人放弃了保持沉默的权利，但是这一裁决不适用于见缓刑监督官的请求。

(续表)

埃丁斯诉俄克拉荷马州案 （1982）美国最高法院裁决，法官和陪审团在决定是否判处死刑时，应该考虑被告人的年龄，并考虑从轻处罚。
沙尔诉马丁案 （1984）美国最高法院支持在未成年人案件裁决之前将其进行预防性羁押的法令。法院认为，为其自身安全考虑对其实施羁押是合理的。
新泽西州诉T.L.O案 （1985）美国最高法院认为，宪法第四修正案适用于学校搜查。法庭采信"合理怀疑"标准而不是更为严格的"合理根据"标准来评价发生在学校内的搜查与扣押的合法性。
汤普森诉俄克拉荷马州案 （1988）美国最高法院裁决，将一个犯罪时仅15岁的未成年谋杀犯判处死刑，违反了第八修正案中宪法禁止残酷与非常惩罚的规定。
斯坦福诉肯塔基州案与威尔金斯诉密苏里州案 （1989）美国最高法院裁决，将一个在16～18岁实施犯罪的青少年判处死刑并不违反宪法，并且第八修正案的残酷与非常惩罚条款并没有禁止死刑。
佛诺尼亚学区诉阿克顿案 （1995）美国最高法院裁决，对参加校际体育比赛的所有学生进行无怀疑药物检测并不违反第四修正案之保证不受无理搜查的权利。为保证学校安全的学习环境，最高法院扩大了公共教育工作者的权力。
美国诉洛佩兹案 （1995）美国最高法院裁决，国会通过禁止枪械学区法案，使在学校周边1000英尺（约304米）范围内持有枪械成为一种联邦犯罪，根据宪法的商业条款，国会此举超过了其自身的权限。

联邦委员会 除了美国最高法院发起的法律革命，受联邦政府资助的一系列国家委员会也推动了未成年人庭审状况的变革。1967年，由林登·约翰逊（Lyndon Johnson）总统组建的美国总统法律实施与司法管理委员会提议，未成年人司法体系必须为社会地位低下的贫困青少年提供获得成功的机会，包括就业与接受教育的机会，甚至还要更加重视犯罪预防。这些委员会也认识到，为管控顽固不化的罪犯，需要形成一套行之有效的执法程序，同时给予他们正当的法律程序。委员会出具的报告促使美国国会于1968年通过了《未成年人犯罪预防与控制法》（JDP）。依据这部美国联邦法律，联邦政府成立了一个未成年人发展和犯罪预防管理部门，该部门专注于帮助各州开发新的未成年人司法项目，尤其那些涉及青少年娱乐、非刑事化与非监禁化的项目。1968年，国会也通过了《综合犯罪控制与街道安全法》。依据该法律第一条，联邦政府成立法律实施协助管理局（LEAA），为成人和未成年人司法系统的发展设立联邦基金。1972年，国会修订了《未成年人犯罪预防与控制

法》，允许法律实施协助管理局将资金重点用于未成年人司法与犯罪预防项目上。各州及地方政府需要形成并正式通过整体的规划才能获得联邦资助。

法律实施协助管理局：隶属于美国司法部的一个部门，依据1968年国会通过的《综合犯罪控制与街道安全法》成立，该部门为犯罪预防政策和项目提供指导，并管理这方面的资金运用。

由于犯罪持续备受公众的关注，尼克松政府在这方面再次做了变革，于1973年设立了美国刑事司法标准与目标咨询委员会。该委员会在其报告中明确了以下策略：（a）预防违法犯罪行为；（b）发展青少年娱乐活动；（c）建立处置方案；（d）为所有未成年人提供正当法律程序；（e）对暴力与习惯性罪犯实施管控。该委员会的提议为1974年通过的《未成年人司法及预防未成年人犯罪法》奠定了基础。该法案规定，撤销未成年人发展和犯罪预防管理部门，取而代之的是，在法律实施协助管理局内设立未成年人司法与犯罪预防办公室（OJJDP）。1980年，法律实施协助管理局逐渐淡出人们的视线，未成年人司法与犯罪预防办公室成为司法部一个独立的机构。在整个20世纪70年代，OJJDP两个最重要的目标是：（1）将收押的未成年人移出成人监狱；（2）取消对未成年违法者与轻微违法但未构成犯罪少年犯的监禁。在这一时期，未成年人司法与犯罪预防办公室强调，要设立正式的娱乐与修复项目。

联邦政府最近的一次变革是1994年通过的《暴力犯罪控制及执法法案》。这是美国犯罪立法史上一次影响深远的立法，依据该法案，联邦政府为成人和未成年人监狱及犯罪预防项目配备了100000名新的警官及数十亿美元。未成年人司法系统的复兴不仅需要一个旨在预防和控制违法犯罪的整体战略，还需要有联邦基金的持续支持。

今日未成年人在司法系统的位置

如今，未成年人司法系统对两个不同类别的罪犯——未成年罪犯与轻微违法未构成犯罪的少年犯——行使司法权。未成年罪犯指的是在司法年龄限制范围之内且违反刑法的未成年人，各州的司法年龄限制标准不同。依据各州法令，轻微违法未构成犯罪的少年犯通常指需要监护的未成年人（PINS或CHINS）。大多数州将这类行为与违法犯罪行为区分开来以降低未成年人介入法庭对其造成的负面影响。此外，针对成年人（而非未成年人做出）的诸如养子不教、被剥夺权利、被遗弃、虐待等行为一般均在未成年人法庭的司法范围之内。

各州也设定了不同的年龄上限，在界限以内的未成年人案件由未成年人法庭行使司法权。大多数州（以及哥伦比亚特区）将年龄设定为18岁以下，有些州设定16岁为上限，还有些州的年龄上限为15岁（见表9.1）。

表9.1　未成年人法庭对违法犯罪案件行使司法权的最高年龄

年龄（岁）	州（总数）（个）
15	纽约州、北卡罗来纳州（2）
16	佐治亚州、伊利诺伊州、路易斯安那州、马萨诸塞州、密歇根州、密苏里州、新罕布什尔州、南卡罗来纳州、得克萨斯州、威斯康星州（10）
17	亚拉巴马州、阿拉斯加州、亚利桑那州、阿肯色州、加利福尼亚州、康涅狄格州、特拉华州、佛罗里达州、夏威夷州、爱达荷州、印第安纳州、艾奥瓦州、堪萨斯州、肯塔基州、缅因州、马里兰州、明尼苏达州、密西西比州、蒙大拿州、内布拉斯加州、内华达州、新泽西州、新墨西哥州、北达科他州、俄亥俄州、俄克拉荷马州、俄勒冈州、宾夕法尼亚州、罗得岛州、南达科他州、田纳西州、犹他州、佛蒙特州、弗吉尼亚州、华盛顿州、西弗吉尼亚州、怀俄明州（38个州外加哥伦比亚特区）

有些州的未成年人法庭不受理某些特定类型的罪犯或犯罪行为。例如，犯有诸如强奸、谋杀等严重暴力犯罪行为的未成年人可能会被未成年人法庭自动剔除在外并被当作成人罪犯处理，前提是这些罪犯在未成年人司法体系下得到康复的概率微乎其微。未成年人法庭的法官可能也会转移或放弃那些被未成年人权威部门认定为不可救治的惯犯。

现在，所有州都依法设立了未成年人司法系统。每个辖区内均设有未成年人法庭和一个专门的法院组织机构来处理问题青少年。在全美国范围内，未成年人司法体系包含成千上万的公共与私人机构，总预算达到数百万美元。美国大部分警察机构均设有处理未成年人事务的部门，有3000多个未成年人法庭和差不多相同数量的未成年人矫治机构。

图9.1描述了在未成年人司法程序的不同阶段被移除的未成年罪犯的数量。这些数据没有将被移交社区转移与心理健康项目的大量未成年人计算在内。美国有成千上万个这样的机构。众多处理青少年违法犯罪的机构和工作人员的存在使未成年人司法系统发展成为一个专业人士视为极为宏大且复杂的体系。

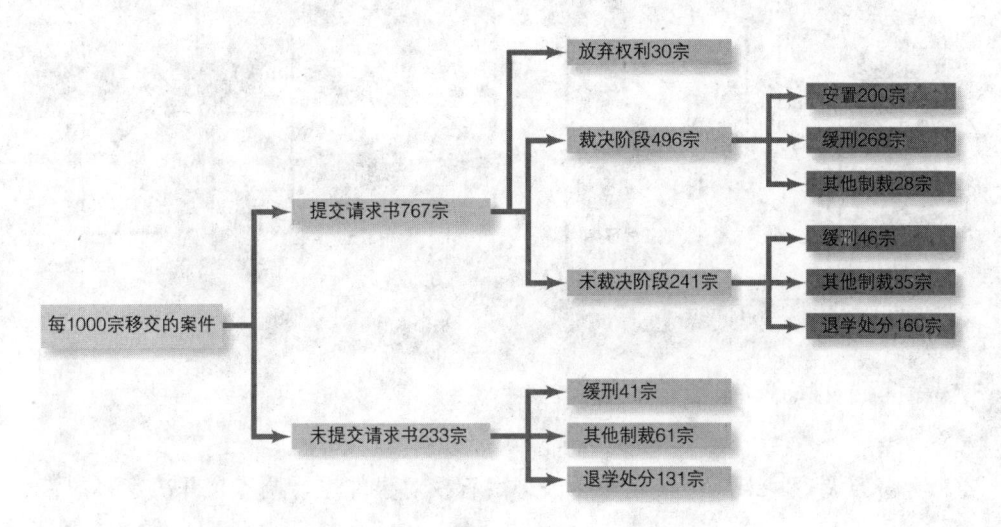

```
每1000宗移交的案件
├── 提交请求书767宗
│   ├── 放弃权利30宗
│   ├── 裁决阶段496宗
│   │   ├── 安置200宗
│   │   ├── 缓刑268宗
│   │   └── 其他制裁28宗
│   └── 未裁决阶段241宗
│       ├── 缓刑46宗
│       ├── 其他制裁35宗
│       └── 退学处分160宗
└── 未提交请求书233宗
    ├── 缓刑41宗
    ├── 其他制裁61宗
    └── 退学处分131宗
```

图9.1 未成年人司法程序中典型暴力犯罪案件的处理情况
注：案件根据最严厉或限制性处罚进行分类。由于四舍五入原因，总数可能存在细微差异。

未成年人司法程序

未成年人司法系统是如何处理未成年人案件的呢？多数儿童是在警察与其接触后被纳入未成年人司法系统。如果一名未成年人犯有重罪，警察便有权对其实施逮捕。对于那些罪行不太严重的未成年人，警察也需要采取相应措施，在这些情况下，警察不对其实施逮捕，而是进行警告或将他们移交给社会服务机构。

所有被逮捕未成年人中，大约有2/3（68%）被移交未成年人法庭。图9.2描绘了未成年人司法程序的轮廓，在下面的章节中，将对这一流程进行详细分析。

> 未成年人司法程序：在家长式（国家亲权主义）哲学框架下，未成年人司法程序具有非正式性和非对抗性，其目的是维护未成年罪犯的权益而非处于他/她的对立面；因此，向法庭提交的是请求书而不是控诉状；法庭会介入调查或对青少年过失行为进行裁决而非定罪；此外，未成年罪犯接受处置而不是判刑。

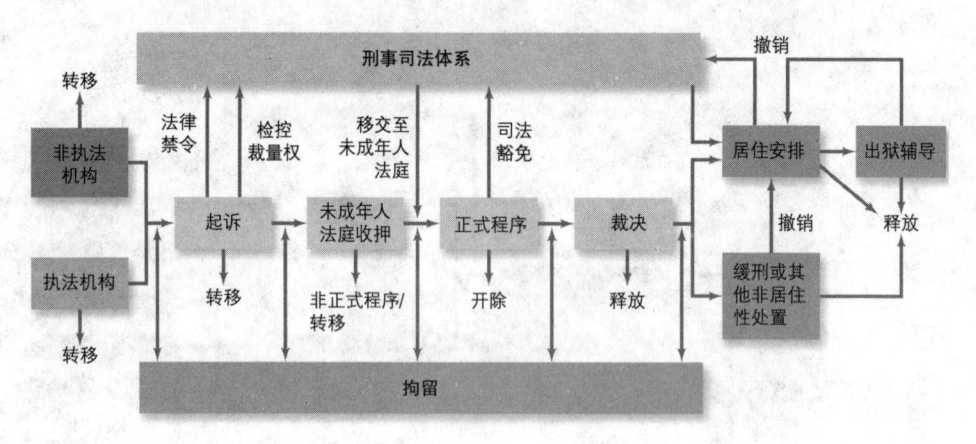

图9.2 未成年人案件司法程序

警方调查 未成年人犯罪后，警察有权对事件进行调查，并决定释放涉案未成年人还是将其移交至未成年人法庭，这通常是酌情决定的，不仅要考虑犯罪的性质，还要基于逮捕时的条件。诸如犯罪情节的严重程度、涉案未成年人的前科以及涉案未成年人是否否认其所犯罪行等因素决定了是否对其提出指控。被拘留的未成年人拥有同成年罪犯一样的宪法权利。根据宪法第四与第十四修正案，未成年人有拒绝无理搜查和扣押的权利。宪法第五修正案对警察讯问程序进行了限制。

拘押　如果警方决定提起指控，那么涉案未成年人会被移交未成年人法庭。此时，需要做出初步决定，是使涉案未成年人继续留在社区，还是将其关押到少管所或是送到儿童庇护所。以往，涉案未成年人一般被关押在少管所，等待出庭。通常，法庭会举行一个拘押听证会以决定是否将未成年人送入庇护所待审。此时，涉案未成年人有获得律师进行辩护及其他程序保障的权利。未被拘押的未成年人通常会被移交给其父母或监护人。大多数州的未成年人法庭法案允许未成年人回家等待法庭的进一步法律诉讼，除非法庭认为有必要对该未成年人提供保护，或该未成年人对公众具有严重危害，或法庭不确定其是否会返回法庭。在许多情况下，警方不会提起正式指控，而会将涉案未成年人移交给社区服务项目。

拘押听证会：未成年人法庭审判员举行的一种听证会，目的是在未成年人案件庭审之前确定将其拘押还是释放。

审前程序　在大多数辖区，裁决过程始于某种听证会。在该听证会上，未成年人法庭法案规定，法庭通常需要告知涉案未成年人在接受裁决时享有的权利，即该未成年人可以自愿选择进行辩护或接受控诉，并且明白选择辩护所需的费用及后果。如果涉案未成年人在听证会之初便供认罪行，那么该案件往往就不会继续进行裁决了。

在某些情况下，未成年人可能会在候审这一阶段被拘留。在少数辖区，被拘留的未成年人有获得保释的资格。调解辩诉也可能发生于庭审的任何阶段。调解辩诉是检控方与辩方达成的一种协议，即涉案未成年人出于某些方面的考虑，如轻判等，同意认罪。

如果涉案未成年人否认关于其违法犯罪的指控，就会按计划进行裁决听证会或裁决。在一些特殊情况下，犯有重大罪行的未成年人可能被移交至成人法庭或获得成人法庭的豁免。现在，大多数辖区均在该类移交方面具有法律依据。是否进行该等移交取决于所犯罪行的类型、涉案未成年人的前科记录、矫治服务的有效性以及该未成年人在未成年人司法体系中得到"康复"

的可能性。

> 裁决听证：未成年人法庭的事实认定过程确定是否有充分证据证明请求书中的指控。

裁决 在审理或裁定等这些未成年人庭审过程的阶段，法庭会举行听证会以确认案件事实。法庭会听取有关犯罪请求书的证据，根据案情的是非曲直进行裁决（依据法律条款和事实问题），并且证据规则与适用于刑事诉讼程序的规则类似。在这一阶段，未成年罪犯有权获得许多成人罪犯享有的程序保障。这些权利包括获得律师进行辩护的权利、免于自证其罪、有权与证人对质并对证人进行交叉询问，并且在某些情况下，还有要求陪审团裁决的权利。此外，许多州在证据规则、证人做证资格、原告请求书、审前动议等方面都有自己的程序。在裁决听证会结束时，法庭会对涉案未成年人做出裁决。

处置 如果在裁决过程中认为涉案未成年人构成违法犯罪，那么法庭必须就如何处置该未成年人做出决定。大多数未成年人法庭法案要求将处置性审理与裁决分开。这一两段式决策通常被称为二段式庭审。与裁决相比，处置性审理没有那么正式。法官根据所犯罪行、涉案未成年人的前科记录及其家庭背景对其做出处置。法官可以做出许多不同的处置决定，如训诫、管教所缓刑等。从理论上看，法官的判决会顾及未成年人、家庭与社区的最大利益。

> 二段式庭审：将裁决与处置性审理分开以便在每个阶段听取不同层次证据的庭审程序。
> 处置：适用于少年犯的司法术语，相当于成年罪犯的"宣判"；然而，对未成年人的处置应该更多以康复为主，惩罚为辅。

矫治 在未成年人法庭对涉案未成年人做出处置决定后，未成年罪犯可能被关押于某种矫治机构。缓刑是对未成年罪犯最常做出的一种正式裁决，并且许多州要求未成年人在关押于矫治机构之前申请缓刑（除非犯罪行为极其严重）。缓刑是指为了达到社区矫治的目的将未成年人置于青少年感化局的监管之下。因为缓刑在未成年人司法系统中占有重要的地位，所以我们在本章的《聚焦专业观点》特色栏目中对一名未成年人缓刑监督官的职业生涯进行了探讨。

未成年人法庭依法做出的最严厉处置是将未成年人关押于未成年感化机构。这些未成年人可能会被送到各州的培训学校或私立的收容矫治机构。这些通常是安全保障最低的关押场所，收容人数少，注重矫治和教育。然而，在有些州，这些关押场所的收容人数达1000人以上。当前，美国各类矫治机构收容的未成年人达70000多人。

聚焦专业观点：卡拉·斯托内克

卡拉·斯托内克（Carla Stalnaker）是位于伊利诺伊州克林顿县的第四司法巡回法院的一名未成年人缓刑监督官。她之所以选择这个职业，是因为自己一直以来对与青少年在某些方面打交道感兴趣。斯托内克认为，青少年处于人生的一个关键时期，在这一时期，他们可以使自己的生活发生积极的变化。他们年龄已经足够大，有做出积极变化所需的认知技能；并且，他们也足够年轻，可以重塑自己的行为习惯。

斯托内克为自己的职业生涯做了充分准备。她首先获得了心理学的学士学位，专业为青少年发展。在成为一名未成年人缓刑监督官之前，她在一家长期运营的公寓式教养院工作了八年，服务对象为行为障碍及智障青少年。她将这段经历视为自己准备成为一名未成年人缓刑监督官的关键因素。

对斯托内克而言，作为一名未成年人缓刑监督官，最有成就感的方面是自己拥有帮助被忽视或被社会遗弃青少年的能力。很多时候，这些青少年被贴上"坏孩子"的标签，因此他们容易感到迷失和绝望。她强烈感觉到，这些青少年需要一个人为其提供合适的管教、支持以及强化训练等以帮助他们步入正确的轨道。

那么斯托内克认为其工作中最大的挑战又是什么呢？据她说，最大的挑战是缺乏充足的资金。目前，社会上有很多面向青少年的项目与服务，这能为青少年提供很多急需的矫治与支持。然而，能够用于启动这些项目和服务的资金（如果说有的话）很少。她发现，解决这一问题尤为困难。另一大挑战是父母在未成年人缓刑过程中的参与。虽然犯有违法行为的是青少年，但是他们为什么会违法？如何设计一个方案以便为他们提供最大的帮助？他们的父母在其中扮演一个至关重要的角色。

斯托内克发现，人们对未成年人缓刑工作存在许多重大的误解。其一，未成年人缓刑最终会将所有少年犯送进监狱、引导训练营等，或者就是想吓唬一下孩子。然而，这种观点是有悖于事实的。其二，人们会认为处于缓刑阶段的青少年均是"坏孩子"。还有另一种误解，人们认为缓刑部门拥有无限的资源。重要的是，我们要瞄准这些资源，并使青少年与这些自己需要的服务机构建立联系，使他们以后一旦结束缓刑就会远离麻烦与烦恼，这才是我们最应该做的。

一些辖区还考虑到了未成年人的出狱辅导项目或假释。青少年可以获得假释并在假释官的监管下得到安置。这就意味着他/她将在社区完成监禁，并以心理咨询、推荐学校及职业培训等方式获得假释官的帮助。

被关押于矫治与控制机构的未成年人享有得到矫治的合法权利。各州需要为未成年人提供合适的康复项目，包括心理疏导、教育与职业培训等服务。上诉法院规定，若未给未成年人提供这些最基本的服务，那么就必须取消对未成年人的监禁。

未成年人司法中的对立价值观

以上对未成年人司法程序的概述暗示了这一司法体系的核心问题——经常对立的价值观。在确保未成年人受到合理处置方面所做的努力符合国家亲权主义的原则，该原则在20世纪上半叶占支配地位（见附表9.2，该表为20世纪未成年人司法意识形态的发展年表）。

附表9.2　未成年人司法意识形态发展年表

1899年之前　对未成年罪犯的处置与成年罪犯类似,没有年龄或实施犯罪行为能力的区别。

1899年至20世纪50年代　对青少年的处置有所区别,始于1899年通过的伊利诺伊州少年法庭法案。到了1925年,几乎每个州均确立了少年法庭法案。

20世纪50年代至20世纪70年代　专家认识到,康复模式和国家亲权主义的保护性在预防违法犯罪方面宣告失败。

20世纪60年代至20世纪70年代　未成年人司法体系引入宪法正当程序。惩罚青少年或在国家亲权主义原则下保护他们的理念遭到法庭的抨击。

20世纪70年代至20世纪80年代　康复模式及旨在管控违法犯罪的正当程序保护的失败导致对未成年人的犯罪控制与惩罚理念开始与成人刑事司法体系类似。

20世纪90年代初期　混合使用各种宪法保障与一些矫正治疗措施。目标和项目具有不确定性;未成年人审判程序依赖惩罚与威慑。

20世纪90年代中期至今　社会对一种专注于减少未成年人犯罪威胁,以及增加处理未成年罪犯选择的策略给予了关注。重点是"基于实证的"项目与政策,并在犯罪预防与控制项目间达到平衡。努力做到采用能平衡受害者、社区及未成年人三方需要的修复性司法模式。

自20世纪中期以来,未成年人法庭就致力于对少年犯进行矫治,同时保证他们享有宪法保障的正当程序。然而,未成年人暴力犯罪与家庭破裂的增加使未成年人司法体系不堪重负,因此一些法官和政治家曾建议废除未成年人司法体系。甚至连那些希望保留独立未成年人法庭的专家都呼吁对未成年人法庭进行重组。犯罪控制的倡导者希望缩小法庭对犯有严重罪行的未成年人的司法权,并扩大起诉人的权利,在成年人法庭对其进行审判。相比之下,儿童权益拥护者则建议法庭相应缩减其司法功能,并将这些权力职责转移给社区组织与社会服务机构。

"罪犯审判"与"未成年人审判"

成年人与未成年人刑事诉讼程序的构成类似。然而,未成年人司法体系具有独立的组织结构。在许多社区,未成年人司法工作由拥有专业技能的人负责。同时，与成年人相比，未成年人享有更多种类专门为其设置的设施与服务。

未成年人法庭改革运动中一件值得忧虑的事是，确保在未成年人诉讼过程中，青少年不会被贴上被定罪罪犯的污名标签。因此，未成年人法庭的用语甚至都不同于成人法庭（见附表9.3）。未成年人不会因其所犯罪行而被起诉；而是通过提交请求书对其进行控诉。安全预审关押场所被称作少管所，而不是监狱。同样，在未成年人司法体系中，刑事审判被称为听证（详情参见本章特色栏目《犯罪聚焦》）。

请求书：向未成年人法庭提交的控诉某一未成年人违法犯罪、身份犯罪或患有依赖症并要求法庭对其行使司法权的公文。

附表9.3　成年人与未成年人审判程序采用的术语对比

	未成年人术语	成年人术语
当事人及其行为	违法儿童 违法行为	罪犯 犯罪
预审阶段	拘押 请求书 接受控诉 否认控诉 调解辩诉 拘留所；儿童庇护中心	逮捕 指控 认罪 不认罪 交易 监狱
审判阶段	替代费用 裁定或案情调查 裁决	减收 审判 定罪
审判后阶段	处置性审理 处置 关押 青少年发展中心；矫治；培训学校 公寓式儿童看护设施 出狱辅导	量刑听证 判刑 监禁 监狱 过渡教习所 假释

犯罪聚焦：未成年人与成年人审判程序的相似点与不同点

自创建以来，未成年人司法体制就致力于独立于成年人司法体制之外。然而，这两种司法体制在制度、程序及法律等方面存在许多相似点。

相似点

- 无论在未成年人还是成年人司法体制下，警察、法官及矫治机构人员在决策方面均具有自由裁量权。
- 未成年人和成年人均具有得到米兰达警告的权利。
- 两种司法体制均保护未成年人和成年人免受偏见性排斥或其他标志程序的影响。
- 未成年人和成年人在认罪时享有类似的程序保障。
- 检察官与辩护律师在为未成年人和成年人辩护时扮演同样重要的角色。
- 未成年人和成年人在庭审过程的大多数关键阶段均拥有咨询律师的权利。
- 未成年人和成年人在刑事庭审过程中均设有预审动议程序。
- 未成年罪犯与成年罪犯均可要求进行法庭协商或调解辩诉。
- 未成年人和成年人均享有法庭听证和上诉的权利。
- 在未成年人违法犯罪裁决和成年人刑事审判中，证据标准均遵循排除合理怀疑原则。
- 未成年人和成年人均可被法庭判为缓刑。
- 未成年人和成年人在庭审前均可被关押在拘留所。
- 具有危险性的未成年人和成年人均可被关押，并不得保释。
- 在法庭审理完毕后，未成年人和成年人均可被安置于社区矫正治疗项目。
- 在两种司法体制下，法庭均可要求未成年人和成年人进行药物检测。
- 引导训练营矫治机构现在均适用于未成年人和成年人。

不同点

- 未成年人审判程序的主要目的是对未成年罪犯提供保护和矫正治疗，而对成年罪犯而言，审判的目的在于惩罚其犯罪行为。在未成年人法庭中，审判基于年龄；而在成人司法系统下，审判基于犯罪性质。法庭有权命令未成年人像成年人一样在刑事法庭接受审判。

- 未成年人可能因身份犯罪而被拘押，而成年人做出该类事情则构不成犯罪。
- 未成年人诉讼不被认定为犯罪，而成年人诉讼则被认定为犯罪。
- 未成年人庭审通常不正式，并且不公开进行；成年人法庭审判则更加正式，并向公众开放。
- 法庭不能就涉案未成年人向媒体发布识别信息，但是法庭必须对外公布成年人罪犯的信息。
- 父母高度参与未成年人庭审过程，而在成年人庭审过程中，父母参与程度相对较低。
- 适用于成年人的逮捕标准比未成年人更为严格。
- 未成年人在法庭审理完毕后会被移交给其父母进行监护，而成年人通常会被给予保释机会。
- 未成年人不享有陪审团审判的宪法权利，而成年人则享有这一权利。有些州的法令规定，未成年人享有陪审团审判的权利。
- 在学校，在没有合理根据或许可的情况下可以对未成年人进行搜查。
- 在达到法定年龄后，未成年人的犯罪记录通常会被封存，而成年人的犯罪记录则是永久的。
- 未成年人法庭不能判决未成年人到县监狱或州监狱服刑，这些监狱是供成年人使用的。

批判性思维：

1. 未成年人审判程序区别于成年人审判程序，近来受到更多审查的一些主要原则是什么？

2. 为确保这些主要原则得到保障从而使未成年人审判程序不同于成年人审判程序，需要做些什么？

未成年人司法的综合性策略

当犯有重罪的未成年罪犯受到更多的关注时，我们需要一种综合性策略来处理未成年人犯罪各方面的问题。这一策略专注于犯罪预防及增加处理未成年罪犯的选择。该策略提出了犯罪与贫困、虐待儿童、吸毒、持有武器及学校行为之间的联系。与该策略对应的项目以从幼儿期开始并一直持续到青春期后期的持续照顾为基础。该策略包括：（1）幼儿期预防；（2）对高危青少年的干预；（3）实施逐级制裁，让违法犯罪未成年人对其罪行负责；（4）合理利用拘禁和关押措施；（5）将犯有严重罪行的未成年人移交成年人法庭。采用该综合性策略有诸多预期的好处（见附表9.4）。由于青少年面临诸如心理健康、学校、吸毒问题等更为广泛的问题行为，该策略的支持者呼吁扩展这一聚焦于青少年的体系框架，并实现未成年人司法、儿童福利与其他青少年服务机构更大限度地融合。

附表9.4 采用综合性策略的好处

加强犯罪预防（从而减少被移交未成年人司法体系青少年的数量）；
增强未成年人司法体系的反应能力；
使青少年承担更大的责任；
降低未成年人矫治的成本；
更负责的未成年人司法体系；
更低的违法犯罪率；
降低违法者变成严重、暴力惯犯的比率；
降低未成年违法者成年后犯罪的比率。

美国最近的一项对未成年人司法执业者的大规模调查得出的结果为未成年人司法的综合性策略提供了最新支持。研究者在美国45个州及哥伦比亚特区的282个人口最为密集的县采访了534名未成年人司法执业人员。向未成年人法庭法官、检察官、公设辩护人以及包括首席缓刑监督官在内的法院管理人员询问了他们对影响未成年人司法政策（包括近期政策和实践的改变）的诸多种类问题的看法。调查中最具启发作用的发现来自执业者对最有效的未成年人司法政策和实践的看法，包括吸毒矫治、性罪犯矫治、心理健康矫治及复学服务与计划等（见表9.2）。具有同等启发作用的还有执业者对最无效的未成年人司法政策和实践的看法：排在前五位的是降低法庭庭审记录的保密性、移交刑事或成年人法庭、青少年宵禁法、父母问责法及设置法庭庭审时间限制。

表9.2　未成年人司法执业人员眼中的最佳政策与实践

	犯罪率更低	累犯率更低	合理惩罚	公平对待	庭审效率	传统使命	排名前5总人(次)数
吸毒矫治	J,P,D,C	J,P,D,C	J,P,D,C	J,P,D,C	J,P,D,C	J,P,D,C	24
性罪犯矫治	J,P,D,C	J,P,D,C	J,P,D,C	J,P,D,C	J,P,D,C	J,P,C	23
心理健康矫治	J,P,D,C	J,P,D,C	J,D,C	J,P,D,C	J,P,D,C	J,P,D,C	23
复学服务与计划	J,P,D,C	J,P,D,C	J,D,C	J,P,D,C	J,P,D,C	J,P,D,C	23
协调社会服务	J,D,C	J,D,C		J		J,P,D,C	11
拘留替代措施			D	D	J,D	D	5
修复性司法项目/政策			J,C				2
风险与需求评估				C	C		2
起诉青少年帮派成员	P	P	P	P	P		5
受害者参与诉讼			P				1
青少年转移			P				1

注：表中执业人员代码（J，P，D或C）表示，在每种指定的结果维度下，该政策或实践对该特定群体而言排在前五位。J指法官；P指检察官；D指辩护律师；C指法院管理人员。

预防

该研究确定了一些与后期违法犯罪相关的早期危险因素。对少年儿童来说，几种最为重要的危险因素包括智力与学识低下、冲动、父母监管缺失、父母矛盾及生活在犯罪猖獗、缺乏足够教育的社区等。许多儿童早期的教育项目在处理这些危险因素和预防后期犯罪方面非常奏效，这些项目包括学前智力培养、儿童技能培训、家长管理培训、家长教育计划（如家访）等。一些这样的项目能够自行收回项目成本，并为政府和纳税人带来可观的货币收益。许多针对儿童早期的基于证据和具有前景的联邦项目得以出现。除其他方面外，"开端计划项目"还为贫困儿童提供一个丰富的教育环境来提高他们的学习和认知技能，让他们为早期的学校生活做好准备。一项研究发现，与没有参与"开端计划项目"的兄弟姐妹相比，参与该项目的3～5岁儿童在18～30岁期间明显不太可能因犯罪而被逮捕或移交法庭。"智能启动计划项目"旨在确保某些特定的孩子在上学之前是健康的。像夏威夷州与科罗拉多州的州立家访项目就尤其关注减少儿童虐待与被忽视问题以及改善高危家庭及其孩子的生活。第8章对其中的一些项目进行了更为详细的探讨。

干预

干预项目关注那些被认为具有较高风险参与轻微犯罪、吸毒、酗酒或与反社会同龄人混在一起的青少年。这一阶段的干预旨在避免青少年参与更为严重的犯罪活动。许多辖区正在为青少年开发设计新的干预项目。"大哥哥大姐姐项目"便是其中一个例子，该项目为青少年配备成年人志愿者进行辅导。同样，未成年人司法与犯罪预防办公室主办的未成年人司法体系下的青少年辅导计划（MISIY）中，富有责任心与爱心的成年人自愿贡献他们的时间，为那些具有犯罪与辍学风险及卷入未成年人司法体系、儿童看护机构以及参与复学项目的青少年提供辅导。导师们对青少年进行一对一辅导，为他们提供支持与指导。通过诸如"职业介绍团""美国青年团"等机构提供的职业培训是另一种重要的干预方式，这一干预举措也受到政府的资助，并在减少违法犯罪方面展现了积极的效果。因为帮派成员从事严重暴力行为的比率通常更高，因此政府在防止青少年加入帮派方面也做了很多努力。本书第5章对其中的一些项目进行了更为详细的探讨。

逐级制裁

美国各州也在探索另一种解决方案——逐级制裁。逐级制裁包括直接制裁、中间制裁和关押场所安全看护三种类型。直接制裁针对非暴力罪犯,包含社区为基础的转移和日间矫治项目;中间制裁的对象为情节轻微的惯犯与情节严重的首犯,包含缓刑和电子监控;关押场所安全看护主要用于制裁情节严重的惯犯及暴力罪犯。这种解决方案背后的理念是,最严厉的制裁仅用于制裁那些最危险的罪犯,同时对那些犯罪情节由轻到重的罪犯,逐渐增强约束与矫治的强度。

机构项目

综合性策略的另一个关键是改善机构项目。许多专家认为,未成年人监禁被过度滥用,对非暴力罪犯而言尤甚。这也是为什么1974年的《未成年人司法及预防未成年人犯罪法》确立了"脱离关押机构"的理念,即尽可能多地使未成年人摆脱安全监禁。大量研究证实,将未成年人关押,而没有给予合适的矫治,这对防止犯罪行为没有什么作用。最有效的安全矫治项目是那些为少数人提供个性化服务的项目。

设立其他法庭

美国各地都在设立新的未成年人司法场所,可以为青少年提供特殊的服务,并且也有助于缓解案件流程问题,解决困扰未成年人法庭的过度拥挤问题。其中有两类法庭,分别是未成年人法庭和未成年人毒品法庭。由于这两类法庭在未成年人司法体系中与日俱增的知名度与重要性,本章设置了两个特色栏目,分别对这两种法庭进行了探讨。

未成年人法庭：由同龄人组成陪审团对情节不严重的犯罪案件进行裁决的法庭。
未成年人毒品法庭：旨在对被指控犯有与毒品相关罪行的青少年进行矫正治疗的法庭。

未成年人法庭　未成年人法庭也被称作青少年法庭，相对传统形式的未成年人法庭而言，是一个替代选择，在缓解未成年人法庭过度拥挤及为减少累犯做出更有效的应对措施方面最近受到了越来越多的关注。本章特色栏目——《循证未成年人司法干预》——以"未成年人法庭"为题对这一替代选择进行了探讨。此外，《案情简介》栏目介绍了在未成年人法庭审理的一桩案件。

循证未成年人司法干预：未成年人法庭

为缓解传统形式的未成年人法庭的过度拥挤问题并为其提供一个替代选择，美国各地的辖区正在试用未成年人法庭，也被称作青少年法庭。这种法庭与其他的未成年人司法项目有所不同，因为案件的处置决定由青少年做出，而不是成年人。这些法庭审理的案件通常涉及之前没有被逮捕记录的青少年（年龄在10～15岁），被控诉罪行属于诸如店铺盗窃、肆意毁坏财物及扰乱社会治安等轻微违法行为。通常，法庭会询问涉案少年犯是否自愿由未成年人法庭审理其案件，而不交由更为正式和传统的未成年人司法系统。

和普通的未成年人法庭一样，未成年人法庭的被告可能会经历入场程序、对被控诉罪行的初步审查、庭审及处置等一系列流程。然而，在未成年人法庭上，大部分流程均由其他青少年负责。对被告的控诉可能由一名15岁的"检察官"担任，而被告的"辩护律师"可能由一名16岁的青少年来充当。其他青少年可能担任陪审团成员、法庭工作人员及法警等角色。在有些未成年人法庭上，每一桩案件可能由一个青少年"法官"（或青少年法官小组）为其选择最佳处置或制裁决定。还有一些青少年法庭，青少年甚至可以决定检察官是否可以证实案情事实（类似于做出有罪判决）。被告通常被法庭命令向受害者进行赔偿或者参与社区服务。有些未成年人法庭要求被告向其受害者进行书面道歉；另有一些未成年人法庭要求被告在今后的未成年人案件庭审中担任陪审员。许多法庭还采用其他一些新颖的处置方法，例如要求被告参加旨在提高他们的决策技能、增强他们的受害者意识以及防止他们今后参与违法犯罪行为等方面的培训课程。

尽管未成年人法庭由青少年做出处置决定，但成年人也往往参与其中。他们通常负责这些项目的管理工作，并且常常负责一些基本职能，例如预算、策划及人员安排等。在很多项目中，成年人对庭审活动进行监督，并且他们常常协调社区服务安置场所以便少年犯能顺利履行法庭对他们的处置决定。在一些项目中，成年人充当法官，而青少年则担任律师和陪审员。

未成年人法庭的支持者认为，这一庭审过程利用了青少年生命中一种最为强大的力量，即获得同龄人认可的欲望及对朋辈压力的反应。根据这一观点，相比成年权威人物，青少年对亲社会的同龄人会采取更好的回应态度。因此，与配备诸如律师、法官及缓刑监督官等带薪专家的传统未成年人法庭相比，这种新式的未成年人法庭被视为一种可能更有效的替代选择。未成年人法庭的倡导者也指出，因此而受益的人不仅仅局限于被告，那些充当律师、法官等角色的青少年志愿者也从中受益，他们从这一法律体系中所学到的知识很可能比在课堂中习得的知识要多得多。未成年人法庭的存在或许也会促使整个社区在应对未成年人犯罪方面扮演更为活跃的角色。总而言之，未成年人法庭具有至少以下四个方面的潜在好处。

• 责任性。未成年人法庭可能有助于确保少年犯对他们的违法行为承担责任，即使所犯的罪行相对较轻，并且不太可能引起传统未成年人司法体系的制裁。

• 时效性。一个有效的未成年人法庭能使少年犯从被逮捕到受到制裁在几天内完成，而传统的未成年人法庭完成同样过程需要经历数月时间。无论其严厉程度如何，这种快速反应或许会增加法庭制裁的积极影响。

• 节约成本。未成年人法庭通常主要依赖于青少年和成年志愿者。如果妥善处理，他们能以相对较小的成本处理大量的违法者。

• 社区凝聚力。一个结构良好、全面的未成年人法庭项目可能通过增加公众对法制体系的欣赏、增强社区与法庭的关系、促使青少年对法律更大程度的尊重以及在成年和青少年中弘扬志愿精神等方式影响整个社区。

未成年人法庭运动是美国增长最快的犯罪预防项目之一，目前美国有1050个这样的法庭，分布于49个州及哥伦比亚特区，每年受理少年犯人数预计在110 000到125000名；另有100000名青少年在法庭担任志愿者，并因此而获益。最近一些对未成年人法庭的评估（并非全部）发现，未成年人法庭并没有通过受理那些不经手未成年人法庭将会进入次一级庭审程序的案件而"扩大法网"。同样，未成年人司法与犯罪预防办公室（OJJDP）也对未成年人法庭项目进行了评估，该评估涵盖四个州，即阿拉斯加州、亚利桑那州、马里兰州和密苏里州，并将移交未成年人法庭的500名初次犯罪的青少年与500名在普通未成年人司法体系中受理的类似青少年做了对比。通过对比发现，在上述四个辖区中，有三个辖区通过未成年人法庭审理的未成年人在六个月内的重新犯罪率相对较低。更重要的是，在这三个辖区的未成年人法庭中，六个月内的重新犯罪率均低于10%。一项对佛罗里达州一个未成年人法庭更为严格的评估及对华盛顿州累犯的一项评估均报告了类似的结果。然而，其他对肯塔基州、新墨西哥州及特拉华州未成年人法庭的最近评估表明，短期内的重新犯罪率为25%～30%不等。这几项最近的评估对违法犯罪的影响没有什么效果或者产生性别上的差异。未成年人司法与犯罪预防办公室对未成年人法庭评估做出的结论或许为未成年人法庭的未来试验提供了最佳指导：

在没有或不能为所有青少年初犯提供有意义制裁的辖区，未成年人法庭和青少年法庭或许要比普通的未成年人庭审程序更可取。因此，在没有为这些罪犯提供有意义制裁和服务的辖区，青少年法庭或许仍然会和更为传统的成年人掌管的法庭项目一样正常运转。

批判性思维：

1. 未成年人法庭能用于审判诸如入室盗窃、强奸等严重的违法犯罪行为吗？

2. 当青少年在对其他青少年的行为进行审判时会产生利益冲突吗？他们自身或许将来某一天也会成为某个未成年人法庭上的被告，这会对他们做出的决策产生影响吗？

未成年人毒品法庭　在对毒品法庭的影响进行的一项系统评估和元分析中，米切尔（Ojmarrh Mitchell）和他的同事发现，毒品法庭在减少涉毒罪犯累犯率方面是一种可供选择的有效犯罪控制方案。在该评估所涉及的154项独立评估中，仅有34项（22%）是关于未成年人毒品法庭的。数量之所以这么少，部分原因是因为未成年人司法机构是近期才开始体验试用毒品法庭的。这34项对未成年人毒品法庭的评估显示，这种干预措施能有效地减少未成年人累犯率，但其影响效果仍然比成人毒品法庭要小得多。在对田纳西州的一些上过毒品法庭的未成年人进行长期跟踪调查时发现，他们在成年后犯重罪的比率较低，但在犯轻罪方面没什么影响。本章特色栏目——《相关未成年人》——的主题是"克里斯托·卡雷拉斯"。

未成年人司法的未来

国家研究委员会和医学研究所未成年人犯罪委员会对未成年人司法与日俱增的惩罚性表达了担忧，并呼吁进行改革以维持对未成年人进行矫正治疗的重要地位。以下为其中尤其值得注意的一条提议：

> 联邦政府应以联邦资助与奖励等方式为各州通过发展基于社区的替代项目以减少使用拘禁和监禁提供帮助，应该对该项目在保护社区与未成年人司法权益方面的效果进行监测。

案情简介：詹妮弗案

詹妮弗是个年轻聪颖的高加索女孩，与其父母还有两个弟弟一起生活在一个快节奏的都市社区。16岁时，她遇到了麻烦。一天晚上，詹妮弗去参加一个晚会。正是在这个晚会上，她发现自己交往了几个月的男友山姆（Sam）对自己不忠，她曾认为自己与山姆的感情非常真挚。那时，詹妮弗异常愤怒。尽管山姆当晚没有在场，但与其有染的那个女孩在现场。那个女孩与詹妮弗发生了争吵，并彼此打了对方几拳。两人都被要求离开现场，但詹妮弗拒绝离开，因此警察介入。詹妮弗因扰乱治安行为收到法院的传票。

在初步庭审时，法院向詹妮弗告知了未成年人法庭的相关事宜。如果她愿意认罪，并能按时出庭配合未成年人法庭的建议，那么她的不良记录就会被销掉。詹妮弗接受了未成年人法庭的转移方案，并被移交未成年人法庭。在同龄人陪审团面前，她就当晚的情况及自己因何收到传票进行了解释。未成年人法庭建议其家人参与庭审，因此詹妮弗的母亲陪同她出庭。詹妮弗解释，自己的一位近亲最近去世，心情压抑，打架发生时自己压力很大。她对自己当时的行为感到歉意，并且希望改善这一状况。

陪审团做出了裁决，詹妮弗需要进行心理咨询，参加毒品和酒精评估，并要以如何控制自己的愤怒情绪写一篇反思文章。未成年人法庭的被告还要在今后参与两次陪审团，期限为90天，否则该案件会被返还至未成年人法庭做出处置决定。詹妮弗对上述要求给予了配合，因此她的不良记录被抹掉了。她完成了担任陪审员的义务，并继续担任一名长期的志愿者。该项目主管说，詹妮弗是一个"出色的志愿者，并具有杰出的领导潜质"。在此以后，她再也没有参与违法行为，顺利从高中毕业，现在正在读计算机科学专业的学位。

批判性思维：

1. 有些人认为，詹妮弗被移交未成年人法庭的处置决定过于仁慈了。你认为这一处置合适吗？符合国家亲权主义原则吗？请解释一下。

2. 哪些类型的未成年人违法行为或指控不适合移交未成年人法庭？哪些类型的案件最适于通过这种干预措施解决？为什么？

3. 假设你是一名未成年人法庭的项目主管，如果同龄人陪审团对一名同龄人做出的裁定过于严厉，你会怎么办？虽然尊重陪审团的决定很重要，但是有些时候需要成人介入。解决这一问题最好的程序是什么？

尽管呼吁对未成年人司法体系进行改革是国家委员会最终报告中的一个关键部分，但委员会成员对预防犯罪及干预高危儿童与青少年的必要性表达了同等或更多的关注。重要的是，旨在减少违法犯罪的预防与干预项目也得到了越来越多的公众支持，更不必说公众对废除未成年人司法体系从而支持更为严厉的刑事司法体系的极力反对。委员会也呼吁社会关注，我们需要更加严格地试用那些已经在减少犯罪风险因素方面取得成功的预防与干预项目。有些州，如华盛顿，已经开始将基于研究的策略用于指导未成年人司法程序和政策。

值得注意的是，尽管数量有限，但已经有证据表明，在近几年对少年犯采取强硬措施的做法已经有了一定程度的减少。帕特里克·格里芬（Patrick Griffin）在一项对国家未成年人转移法的分析中提到，扩展转移条款的州的数量已经大幅减少。与此同时，有极少数的州已经推翻了他们的限制性转移法规。

未成年人司法观念的支持者认为，取消完善的康复性矫治还为时过早，完善的康复性矫治一直以来都是对少年犯进行单独矫正治疗的基础。他们注意到，对未成年人犯罪浪潮的恐惧有些过虑了，并且少数暴力儿童的行为不应该掩盖数以百万计人们的关注，他们可以从这些充满热心与关怀的矫正治疗中受益，而不是去面对严酷的惩罚。尽管强硬举措或许能降低某些犯罪的发生率，但经济分析表明，将未成年人关押进更具惩罚性的安全关押场所耗费的成本超过了犯罪减少累积的收益。

相关未成年人：克里斯托·卡雷拉斯

截至2012年，在美国49个州及哥伦比亚特区、关岛、美属北马里亚纳群岛等地已经有451个未成年人毒品法庭；另有48个正在筹划中。这些特别法庭拥有对不断快速增长的涉及吸毒与贩毒案件的司法权。尽管未成年人毒品法庭在许多不同的框架下运作，但目标均是为非暴力犯罪初犯提供强化矫治项目，而不是将其送入拘押院所。

在这些未成年人毒品法庭中，其中一个是位于俄勒冈州尤金市的雷恩县未成年人司法中心的"康复与进步法庭"（Recovery and Progress Court），被人们趣称为RAP法庭。RAP法庭因为是该州首个未成年人毒品法庭而被人们所熟知。这个法庭由一些未成年人司法方面的权威专家与倡导者创建，包括雷恩县未成年人法庭的法官基普·伦纳德（Kip Leonard）、青少年服务项目前主管史蒂夫·卡迈克尔（Steve Carmichael）及致力于探究未成年人非法成瘾物质使用主要原因的未成年人公设辩护人彼得·瓦尔堡（Peter Warburg）。该法庭遵循了一种混合式司法处置模式，为每位参与者进行个体与家庭咨询、重点监测与强化矫治及每周定期到法庭签到。有人曾这样描述这个法庭："法庭工作人员与家庭成员一起发现并强化每名青少年的优势，在他们取得进步时给予奖励，并在犯错时让他们承担责任。"

克里斯托·卡雷拉斯是首批从该法庭项目结业的青少年之一。克里斯托现在25岁，她在很小的时候便开始吸食毒品。11岁时，她开始吸食大麻，到了14岁，她开始吸食冰毒（甲基苯丙胺）。家庭问题进一步加剧了她的吸毒问题，不久之后，她进入警察的视线；15岁时，她再次被警察逮捕，并被移送RAP法庭。克里斯托在接受一家名为《记录卫报》的当地报纸采访时回忆到：

> 我与母亲的关系不好，因此在吸食冰毒之前就开始露宿街头了。无家可归，一次又一次地出入监狱。那时，我真的认为自己最终会流落于某个非常糟糕的地方——很可能入狱或是死亡——幸亏有RAP法庭的帮助，我才得以幸免。

那么未成年人毒品法庭的各种项目又是如何使未成年吸毒者受益的呢？一些人认为，这些项目需要多元化以应对未成年人的不同需求。就像克里斯托一样，也许每个成功完成项目的未成年人都能带走一些对他/她自身而言独特的东西。克里斯托把她成功戒除毒瘾归功于未成年人毒品法庭，因为法庭命令其与祖母一起生活。她切切实实需要毒品法庭这一组织及其相应的职责。另一点非常重要的是，她得到了伦纳德法官及她的缓刑监督官个人层面的支持。RAP法庭另一个在所有参与者中备受欢迎的方面是，青少年一旦成功完成该项目，就有机会在结业仪式上完全抹掉他们的违法犯罪官方记录。克里斯托对这一点尤为感恩，因为这让她开启了一个全新的生活。现在，克里斯托已为人母，就读于位于尤金市的雷恩社区学院，并计划转入俄勒冈大学学习，以便日后成为一名儿童福利工作者。

批判性思维：

未成年人毒品法庭对暴力罪犯也能起作用吗？对惯犯呢？对其中面临的一些挑战进行解释。

总结

1. 理解哪些重大社会变化导致1899年首个现代未成年人法庭在芝加哥设立

城市化导致美国城市高危青少年的数量增加。

这些被称为儿童拯救者的改革者致力于将失范青少年划分成独立的类别，并将对这些少年犯的处理与成年人分开。

2. 熟悉一些对当今未成年人司法程序产生影响的美国最高法院具有重大意义的判决

在过去的五年中，美国最高法院及下级法院给予了未成年人各种程序保障，以及在未成年人法庭享有正当法律程序的权利。

主要法庭判决规定了未成年人法庭庭审需要满足的宪法要求。

在过去的几年中，儿童未能享有目前向成人和儿童提供的各种保障措施。

3. 了解未成年人司法系统处理儿童案件的过程，始于逮捕，以重新回归社会告终

未成年人司法程序包括以下一系列步骤：（1）警方调查；（2）未成年人法庭拘押；（3）针对未成年人罪犯的审前程序；（4）裁决、处置及处置后程序。

4. 理解现代未成年人司法中的价值冲突

有些专家主张对青少年罪犯采取强硬措施，而另一些专家主张以"康复性矫治"为主。

犯罪控制的倡导者希望缩小法庭对犯有严重罪行的未成年人的司法权，并扩大起诉人的权利，在成年人法庭对其进行审判。

儿童权益拥护者则建议法庭相应缩减其司法功能，并将这些权力职责转移给社区组织与社会服务机构。

5. 识别成年人与未成年人审判程序的相似点与不同点

其中一个相似点是得到米兰达警告的权利，这一点对成年人和未成年人都适用。

其中一个不同点是未成年人诉讼不被认定为犯罪，而成年人诉讼则被认定为犯罪。

6. 能够对未成年人司法系统之矫治而非惩罚的目标的正反两方面进行说明，并评估这一目标当前是否已经达到

一直以来有人主张未成年人司法体系应采取更为强硬的措施，正因如此，许多人认为矫治的重要性已经大大减弱。

以矫治为主的支持者认为，矫治最适合未成年人的发展需要。

批评者认为，矫治只会纵容未成年人的行为，并会降低未成年人法庭的震慑效果。

7. 理解未成年人司法的综合性策略处理未成年人违法犯罪的需要及关键因素

未成年人司法的综合性策略旨在保护未成年人矫治服务的需要，并采用合适的制裁措施使失范未成年人对其行为承担责任。

这一策略包含犯罪预防、干预项目、逐级制裁、改善机构项目及将未成年人与成年人同等对待等要素。

目前设立了诸如未成年人毒品法庭和未成年人法庭等新型法庭。

8. 领会预防与干预措施在减少未成年人违法犯罪方面的区别

针对儿童和青少年的预防措施旨在阻止违法犯罪行为的发生。

干预项目关注那些被认为具有较高风险参与违法犯罪的儿童与青少年，旨在避免参与更为严重的犯罪行为。

9. 能够识别并评论未成年人司法未来面临的紧迫问题

未成年人司法体系的未来仍然存在争论。

未成年人司法体系也展现了一些令人振奋的迹象，如未成年人犯罪率相比过去的几十年有了下降，公众对犯罪预防和干预项目的支持增加，并且有些州开始将基于研究的策略用于指导未成年人司法程序和政策。

视点

达芙妮（Daphne），14岁，曾就读于纽约市最好的私立中学之一，现在与家人一同居住在一个时尚社区的豪华公寓。她父亲是当地一家金融服务集团的一名管理人员，每年薪酬接近一百万美元。达芙妮在学校总是麻烦不断，她的老师说，她容易冲动，自制力差。有时，她态度会比较温和，性情可亲，但在其他一些时候，会变得粗暴无礼，她反复无常，具有不安全感，并要求得到关注。她过于在意自己的身体，并且有酗酒问题。

尽管一次又一次地承诺理清自己的生活，达芙妮仍然喜欢晚上到当地的一个公园闲逛，与社区的孩子一起饮酒。她不止一次同她的朋友和知己克里斯（Chris）前往公园。克里斯是一个不爱说话的男孩，也是一身的个人问题。克里斯的父母分居了，他的严重焦虑症极易发作，他已经被学校停课了，并被诊断患有抑郁症，为此他服用两种药物，即抗抑郁症药和镇静剂。

一天晚上，达芙妮和克里斯两人偶然碰上了迈克尔（Michael），迈克尔44岁，长期酗酒。他们在一起喝了一晚上酒，后来他们之间发生了打斗，迈克尔被刺伤，喉咙被割断，之后尸体被扔进了池塘里。袭击事件发生后不久，达芙妮拨打了911，告诉警察自己的一位朋友"跳进湖里，上不来了"。警察搜索了事发区域，在水下发现了迈克尔的尸体，身上有被刀砍过和刺过的痕迹，其身体内脏已经被去除，以便沉入水底。警方通过追踪报警电话来源，追查到了达芙妮，对其实施了拘捕。达芙妮向警方坦白自己帮助克里斯谋杀了受害者。

在接受法庭精神病医师的访谈时，达芙妮承认，她参与了谋杀，但是并不能明确表述是什么原因导致她参与了进来。事发前后她一直在喝酒，因此对当时情况的记忆很少。她说，她与迈克尔调情，而克里斯因一时的嫉妒，怒火中烧拿刀刺了迈克尔。她说话时的声音单调而空洞，丝毫没有为其行为表现出任何悔恨之意。她声称，她只是一时冲动，毕竟持刀杀人的是克里斯而不是她。后来，克里斯声称，是达芙妮煽动了那次打斗，怂恿他，并取笑他胆小，不敢杀人。克里斯说，达芙妮在喝醉的时候经常谈到要杀一个成年人，因为她恨成年人，尤其是她的父母。

如果达芙妮作为一个未成年人受审，她会在17岁前一直被收押；如果她在收押期间出现行为问题，或得出结论需要进一步接受安全矫治，那么这一判决可延长至21岁。

• 虽然她能得到的最大可能刑期为2～6年，但达芙妮案件应该由未成年人法庭审理吗？如果不应该，那么未成年人法庭对什么样的案件拥有司法权呢？

• 国家亲权主义观念如何应用于像达芙妮之类的案件呢？

• 如果你认为未成年人法庭不具备处理严重暴力青少年案件的条件，那么应该废除未成年人法庭吗？

• 未成年人司法体系必须进行哪些方面的改革以使与达芙妮类似的青少年得到"康复"呢？或者这样的改革值得我们尝试吗？

第 10 章　　　　　　　　　　　　　　　　CHAPTER 10

未成年人矫治机构：保释、社区矫治和收监

北美乍得尔鉴（N. A. Chaderjian）青少年管教所，又称"乍得"（Chad），位于加利福尼亚州斯托克顿市。年仅18岁的约瑟夫·丹尼尔·马尔多纳多（Joseph Daniel Maldonado）被发现在关押室内死亡，是自杀。惩教人员在现场发现，他的尸体横在上铺上，床单缠绕着脖颈，紧紧地绑定在上铺。当发现关押室窗户已用纸遮挡以致从外面无法看到室内情况时，惩教人员这才警觉地意识到了这一潜在的安全隐患。管教所派出了医疗救治小组，但是他们最终无法让约瑟夫活过来。一小时后，约瑟夫被宣布死亡。

约瑟夫自杀并非一个孤立事件，而是加利福尼亚州未成年人矫治系统在18个月内五例自杀案例中的其中之一。其余四名自杀的服刑人员分别为24岁的戴伦·布鲁尔（Dyron Brewer）、17岁的德翁·惠特菲尔德（Deon Whitfield）、18岁的德雷尔·费斯特（Durrell Feaster）和同样18岁的罗伯特·隆巴纳（Roberto Lombana）。

引发约瑟夫自杀事件的其中一些因素仍然存在争议。约瑟夫家人声称，他曾在四个不同场合要求进行心理咨询，但均遭到了拒绝。约瑟夫之所以寻求咨询，是因为他对自己最近被转至乍得管教所服刑感到郁闷和烦恼，因为许多人认为这一管教所是加利福尼亚州所有未成年人矫治机构中最糟糕的。因此，约瑟夫的家人以过失致死为由将该州矫治机构管理部门诉至位于萨克拉门托市的联邦法院。然而，导致约瑟夫自杀身亡的因素中有些是不存在争议的。其中主要是，其家人在很长的一段时间内无法探视或与其取得联系。在约瑟夫被转入乍得管教所之后，他的探视者名单（包含其家人及其他可提供支持的人）并没有随同他一起按时转过来。派扎罗大厅，也就是约瑟夫被关押的地方，由于帮派暴力骚乱被临时封闭长达八周，这进一步阻断了约瑟夫与家人的联系。在关于这一自杀事件的官方报告中，加利福尼亚州检察长裁决，约瑟夫的死亡或许是完全可以避免的。

当然，这些悲剧性事件的发生也促成了一些利好的事情。2007年10月，《家庭关系与青少年罪犯康复法案》获得通过，被签署成法律。这一法案规定，加利福尼亚州矫治与康复部下属的未成年人司法部门要确保服刑人员能够"与家人、神职人员及其他人沟通，并参与能够促进他/她的教育、康复及对受害者的责任的项目"。该法案也要求采取诸多实际步骤来改进家人与服刑人员之间的联系，例如，为服刑人员家人设立免费电话线路以确认探视次数，以及在安置未成年罪犯时将考虑关押场所与其住所的邻近程度。

该案件强调了对未成年罪犯进行矫正治疗的重要性。可供选择的未成年人矫正治疗方法相当多，可以进一步细分成两大类别：社区矫治与收监矫治。社区矫治指的是为有需要的未成年人提供看护、保护及矫治服务。这些工作包括保释、矫治服务（例如个体咨询与小组咨询）、赔偿及其他项目。社区矫治也指使用诸如寄养家庭、小群体家庭、寄宿学校等私人或私营居住场所，这些住所位于社区内部。非居住社区项目是指青少年待在自己家中，但需要接受心理咨询、职业培训及其他服务，也属于社区治疗的范畴。

社区矫治：对未成年人在自己社区使用非封闭式与非收监场所、心理咨询、受害者赔偿及其他社区服务等形式进行矫治的治疗方式。

收监矫治设施指由联邦、州和县等各级政府运营的矫治中心，这些设施通过工作人员监控、出口上锁以及设立内部围栏等措施限制内部人员的活动。这些设施承担了未成年人矫治机构内部的各种功能，包括：（1）对未成年人进行筛查并分配至合适设施的接收中心；（2）提供诸如戒毒等特定类型护理的专门设施；(3) 为需要长期关押在封闭场所的青少年设立工读学校所或管教所；(4) 提供长期居住照护的农场或林务营；(5) 旨在通过严格的身体训练使青少年康复的引导训练营。

　　选择合适的未成年人矫治方式是很困难的。一些专家认为，任何使未成年罪犯康复并解决未成年人犯罪问题的希望均寄托在社区矫治项目上。该项目比封闭式未成年人矫治设施要小，在社区中运营，并在矫治未成年罪犯方面采用创新性的方法。相反，将青少年罪犯收监可能会弊大于利，因为这使他们暴露于监狱般的环境及接触犯罪惯犯，从而与有教育意义的矫治项目的好处失之交臂。

　　那些支持封闭式矫治的人担心，暴力青少年罪犯可能给社区造成威胁。他们认为，将未成年罪犯收监可能会产生长期的震慑效果。他们以查尔斯·莫瑞（Charles Murray）与路易斯·B.考克斯（Louis B.Cox）的研究发现为例进行了说明。这两人发现了他们所称的抑制效应，即从封闭式关押机构获释后每年被逮捕的未成年人的数量减少，而将未成年人安置于非惩罚性项目时，这一结果并未实现。莫瑞和考克斯因此得出结论，司法体系必须选择其项目着力于实现的那种结果：预防违法犯罪或者对有需求的青少年提供护理与保护。如果前者的目标合适，收监或收监的威胁效果就是可取的。

抑制效应：已经遭监禁或受到其他惩罚的青少年每年被逮捕数量下降。

　　在本章，首先，我们详细探讨了社区矫治，对传统保释与向未成年罪犯提供保释服务的新方法进行了调查。其次，我们追溯了监禁替代措施的发展过程，包括基于社区的非封闭式矫治项目和逐级制裁（提供基于社区的矫治选择，但保留对暴力未成年罪犯进行安全看护的项目）。随后，本章回顾了未成年人封闭式矫治的当前状况，首先介绍了一些历史背景，之后对收监生活、矫治问题、法定权利、出狱辅导及回归社会项目等问题进行了讨论。

未成年人的保释

保释及其他形式的社区矫治一般是指对未成年罪犯的非惩罚性法律处置，强调非监禁矫治。保释是未成年人司法系统所适用的社区矫治的主要形式。在保释期内的未成年人在法院工作人员的监督下待在社区进行矫正治疗。保释也包含一套在社区进行矫治的未成年罪犯必须遵守的规则和条件。保释期内的未成年人可能会被安置于各种基于社区的矫治项目，提供从团体咨询到戒毒等不同的服务。

保释：针对未成年人的非惩罚性法律处置，该处置强调社区矫治，未成年人由一名法庭人员密切监管，并且必须遵守一套严格的规定以避免遭到监禁。

社区矫治的观念是，未成年罪犯并不会对社区造成危险，他们在社区接受矫治更有利于他们的康复。这种矫治方式为未成年罪犯配备专门的受训人员对其进行督导，可以帮助他们在社区环境中重塑可接受行为的方式。如果应用得当，社区矫治可以（1）在维护法律权威和保护公众利益的前提下，最大化地扩大个人自由；（2）通过维持正常的社会联系，促进未成年罪犯的康复；（3）避免监禁的负面影响，监禁通常会使青少年罪犯重新融入社会变得相当困难；（4）大大降低了对公众造成的经济损失。

历史情况

虽然社区矫治的重大进展出现于20世纪，但其根源却远不止于此。在英国，处理未成年罪犯的专门程序早在1820年就有记录，当时沃里克郡地方法官的季度会议（在英国的县或郡定期举行的法庭听证会）采纳判处未成年罪犯一天监禁的做法，然后在他们父母或教师的监督下，有条件地释放他们。

在美国，未成年人保释制度在19世纪后半期成为社会改革浪潮的一部分。马萨诸塞州迈出了第一步。根据1869年通过的一项法案，国家慈善机构的工作人员获得授权参加涉及未成年人的刑事审判，给他们寻找合适的家庭，并定期对其进行探访。这些服务很快就得到了扩展，因此到了1890年，保释已成为法院组织架构中不可或缺的一部分。

保释制度是未成年人法庭体系发展的一个基石。事实上，在一些州，未成年人法庭运动的支持者认为，保释是新型法院为实现其所宣称的好处而迈出的第一步。未成年人法庭在20世纪前十年的迅速发展促进了保释制度的进一步发展。这两者之间有着密切的关系，在很大程度上，两者都源于这样一种信念，即青少年可以康复，并且公众有责任保护他们。

扩大社区矫治范围

到20世纪60年代中期，未成年人保释已经成为一种复杂的制度，这种制度影响了大量儿童的生活。许多专家认为，即便青少年犯有严重的罪行，将他们收监也是一个错误。改革者认为，在高度安全的关押场所对青少年实施监禁并不能解决导致未成年人误入犯罪生活方式的问题，而一旦他们回归社会，这种经历其实会助长其犯罪行为。调查表明，30%～40%的成年监狱服刑者有未成年人法庭的过往经历，并且许多人在青少年时期曾经被收监，如此看来，收监经历是有益的或可减少累犯率的说法就不怎么有说服力了。

马萨诸塞州的经验　　马萨诸塞州联邦的矫治改革推动了社区项目的扩展。自20世纪70年代初以来，马萨诸塞州一直引领使未成年罪犯待在社区进行矫治的运动。在青少年矫治体系被证明失败的几十年后，马萨诸塞州在未成年人矫治专员杰罗姆·米勒（Jerome Miller）的领导下关闭了州内大部分封闭式未成年人矫治设施。40年后的今天，马萨诸塞州青少年服务部仍然在运营基于社区的矫治体系。大多数青少年都是在非封闭式的社区场所接受矫治服务，只有少数的危险或难以管教的青少年被安置在一些封闭式设施中。

许多早期项目的居住区被隔离开来，并且仅能提供有限的服务。然而，随着时间的推移，许多团体之家及非封闭结构住宅场所搬迁到了居住性社区环境中，并在处理未成年人的需要方面取得了巨大成功，而对他们自身或他人而言没有风险或者风险很小。

虽然其他地区还未着手将未成年人矫治变成纯粹基于社区的矫治体系，但是马萨诸塞州模式推动了非惩罚项目的发展，并已经开始在美国推广实施。保释概念不断得到扩展，并创立了新的项目。

当前的未成年人保释

传统的保释仍然是社区矫治的中坚力量。如图10.1所示，在2010年，大约有260300名未成年人被进行保释（最新数据），占所有未成年人处置的61%。自2001年以来，保释处置已经降低了1/4（25%），当时大约有345700名未成年人被裁决为保释处置。这些数据表明，无论公众舆论如何，对于法官而言，保释仍然是一种比较受欢迎的处置选择。以下是赞成保释的一些观点：

- 对于能在社区进行监管的青少年来说，保释是一种合适的处置方式。
- 保释能让法庭对每个未成年罪犯所参与的矫治项目进行量身定制，包括那些参与人身犯罪的未成年罪犯。然而，最新研究就现有体系不能充分满足女性未成年罪犯保释期间的特殊需要提出了一些问题。
- 司法系统仍然对未成年罪犯的康复抱有信心，但这需要满足法律控制和公众保护的需求，即便待处理案件相比过去可能会包括更多严重犯罪。
- 保释是一种常见的处置选择，对身份犯罪的人来说尤为如此。

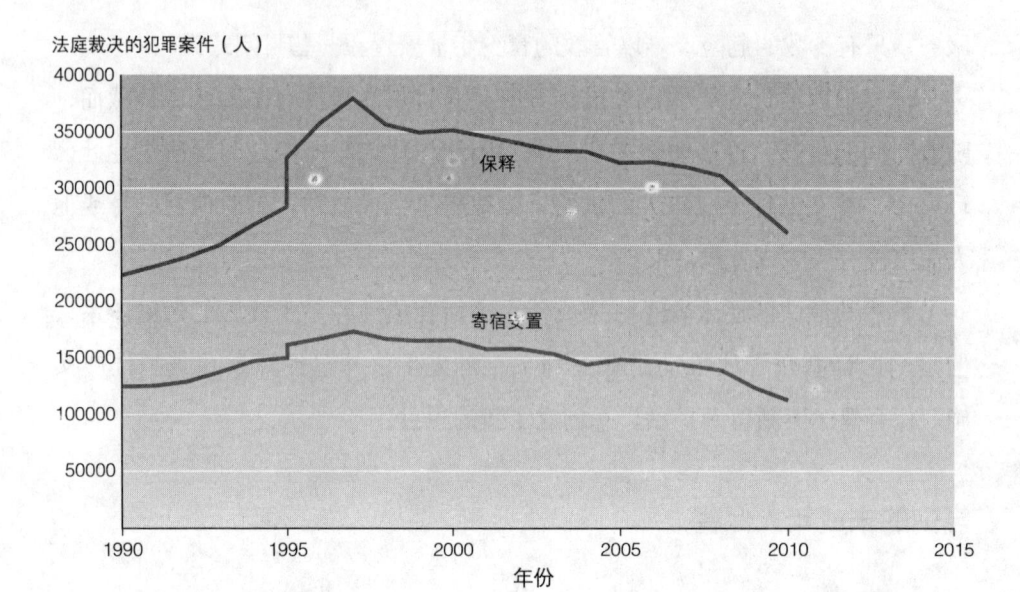

[图表：保释及矫治人口趋势，纵轴为法庭裁决的犯罪案件（人），从50000到400000；横轴为年份，从1990到2015。两条曲线分别为"保释"和"寄宿设置"。]

图10.1 保释及矫治人口趋势

保释的性质 在大多数地区，保释是一个直接的司法命令。该命令允许失范或犯有身份犯罪的青少年在根据法院指令进行的监管下待在社区。保释处置意味着法院和未成年人达成协议，法院承诺将收监处置暂时搁置；未成年人承诺遵守法院制定的一系列规定。如若违反规定——特别是未成年人在保释期间犯有另一桩罪行——则可能会撤销保释。在那种情况下，法院与未成年人之间的协议终止，原有的关押命令可能会被强制执行。保释规定各不相同，但它们通常包括诸如上学或上班、按时作息、待在所属辖区内并不惹麻烦等条件。

在未成年人法庭，保释通常是不明确规定期限的。这取决于所属管辖区的法规、罪行严重性及未成年人在保释期间的调整，在法庭对未成年人不再有管辖权之前（当他们达到法定成人年龄），法庭可以一直对该未成年人进行监管。法官能否明确指定未成年人的保释期限取决于各州法规的具体规定。在大多数地区，法庭会对保释的进展状况定期检查，以确保未成年人保释并非是不必要之举。一般而言，根据按照矫治计划进行调整的青少年的状况，未成年人保释官可以自行决定是否解除对该未成年人的保释。

保释条件是指命令在保释期的未成年人以特定方式行事的规定。这些规定包括修复或赔偿、强化监管、密切咨询、参与治疗项目或参与教育或职业培训项目。除了这些特定条件，各州法令通常允许法院要求被保释人员遵纪守法，居住在家中，避免与某些特定类型的人接触，并待在某一个特定区域，没有许可不能离开（想要了解不同的保释选择，见图10.2）。

保释条件：命令在保释期的未成年人以特定方式表现的规则与规定。

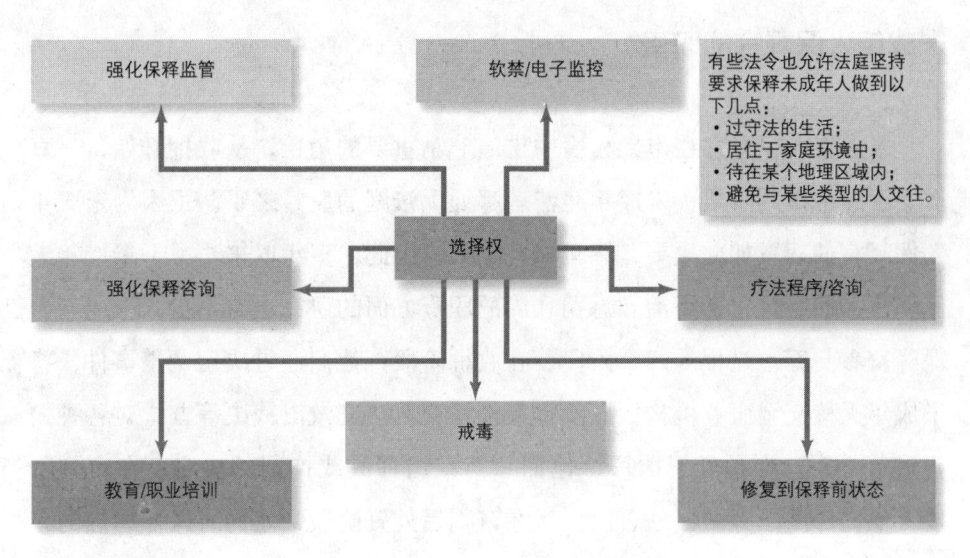

```
强化保释监管          软禁/电子监控       有些法令也允许法庭坚持
                                          要求保释未成年人做到以
                                          下几点：
                                          • 过守法的生活；
                                          • 居住于家庭环境中；
              选择权                      • 待在某个地理区域内；
                                          • 避免与某些类型的人交往。
强化保释咨询                         疗法程序/咨询

              戒毒

教育/职业培训                        修复到保释前状态
```

图10.2 保释条件

虽然保释条件各不相同，但决不应该反复无常、残忍或者超出未成年人的能力范围。此外，保释条件应与未成年罪犯所犯罪行及其行为相关。法院已经废止了那些有害或侵犯未成年人正当权利的保释条件：限制未成年人的活动，坚持强制性矫治项目，制定不明确的保释条件及索要不可能达到的经济补偿等，所有这些都是上诉法院进行复查的依据。例如，仅仅因为女孩父母不同意女孩与其处于保释期的男友交往，就禁止男孩与其女友见面是不合适的，除非他已经威胁该女孩或对她造成伤害。然而，法院规定，可以禁止未成年人前往诸如"已知帮派区域"这样的危险源发地以保护他们不受到伤害。

如果青少年违反保释条件——特别是未成年人在保释期间犯有另一桩罪行——法院可撤销保释。在这种情况下，法院与未成年人之间的协议终止，原有的关押命令可能会被强制执行。未成年人法庭通常根据未成年人保释官的建议，做出撤销保释的决定。今天，根据最高法院处理成人保释者权利方面的裁决，在出现违反保释规定行为时，未成年人通常享有法律代理和举行听证会的权利。

未成年人保释官的职责

未成年人保释官在审判程序中扮演非常重要的角色，从收押开始，一直贯穿于整个审判阶段，未成年违法者都处于法庭的监管之下。正因为未成年人保释官的职责如此重要，影响如此之大，因此，多年以来，关于未成年人保释官如何履行包括矫治和惩罚在内的职责方面的研究也有不少。未成年人保释官参与庭审过程的四个阶段。在收押阶段，他们通过决定调整事件、将未成年人移交至服务机构，以及将案件移交至法庭做出裁决等方式对各种控告进行筛查。在预处置阶段，他们参与做出释放或拘留的决定。在审判阶段，他们协助法庭做出处置决定。在审判后处置阶段，他们对保释期内的未成年人进行监管。

<small>未成年人保释官：法庭人员，参与庭审过程的四个阶段，即收押、预处置、审判阶段及审判后处置，他们协助法庭并监管保释未成年人。</small>

在收押阶段，保释官与未成年人及其家人进行初步讨论以确定法庭干预的必要性，或是否能通过某种形式的社会服务更好地解决该问题。如果未成年人被安置于拘留所，保释官帮助法庭决定在该案件裁决和处置之前应继续

对该未成年人收押还是将其释放。

未成年人保释官撰写社会调查报告（也被称为预处置报告）并将之提交法庭，这对相关青少年及其家人具有重大影响。该报告是对相关青少年问题的一个临床诊断，同时也基于社交技能、个性及环境问题的评估以判定该青少年是否需要法庭援助。报告包括对儿童触犯法律的感受及他/她改变自我能力的分析，同时对家庭成员、同伴及其他环境影响在引发问题和可能解决问题方面对其产生的影响进行了调查研究。所有这些信息都集成在展现了未成年罪犯的个性、问题和环境的一份复杂但颇具深意的报告中。

社会调查报告或预处置报告：该报告由未成年人保释官撰写，包含对未成年人的临床诊断、他/她对法庭援助的需要、相关环境与个性因素及任何其他信息，协助法庭制订未成年人矫治计划。

未成年人保释官也为青少年提供社区监管和矫治。不同的矫治计划在方式和结构方面有所不同。有些未成年人直接向其保释官汇报，并且遵守保释条件。在其他情况下，保释官或许需要为青少年及其家人提供广泛的咨询，或者更具代表性的是，将他们移交至其他社会服务机构，如戒毒中心。图10.3概述了未成年人保释官的影响范围。附表10.1总结了保释官的职责。执行范围如此宽泛的功能，未成年人保释官需要接受全面的培训。如今，未成年人保释官均具有法律或社会工作背景或专门的心理咨询技能。

附表10.1　未成年人保释官的职责

提供直接咨询和生活环境调查服务；
访谈与收集社会服务数据；
做出诊断建议；
保持与执法机构的工作联系；
利用社区资源与服务；
对志愿者案件助手进行指导；
写预处置或社会调查报告；
与监管儿童的家人合作；
提供专业化服务，如小组疗法；
对涉及特定问题儿童的特殊案件数量进行监管；
对保释撤销及其终止做出决定。

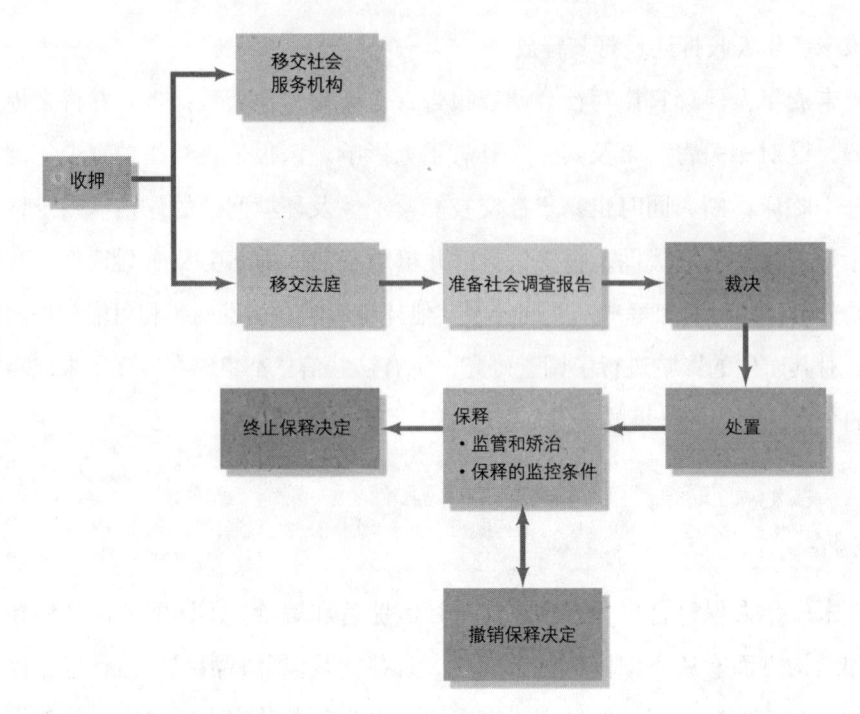

图10.3 未成年人保释官的影响范围

保释的创新方式

社区矫治一向重视罪犯的康复。保释官一直以来被视为社会工作者或辅导老师，他们的首要任务是帮助罪犯做出调整以适应社会生活。相比社区矫治而言，罪犯监管与控制似乎更适用于执法部门、看守所和监狱。自1980年，传统的司法系统做出了调整，更倾向于社会管控。虽然保释一直以来从未摒弃康复的目标，但旨在扩大社区矫治管控范围的新的项目已经出现。在某些情况下，还需警察与保释官合作以强化对未成年保释犯的监管。由于这些项目在社区服务条例的基础上又增加了限制性处罚和条件，因此它们也被称为"保释附加条款"。条款制裁的惩罚力度要比保释严厉得多，因此，在政治上，它备受保守派的欢迎，同时，作为监禁的替代方式，其对自由派也具有一定的吸引力。那么，有哪些新的替代制裁方式呢？（见概念摘要10.1）

概念摘要10.1　以社区为基础的矫治

尽管社区矫正治疗一般是指非惩罚性的法律处置，但大多数情况下仍然对未成年罪犯设有很多约束规定，这些约束规定旨在保护公众，并让未成年罪犯为他们的行为负责。

类型	主要约束规定
保释	由保释官对未成年罪犯进行定期监管；青少年罪犯必须遵守诸如按时上学/工作、远离麻烦等条件。
密切监管	保释官几乎每天对未成年罪犯进行监管；青少年罪犯要遵守与普通保释类似的条件。
本宅软禁	未成年罪犯在某一规定时期内必须待在家中；常常会通过随机拨打电话、探访或电子装置对未成年人进行监控。
修复性司法	可能对社区成员进行约定，旨在修复受害者造成的伤害。
平衡性保释	根据未成年罪犯对社区造成的风险做出的约束规定。
赔偿	无。
寄宿项目	安置于诸如团体之家、寄养家庭等非封闭式居住性设施内；遵守相关条件；密切监控。
非寄宿项目	待在自己家中；遵守治疗方案。

密切监管

未成年人密切保释监管是指将正常情况下本应送至封闭式矫治场所的少年犯作为极少数保释受理范围内对象的一部分，并几乎每天接受审查。未成年人密切保释监管的第一个目标是除监化；如果没有密切监管项目，那么少年犯则通常会被送至已经人满为患的封闭式未成年人关押场所。该密切监管项目的第二个目标是管控；与传统保释做法相比，高危未成年罪犯被安置在社区时要采取更为安全的措施。第三个目标便是维持社区关系，帮助未成年罪犯重新融入社会。未成年罪犯可以留在社区，完成学业，并免受监禁之苦。

未成年人密切保释监管：一种监禁的真正替代处置方式，包括案件指派保释官对未成年人几乎每天进行的监管。

人们对密切监管项目的看法不一。有些司法管辖区发现，该项目比传统保释监管更加有效，并且其成本比监禁更低。然而，一些研究表明，其失败率非常高，犯轻微罪行的未成年罪犯被安置于该项目时往往可能没什么效果。其实，在密切监管项目中，未成年罪犯的康复往往会失败，这并不奇怪，因为毕竟他们的犯罪情节比较严重，如果不参与密切监管项目则会被监禁，并且比其他保释犯受到更严密的看守与监管。洛杉矶重复犯罪预防计划是一项关于密切保释监管和针对高危未成年人进行协调处置的试验研究。在该研究中，研究人员将参与该项目和仅得到普遍保释并且情况类似的青少年进行了对比，得出了不同的结果。短期内累犯率确实下降了，但长期来看，并没有减少，学业成绩有所提升，但保释期间技术违规的情况没有得到改善。在加利福尼亚州的另一项有关未成年人密切保释监管的试验中，参与该项目和参与普通保释并且情况类似的未成年罪犯在累犯率方面没有明显的差异。对该项目的进一步分析显示，该项目对主要的家庭关系和同伴关系并不起作用。

在密西西比州的三个县中，研究人员开展了一项创新性试验，对密切监管与监控、普通保释及认知行为矫治对未成年人司法成本的不同影响进行了调查，以改善未成年罪犯的思维和推理能力。调查涵盖问题解决、社交技能、谈判技能、情感管理及价值提升等方面。在该项目实施一年后，研究人员发现，密切监管矫治的成本效率最低，而认知行为矫治造成的未成年人司法成本最小。

尽管诸多评估显示，密切监管的效果并不理想，但该项目仍然在美国范围内得到持续应用。该项目与其他创新保释项目一同投入应用，并根据未成年人的需要进行调整，便可以达到预期的效果。本章《案情简介》栏目："凯伦案"刻画了这方面的一个成功案例。

电子监控

本宅软禁一直以来适用于成年罪犯，而现在已经被融入未成年人司法体系。该项目通常与电子监控一同使用，允许被判处保释的未成年罪犯留在社区，条件是他们必须在特定阶段待在家中（例如，放学或下班后、周末及晚上等）。未成年罪犯受到监控，监控方式可能是随机拨打电话、探访或者在某些辖区采用电子设备等。

<blockquote>
本宅软禁：青少年罪犯被要求在特定阶段待在家中；通过随机拨打电话、探访或电子设备等手段进行监控。

电子监控：一种主动监控体系，包括未成年人随身佩戴的无线电发射机，能够向保释部门的电脑持续发出信号，如果未成年罪犯离开他/她的监禁地点，就会向保释官发出警告。被动监控体系采用计算机随机生成的电话进行监控，未成年罪犯必须在规定时间内用某一特定电话或其他装置接听。
</blockquote>

案情简介：凯伦案

凯伦·吉利根（Karen Gilligan），16岁，是家里4个孩子中年龄最大的一个，与他们的父母一起生活在一个小乡村社区。她母亲同时打两份工，父亲工作没有着落，而且父母两人均严重酗酒。凯伦读高中时就不怎么出勤了。她开始尝试饮酒，并肆意破坏当地的一些商业企业。因偷车被多次逮捕后，凯伦被移交至未成年人法庭，并被处以社区监管和保释。她的保释官对其进行了初步评估，并向法庭提交了正式的处置建议。她将待在自己家中完成60天的本宅软禁，按时上学，至少保持平均C级以上的成绩，进行酒精与毒品测试项目，并与其父母一起参加每周一次的家庭治疗。凯伦也被命令配合未成年人修复项目，足额完成6个月的修复项目，并参与其保释官安排的社区青少年密切监管项目。

由于不习惯于对任何人负责，凯伦一开始对所有的规定与期望都比较抗拒，因此错过了最初的几次约见，并旷了几次课。凯伦的保释官开始到她的学校对其进行不事先告知的探访，尝试帮助她理解她的行为的后果。通过密切监管项目，凯伦被要求每天在放学后到一家当地的社区中心，在那儿她可以接受辅导，同其他罪犯一起接受小组咨询及许多咨询者的指导。这些小组会议关注改变他们的消极思维，提供攻击行为的替代措施，并避免犯罪行为、参与帮派及涉毒、酗酒等。

凯伦的保释官非常清楚，凯伦具有很多优势和正面的品质特征。她喜欢跳舞和唱歌，甚至有时会有喜欢上学的念头。专家组鼓励她关注自己的这些品质。在专家组人员及保释官的帮助下，凯伦开始理解她的破坏性行为，并寻求方法改变自己的生活。她与自己的保释官谈及设立自己的人生目标，并制订实现这些目标的计划。

除了参加个人咨询，凯伦的家人也参与每周一次的家庭治疗，谈论他们的问题，并探讨如何给予孩子最好的支持。最初，这些研讨对整个家庭来说非常具有挑战性，无形之中施加了不少压力。他们因彼此的困难而相互指责，而凯伦似乎就是她父母发泄怒火的主要目标。治疗专家与他们一起合作，减少彼此的冲突，并帮助他们建立能够改善他们家庭生活的治疗目标。

经过许多个月的密切监管、矫治和家庭治疗，凯伦已经能够阻止自己的违法犯罪行为，支付赔偿，按时到校上课，并且改善了自己与父母的沟通状况。通过治疗，凯伦的母亲也承认，她需要一些帮助以控制自己的酗酒问题，并进行治疗。凯伦的保释官定期向法庭提供凯伦的月度进展报告，表明凯伦的行为及生活方式的选择方面有了明显的改善。凯伦已经证实了她的成功，并继续与其父母和兄弟姐妹住在一起。她计划报考当地的一所学院，并在毕业后准备从事医学事业。

批判性思维：

1. 对保释官向法庭提交的建议，你同意还是不同意？如果你是保释官，你采用的做法会有何不同？你能想到对解决这一情况有帮助的其他项目或服务吗？

2. 最初，凯伦对规定和期望有些抗拒。她的保释官同她一道，帮助她完成自己的目标。换作是你，你会对处于这一情况之下的未成年人说些什么？你会如何尝试鼓励面临法律问题的青少年？

3. 你认为让凯伦待在其父母家中进行本宅软禁是一个好办法吗？这样做会出现什么问题？如果凯伦继续触犯法律，应该将她从本宅移出吗？何时应该将未成年过失犯因为他们的犯罪行为而从其父母家中移出？你认为哪些罪行足以将其自动从本宅移出，并且青少年返回家中需要什么条件？

监控采用的电子系统有两种类型：主动型和被动型。主动系统通过不间断向中央办公室发送反馈信号来监控罪犯。如果罪犯在未经许可的时间段离开家，信号则会中断，并且这次违反保释规定的情况会被记录下来。在某些地区，主动系统可以通过蜂鸣器自动通知管理人员。相反，被动系统则通过由电脑控制的随机拨打电话来进行监控，被监控的未成年罪犯必须在特定时间内（例如，30秒）应答。有些被动系统要求罪犯在验证箱内放置一个监控装置，这个装置可以向控制电脑发送反馈信号。另外一种方式是让罪犯重复某些单词，再由声音验证器来检验声音，并与磁带中未成年罪犯的声音进行对比。

许多监控系统采用无线电发射机来接收罪犯随身携带装置所发出的信号，并通过电话线将信号转发到电脑上。保释犯身上都装有不可移除的监控装置，一旦他们离开监禁场所，监控装置将会向保释部门的电脑发出警告。

1989年，约瑟夫·沃恩（Joseph B Vaughn）进行了史上第一例有关未成年人电子监控的研究，对5个保释部门的8个项目进行了调查。沃恩发现，所有项目均采用电子监控的方式来缓解关押场所过度拥挤的情况，并且大多数机构报告称，未成年罪犯被关押的天数减少。此外，该项目允许未成年人待在家中，并参与咨询、教育、工作等活动，否则他们就会被拘留。对尚未参加庭审的被拘留者而言，让其待在家中接受监管尤为有利。这一经历使法庭在裁定如何使未成年人最终融入社会方面更为清晰。然而，沃恩发现，这些项目矫治目标的益处均未经过实际检验。

在电子监控方面存在这样一种广泛流行的观点，即电子监控可能有效。一些评估显示，参与电子监控项目的未成年罪犯的累犯率不高于参与传统项目的未成年罪犯，此外，电子监控项目的成本较低，并且也缓解了关押场所过度拥挤的情况。也有些研究表明，电子监控对不同的人效果也不同。重罪犯、吸毒犯、惯犯及长期服刑的犯人不适用于电子监控。然而，在调查电子监控对累犯率的影响时，犯罪学家马克·兰泽马（Marc Renzema）和埃文·梅奥·威尔逊（Evan Mayo Wilson）发现，调查结果目前并不能证明该项目是行之有效的。之所以得出这一结论，主要是因为当前高质量的研究过少，并且在隔离电子监控与其他干预措施对项目的独立影响方面尚存在困难。研究人员并不要求停止使用电子监控,但他们呼吁进行新的、更好的试验。

修复性司法

　　修复性司法是控制犯罪的非惩罚性策略,旨在处理引起双方(罪犯和受害者)冲突的问题,从而使双方和解。修复性司法的核心在于修复,而不是惩罚。修复性司法有七大核心观点:
- 犯罪破坏人际关系;
- 司法程序的中心是受害者和社区;
- 司法程序的首要任务是帮助受害者;
- 司法程序的第二要务是尽可能地修复社区;
- 罪犯对受害者和社区在其所犯罪行方面负有个人责任;
- 罪犯会在修复性司法过程中提高能力和理解力;
- 利益相关者通过行动伙伴关系共同对修复性司法负责。

　　犯罪学家希瑟·斯特朗(Heather Strang)和劳伦斯·谢尔曼(Lawrence Sherman)针对修复性司法对未成年人再次犯罪和受害者满意度的影响进行了系统性评价和元分析。该评价包含两项澳大利亚的研究和一项美国的研究,美国的这项研究对面对面磋商这种修复性司法实践进行了评估(这方面研究数量不多,主要原因在于作者仅利用了那些采用最高质量评估设计——随机对照试验——的研究来评估项目效果)。磋商步骤如下:

　　　　任意到场的受害者(或受害者代表)都有机会充分描述罪行带给他们的伤害。罪犯需认真聆听受害者的叙述,并理解其行为所引发的后果。所有参与人员都可参与商议罪犯应以什么样的行为来补偿受害者。举办该类讨论的前提是罪犯对自己行为所造成的伤害不做辩解,不推脱责任。并且,该类讨论不能也不会成为判定事情原委的审判。

该评价发现，这种形式的修复性司法在减少犯有暴力罪行的未成年人再次犯罪方面是一种卓有成效的策略。这些暴力行为包括轻微殴打、中度殴打和严重袭击。此外，该评价还发现，面对面磋商可以有效防止受害者对肇事者实施报复性行为。所有研究均表明，与传统未成年人司法程序相比，受害者强烈支持修复性司法或许就不足为奇了。其他一些针对未成年罪犯的修复性司法项目也获得了成功。

平衡性保释

近年来，一些司法管辖区已经致力于通过实施平衡性保释以提高保释的成功率。平衡性保释体系基于修复性司法的原则，把公共安全（社区保护）、未成年罪犯的责任和能力（对未成年罪犯的个性化关注）整合在一起（见图10.4）。这些项目基于这样的观点，即只要未成年人犯罪，他们就要为自己的行为负责，并承担自己的社会责任。为此，保释官为未成年罪犯量身定制了一系列的方法，帮助他/她们为其行为负责。因为平衡性保释在未成年人保释体系中发挥了独特的作用，所以具有很大的发展前景。

图10.4 平衡方式的使命

> 平衡性保释：将公共安全（社区保护）、未成年罪犯的责任和能力（对未成年罪犯的个性化关注）整合于一体的项目；该项目基于未成年罪犯必须为其自身行为负责的原则。

奥兰治县保释部门运营的一个创新项目遵循了平衡性保释的方法，该项目就是"加利福尼亚州8%解决方案"。这里的"8%"是指对大部分罪行负责的罪犯占所有未成年罪犯的比例。就奥兰治县而言，8%的初犯会为三年间发生的55%同类案件负责。在此基础上，保释部门发起一个针对此类罪犯的综合性多部门联合项目，如此一来，8%的问题也就变成了8%解决方案。

一旦保释官为该项目——8%早期干预项目——找到一名罪犯，该未成年罪犯会被移交至青少年和家庭资源中心。在那里，工作人员会对该未成年的需求进行评估，并制订合适的矫治计划。以下是为未成年罪犯提供的部分服务：

- 为初中和高中学生提供校外学习机会；
- 上下学交通服务；
- 毒品和酗酒咨询服务；
- 就业准备和工作安置服务；
- 在家中进行的强化家庭咨询。

尽管这些平衡性保释项目仍处于初期阶段，并且它们的有效性也有待考证，但这些项目已经引起人们的极大兴趣，因为它们可能缓解关押场所过度拥挤的问题，并且减少未成年罪犯被监禁的痛苦和污名。毫无疑问，这些创新项目及未成年人保释在将来会大受推崇。鉴于每年投入到传统住宅设施建设中的资金高达4万美元，提供该类额外的保释服务不会造成很大的负担。

赔偿

对受害人进行赔偿是另一种广泛使用的社区矫治方法。在大多数辖区，赔偿是保释判决的一部分，由县级保释工作人员管理。在许多辖区，当地政府已经设立了独立的赔偿项目；在其他一些地区，赔偿由私人非营利性组织管理。

赔偿可以采取多种形式。未成年罪犯可以向犯罪受害者进行赔偿或者向慈善机构或社会公共事业捐款，这便是金钱赔偿。在其他情况下，未成年罪犯或许需要直接向受害者提供一些服务（受害人服务赔偿），或者对某个社区组织提供帮助（社区服务赔偿）。

金钱赔偿：未成年罪犯要对犯罪受害者因诸如财产损害、工资损失及医疗费用等原因造成的资金损失进行赔偿。
受害者服务赔偿：未成年罪犯要直接向犯罪受害者提供某些服务。
社区服务赔偿：未成年罪犯要在一段时间内帮助某个有意义的社区组织。

在美国，未成年人向其所犯罪行的受害者进行补偿是广泛采用的赔偿方式，而补偿慈善机构的做法虽在美国没有得到广泛使用，但在欧洲却很常见。在过去的几年，政府为未成年罪犯设立了许多项目以向受害人提供服务或使其参与社区项目。例如，在特殊教育学校为发育迟缓的儿童提供帮助。有时，未成年人在提供金钱赔偿的同时还需从事社区服务。另有其他一些项目则注重就业。

赔偿项目可以适用于未成年人司法程序的各个阶段，可以作为判罪之前转移项目的一部分、收押时的非正式调解方法或是一种保释条件。赔偿具有许多优势：提供了一种可供选择的量刑选择；向犯罪受害人提供金钱赔偿或服务；给予未成年罪犯补偿受害者的机会，并促使其成为社会中富有建设性的一员；有助于缓解未成年人法庭的过度拥挤问题，减少待处理保释案件的数量，并减轻拘留所的负担。最后，像监禁的其他替代方案一样，赔偿可能在未成年人司法系统运行中节省大量资金。尤其是金钱赔偿项目，通过为犯罪受害人伸张公平正义，并确保未成年罪犯为其行为负责，从而可以改善公众对于未成年司法的态度。

尽管赔偿具有很多优势，有些人认为，赔偿还是支持惩罚而不是康复，因为它强调为受害人伸张正义，并使罪犯为其不法行为承担相应的刑事责任。有些人担心赔偿项目会对未成年罪犯施加之前从没有过的惩罚压力。

赔偿越来越频繁地被应用在司法系统中。1977年，在整个美国，正式的赔偿方案不足15个。到了1985年，400个辖区已经实施正式的赔偿项目，并且有35个州制定了法令条文，授权法院对青少年赔偿问题进行裁决。如今，全美50个州及哥伦比亚特区均有了法定的赔偿项目。

赔偿有效果吗？ 赔偿作为一种矫治替代措施究竟有多成功？大多数评估显示，这种做法相当有效，应该推广使用。在对美国赔偿案例进行分析时，彼得·施耐德（Peter Schneider）和马修·芬克尔斯坦（Matthew Finkelstein）发现，在所有接受赔偿作为保释条件的未成年人中，有73%～74%的未成年人成功地完成了任务。此外，研究人员还发现，成功率较高的未成年人赔偿项目在减少累犯率方面卓有成效。

安妮·施耐德（Anne Schneider）对四个州的赔偿项目进行了全面的分析。她发现，参加该项目的未成年人的累犯率比控制组（普通保释案件）未成年人的累犯率要低。尽管施耐德的数据显示，赔偿可能会降低累犯率，但是随后又卷入司法案件的未成年人的数量仍然很多。总之，有证据显示，大多数赔偿令得以成功实施，并且那些进行赔偿的未成年人不太可能再次犯罪。然而，已经进行赔偿的未成年人再次犯罪的数量显示，赔偿本身并非是解决未成年人违法犯罪问题的方法。

赔偿方案在某些情况下可能很难付诸实施。在失业率居高不下的时期，未成年罪犯很难找到工作，而在找到新工作之前，未成年罪犯可能很难接受金钱赔偿的方案。吸毒或受精神问题困扰的未成年罪犯在找工作时也会遇到困难。公共或私人机构都可能是社区服务赔偿的场所，但是这些机构的负责人有时不愿意让违法青少年加入他们的组织。除了这些问题以外，一些未成年人保释官认为，赔偿项目对这些组织负责人的权威及这些组织的自主性构成了威胁。

另一项对赔偿项目的指责是，它们会滋长非自愿性劳役。当贫困未成年罪犯无法负担金钱赔偿金额或违反保释规定时，他们或许会遭受不公平待遇。为避免这些偏见的发生，保释官应该首先明确，为什么不能进行金钱赔偿，之后再提议合适的解决方案，而不应该简单地将拒付金钱赔偿当作有待法律执行的问题。

最后，与传统宣判方式一样，赔偿令也有被滥用的倾向。在情况类似的案件中，不同违法犯罪者的赔偿令可能大相径庭。为了解决这一问题，许多辖区已经制定了指导标准以规范赔偿制度。

寄宿社区矫治

如前所述，许多专家认为，即使对最严重的未成年罪犯进行收监也是错误的。在戒备森严的关押场所监禁未成年人通常无法解决导致青少年走上犯罪道路的问题。相反，有服刑记录的未成年人一旦再次回归社会，再次犯罪的概率可能会大大增加。许多人认为，对未成年罪犯只进行监禁而不关注他们的矫治需求，这样无法阻止其再次犯罪。研究表明，最有效的安全矫治项目可以为少数参与者提供个性化服务。大型工读学校在这方面的有效性尚未得到证实。在这种情况下，各种寄宿社区矫治的项目应时而生，为需要更安全环境的青少年提供服务，而他们所要求的这种环境恰是保释部门无法提供的，这些未成年罪犯不需要被安置于州立的未成年人矫治机构，而寄宿社区中的矫治项目则能满足他们的需求。

寄宿社区矫治如何实施呢？在某些情况下，未成年罪犯仍处于保释监督之下，并且保释部门也成了一种寄宿治疗机构。有些未成年罪犯被安置于社会服务部门或未成年人矫治机构，如此一来，就是将未成年人安置于寄宿机构。寄宿项目通常可以分为四大主要类别：（1）团体之家，包括寄宿学校和公寓类住所；（2）寄养家庭；（3）家庭式团体之家；（4）乡村项目。

寄宿项目：将未成年罪犯安置于一个诸如团体之家、寄养家庭、家庭式团体之家或是农村家庭等非封闭式居住性社区，未成年罪犯在这些地方接受密切监管，并与工作人员保持密切联系。

团体之家是非封闭式住所，提供咨询、教育、工作培训及家庭生活等服务。团体之家配备少量有资质的工作人员，通常收容12～15个青少年。与其他项目相比，团体之家的生活环境质量是最差的。居住在团体之家的未成年人有机会和管理人员建立非常亲密的关系。未成年人在团体之家居住，去公立学校上学，并参加该地区的社区活动。

<small>团体之家：一种结构良好的非封闭式社区，为未成年罪犯提供咨询、教育与工作培训及家庭生活。</small>

寄养家庭为那些失去双亲或父母不能照顾他们的未成年罪犯提供支持和住所。寄养父母为其提供稳定的环境，培养并指导未成年人以帮助他们成功回归社会。近年来，有一个寄养家庭项目，即多维治疗养护项目，在减少未成年犯罪方面卓有成效。正是由于该项目如此重要，本章特色栏目——《循证未成年人司法疗愈》——以其为主题进行了详细介绍。

<small>寄养家庭：孤儿或父母不能对其进行照顾或看管的未成年人被安置于能够为其提供一些他们在自己家中得不到的关心、引导和照顾的家庭。</small>

家庭式团体之家结合了寄养家庭和团体之家两者的特点。未成年人被安置于由一个家庭而非专业人员运营的私人团体之家。在这里，问题青少年有机会在家庭式环境中学习如何与他人相处，同时国家也无须支付启动资金，还可以避免因建立公共机构而引起居民的反对。

<small>家庭式团体之家：一种将寄养家庭与团体之家结合起来的寄宿项目，未成年人被安置于一个由单个家庭而非专业人员运营的私人团体之家。</small>

乡村项目包括林务工作营、牧场、农场等，为未成年人提供娱乐和工作机会。这些项目通常包含30～50名青少年。然而，该类项目具有将未成年人与外界社会隔离开的缺点，如果未成年人仅是暂时性参与这类项目或者家人和朋友可以进行探视，那么重新融入社会还是可以实现的。

<small>乡村项目：一些为未成年人在乡村提供的特殊娱乐和工作机会，例如林务工作营、农场、牧场等。</small>

大多数寄宿项目均以团体咨询作为主要的矫治方法。尽管与收监处置相

比，社区矫治应用较少，但发展基于社区的寄宿矫治设施已是趋势。

循证未成年人司法疗愈：多维治疗养护（MTFC）

寄养家庭项目包括一两个青少年，他们生活在一个家庭，通常是一对夫妇充当他们监护人的角色。这一两个青少年与养父母建立密切的关系，并会得到他们在自己家中无法得到的关注与照料。寄养家庭经历的品质取决于养父母。针对法院裁决的未成年罪犯的治疗养护在美国并不是很多。寄养安置工作一般由福利救济部门负责处理，但对这种治疗方案的资助一直是未成年人司法体系的一大难题。然而，寄养家庭项目作为一种社区治疗方案得以扩展。

多维治疗养护就是治疗养护模式的一个成功例子。这种治疗养护模式由俄勒冈社会学习中心的社会学家开发，专门为那些最严重的青少年惯犯设计的。该项目将诸如青少年解决问题过程中的技能建立等个体治疗，与针对亲生父母或养父母的家庭治疗结合起来。寄送家庭养护成员接受项目工作人员的培训，这样他们就对青少年进行密切监管，进行公正且前后如一的约束与影响，并使其与养护成员之间建立一种支持关系。同时，项目工作人员也对寄养家庭进行密切监管，对青少年进展情况定期向寄养家庭询问。

研究者曾就多维治疗养护做过一个试验，对象为79名未成年人司法体系管控下的青少年男性。研究者发现，在该试验项目结束一年后，接受多维治疗养护的青少年被逮捕的比率比接受常规团体之家看护的控制组青少年明显要低得多。研究者对试验对象进行了长达两年的跟踪观察，也就是这些青少年到了16～19岁时，发现这些好处持续存在。根据对因暴力犯罪被移交至矫治项目的青少年的测试及其暴力行为的自述报告，多维治疗养护比团体之家看护具有明显的效果。24%的团体之家看护场所会出现两例或以上因暴力犯罪而移交刑事的情况，而多维治疗养护场所在这方面的比率仅为5%。团体之家看护项目的参与者中自述其暴力犯罪比率是参与多维治疗养护项目青少年的5～10倍。

在另一项试验中，帕特丽夏·张伯伦（Patricia Chamberlain）和她的同事对多维治疗养护和团体之家看护对年龄在13～17岁的81名女性严重未成年惯犯的影响进行了调查，并对其进行跟踪观察，直至她们到15～19岁。分析表明，通过对待在封闭环境的天数、移交刑事的数量和自述违法犯罪的测定，多维治疗养护比团体之家看护更为有效。进一步的分析显示，年长的多维治疗养护项目的参与者比两种项目中的年轻参与者都表现出更少的违法犯罪行为。

批判性思维：

1. 多维治疗养护包含许多重要的组成部分，从而保证了该项目的有效性。在众多组成部分当中，你认为哪一个更为重要？请进行讨论。

2. 多维治疗养护对一些最严重未成年惯犯的效果表明，尽早干预，从不嫌晚。这对于社会如何运用治疗与惩罚来处理未成年罪犯有什么意义？

非寄宿社区矫治

在非寄宿社区矫治项目中，未成年罪犯待在自己家中，并接受心理辅导、教育辅导、就业指导、诊断及个案工作服务。辅导教师或保释官通过新颖细致的支持以帮助未成年罪犯待在家中。家庭疗法、教育辅导及工作安排都可能是该项目的一部分。非寄宿社区矫治项目常常效仿始于1959年美国犹他州的普洛佛试验和于20世纪60年代早期在新泽西州埃塞克斯县开展的埃塞克斯菲尔德康复项目。

非寄宿项目：未成年罪犯待在自己家中，但必须通过强化支撑体系集中接受咨询、教育、就业、诊断及生活环境调查等服务。

寄宿社区矫治的利与弊　　社区矫治的方法有局限性。公众可能对社区矫治存在负面的印象，当矫治对象是对社会构成威胁的未成年罪犯时尤为如此。人们认为收监可能是对未成年暴力惯犯的唯一处置方式。即使未成年犯罪问题有所缓解，人们可能仍不愿意接受这些致力改革的政策和实践所带来的结果。例如，社区群体一般都会反对在其社区内设置未成年罪犯矫治项目。他们的担忧合理吗？

许多早期对社区矫治的批评是针对其糟糕的服务质量、寒酸的运作方式以及在管理、后续跟进和策划等方面比较盲目等问题。在20世纪70年代早期，马萨诸塞州宣布取消未成年罪犯矫治体制，一连串的报告接踵而来，揭示社区矫治项目的操作不够规范，没有统一的政策与程序及缺乏责任性是导致这一结果的部分原因。那时，未成年罪犯所需的矫治项目发展受阻，可利用资源的分配也不合理。现在的社区矫治项目已经基本克服了早期的缺陷，效率比以前也有了明显的提高。

安全矫治

如果法院确定社区矫治不能满足未成年罪犯的特殊需求，法官可能会将其移交至一个安全的矫治项目。如今，由联邦、州及县政府运营的矫治机构一般可分为封闭式机构和开放式机构两种。封闭式机构通过工作人员监控、出口上锁及设立内部围栏等措施限制内部人员的活动。开放式机构一般不限制内部人员的活动，内部人员可以更加自由地出入机构。在之后的章节，本书从历史背景着手分析未成年罪犯封闭式矫治的状况。随后对未成年罪犯的收监生活、未成年罪犯委托人、矫治问题、法定权利及出狱辅导与回归社会项目进行了探讨。

未成年人关押场所的历史

在19世纪早期，未成年罪犯及被忽视和失去依靠的儿童均被关押于成人监狱。这些关押场所的条件十分恶劣，这也是导致社会改革家在1899年创立独立的未成年人审判体系的原因之一。早期的未成年人关押场所均是效仿成人监狱而建的技工学校，旨在保护儿童免受成人监狱所带来的恶劣影响。1825年，第一所未成年人收监机构落成，即纽约庇护所。不久之后，其他州也纷纷开始为未成年人建立工读学校。1846年，马萨诸塞州率先为韦斯特伯勒的男孩设立了莱曼学校。1849年，纽约州开办州立工农学校。1853年，缅因州设立了缅因男子训练学校。截至1900年，美国已有36个州先后开办了此类工读学校。尽管精确统计这些关押场所的收容人数存在困难，但截至1880年，大约有11000位青少年被关押在未成年人矫治机构，这一数字到1980年翻了两番有余。早期的工读学校一般以惩罚为目的，通过繁重工作和管教以实现未成年人的康复或改造。

> 工读学校：在该机构中，被强制拘押的未成年人要接受教育、心理咨询等服务以改进其行为。

19世纪下半叶，人们的关注重点开始转向村舍系统。未成年罪犯被安置于一系列村舍中，每间小屋可以容纳20～40个孩子。每间村舍由一对家长负责管理，充当父母角色，为未成年人营造一个家庭氛围。人们相信这样的设置有助于促进未成年人的康复。

> 村舍系统：将未成年人安置于一系列村舍中，每间小屋可以容纳20～40个孩子，每间村舍由一对家长负责管理，充当父母角色，为未成年人营造一个家庭氛围。

第一个村舍系统于1855年建于马萨诸塞州，第二个于1858年在俄亥俄州建立。与工读学校相比，这种村舍系统是一大进步。人们坚信，摒弃惩罚，转向康复，这不仅可以使未成年罪犯最终得以康复，也可以防止顽劣儿童的犯罪行为。

20世纪的发展 未成年人矫治机构在20世纪早期发生了重要变化。受第一次世界大战的影响，工读学校开始采用军事化管理：居住单位变成了军营，村舍变成了连队，村舍之主变成了上尉，总负责人变成了少校或者上校，军人制服成了标准着装。此外，1899年，第一所未成年人法庭成立，这反映了收押未成年罪犯措施的扩展。随着未成年罪犯数量的增多，未成年人关押机构的形式也变得多种多样，包括林务工作营、农场、职业学校等。从20世纪30年代起，以民间资源保护团队管理的场所为原型建成的营地成了未成年人矫治体系的一部分。这些营地以资源保护为中心，成为一种康复改造的形式。

在这一时期，洛杉矶县率先建立了这种营地。加利福尼亚州南部正面临如何处理外地来加州临时打工的青少年的问题，他们身无分文，又触了犯法律。洛杉矶县并没有将他们关进监狱，而是将他们安置在资源保护营，付给他们较低的薪酬，直到他们攒够回家的钱就释放他们。与工读学校相比，这种营地项目提供了更多的改造康复的机会。到1935年，加利福尼亚州已经建成了一个专门针对男性未成年罪犯的林务工作营网络。这种做法很快在其他州得到推广。

同样在20世纪30年代，美国儿童局也致力于改革未成年人矫治机构。儿童局组织开展研究以确定工读学校的理念的有效性。然而，由于资金有限及低效的官僚主义作风，并没有从这些项目中获得有价值的信息，儿童局也没能实现显著的变化，但这些努力认可了积极机构式看护的重要角色。

20世纪40年代，美国法律学会的"模范青少年矫治权力法案"获得通过，这是另一大创新举措。该法案重视建立接待/分类中心。加利福尼亚州率先在这方面做了尝试，于1947年在其首府萨克拉门托市开设了北方招待中心及诊所。如今，该类中心已遍布美国各地。

自20世纪70年代以来，未成年人收监有了一个重要变化，即未成年罪犯关押场所不再收监犯有身份犯罪的青少年。这包括拘留中心不再收押犯有身份犯罪的青少年，并且所有未成年罪犯均不会与监狱中的成人罪犯产生任何接触。这一除监化政策容许法庭采用最小限制性替代措施为犯有身份犯罪的青少年提供服务项目。如果有基于社区的项目，那么未构成犯罪的青少年不应被关押在封闭式安全设施中。另外，联邦政府禁止各州将犯有身份犯罪的青少年关押在形式和功能与关押未成年罪犯机构类似的场所。此举是为了防止各州仅仅对其收监人口就近稍做调整，即将一个管教所用于关押所有未成年罪犯，而将另一个全部关押犯有身份犯罪的青少年。然而，实际情况却依然没有改变。

最小限制性替代措施：选择具有最小限制性的项目或最有利于青少年的安全环境。

  整个20世纪80年代到90年代，未成年人矫治机构的关押人数大幅增加。未成年人矫治机构的容量也有了提升，但仍不足以避免过度拥挤的问题。一些州的管教所严重拥挤，导致私人机构在未成年人矫治方面发挥越来越重要的角色。对监禁的过度依赖为各州造成了很大的成本。1995年，未成年人矫治用于公共设施方面的开支超过了20亿美元，比1982年增长了20%。未成年人司法与犯罪预防办公室于1994年发布的一份报告称，在未成年人矫治机构中，人口拥挤、缺乏健康护理、存在安全隐患以及无法有效管控自杀行为等问题非常普遍。尽管新的矫治机构正不断筹建，但是在一半以上的州仍存在人口拥挤的问题。

今日未成年人关押场所：公立和私立

  大多数未成年罪犯均被关押于州政府机构管理的公立机构，如儿童青少年服务中心、健康社会服务中心、矫治中心或儿童福利院等。在一些州，这些机构被纳入集中式系统，不仅关押成年人，还有未成年人。近来，许多州将未成年人矫治中心从现有的成年人矫治部门或心理健康机构分离开来。但是，大多数州仍然将管理未成年人矫治中心的责任归到社会服务部门的范畴。

  由州政府机构资助或特许的私人机构维护并运营的私立矫治设施是对公

立机构的一种补充。现在大多数私立矫治设施相对来说规模较小，收监未成年人的数量不超过30人。此外，许多私立矫治设施有特殊的任务或侧重（例如，矫治有严重情感问题的女性）。大约80%的公立机构是封闭式的，仅有20%的私立机构为戒备森严的收监场所。

关押人口趋势

大多数犯罪人员均被关押在公立机构中，而大多数轻微违法但未构成犯罪的少年犯都被关押在私立机构中。在2010年的一次调查统计中，美国共有70792名未成年犯罪人员，其中69%被关押于公立机构，31%被关押于私立机构。在1991至1999年，被收监未成年人的数量上升了41%，紧接着在1999—2010年，这一比例则下降了34%。安妮·E.凯西基金会的一份最新报告指出，2010年的统计调查数据显示，被收监未成年罪犯的数量达到35年来的最低点，而且这一长达十年的下降也没有导致青少年犯罪的增长；在这期间，青少年犯罪实际上一直在下降（参见第1章）。

各州之间的未成年人收监率差别很大。南达科他州在运用收监处置方面最为充分，每100000名未成年人中就有575名被监禁在未成年人矫治机构。佛蒙特州和夏威夷州的未成年人收监率最低，每100000名未成年人中分别有53和90人被收监。南达科他州的未成年人收监率是美国平均水平的两倍之多（见表10.1）。一些州很大程度上依靠私立机构，而另一些州则将大量青少年罪犯收押于外州的矫治机构。

各州之间的未成年人收监率存在巨大差异，这也一直是备受揣测的主题，但并没有多少关于这方面的实证研究。在一项重要研究中，犯罪学家丹尼尔·米尔斯发现，有些州的未成年人收监率之所以明显高于其他州主要有三个原因：(1) 这些州的未成年人财产犯罪率和成年人暴力犯罪率较高；(2) 这些州的成年人收监率较高；(3) 一些地区在"文化层面接受惩罚性政策"。有趣的是，米尔斯发现，西部和中西部各州的未成年人收监率往往高于南部各州，因此，他对人们普遍认为美国南方惩罚性过高的观点表示质疑。

表10.1　2010年各州收监未成年罪犯数量与比率对比

罪犯所属州	人数（名）	比率（名）	罪犯所属州（名）	人数（名）	比率（名）
美国总人数	70792	225	密苏里州	1197	214
亚拉巴马州	1101	212	蒙大拿州	192	191
阿拉斯加州	282	342	内布拉斯加州	750	378
亚利桑那州	1092	152	内华达州	717	244
阿肯色州	729	230	新罕布什尔州	117	97
加利福尼亚州	11532	271	新泽西州	1179	123
科罗拉多州	1530	287	新墨西哥州	576	250
康涅狄格州	315	92	纽约州	2637	179
特拉华州	252	270	北卡罗来纳州	849	112
哥伦比亚特区	180	428	北达科他州	168	258
佛罗里达州	4815	261	俄亥俄州	2865	227
佐治亚州	2133	220	俄克拉荷马州	639	157
夏威夷州	120	90	俄勒冈州	1251	319
爱达荷州	480	258	宾夕法尼亚州	4134	316
伊利诺伊州	2217	178	罗得岛州	249	235
印第安纳州	2010	276	南卡罗来纳州	984	235
艾奥瓦州	738	227	南达科他州	504	575
堪萨斯州	843	264	田纳西州	789	117
肯塔基州	852	186	得克萨斯州	5352	204
路易斯安那州	1035	239	犹他州	684	191
缅因州	186	142	佛蒙特州	33	53
马里兰州	888	143	弗吉尼亚州	1860	224
马萨诸塞州	663	115	华盛顿州	1305	183
密歇根州	1998	208	西弗吉尼亚州	561	316
明尼苏达州	912	159	威斯康星州	1110	209
密西西比州	357	105	怀俄明州	255	440

注：该比率指2010年每10万名未成年人中被裁决为寄宿安置的未成年罪犯的数量。

尽管在过去几年里被收监的青少年的数量保持稳定，但这些数据可能仅仅揭示了冰山一角。这些数据并没有包括许多被移交成人法庭或由于排除条款而被当作成人审判并被判处监禁的未成年人。在大多数州，被判有成年人罪行且未达到法定年龄的未成年人被关押在青少年中心，直到达到法定成年人年龄，他们会被转送到成年人关押场所。此外，可能还存在一个比较隐蔽的矫治体系，该体系将难以控制的青少年送至私人精神病医院或戒毒所进行诊治，否则这些青少年可能就会被送至矫治机构或社区项目。这些数据表明，被收监儿童的实际数量可能远远大于官方数据所公布的数量。研究还表明，由于缺乏合适的矫治机构，对大量青少年的监禁实际上是不恰当的。作为内务委员会政府改革工作的一部分，国会调查人员开展了一项美国全国性调查。他们发现，15000名患有精神障碍且急需心理健康服务的儿童被关押于封闭式未成年人拘留所，这是不恰当的。在新泽西州，针对该州儿童福利系统的调查发现，大量十几岁的收养儿童被关押在封闭式未成年人拘留所。其他州也因缺乏适当的矫治性机构而出现了类似的情况。

设施配备状况

未成年人收监机构的设施配备规模不一，质量也参差不齐。许多成立时间已久的工读学校仍然不管何种罪行，将所有少年犯安置于同一栋建筑内。对于一个未成年罪犯接收单位来说，更容易为人所接受的建筑构造应包括医务室、保安部、宿舍或平房。建筑设计师得出结论，对工读学校而言，最有效的设计是将机构设施建在社区广场周边地区。教养所设施配备一般应包括食堂、厨房、储备仓库、学习与职业训练室、图书馆、礼堂、体育馆、管理楼及其他基础设施。

关押场所的个人生活区也有所差别，这取决于设施类型及其管理水平。大多数传统的少年犯教养所条件极差，令人震惊。然而，如今大部分关押机构均设有卫生间及洗浴设施、床铺、书桌、灯、餐桌等。新建的关押机构通常尽量为每个未成年罪犯提供单独的房间。然而，根据未成年罪犯居住设施普查收集的信息，在统计的2860个关押机构中，有1/4或满负荷运行或人满为患，而剩下的关押机构的实际收监人数超过现有的标准容量。

未成年人封闭式收监机构的设施配备状况相比21世纪初的工读学校已经取得了很大的进步。然而，许多管理者意识到，未成年人收监机构按照国家标准实现现代化是必要的。尽管在这方面已经取得了一些进展，但是仍存在大量需要克服的困难。

被收监的青少年

通常，未成年人收监机构的关押者是来自少数族群的15或16岁男性青少年。大部分被收监的青少年是因为财产犯罪或贩毒而被关押。

少数族群青少年的收监率是白人青少年收监率的2～4倍。差别最大的是非洲裔青少年和白人青少年，每十万名青少年中被收监人数分别为605名和127名。在许多州，例如加利福尼亚、新泽西、纽约及宾夕法尼亚等，非洲裔美国青少年和白人青少年的收监率差异更大（见表10.2）。研究发现，这一突出的差异并非逮捕率的差别所致，往往源于早期案件处理方面的差异。同样重要的是，少数族群少年犯往往更可能被关押于封闭式公立机构而非成本更高且矫治效果更好的开放式私立机构，并且对于整个未成年人司法体系下的所有少数族群而言，非洲裔美国青少年往往比其他族群更可能受到惩罚性对待。

表10.2　2010年各州欧洲裔未成年罪犯与非洲裔未成年罪犯的收监率对比

罪犯所属州	人数（名）	比率（名）	罪犯所属州	人数（名）	比率（名）
美国总人数	127	605	密苏里州	140	586
亚拉巴马州	131	392	蒙大拿州	131	581
阿拉斯加州	228	649	内布拉斯加州	217	1716
亚利桑那州	114	334	内华达州	155	723
阿肯色州	142	534	新罕布什尔州	84	389
加利福尼亚州	115	984	新泽西州	26	538

（续表）

罪犯所属州	人数（名）	比率（名）	罪犯所属州	人数（名）	比率（名）
科罗拉多州	204	1202	新墨西哥州	159	652
康涅狄格州	27	360	纽约州	77	538
特拉华州	89	703	北卡罗来纳州	60	249
哥伦比亚特区	172	501	北达科他州	178	452
佛罗里达州	202	650	俄亥俄州	128	712
佐治亚州	76	461	俄克拉荷马州	90	576
夏威夷州	48	84	俄勒冈州	274	1214
爱达荷州	240	257	宾夕法尼亚州	111	1316
伊利诺伊州	106	476	罗得岛州	123	961
印第安纳州	207	717	南卡罗来纳州	128	450
艾奥瓦州	165	864	南达科他州	317	2109
堪萨斯州	172	1040	田纳西州	64	293
肯塔基州	135	577	得克萨斯州	123	529
路易斯安那州	96	472	犹他州	154	666
缅因州	131	446	佛蒙特州	31	0
马里兰州	47	321	弗吉尼亚州	112	583
马萨诸塞州	54	403	华盛顿州	137	625
密歇根州	105	625	西弗吉尼亚州	254	1173
明尼苏达州	85	673	威斯康星州	109	1062
密西西比州	38	189	怀俄明州	402	1103

注：该比率指2010年每10万名未成年人中被裁决为寄宿安置的未成年罪犯的数量。

与白人青少年罪犯相比，少数族群青少年罪犯从法院系统转到非正式制裁的可能性较小，而被判处监禁的可能性较大。如今，10名在押青少年中有7名或以上属于少数种族或少数民族。青少年处置的种族差异问题愈演愈烈，亟须公众监督。作为回应，许多地区在其辖区内的未成年人司法体系启动了对这一种族不均衡问题的研究，并遵照2002年出台的《未成年人司法及预防未成年人犯罪法》及联邦政府的要求，减少不对称的少数民族裔关押（DMC）。一份各州遵照要求减少DMC的报告表明，在这方面已经取得了一些进展，但是仍然存在许多挑战，包括确定导致DMC的因素这一基本需求（至少有18个州尚未启动这一程序）、数据系统不完整不统一及目前正在进行的对重点干预以及整个系统为减少DMC所做工作进行评估的需求。一些在减少DMC方面大有前途的实践，例如文化素质培训及增加基于社区的拘留替代方案等，正在开始出现。

犯罪聚焦：未成年罪犯保持精神健康的需要

研究表明，未成年人教养所中多达2/3（66.67%）的未成年罪犯患有精神健康问题，并且这些青少年中有很大一部分在被移交教养所之前并没有得到确诊或接受过任何治疗。有精神健康问题的被监禁的青少年在适应新环境方面可能觉得更为困难，这进而可能会引发他们的越轨行为、纪律问题及参与治疗项目问题。所有这些问题会增加他们回归社区之后再次违法的风险。

这些研究结果本身就应引起关注，但是由于许多州为了压缩预算正削减社区与基于学校的精神健康项目资金，使这种状况变得更为紧迫。在一项对各州精神健康办公室的调查中，至少32个州在当前财政年度削减了对这些项目上的资金拨款，平均下降5%左右。这些州计划在未来的几年将继续削减这方面的资金拨款，将预算削减额度翻一番。据得克萨斯州青少年委员会儿童心理学家约瑟夫·佩恩（Joseph Penn）所说："患有精神疾病的儿童越来越多，而他们却得不到相应社区项目的强化治疗。监狱和未成年人司法设施不过是新型的收容所而已。"

即便得到确诊，未成年人教养所中相应的治疗服务也非常缺乏。一项研究发现，仅有1/4（25%）被确诊患有精神疾病的未成年罪犯能够获得一定的治疗。另一项研究表明，85%患有精神疾病的人报告说在获得精神健康服务时至少存在一种认识上的障碍。造成这一问题的原因是，最适合这些青少年治疗方式方面的信息较少。哥伦比亚大学的青少年司法心理健康促进中心和国家心理健康与未成年人司法中心正在美国范围内尽早推动改善治疗状况及精神健康评估工作。

批判性思维：

1. 为解决被收监的青少年的精神健康需要，可以采取哪些短期的措施？社区治疗是否是一个现实的选择？请解释一下。

2. 各州在策划这一人群的长期需要方面需要做哪些工作？

在所有民族和种族中，对精神健康的需求在被收监的青少年中尤为突出。由于这一话题的重要性，本章特色栏目——《犯罪聚焦》——将就这一话题进行探讨。

二十多年以来，众多令人震惊的案件得以曝光，这些案件有时由美国司法部下属的民权部门在调查后发布，这些案件继续将公众的注意力集中在未成年人矫治问题上。虽然被收监未成年人的性侵害比率仍然非常严重，但司法部对美国服刑人员所做的最新调查显示，未成年服刑人员遭受性虐待的风险已经低于成年服刑人员。

相比过去几年，如今更是有一些批评者认为，公众监督改善了工读学校的条件。工读学校工作人员的职业精神增强，野蛮行为似乎已经减少。大多数情况下，轻微违法且未构成犯罪的青少年和普通罪犯被关押于不同的场所。关押时间变短，康复项目有所增加。然而，关押场所内男性和女性罪犯的改造康复经历存在明显的差异。

男性服刑者

在被收监的青少年中，男性占绝大多数，每8个未成年罪犯中就有7个是男性，并且大多数康复项目均是针对他们的需求而设立的。在许多方面，他们的改造康复经历与成年罪犯的改造经历类似。克莱门斯·巴利亚斯及其同事在一篇重要论文中指出了未成年人收监机构中服刑人员的常见的价值观：

• 利用任何你可以利用的人。

- 不要讨好监狱看管。
- 不要出卖自己的同伴。
- 不要屈服于他人。

除了这些一般规则外，研究人员还发现，非洲裔和白人服刑人员还各自有一套单独的规则（非洲裔服刑人员为"利用白人；不会强迫黑人与其发生性关系；维护自己的兄弟"；白人服刑人员为"不要相信任何人；人人为己"）。

其他研究也证实了这样一种观点，服刑人员确实会形成一些有凝聚力的群体，并且会恪守一种非正式的囚犯文化。青少年罪犯的犯罪前科越严重，收监场所的安全系数越高，他们对这种囚犯社会准则的依从性就越强。男性青少年罪犯往往可能与自己种族群体的成员结成同盟，并试图压榨群体之外的囚犯。他们甚至还策划操纵收监机构工作人员，并欺诈处于弱势的同龄人。然而，在矫治为导向的收监场所中，工作人员与服刑人员之间的关系更为密切，因此，服刑人员往往不太可能恪守一种消极的囚犯准则。

女性服刑者

在1991年至2001年（达到峰值），被收监女性未成年罪犯的数量增加了57%，由9600人增至15100人。从2001年到2010年，被收监女性未成年罪犯的数量下降了1/3以上（38%，由15100人下降到9400人）。在同一时期，女性未成年罪犯占被收监罪犯总人数的比例略有下降，从2001年的14%下降到2010年的13%。直到这一时期，女性未成年罪犯的收监率日益提高。

越来越多的女性青少年参与犯罪加上女权主义运动的影响，女性未成年罪犯引起更多社会的关注，同时揭示了司法的双重标准。例如，女孩比男孩更可能因为身份罪而被监禁。与男孩相比，对女孩的收监通常更具有限制性，她们能参与的教育和职业培训项目更少，所享受的服务种类也更少。对女孩的收监在改造康复方面所做的工作也远远不够。有人提出，之所以施行这一双重标准，是因为男性占主导地位的司法体系试图以性别之名给予年轻女孩更多的"保护"。

多年以来，被收押在公共机构的女性人数有所下降，尽管在过去的几年中下降得较少。这代表了一种长期的趋势，即将女性未成年罪犯——其中很多为非严重罪犯——从封闭式关押场所中移除，将其安置于私人或社区机构。据估计，所有寄宿安置的女性未成年罪犯中有33%被安置于私人机构；而对于男性未成年罪犯而言，这一比例为30%。

一旦女性未成年罪犯被收押，导致女孩被收监的双重司法标准仍然存在。例如，针对女孩的收监机构项目趋向于以强化女性的传统角色为导向。正如过去处理的性侵犯案件一样，大部分这类的项目也不能对非洲裔美国女孩和白人女孩的不同需要做出说明。这些项目多大程度上能使这些女性未成年罪犯康复令人质疑。这一双重司法标准的一个例外是，女性和男性青少年罪犯的收监条款是相同的。

女性未成年罪犯的许多特征与男性未成年罪犯类似，包括社会技能低下、自尊心较低等。另外，女性未成年罪犯还具有一些女性特有的问题，如性虐待、受欺压史及缺少安置选择等。与男性未成年罪犯相比，女性未成年罪犯具有精神健康问题的比率也相对较高。此外，有许多指控称女性未成年罪犯遭到矫治工作人员的情感暴力和性虐待，他们或是压榨这些情感脆弱的年轻女性服刑人员，或是冷酷地漠视她们的情感诉求。国家犯罪和越轨委员会进行的一次访谈调查披露了大量虐待事件，也揭示了年轻女性服刑人员对这种残酷收监处置的极度愤恨。

尽管现在男女共用的收监场所的数量比过去有所增加，但大多数女性未成年罪犯仍然被收押于乡村地区单一性别的收监场所，这些地方很少能提供充分的康复性服务。以下几个因素造成了对女性未成年罪犯的不公平处置。其一，管理人员的性别偏见。他们认为，教给女性未成年罪犯"合适的"性别角色将有助于她们发挥有效的社会职能。收监机构的工作人员也往往认同这种观点，他们中有许多人持有高度性别歧视，认为未成年女性应有其合适的行为。其二，收监机构的工作人员在理解和处理女性未成年罪犯这一群体的独特需求方面没有得到足够的培训。女性收监机构在规模上往往比男性收监机构要小，缺乏资源，因此，它们无法像大型男性收监机构那样提供许多项目和服务。

如此看来，尽管社会更为关注对女性未成年罪犯的保护，但由于她们所犯罪行并不严重，因此对她们的康复改造不太关心。这种态度转化为现实就是：女性收监机构的工作人员配备更少、设施老旧、教育和娱乐项目相比男性收监机构更为贫乏，且质量较差。为解决这些问题及女性收监机构面临的许多其他问题，美国律师协会提议进行若干重要变革，包括以下几点：

· 发现、提升并支持针对女性的、发展良好并具有文化特色的有效举措。

· 为面临违法风险和已经违法的女孩及其家人基于他们的能力和需要推广一套综合的护理体系。

· 对服务的妥善性进行评估以满足面临违法风险或已经违法的女孩的需要，并解决服务中的差距问题。

· 收集并审查各州及地方政府的措施以对其决策和系统结构的性别影响进行评估分析。

上述提议中，有些已开始得到高度重视，尤其值得注意的是，越来越多的证据表明，面向被收监未成年女性及未成年人司法体系其他阶段的有效康复项目开始出现。

未成年人矫治

几乎所有未成年人收监机构均实施了某种形式的矫治项目：心理咨询、职业与教育培训、娱乐项目或宗教咨询。除此之外，大多数收监机构还提供医疗项目及临时法律服务项目。总体来说，收监机构规模越大，其所提供的项目和服务的数量就越多。

这些项目的实施旨在使未成年罪犯得到康复，使其具有较强的社会适应能力，并将他们重新送回社会，成为一个对社会有用的公民。然而，尽管初衷不错，康复的理想目标却很少得到实现，很大程度上是因为这些项目的执行不力所致。大量未成年罪犯在获释后犯下更多的罪行，有些专家据此认为，矫治对累犯几乎不起任何作用。然而，一项对收监矫治项目的大规模实证研究发现，接受矫治的严重未成年罪犯的累犯率比情况类似且未接受矫治的严重未成年罪犯低大约10%，并且成效显著的项目可降低累犯率高达40%。这些成功的收监矫治项目提供用以提高人际交往能力的培训和用以提高行为技能的家庭式教育（见附表10.2）。同样重要的是，矫治项目要在被收监的青少年与未成年人护理人员之间形成一种健康和支持性的关系。

附表10.2　严重未成年罪犯收监矫治项目的效果

积极影响，一致性证据
人际交往能力
家庭式团体之家

积极影响，不一致证据
行为项目
社区居民
多元化服务

混合但总体积极的影响，矛盾证供
个体咨询
群组指导
群组咨询

影响较弱或无影响，矛盾证供
就业相关
戒除毒瘾
野外训练/挑战

影响较弱或无影响，一致性证据
环境疗法

那么，矫治康复有什么弊端呢？在改造未成年罪犯的过程中，一个最常见的问题是缺乏训练有素的工作人员。有限的预算是一个首要问题。将一个未成年人收监进行康复矫治每年要花费一大笔钱，这也是为什么收监矫治机构一般不聘用大量专业工作人员的原因。

然而，有些矫治项目的成本较低，效率却很高，由此产生的货币收益也远远超过项目运转所需的花费。在一项标题颇具煽动性的研究中，即"对暴力罪犯进行矫治值不值？"，研究者米歇尔·考德威尔（Michael Caldwell）、米歇尔·维塔克（Michael Vitacco）和格雷戈里·万·莱布里克（Gregory Van Rybroek）发现，一个在减少累犯率方面卓见成效的未成年暴力罪犯收监矫治项目为纳税人节约的成本比运行该项目的成本多七倍。这些调查结果对政策制定者和政府资助机构非常有影响力。

这些矫治项目最突出的问题是它们的实施并非像预期的那样得到落实。尽管许多收监机构的正式目标或许是矫治和康复，但实际上可能是围绕安全和惩戒展开。

个体矫治技术：过去和现在

一般来说，有效的个体矫治项目是围绕心理治疗、现实心理疗法和行为矫治疗法构建的。个体咨询是最常见的矫治方法之一，几乎所有的未成年人矫治机构均一定程度上采用这种方法。这并不奇怪，因为诸如抑郁症等心理问题在未成年人矫治机构中普遍存在。个体咨询并不试图改变未成年人的个性。更确切地说，它试图帮助个体更好地理解和解决他们当前面临的适应问题。然而，由于一些矫治机构聘用一些不具备专业资格的咨询人员，这使针对未成年罪犯的心理咨询流于形式。

个体咨询：咨询顾问帮助未成年人理解并解决他们当前面临的适应问题。

专业咨询可能以心理治疗为基础，这需要对个体的童年经历进行广度分析。一个有经验的治疗师试图通过改变童年时期习得的消极行为模式以帮助个体更积极地适应社会。另一种频繁使用的矫治方法是现实心理疗法。这种矫治方法由威廉·格拉瑟（William Glasser）于20世纪70年代提出，强调当前之行为而非过去之行为，强调罪犯为自己的行为承担全部责任。现实心理疗法的目的在于让矫治对象成为更负责任的人，通过使矫治对象尽可能地遵守一系列准则来增强其自信心，从而实现治疗的目的。现实心理疗法能否取得成功很大程度上取决于咨询人员所能给予的温暖和关心。许多矫治机构高度依赖这种矫治方法，因为他们认为这种矫治方法不需要训练有素的专业人员。实际上，有经验的治疗师对于这种矫治方式的成功是至关重要的。

心理治疗：高度结构化的咨询，受过专门训练的治疗师帮助未成年人解决冲突，并对社会做出更为积极的适应。

现实心理疗法：一种心理咨询方式，这种咨询方式强调当前行为状态，要求未成年人个体为所有他/她的行为承担责任。

许多矫治机构也使用行为矫治疗法。这种矫治方法基于这样一种理论，即所有行为均是后天习得而来，当前行为可以通过奖励与惩罚措施进行重塑。这种类型的矫治项目在收监机构中非常容易使用，如可以作为对诸如工作、学习或技术发展等行为的奖励。尤其是当与青少年达成协议以纠正他/她的某些行为时，这种方法是相当有效的。当青少年了解别人对他们的期望时，他们会为自身的行为制订计划以达成别人对他/她的期望，随后见证这些预期的结果。如此一来，青少年就有了改变自己的动机。

行为矫治疗法：一种通过奖惩体系影响期望行为的技巧。

群组矫治法

群组矫治比个体矫治更经济，因为一名治疗师可以同时为多个个体提供咨询服务。此外，来自群组的支持往往对小组中的个体而言是非常宝贵的，而且个体也可以从有类似经历的其他群组成员那儿获得希望。群组矫治的另一大优点是，相对于个体而言，群组通常可以更有效地解决问题。

群组治疗：在群组会议上对几个个体同时进行心理咨询；个体在解决同类问题时可以从群组其他成员处获得支持。

群组矫治也有缺点，即无法进行过多的个体关注。每个人的情况不同，有些群组成员可能需要更多的个体化治疗。有些人可能羞于在群组中发言，因而无法在群组矫治体验中获益。相反，有些个体可能会主导整个群组的互动，从而使治疗师很难有效地开展活动。另外，群组谴责可能会给参与者造成严重伤害。最后，也有人担心，通过以群组形式进行矫治，那些长期参与犯罪的人可能会对那些涉嫌轻微犯罪的人造成负面影响。这种情况在未成年人司法体系之外运作的犯罪预防项目中也时有发生（见第8章）。

与任何其他群组矫治法相比，群组心理治疗更加注重挖掘个体的个性，并试图对其进行重塑。这些群组成员之间的关系往往会很紧张。这种群组被用于促进情感表达，解决问题，并教导成员彼此交流情感。

遗憾的是，有效的群组交流所需的要素，即互动、合作和宽容，与违法犯罪者的反社会和对抗性倾向是冲突的。因此，这种方法只有当群组成员自愿参与时才可能有效，但这对于被收监的罪犯来说却并非如此。因此，这些项目的有效性是值得商榷的。

指导性团体互动（GGI）是一种较为普遍的群组矫治方法。GCI基于这样一种理论，即通过小组互动，违法犯罪者会承认并解决自身的问题。群组领导者能够促进群组成员间的互动，并形成一种群组文化。个体成员能够相互支持，并增强可接受行为。在20世纪80年代，一种名为积极同伴文化（PPC）的GGI项目开始流行。这些项目采用群组模式，同龄领导者鼓励群组内其他青少年遵守常规行为准则。其基本原理是，如果消极的同伴影响能怂恿青少年参与违法犯罪行为，那么积极的同伴影响就会帮助他们遵守常规准则。尽管研究结果尚无定论，但已有证据表明，PPC可以促进被收监青少年的沟通能力。

积极同伴文化：一种咨询项目，在这种项目中，同辈领导鼓励其他群组成员改进他们的行为，并且同龄人要强化可接受行为。

另一种常见的群组矫治方法是环境疗法，该方法试图将服刑人员生活环境的各个方面全部融入他们的矫治过程，并尽量弱化监管人员与矫治工作人员之间的差异。在20世纪40年代末至50年代初，布鲁诺·贝特尔海姆（Buro Bettelheim）基于心理分析理论提出了环境疗法的理念。这种疗法的原理是，通过使违法犯罪的青少年产生对治疗师很大程度的依赖，然后警示他们，一旦他们无法控制自己的行为就会失去这种关爱关系，从而试图重塑青少年内心的良知或自我。如今，环境疗法经常用于同伴互动，并试图创设一种环境，鼓励青少年做出有意义的改变、成长及令人满意的适应。这通常是通过同辈压力促使违法犯罪的青少年遵守群组规范来实现的。

环境疗法：环境的所有方面都是治疗的一部分，该疗法鼓励有意义的改变、快速增长以及令人满意的调整。

如今，群组组咨询往往侧重于吸毒和酗酒问题、自尊发展或榜样树立等方面。另外，相比过去几年，由于更多暴力犯罪的青少年被纳入未成年人司法体系，群组互动经常会包含成员适当的愤怒宣泄，并寻求控制此类行为的方法。

教育、职业和娱乐项目

因为教育项目是社会发展的一个重要组成部分，具有治疗及教育价值，因此，它们是大多数矫治项目的重要组成部分。通过教育实现的效果与收监机构项目的所有其他方面均息息相关，如工作、监舍生活、娱乐及医疗服务等。

可以这样说，教育项目很可能是未成年人教养所人员配备最好的项目，但即便是最好的情况，大部分教育项目仍然发展得不够充分。教育项目必须应对大量的各种问题。许多被收监的青少年在精神方面具有缺陷，存在学习障碍，并且在基础学业方面的水平远远落后于同年级平均水平。他们大多数人对教育经历感到沮丧，有厌学情绪。他们的这种沮丧感往往会引发纪律问题。

理想情况下，收监机构应允许服刑人员去社区学校上学，或为其提供可取得高中文凭或普通同等学力证书（GED）的教育项目。近年来，越来越多的寄宿矫治机构已经开始提供这些类型的项目。几乎每10所未成年人寄宿矫治机构中就有9所（87%）可以提供高中水平的教育；每10所中有8所（81%）提供初中水平的教育，70%的寄宿矫治机构可以提供GED预备课程。由于封闭式收监矫治机构规模大，所以往往比团体之家或日间矫治中心更可能提供诸如矫治阅读、体育及辅导等项目。有些机构还能提供计算机辅助学习和程序学习模块。本章特色栏目——《聚焦专业观点》——讨论了一位在未成年人矫治机构工作的教师的职业生涯。

聚焦专业观点：克里斯蒂·斯汪森

爱达荷州监狱未成年人监区教师

克里斯蒂·斯汪森（Kristi Swanson）是爱达荷州监狱未成年人监区的一名教师，该未成年人监区由埃达县未成年人法庭负责管理。她所从事的项目专门帮助未成年罪犯接受高中阶段的教育。该项目的服务对象为那些不能就读传统学校及因停学、开除或安全问题不再被传统学校接收的青少年。

斯汪森的职业生涯始于一所医院神经精神科为青少年设立的教育项目。尽管她非常喜欢这个职位，但她一直以来向往从事触犯法律的及非传统教育环境下的青少年的教育工作。关于触犯法律的孩子，她的理念一直都是：孩子本质上都是好的。他们做出了自己的选择，然而，其中一些选择并非总是好的。

斯汪森为做一名教师做了准备，她获得了教育方面的学士学位，专业方向为英语和中等教育。她发现，一年的医院工作经历让自己受益匪浅。这是因为，在对未成年人矫治机构的学生采取适当的行动措施方面，精神健康问题扮演了非常重要的角色。

那么在克里斯蒂·斯汪森眼中，这份工作最让她受益匪浅的又是什么呢？答案是，学生最终能够改变自己的人生观，并取得属于自己的成功。这些孩子往往在教育方面存在一些障碍，包括吸毒、父母吸毒、身体虐待和/或精神虐待、父母被监禁、贫困家庭出身及怀孕等。很多时候，在这些孩子被移送给斯汪森和她的同事时，很少有人指望他们能够真正帮助这些孩子走出困境，因为其他人在这方面已经失败了。正是这份挑战，加之每个青少年自身的能力，让这份工作变得非常有趣。

作为一名教师，斯汪森最大的挑战在于，尽管工作人员付出了最大的努力，有些学生仍然继续做出糟糕的选择。最终，他们将做出艰难的选择，即在引导这些学生方面还需要付出多少精力，甚至有时这意味着要损害其他人的一些利益。

未成年人监区的教学日被分成三个模块，每个模块为1小时45分钟。斯汪森帮助这些青少年学习数学、科学、英语、历史、政府学、经济学及其他学科。她的日常工作也包括回应未成年人保释官的询问，撰写学生上庭所需的信函及批阅作业等。他们需要对每个学生的日常表现进行记录。这些记录每周末会被送至保释部门。此外，他们还需要跟这些青少年的父母和保释官就学生进展情况进行多次会面。另外，她还接受了干预方面的培训以防止问题恶化，并为学生营造一个安全的学习场所。有时，这意味着她要倾听学生诉说心事，为其提供慰藉和可依赖的臂膀或者前往社会工作者办公室。

职业项目在封闭式收监场所对未成年罪犯的矫治中也发挥了至关重要的作用。因此，本章特色栏目——《相关未成年人》——以此为主题进行了探讨。娱乐活动也是一种有助于弱化未成年人攻击性的重要途径，这些以娱乐作为主要矫治方法的项目可以证明。

有些矫治项目在使未成年罪犯得到康复方面似乎非常有效，这些项目采用了多种方法。这些项目基于未成年人的长处，并且采取基于社会的立场，有更大的成功机会。这些成功项目涉及的问题一般与学校、同龄人、工作以及社区有关。

野外训练

野外训练保释项目以使问题青少年参加户外活动作为提高其社会技能、自我意识及自控力的一种机制。通常情况下，野外训练会为问题青少年长期营造一个有益身心健康的环境，在这里，他/她们学习教育理念和职业伦理，同时这些教育理念及职业伦理也以成人行为榜样的形式展现出来，如此一来，问题青少年可以重新获得自我价值的衡量标准。

野外训练保释：与户外探险相关的项目，为问题青少年提供机会直面他们生活中的困难，同时实现积极的个人满足感。

相关未成年人："新主厨"麦克

菜单上列有香蒜沙司果仁奶油蛋糕、咸肉包裹的大枣、山羊奶酪蘑菇及巧克力慕斯等，但这些仅是未成年服刑者为洛杉矶县监管人员及该县其他官员准备的诸多鲜美菜肴的一部分。这次餐饮活动于一个阳光明媚的春日在洛杉矶县大楼楼顶的露天平台上举行，本次活动旨在展现冈萨雷斯训练营中最近一批报名参加厨艺班的"新主厨"的烹饪才能。冈萨雷斯训练营是加利福尼亚州卡拉巴萨市的一所未成年罪犯感化中心。

在过去的几年里，洛杉矶米慎学院的主厨亚历克西斯·希金斯（Alexis Higgins）一直负责运作冈萨雷斯训练营的烹饪项目。该项目招收了50名左右被判处一段时间机构监禁或违犯感化令条件并且目前正在感化中心服刑的未成年保释者。所有未成年男性服刑者均来自洛杉矶一些治安条件很差的社区。该项目的目标是为未成年服刑者引入一些创新元素，并为他们提供发展工作技能或是回归社区之后继续学习的机会。用希金斯的话来说："学习烹饪技术为更美好的生活提供了一个路径。烹饪工作机会遍地都是，并且薪酬不错。"

对于来自帕姆代尔市的15岁的迈克尔来说，他就是想获得新的经验，从而改善自己获释后的就业前景（监督这一项目运行的洛杉矶县未成年人法庭法官迈克尔·纳什允许参加活动的青少年讲述自己的经历，但前提是不能透露他们的姓氏）。这个项目非常具有挑战性，服刑者必须忍受狱友们在烧菜方面对他们的一些惯常批评，他们有时需要为整个感化中心做饭，而且做饭也本不是一个男人通常做的工作。迈克尔从容地做出了上述评论。他指出："有时你会感到懊恼，但你不能放弃。"该烹饪项目的其他服刑者对这一观点表示赞同。

一直以来，职业培训是一种用于矫治未成年服刑者的方法。早期的关押机构甚至被称为"技工学校"。现在，关押机构内的职业项目包括汽车修理、打印、木工、机械制图、餐饮服务、美容、文秘培训及数据处理等。职业培训项目的一个常见缺点是性别归类。最近的趋势是，关押机构中提供的所有项目，男孩和女孩均可以平等地报名参与。性别归类（例如，女孩仅可以参加美容或餐饮服务，而男孩只能选择汽车修理或木工工作）在男、女分开的关押机构更是难以避免，因为这些机构通常不能获得所有类型的培训资金。

批判性思维：

职业培训对在关押场所服刑的未成年罪犯有多重要？我们需要更多这样的项目吗？它们存在哪些缺点？

研究者对许多未成年罪犯野外训练项目对累犯的影响进行了评估。在一项对野外训练（相比治疗目标，更注重体能活动的野外训练）对累犯影响的详细评述中，多丽丝·麦肯齐（Doris MacKenzie）认为，这些野外训练项目没什么效果。尽管这些项目中有些已经取得了成功，例如伊利诺伊州的"频谱野外训练"项目，但其他项目却产生了负面影响；换言之，参与野外训练项目的试验组的被逮捕率高于未参与该项目的对照组。总体来说，这类项目存在以下问题：

- 执行不力。
- 评估设计薄弱，训练主题过少或辍学率过高。
- 不能遵守成功修复的原则，例如瞄准高危青少年并持续适当的时间。

相比之下，那些包括治疗成分的野外训练项目经证明可以有效地减少未成年人犯罪。桑德拉·威尔逊（Sandra Wilson）和马克·利普西（Mark Lipsey）发现，这些项目的累犯率平均降低了20%，其中最成功的项目还提供密集的身体护理或治疗服务。

未成年人引导训练营

矫治引导训练营的设计基于这样一种理念，即将成人矫治项目的强硬元素与教育、戒毒治疗及社会技能培训结合起来。从理论上来说，一个成功的引导训练营项目应该实现以下目标：使未成年罪犯得到康复，减少封闭式收监矫治机构的铺位需求及降低护理总成本。与传统的体制性判决相比，亚拉巴马州的未成年罪犯引导训练营每年可节省大约100万美元。然而，没有人相信引导训练营参与者的累犯率比那些正常服刑人员的累犯率低。罗纳德·柯比特（Ronald Corbett）和琼·彼得西亚（Joan Petersilia）指出，参加引导训练营项目的未成年罪犯在回归社会后似乎不那么反社会了。

引导训练营：未成年人矫治项目，将成人项目中的强硬要素与教育、吸毒治疗以及社会技能培训结合起来。

像其他矫治制裁措施一样，未成年人引导训练营的最低要求是能否降低累犯率。研究者对未成年人引导训练营对累犯率的影响进行了元分析。他们发现，该项目并不能有效降低累犯率；在17个不同的项目样本中，控制组比参与该项目的试验组（引导训练营）的平均累犯率低。有趣的是，在与26个成人引导训练营项目的效果进行对比时，未成年人引导训练营参与者的平均累犯率竟然更高，尽管这一差异并不是很明显。

那么为什么未成年人引导训练营项目无法有效降低累犯率呢？主要原因是，他们在治疗方式或矫治违法行为方面做得很少。此外，这些项目中很少能与帮助未成年罪犯回归社会的服务联系起来。宾夕法尼亚州魁汉纳（Quehanna）的一个未成年人引导训练营项目包含强制性出狱辅导及收容要素，因此，获释两年后的累犯率有所降低。专家还提出，引导训练营与其他矫治替代方案（控制组）在降低累犯率方面差异不大的另一部分原因可能是，控制组的未成年人接受了强化治疗，而参与引导训练营项目的未成年人则花了更多时间在体能活动上。

总体上来说，引导训练营项目在降低未成年罪犯（以及成人罪犯）回归社会后的累犯率方面效率低下，这似乎已经致使一些矫治机构管理者对这一矫治方法感到不满。在20世纪90年代中期，也就是引导训练营发展的鼎盛时期，美国30多个州开办的州立引导训练营项目超过75个。

接受矫治的法定权利

将未成年人收监的主要目标是帮助他们重新回归社会。因此，律师们声称，州立收监矫治机构的儿童享有接受矫治的法定权利。

1960年，莫顿·比恩鲍姆（Morton Birnbaum）将接受治疗权利的概念引入心理健康领域。他认为，由于精神疾病而被剥夺自由的个人有权通过矫治来改善自身状况。接受治疗权利已经扩展至未成年人司法体系，这一扩展得到了法院裁决的支持，法庭裁定，未成年人法庭处置应以康复而不是惩罚为主。因此，被收监的未成年人有权享有能促使其康复的适当的社会服务就是合理的了。

接受治疗权利：诸多法庭支持的一种理念，即未成年罪犯在法庭的管辖范围内享有接受治疗的法定权利。

1972年的男子训练学校服刑人员阿弗莱克案是第一个强调这一问题的案件。在该案判决中，联邦法院认为，未成年人法庭的真正目的是使违法犯罪者得到康复，如果不能实现这一目标，就违反了正当法律程序。该联邦法院谴责诸如单独监禁、笼子牢房及缺乏教育机会的矫治项目，并且认为，未成年人享有接受矫治的法定权利。该法院还为被收监于教养所的所有未成年人制定了以下最低标准：

- 房间应配备充足照明设施以保证服刑人员晚上10：00之前可以阅读。
- 应提供满足季节性需求的足够衣物。
- 床上用品应包括毛毯、床单、枕头、枕套和床垫，每周更换一次。
- 个人卫生用品应包括肥皂、牙膏、毛巾、卫生纸和牙刷。
- 每天更换内衣和袜子。
- 书写材料至少应包括钢笔、铅笔、纸和信封。
- 如有必要，定制防护眼镜。
- 对少年犯教养所内的所有书籍、期刊及其他阅读材料享有平等阅读的权利。
- 每日进行淋浴。
- 提供日常身体检查，包括24小时护理服务。
- 享有一般通信的权利。

在1974年的尼尔森诉海恩案中，第一联邦上诉法院确认了未成年人享有矫治的权利，并谴责在未成年人收监机构使用体罚的做法。在莫拉莱斯诉杜尔曼案中，法庭裁定，被收监于得克萨斯州训练学校的所有未成年人均享有接受矫治的权利，包括发展知识技能，提供职业教育、医疗和精神病治疗及适当的生活条件等。在贝纳诉纽约州青少年管理部一案中，法庭认为，戈申安奈克斯矫治中心（Goshen Annex Center）使用隔离、戴手铐和注射镇静剂等手段违反了宪法第十四修正案中有关正当程序的权利及第八修正案中有关保护罪犯免受残酷和非常之刑罚的权利。

接受治疗的权利也受到了限制。例如，在拉尔斯顿诉罗宾逊一案中，最高法院驳回了一名青少年的诉求。该青少年在未成年人矫治机构服刑期间，因为再次犯罪被判处在成人监狱继续服刑。他要求自己应继续被给予接受治疗的权利。在拉尔斯顿案中，经证实罪犯自身的危险性已超过了康复可能带来的影响。同样，在桑塔纳诉卡拉索一案中，美国第一巡回上诉法院驳回了在波多黎各马里卡未成年人训练营的服刑人员的诉求。他们以管理部门未能为其提供个性化康复计划或充分护理为由向法院提起诉讼。巡回法院做出裁决，如果被收监未成年人具有危险性，那么为保证社会安全，国家权力机关可依法对相关未成年人进行单独关押。

拉尔斯顿诉罗宾逊案：该案为未成年罪犯接受治疗的权利设定了限制条件。

争取公民的基本权利

这几起法庭判例致使联邦、州政府及包括美国律师协会、美国矫治协会、国家犯罪和越轨委员会在内的一些私人团体制定了关于未成年人司法体系的标准。这些标准为未成年人收监矫治机构的条件及操作提供了指导原则，并呼吁管理人员为被收监未成年人维持一个健康安全的环境。

大多数情况下，国家主导的残忍粗暴行为已经被定为非法并全面禁止，尽管对难以管控的服刑人员采用管制、单独监禁甚至注射药物的做法并没有完全根除。法院裁定，任何形式的体罚均违反得体与人格尊严的标准。

执行这些标准有许多机制。例如，联邦政府颁布的《被监禁人员民事权利法》（CRIPA）授权美国司法部下属的民权部门对违反公立矫治机构被收监人员民事权利的州或地方政府提起诉讼。CRIPA不创造任何新的实体性权利，它仅授权美国总检察长采取措施行使已经确立的被收监人员享有的宪法或法定权利,大约25%的案件涉及未成年人拘留和矫治机构。CRIPA提起诉讼帮助被监禁未成年人获得了基本的民事权利,这方面的案例不少。

未成年人司法体系在帮助被监禁未成年人回归社会方面又有哪些规定呢?本章以下章节专门就这一话题进行了探讨。

未成年人出狱辅导及回归

未成年人司法体系中的出狱辅导相当于成人刑事司法体系中的假释。未成年人从收监机构获释后,他们可能被安置于某种狱外辅导项目,如此一来,被收监的未成年人在重新回归社会后并非孤立无援,而会获得一些过渡性援助。至于处于出狱辅导这种不定期刑罚的未成年人继续留在社区还是被重新收监进行康复,这取决于他们在出狱辅导期间的行为表现。因为很少有未成年人足够成熟以至于可以脱离监护,因此,出狱辅导是未成年人司法程序中一个极其重要的阶段。

出狱辅导:针对未成年人的传统帮助,相当于成年人的假释,旨在帮助青少年适应社区生活。

事实上,回归包含出狱辅导项目,除此之外,还涉及为监禁释放所做的准备,也称为预释放计划。回归与出狱辅导的不同还进一步体现在,回归被视为未成年人从"未成年人与成人矫治机构重新回归学校、家庭、社区乃至整个社会"这一过渡阶段的整个过程与经历。成人刑事司法体系也采用回归的概念,因此,这并不是一个新的术语。然而,每年大量未成年和成年罪犯重新回归社区,并且这些罪犯在就业、教育、心理健康和物质滥用方面的需求增加,这逐渐成为近年来的一种明显特征。对未成年罪犯而言,出狱辅导相当于成人的假释项目,相当普遍,但这种项目"没能考虑到未成年人的独特需求及他/她们所面临的挑战",而回归则已经超出了这一范畴(见附表10.3有关未成年人重新回归社会的概况)。联邦政府通过《严重与暴力罪犯回归社会计划》（SVORI）已经在美国50个州、哥伦比亚特区及维尔京群岛的成人与未成年人回归项目中投入了1.5亿美元。这一计划及美国其他的未成年人回归项目已经开始显现预期的效果。

> 回归：从审判裁定的关押场所释放后回归社会的过程与经历。

在许多辖区，政府设立一个假释主管机构负责假释事宜，该机构可能是一个独立机构，或是矫治管理部门的一部分，或是各州政府的某个分支机构。和成人假释官一样，未成年人出狱辅导主管机构对青少年在收监期间的适应状况进行审查，例如是否存在化学依赖、犯罪行为及该案件的其他具体情况。一些未成年人主管机构甚至采用最初适用于成人假释犯的假释指导原则。每名进入收监矫治设施的青少年会按照建议被监禁一段时间，这在与假释主管机构的初次会谈时就已经做出解释。监禁时间的长短根据犯罪记录进行核算，也受加重情节及减轻刑罚因素的影响。假释主管机构无须遵循判决意见，而是将其作为做出是否假释决定的一个工具。无论采用何种途径，在推荐获释未成年人时，几乎所有辖区均会考虑以下几个主要因素：(1) 收监期间的适应状况；(2) 服刑时间和总体态度；(3) 成功融入社会的可能性。

> 假释指导原则：针对犯有特定犯罪的未成年人最有效的监禁时间以及各种出狱后辅导帮助。

附表10.3　未成年人重新回归社会概览

据估计，每年大约有100000名未成年罪犯从法庭裁决或成人司法体系定罪的关押场所释放，从而回到他们原来的社区。回归社会服务在他们成功融入社会方面发挥了重要的作用。纵览这些未成年人的概括可以看出：
86%回归社会的未成年罪犯为男性。
12%在14周岁及以下，44%在17周岁及以上。
40%为白人，38%为黑人，18%为拉丁裔美国人。
34%犯有暴力犯罪，32%涉及财产犯罪，10%涉及毒品犯罪，10%犯有扰乱社会治安罪，10%在技术层面违反保释或假释规定，5%属于身份犯罪。

风险分级的设计旨在帮助假释官决定哪些未成年人可以获得出狱辅导服务。这种基于风险的体系采用了一种经过实践检验的风险等级量表对青少年进行分类。假释官根据诸如犯罪前科、犯罪类型及收监期间的适应程度等因素来确定未成年人可能或不太可能从事新的犯罪行为。

监管

出狱辅导和回归的目的之一是为未成年罪犯在获释之后的重新调整阶段提供支持。首先，行为活动被管制过一段时间的青少年在独立做决定方面可能存在困难。其次，未成年罪犯可能将自己视为被社会抛弃的代罪羔羊。最后，社区人们在看待这些重新回归社会的青少年时可能带有诸多偏见。在这种情况下，适应问题可能会加剧预先存在的参与越轨行为的需求。

接受出狱辅导的未成年人由假释案件工作者或辅导老师进行监督，他们的工作是与未成年人保持联系，确保未成年人遵循矫治计划，并对未成年人表现出兴趣和关怀。辅导老师还要告知青少年可能有助于其重新融入社会的服务项目，并向青少年及其家人提供咨询服务。遗憾的是，和保释官一样，出狱辅导社会工作者往往工作量非常大以致于他们的工作几乎不可能做到面面俱到。

强化出狱辅导项目（IAP）模式　一直以来，出狱辅导和回归项目的新模式瞄准惯犯和/或暴力罪犯。由戴维·阿尔特舒勒（David Altschuler）和特洛伊·阿姆斯特朗（Troy Armstrong）开发的强化出狱辅导项目模式对回归社区的严重未成年罪犯在安置之后进行连续干预。IAP模式首先提出了五个基本原则，这些原则共同确立了一些基本的运作目标：

1. 逐步增加青少年的社区责任感和自由；
2. 促进青少年与社区之间的互动，鼓励青少年参与社区活动；

3. 在培养青少年建设性互动所需的素质及青少年成功适应社区方面,与罪犯及其所在的社区支持体系(包括家人、同伴、学校、雇主等)合作;

4. 如有必要,开发新的资源和支持体系;

5. 对青少年和社区有效处理彼此问题的能力进行监控与检测。

强化出狱辅导项目:对回归社区的严重与暴力未成年罪犯实施的客观公正的、高度结构化的综合性持续干预。

然后,将这些基本目标转化为实践,将家庭和社区视角融入个案规划。该项目强调密切监测与服务相结合,实现激励与不同等级后果之间的平衡及实施现实可行的条件。另外,还有一种"服务经纪",即利用社区资源,建立与社会网络之间的联系。

IAP计划旨在帮助矫治机构针对严重未成年罪犯及惯犯实施有效的出狱辅导项目。经过多年的测试,该项目目前正致力于确定未成年人在回归社区方面准备到何种程度、如何处理过渡期问题及如何在社区提供出狱辅导服务等一系列问题。

撤销假释

未成年假释犯人必须符合既定的行为标准,一般包含但不限于以下内容:

• 遵守青少年工作者或家长制定的合理宵禁规定;

• 避免与可能带来不良影响的人员混在一起;

• 依法上学;

• 禁止吸毒和酗酒;

• 在需要时向青少年工作者报到并汇报个人情况;

• 避免做构成犯罪的行为;

• 未经青少年工作者或家长许可,不得驾驶车辆;

• 避免习惯性地不服从与违反父母或其他合法当局的合法控制;

- 避免逃脱父母或其他合法当局的合法监护。

如果违反上述规定，该未成年人可能会被撤销假释，并被重新收监。大多数州将成年人享有的撤销假释听证会的法定权利也赋予了面临失去出狱辅导权利的未成年人，具体如下：

- 未成年人必须被告知假释条件，并能收到有关其所负义务的通知；
- 如有必要，未成年罪犯享有公费获得律师辩护的权利；
- 他们有权与证人对质并对证人进行交叉询问；
- 他们有权提供书面证据和证人；
- 他们有权接受一名政府官员的聆讯，该官员应为一名检察官，而不应是假释撤销机构的工作人员。

未成年人矫治的未来

与收监矫治相比，在社区矫治的有效性方面存在很多争议。大量研究表明，将未成年人关押却不提供合理矫正治疗的做法对预防未来犯罪活动几乎没有任何帮助。最有效的安全矫治项目是那些为少数参与者提供个人服务的项目。社区矫治评估为应对违法犯罪行为提供了许多切实可行且不危害社区居民安全的方法，并且公众继续表达了他们对矫治而非惩罚的支持。

与其他违法犯罪预防措施相比，矫治的有效性也长期备受争议。在对旨在预防严重和暴力未成年人犯罪而进行的全面干预进行评估时，罗尔夫·洛伯（Rolf Loeber）和戴维·法林顿（David Farrington）发现，干预永远不嫌早，也不能以过晚为由而不为。尽管一些批评者认为，未成年人养尊处优，娇生惯养，但将来可能在未成年人司法体系继续应用创新型矫治方法。

另外，除监化已经成为未成年人司法体系的一个重要目标。未成年人司法与犯罪预防办公室为推动这一进程投入了大量资金。在20世纪80年代初期，除监化运动似乎在一定程度上取得了成功。在20世纪70年代末至80年代初，公立未成年人矫治机构的收押人数有所下降。此外，未成年人司法体系收押的犯有身份犯罪的少年犯的人数也有所减少。在20世纪90年代至21世纪初被收监未成年人的人数大幅增加之后，最近，这一数据已经有所下降。在这些年里，大多数州均符合了身份犯罪除监化（Deinstitutionalizing Status Offenders, DSO）法规的要求。因为未成年罪犯是一个优先考虑的问题，所以各州面临的挑战将是：继续关注对未成年罪犯的矫治，尽管现实存在一些呼吁采取更多惩罚措施的政治——肯定不是公众——主张。如果这点可以实现，那么除监化将仍然是未成年人司法体系的一个中心主题。

一个更为紧迫的问题是，被监禁于青少年矫治机构的少数族裔未成年人的数量仍然占很高的比例。这一差异在非洲裔美国青少年身上得到了最大限度的体现，其监禁率几乎是白人青少年监禁率的五倍。同样重要的是，少数族裔未成年罪犯往往更可能被安置于封闭式公立机构，而不是能提供更有效矫治的开放式私立机构。未成年人司法与犯罪预防办公室致力于确保国家对未成年人司法体系中少数族裔罪犯比例失衡的情况进行处理。在将来，预计这一举措会使未成年人司法体系更加公平与均衡。

出狱辅导和回归项目是未成年罪犯成功过度至社区的关键因素。矫治主管机构认识到，获释的未成年罪犯在遇到就业、教育、住房和处理心理健康、吸毒及其他问题时，如果得不到帮助，他们很有可能会重新走上犯罪道路。许多辖区设立的过渡教习所、重返社会中心及其他回归项目已经取得了成功，并且联邦政府通过严重与暴力罪犯回归社会计划向回归项目投入了大量资金，在未来的几年，会取得更大的成功。

总结

1. 能够区分对未成年罪犯进行的社区矫治与收监机构矫治

社区矫治包括使未成年罪犯留在社区并无须背负监禁污点的矫治方式，其主要目的在于为未成年罪犯提供一个非限制性或家庭环境，并提供教育、职业、咨询及就业等服务。

收监机构矫治也包括提供上述服务，但需要待在一个更具限制性且有时封闭的机构。

2. 熟悉保释处置，包括管理方法、管理人员及其最新应用趋势

保释是应用最广泛的一种社区矫治方式。处于保释期的青少年必须遵守法庭规定的规则，并参与某种形式的矫治项目。如果违反这些规则，该青少年的保释可能会被取消。

保释官对保释期青少年罪犯的行为进行监控。

传统的保释占所有未成年人处置的61%，在最近十年，该处置方式的运用有所下降。

3. 了解向未成年罪犯提供保释服务的新途径，并就它们在降低累犯率方面的效果进行评论

以诸如密切监管、本宅软禁及电子监控等更具约束性的矫治形式强化保释在现在非常普遍。

寄宿社区矫治的项目允许青少年在非封闭式社区家庭中居住，但要在一个非惩罚性社区中心接受矫治。

人们对诸如密切监管等一些保释创新措施在降低累犯率效果方面评价不一，而诸如赔偿、修复性司法等其他措施则取得了成功。

4. 了解未成年人安全矫治在美国的关键历史发展阶段，包括最小限制性替代措施原则

封闭式未成年人收监矫治机构于19世纪中期出现，是将青少年安置于成人监狱的一种替代措施。

未成年人收监矫治机构从大型封闭式机构演变为基于村舍的以教育和康复为导向的机构。

最小限制性替代措施的理念适用于将未成年罪犯安置于收监矫治机构以确保该环境有益于青少年的矫治需要。

第 10 章　未成年人矫治机构：保释、社区矫治和收监

5. 熟悉收监未成年罪犯的未成年人关押场所最新使用趋势及其使用情况在各州有何不同

近几年，未成年人收监人口已经下降。

大量青少年持续"隐藏"于私立医疗中心和戒毒所。

各州的未成年人收监率存在差异。

6. 理解收监未成年人面临的关键问题

相当大比例的少数族裔未成年罪犯监禁于封闭式州立未成年人矫治机构。

与男性相比，女性未成年服刑人员面临更多的困难。

7. 能够识别当前使用的各种未成年人矫治方法，并评论它们在降低累犯率方面的效果

大多数未成年人收监矫治机构保持了以个体化或群组治疗为特色的强化矫治项目。

几乎没有证据表明，任何单一方法能有效降低累犯率。

康复治疗仍然是未成年人矫治从业者的一个重要目标。

8. 理解未成年罪犯享有接受矫治的法定权利

接受矫治权利是未成年人司法的一个重要问题。

依据法律规定，不能仅将未成年人简单地监禁于矫治中心，还必须提供适当的护理和矫治以帮助其康复。

适当的护理包含哪些内容仍然存在争议。

9. 了解未成年人出狱辅导的性质，并评论未成年人出狱辅导和重返社会项目方面的——创新之处

从收监机构获释的未成年人往往被安置于假释或出狱辅导项目中。

许多辖区设立过渡教习所、重返社会中心及其他回归项目已经取得了成功。

视点

假设你是一名地方未成年人法庭的法官，你被指派负责审理吉姆·巴特勒（Jim Butler）的案件。吉姆是一名13岁的未成年人，个子很小，也就比工作台高一点儿。

这个被指控偷窃钱包并持刀威胁妇女的男孩以持械抢劫的罪名受审。虽然是个孩子，但他在触犯法律方面已经由来已久了。11岁时，他因持有毒品而被拘捕，被保释；之后不久，他又偷了一辆汽车。12岁时，他因商店行窃再次被逮捕。吉姆的法定监护人，也就是他的外祖母，陪他来到法庭。他的父母均不能到场。他的父亲数年前就抛弃了家庭，他母亲目前正在当地的一家戒毒诊所进行住院治疗。在与法庭指派的律师交谈之后，吉姆决定供认持械抢劫的罪行。在一次处置性听证会上，吉姆的律师向你讲述了吉姆被迫忍受的艰难生活。吉姆的外祖母指出，尽管她非常爱这个孩子，但毕竟自己年事已高，已经无法为吉姆提供他所需要的看管以使其不再惹是生非。她说吉姆是个好孩子，只是结识了一些品行不端的伙伴，他目前的麻烦就是由他这帮"朋友"促成的。学校的一名代表在法庭上做证，吉姆的智力高于平均水平，并且尊敬师长。他具有潜能，但他的生活环境使其学业受挫。吉姆本人表现出悔恨之意，他似乎极易受到大龄违法青少年的影响而误入歧途。

你现在必须做出决定，可以将其处以保释，或允许他与其外祖母生活在一起，同时由县级保释人员对其进行监控。你可以将其安置于一个封闭的监禁场所三年，也可将其移交至诸如社区机构之类的中间项目，这样他就可以白天上学，晚上住在过渡教习所，并接受小组治疗。尽管吉姆似乎可能康复，但他犯下的罪行非常严重，并且使用武器。如果继续待在社区，他或许会再次犯罪；如果他被送至矫治机构，他会与年长的顽劣青少年混在一起，相互影响。你会选择哪种矫治方式呢？

- 你会将吉姆处以保释还是允许他与其外祖母生活在一起并接受监控呢？
- 你会将他安置于一个封闭的监禁场所长达三年吗？
- 你会将他移交至诸如社区机构之类的中间项目吗？